러시아역사
다이제스트100

일러두기
날짜는 1918년 1월까지는 러시아 구력(율리우스 력), 1918년 2월부터는 신력(그레고리 력)에 따랐다.
참고로, 구력은 신력보다 18세기에는 11일, 19세기에는 12일, 20세기에는 13일 늦다.

3
러시아역사
다이제스트100

초판 1쇄 펴낸 날 | 2022년 4월 29일

지은이 | 이무열
펴낸이 | 홍정우
펴낸곳 | 도서출판 가람기획

책임편집 | 김다니엘
편집진행 | 차종문, 박혜림
디자인 | 이예슬
마케팅 | 육란

주소 | (04035) 서울시 마포구 양화로7안길 31(서교동, 1층)
전화 | (02)3275-2915~7
팩스 | (02)3275-2918
이메일 | garam815@chol.com

등록 | 2007년 3월 17일(제17-241호)

© 도서출판 가람기획, 이무열, 2022
ISBN 978-89-8435-562-0 (03920)

이 도서의 국립중앙도서관 출판예정도서목록(CIP)은 서지정보유통지원시스템 홈페이지(http://seoji.
nl.go.kr)와 국가자료종합목록 구축시스템(http://kolis-net.nl.go.kr)에서 이용하실 수 있습니다.
(CIP제어번호 : CIP2020034444)

3
러시아역사
다이제스트100

RUSSIA

이무열 지음

가람
기획

머리말

20세기 들어 러시아는 세계를 두 번 바꿨다. 세기 초에 혁명을 성공시키면서 세계를 자본주의권과 사회주의권의 두 진영으로 갈라놓더니, 세기말에는 혁명으로 이룬 모든 것을 송두리째 무너뜨리면서 세계를 다시 한 덩어리로 봉합해놓았다. 두 차례의 러시아 격변은 20세기를 압축시켜 보여준 사건이었다. 러시아 혁명은 세계 자본주의 체제가 위기에 봉착했음을 알렸고, 소련의 붕괴는 자본주의 체제가 아직은 그 위기를 극복할 힘을 갖고 있음을 보여주었다.

1917년 유럽의 한 변방, 러시아에서 세계 최초로 사회주의 혁명이 일어났을 때 세계는 깜짝 놀랐다. 한편에서는 의혹과 경계의 눈으로, 한편에서는 선망과 동경의 눈으로 혁명의 경과를 관심 깊게 지켜보았다. 1945년 2차대전 종전 후 소련이 제1의 전승국으로 화려하게 국제무대에 등장하면서 사회주의권은 세계의 한 축을 이루었고, 이어 우여곡절을 거친 사회주의 계획경제가 그 저력을 드러내면서 소련이 미국과 대등한 지위를 확보한 1960년대에 이르러 러시아 혁명의 파고는 절정에 달했다.

1980년대에 접어들면서 상황은 일변했다. 균형을 잃은 소련 경제가 비틀거리는 듯하더니 사방에서 불만의 목소리가 터져나왔고, 썩은 부위를 치유하려던 갖가지 처방이 끝내는 뿌리까지 들어내는 대변혁을 불러오고 말았다.

1991년 마침내 소련이 붕괴하면서 세계는 다시 한 번 논쟁의 소용돌이에 휘말렸다. 일각에서는 자본주의 체제가 이제 인류 최후의 사회체제로 판명됐다고 주장하고 나섰고, 일각에서는 소련 사회주의 체제의 취약점을 분석하고 자본주의 체제의 전반적인 위기와 해소불가능한 독소들을 재삼 강조하면서 진정한 사회주의로의 길을 모색하는가 하면, 방향을 약간 달리하여 제

3의 길을 찾는 사람들도 부쩍 늘었다.

핵 강국이라는 특수한 지위를 빼고는 다시 서방세계의 한 변방으로 전락할 위기에 놓인 러시아는, 이제 기존의 모든 제도가 처참하리만큼 해체돼버린 위에서 '생존'의 길을 찾아 몸부림치고 있다. 앞으로도 꽤 오래도록 그 진통을 계속될 것이다. 엄청난 자원과 인구, 높은 교육수준, 특수한 역사적 경험 등, 막강한 잠재력을 가진 러시아가 향후 다시 어떤 모습으로 우리 앞에 다가설지 관심을 갖고 지켜볼 일이다.

영향력이 크게 감소했다고는 하나 러시아의 러시아 역사는 우리에게 여전히 큰 관심의 대상일 수밖에 없다. 우선, 세계의 미래에 대한 보편적인 관심의 일환으로서, 러시아 혁명과 소련의 붕괴는 면밀히 분석할 가치가 충분하다. 어떤 조건하에서 러시아 혁명이 일어났고, 어떻게 최초의 사회주의 혁명이 성공할 수 있었는가? 소련 사회주의는 어떤 과정을 거쳐서 건설됐는가? 그 과정에서 지도자들은 어떤 잘못을 범했고, 그로 인해 어떤 문제점들이 파생됐는가? 일국에서의 사회주의 건설과 세계혁명의 관계는 각 단계에서 어떻게 설정됐고, 그 결과는 또한 어떠했는가? 소련은 왜 붕괴했는가? 소련 붕괴 후 러시아 인들은 어떻게 사회를 재편해가고 있는가? 이런 물음들에 대한 진지한 고찰은 우리에게 미래를 내다보는 눈을 제공해줄 것이다.

다음으로, 1990년 한·소 수교 이후 경제협력이 활발해지고 인적 물적 교류가 늘어나면서 이제 러시아가 갈 수 없는 저편의 나라가 아니라 언제라도 찾아갈 수 있는 이웃으로 바뀌어가고 있다. 폭넓은 우호협력 관계를 발전시키려면 상대를 더 잘 알아야 함은 새삼 말할 필요도 없다.

또한 한반도의 미래에 러시아는 여전히 작지 않는 영향력을 가지고 있다. 지금은 비록 상처를 입어 날지 못하는 독수리지만, 커다란 잠재력을 가진 러시아는 머지않아 나름대로 자기 목소리를 내게 될 것이고, 여전히 우리를 둘러싸고 있는 주변 4강의 하나로서 한반도의 통일과 우리 민족의 장래에 많은 영향을 미치게 될 것이다. 따라서, 미국이나 그 밖의 나라들과 함께 러시아와 러시아 역사를 종전의 편향된 시각에서 벗어나 올바르게 이해할 필요성이 커진다. 그래야만 외세에 휩쓸리지 않고 우리 민족의 문제를 우리가 주인 된 입장에서 풀어갈 수 있다.

이 책은 러시아와 소련의 역사에서 일대 전기를 이룬 100가지 사건을 추려 뽑아 간략하게 수술하는 방법으로 러시아사를 개괄했다. 이야기 한 토막 한 토막을 각기 독립적으로 꾸며 가벼운 마음으로 읽을 수 있도록 했으며, 그러면서도 사건 사건의 연관성을 고려하여 100가지 사건을 훑어나가는 가운데 자연스럽게 전체 러시아사가 조망되도록 배려했다.

책의 성격상 러시아와 러시아사의 전문가가 아닐 독자들을 위해, 100장면의 서두에 러시아 역사의 일해를 돕는 해제성의 글 '러시아, 러시아인, 러시아 역사'를 싣는다. 이 글을 일본의 저명한 러시아사학자 와다 하루키의 근간 저서 〈러시아 · 소련〉 서문을 축약, 보완한 것이다.

거의 우리말로 출간된 러시아 역사책들만 가지고 사건을 재구성한데다 장면 장면을 비교적 독립적으로 기술하여, 어찌 보면 장님 코끼리 만지는 격이 되지 않을까 우려된다. 그러나 때로 극단적이기까지 한 선입견이나 이리저리 흔들리는 관점을 가지고 서술한 간략한 통사들과 달리 하나하나의 사건과 그 속에 담긴 의미를 충실히 전달하는 데 중점을 두었기 때문에, 러시아사의 큰 줄기를 올바르게 파악하는 데 더 좋은 지침서가 되지 않을까 기대도 해본다.

이 책이 빛을 볼 수 있었던 것은 순전히, 그동안 어려운 환경 속에서도 러시아와 소련, 러시아사, 러시아 혁명, 소련의 최근 변화에 지대한 관심을 가지고 힘든 연구를 해오신 분들과 오로지 열의를 가지고 적지 않은 책을 내주신 출판인들 덕분이다. 일일이 출처를 밝히지 못하는 대신, 이 자리를 빌려 깊은 감사의 뜻을 전한다. 아울러 예정보다 한참이나 늦어진 원고를 마냥 기다려주시고 격려해주신 가람기획 식구들과 주위 여러분께 감사드린다.

이 글을 처음 쓴 때가 1994년이니 그때부로부터 강산이 한 번 변하고도 절반쯤 더 변할 정도의 시간이 흘렀다. 오늘날의 러시아는 그 이상으로 격변의 세월을 통과하고 있다. 벌거벗은 자본주의화의 파도를 헤치고 챙겨주는 건 하나 없는 날강도 같은 정치를 온몸으로 겪으며, 오늘날의 대다수 러시아인은 그야말로 생존을 위해 몸부림치고 있다. 국가의 부를 잽싸게 낚아채고 시장경제에 재빨리 적응한 소수의 약삭빠른 인간들은 세계적인 부호 사업가가 되어 환희작약하지만, 다수의 러시아인은 새로운 체제에 적응하려고 애쓰면서도 국가의 존재 자체에 강력한 물음표를 찍고 있다. 이번 개정판에서는 소련 붕괴 이후 지금까지의 상황을 조금 보태고 최근에 밝혀진 자료를 근거로 일부 내용을 수정했다. 인간의 삶이 계속되는 한 인간들이 어우러져 빚어내는 역사 또한 끝없이 이어지고, 역사는 살아 움직이며 깨어 있으려는 자들을 계속 다그친다. 아무쪼록 이 책을 손에 쥔 독자 여러분이 살아 있는 기록으로서의 역사를 읽는 재미를 다소 느낄 수 있다면, 나아가 러시아의 역사가 들려주는 목소리에 귀 기울이는 계기를 얻게 된다면 더 바람이 없겠다.

이무열

차례

∷ 러시아, 러시아인, 러시아 역사

'러시아'라는 나라

러시아의 역사에 들어가기에 앞서 먼저 '러시아'라는 이름으로 불리는 세계에 대해 정확히 알아둘 필요가 있다. 시대가 흐르면서 러시아의 세계가 점점 확대된데다가, 좁은 의미의 러시아와 넓은 의미의 러시아가 두루 혼용되고 있기 때문이다.

슬라브인 이전의 시대는 일단 접어두고 그 후의 역사만 볼 때, 맨 먼저 '루시의 나라'라고 불린 동슬라브인의 국가가 있었다. 키예프가 그 중심이었으므로 '키예프 러시아'라고도 한다. 키예프 대공국이 몰락하여 키예프 러시아가 분열한 후 짧은 기간의 블라디미르 대공국 시대에 이어 모스크바 대공국이 전면에 대두했다. 분열 과정에서 동슬라브인은 언어의 통일성을 잃어버리고 모스크바 중심의 대러시아인, 키예프 중심의 소러시아(우크라이나)인, 서쪽의 벨로루시인 이렇게 셋으로 갈라졌다.

이후 모스크바 대공국이 힘을 길러 17세기에 폴란드-리투아니아의 지배하에 있던 우크라이나를 병합하고, 그보다 조금 전 16세기 말엽부터 시베리아 진출을 시작하면서 대제국의 기반을 닦는다. 이때까지는 '러시아'라는 이름을 쓰지 않고 '루시'라는 옛 이름을 국명으로 사용했다.

러시아(러시아어 발음으로는 '로시야')라는 이름이 정식 국명으로 채택된 것은 18세기 초 표트르 대제 시대에 러시아 제국이 성립하면서다. 이때 백·청·적의 삼색기가 이 나라 배에 꽂는 깃발로 사용되기 시작했다. 당시 러시아 제국은 우크라이나와 발트 지방까지를 아우르는 유럽 러시아와 아시아의 시베리아 지방을 지배했다. 이후 제국이 팽창하면서 핀란드와 폴란드, 카프카스 지방, 중앙아시아, 극동 연해주 지방을 제국의 깃발 아래 복속시켰다. 러시아 제국이 최대 판도를 이룬 것은 19세기 말부터 1914년 1차 세계대전이 일어나기 직전까지다.

1917년 러시아 혁명으로 제국은 붕괴했다. 10월혁명 후 '러시아 사회주의 소비에크 공화국'이 선포되었으나 이 나라의 권력이 미치고 있던 영역은 매우 유동적이었다. 핀란드, 폴란드, 발트 3국은 곧 바로 독립했다. 이윽고 내전이 소비에트 측의 승리로 끝을 맺은 후 1922년 러시아 공산당이 지도하는 4개 소비에트 공화국, 즉 러시아·벨로루시·우크라이나·자카프카스 연방의 대표들이 모여 '소비에트 사회주의 공화국 연방(소련)'을 결성한다.

이어 중앙아시아의 소비에트화, 극동 공화국의 병합 등으로 영토가 확대되고, 마지막으로 1940년 발트 3국의 병합, 루마니아령 베사라비야(몰다비아)의 점령으로 소련은 15개 공화국의 연방이 되었다. 소련이 마침내 러시아 제국의 최대 판도에서 폴란드와 핀란드를 제외한 영토를 갖기에 이른 것이다. 이런 의미에서 소련은 러시아 제국의 계승자였다.

그 후 페레스트로이카가 진행되는 가운데 1991년 쿠데타와 대중봉기로 소비에트 연방은 해체되었다. 먼저 발트 3국이 독립하여 연방에서 떨어져나갔고, 나머지 11개국은 차례로 독립을 선언한 후 독립국가공동체(CIS)를 결성했다.

대외적으로 소련을 계승한 것은 옛 소련 영토의 4/5, 인구의 절반 이상을 차지하는 '러시아 연방 공화국'으로, 혁명 전 러시아 제국의 삼색기를 국기로 정했다. 현재 러시아 공화국의 영토는 17세기 전반 로마노프 왕조 초기의 모스크바 대공국이 지배하던 땅에다 동시베리아와 극동 연해주 지방을 더한 영역이다.

러시아 공화국 인구의 약 80%는 대러시아인이다. 나머지 20%는 매우 많은 민족들로 이루어져 러시아 연방 공화국 내의 자치공화국만도 20개가 넘는다. 러시아 공화국 역시 옛 소련과 마찬가지로 다민족 국가인 것이다. 나아가 러시아인은 카자흐 공화국 인구의 30%, 우크라이나 공화국 인구의 20% 등, 옛 소련 구성 공화국 모두에서 꽤 큰 비중을 차지하고 있다.

따라서 러시아를 생각할 때 러시아라는 이름을 가진 나라를 떠올리는 것은 당연하나, 그 나라가 러시아인을 중심으로 러시아어로 교류하는 여러 민족으로 이루어진 세계라는 것과 아울러, 러시아인의 세계가 러시아라는 이름을 가진 나라 밖으로까지 폭넓게 열려 있음을 알아두어야 한다.

그런 관점에서, 이 책에서는 넓은 의미의 러시아 세계, 즉 예전의 러시아 제국이나 붕괴 이전의 소련에 속해 있던 영토 전체를 러시아사의 영역으로 보고 폭넓게 러시아의 역사를 조망하려 한다.

러시아의 대지

지구 표면 육지의 약 1/6(현재의 러시아 공화국만 하면 약 1/7.5)을 차지하는 러시아의 대지는 좁은 땅에 어깨를 맞부딪치며 살고 있는 우리로서는 그 크기를 상상하기초차 쉽지 않다. 동서로 약 1만km, 남북으로 약 4,000km에 걸쳐 유라시아 대륙의 약 40%를 점하고 있는 그 거대한 대지는 우리 나라 남북한을 합친 넓이의 약 100배이고 중국과 미국을 합한 것보다도 더 넓다. 그넓은 영토와 그것에 살고 있는 다양한 민족들을 효율적으로 관리하는 것은 제정 러시아 이래의 큰 숙제였다.

러시아 국토의 첫 번째 특징은 가도 가도 끝이 없이 펼쳐진 대지다. 해발 평균 500m의 낮은 우랄산맥이 아시아와 유럽을 가르고 있는 것을 제외하고는 서쪽의 발트해 연안에서 동쪽의 태평양 연안 가까이까지 산다운 산이 거의 없다. 군데군데 흐르는 강을 무시하면, 러시아는 전체가 하나의 거대한 평원이라고 해도 과언이 아니다.

드넓은 러시아의 평원은 동서로 길게 이어진 북쪽의 삼림지대와 남쪽의 초원(스텝)지대로 크게 나뉘고, 그 위아래로 북극해 연안에 동토지대, 남쪽에 사막지대가 펼쳐져 있다.

숲은 동슬라브인의 영혼의 고향이다. 그들은 숲을 개간하여 먹을 것을 마련하고, 숲 속의 나무를 베어 집을 짓고 땔감을 대었다. 숲은 또한 그들을 외부로부터 지켜주는 자연의 방벽이기도 했다.

숲에서 나오면 드넓은 초원이 눈앞에 열린다. 초원은 러시아인에게 끝없는 탐구의 장인 동시에 거기서 숱한 목숨을 잃은 운명의 땅이 기도 했다. 러시아인의 가슴 깊은 곳에는 '그 넓은 세계를 그리는 마음', '드넓은 공간을 앞에 둔 기쁨'이 자리 잡고 있었다. 그것이 초원을 대하는 러시아인의 태도였다. 삼림지대의 러시아인과 초원 지대의 유목민족들은 그 경계선에서 만나 천여 년의 세월 동안 싸움도 하고 교역도 했다. 이 두 지역이 단일한 행정체계 아래 통합되기 시작한 것은 18세기 중반에 이르러서다.

스키타이의 금세공품

　러시아의 강들은 평원을 가로지르며 고요히 흐른다. 유럽 러시아에서는 북드비나강과 페초라강이 북극해로 흘러들며, 레나강과 서드비나강이 발트해로 흐른다. 남쪽으로는 드네스트르, 부크, 드네프르, 돈강이 흑해로 흐르며, 유럽 최대의 강인 볼가강이 카스피해로 흘러든다. 이들 강은 몇몇 호수와 함께 좋은 수로망을 이루어 오랜 옛날부터 러시아인의 젖줄 역할을 해왔고, 이 강들을 무대로 러시아의 역사가 엮어져왔다. 드넓은 시베리아 평원에서는 거대한 오브, 예니세이, 레나강이 북으로 흘러 북극해에 닿고, 동쪽으로는 아무르강이 중국과의 국경을 이루며 태평양으로 흘러든다.

　러시아의 기후는 혹독하기 그지없다. 러시아는 북쪽에 있는 추운 나라다. 가장 남쪽인 흑해 연안이나 중앙아시아 지방도 위도 상으로 우리나라보다 북쪽에 있다. 여름은 잠깐 만에 지나가고 긴긴 겨울에는 해가 하늘에 떠 있는 시간이 짧다. 러시아의 남북 중앙쯤에 있는 모스크바의 경우, 겨울철에는 아침 9시나 돼서야 날이 밝고 오후 4시가 되면 벌써 어두워진다. 눈은 많고 비는 적다.

　혹독한 기후는 러시아인들의 인내심을 길러주는 한편으로, 농업의 발달에 장애가 되어 생산성을 시종 낮은 수준에 머무르게 했다. 시베리아의 타이가 숲에서 얻는 모피는 유럽에 고가상품으로 팔렸으나 모피라고 무한정 나올 수는 없었다. 러시아의 산업은 완만하게 발달할 수밖에 없었다.

지정학적 조건

러시아의 숲은 유럽으로 이어져 있다. 바랴기(노르만인)를 '루시의 나라'의 지도자로 받아들인 데서도 볼 수 있듯이 서쪽 세계는 이 땅에 사는 사람들의 모델이었다. 그러나 시간이 흐르면서 폴란드·리투아니아·스웨덴 등, 서쪽의 이웃들이 끊임없이 러시아를 침략해오기 시작했다. 러시아도 필사의 전쟁을 거듭하여, 이윽고 발트해 연안에 진출하고 또 폴란드를 분할 점령하여 한때 폴란드를 세계 지도에서 없애버리기도 했다. 러시아는 프랑스·프로이센·오스트리아 등의 유럽 강국들을 이제 눈앞에 두게 되었다.

한편, 초원지대는 흑해 북안에서 동쪽 저 멀리 몽골고원까지 장벽 하나 없이 곧바로 이어져 있다. 초원에서 동슬라브인은 동쪽에서 온 유목 기마민족과 마주쳤다. 유목민족들은 힘센 전사로서 복종을 거부할 경우 철저하게 파괴했다. 그러나 복종하여 같이 살게 된 경우에는 그들 역시 동방의 문화를 전해주었다. 시대가 흐르면서 러시아인이 이윽고 초원의 주민들을 지배하고 그들과 뒤섞여 살게 된다. 마침내 러시아는 남으로 중국을 압박하면서 유라시아 대륙의 북쪽을 온통 독차지하여 미국·일본과도 접하게 되었다.

남쪽 방면으로는 18세기 이래 투르크와 거듭 전쟁을 벌였다. 그리하여 조금씩 영토를 확장한 결과, 19세기 중반에는 투르크의 뒤편에 자리 잡고 있던 영국과도 싸움을 치르게 되었다. 영국과의 대결은 페르시아, 중앙아시아, 티베트에서 극동까지에 걸쳐 진행되었다.

모스크바 대공국 시대에도 강국들에 포위되어 있던 러시아는 이제 그 포위망을 부수고 거대한 북유라시아 제국이 되었으나, 그 결과 서쪽, 남쪽, 동쪽으로 더 힘이 센 세계열강들을 마주하기에 이르렀다.

목각 남자농민상(새집)

민족과 언어와 종교

러시아는 다민족 사회로 민족구성이 아주 복잡하다. 러시아 제국이 팽창하면서 여러 민족들을 그 세계 안으로 끌어들인데다가, 그 후 효율적인 통치와 개발을 위해 곳곳에 많은 러시아인들을 이주시킴으로써 그 복잡성을 증폭시켰다. 소수민족 문제는 제정 러시아 시대 이래로 큰 골칫거리의 하나였다. 소련이 붕괴한 데도 그러한 민족문제의 심각함을 과소평가한 것이 큰 요인의 하나로 작용했다.

넓은 의미의 러시아 세계를 이루는 민족의 수는 120여 개에 이르는데, 민족에 따라 언어가 다르고 종교 분포도 달라 이질적인 요소들이 많다. 이들은 크게 보아 4~5개의 무리로 나눌 수 있다.

가장 비중이 큰 민족은 전 인구의 절반 정도인 1억 4천만의 대러시아 인과 4,200만의 우크라이나인, 1,000만 가까운 벨로루시인을 포괄하는 동슬라브 족이다. 총인구의 70%를 차지하고 이들이 서로 협조하고 때로는 반목, 대립하면서 러시아사의 주역으로서 사실상 러시아를 이끌어왔다. 이들은 모두 러시아 정교의 종교 전통을 이어받고 있다.

이들 다음으로 많은 것은 19세기에 러시아에 편입된 투르크계의 중앙아시아 여러 민족들이다. 우즈베크인, 카자흐인, 투르크멘인, 키르기스인, 타지크인 등이 그들로서 총인구의 10%를 차지한다. 이들 외에 자카프카스(카프카스산맥 너머)의 아제르바이잔인과, 타타르 · 추바슈 · 바슈키르 등 남우랄과 시베리아 지방의 여러 민족도 이 계열에 속한다. 이들은 대부분 이슬람교를 믿는다.

다음으로, 세계인종의 전시장이라 할 만큼 다양한 민족들이 얽혀 살고 있는 카프카스 지방의 여러 민족이 있다. 그중 자카프카스의 그루지야인과 아르메니아인은 언어와 종교가 모두 크게 달라 인근의 아제르바이잔인과 함께 민족분쟁의 화약고 같은 구실을 해왔다. 이밖에도 북카프카스의 다케스탄 민족군과 인구슈 · 체첸 · 오세트인 등 다양한 민족들이 있다.

북서부에는 옛 소련 구성원 중 가장 독자성이 강한 세 민족, 리투아니아와 라트비아 · 에스토니아인이 살고 있다. 생활수준도 가장 높고 가장 유럽적인

모스크바의 붉은 광장 남쪽에 솟아 있는 바실리 블라젠니 대성당. '세계에서 가장 독창적인 기념물'이라고 일컬어진다.

면모를 보이는 이 발트 지방의 세 민족은 다른 민족들과 달리 키릴 자모 대신 라틴 문자를 사용하며 카톨릭이나 개신교를 믿는다. 역사와 전통의 차이로 말미암아 소련 붕괴 후에도 독립국가공동체에 가담하지 않고 독자적인 행보를 보이고 있다.

이밖에 루마니아와의 접경지역에는 라틴계의 몰다비아인이 살고 있고, 북서부와 시베리아 북부지방에 핀 우골계의 여러 민족이 있으며 시베리아와 극동지방에는 몽골계 · 퉁구스계 · 구시베리아의 여러 민족이 살고 있다. 또 상당수의 독일인과 유태인이 러시아 전역에 흩어져 살고 있으며, 연해주는 살다가 중앙아시아로 강제 이주당한 우리 한민족도 약 40만을 헤아린다.

언어 역시 민족의 수만큼이나 다양하여, 문장어를 가진 언어만도 70개에 달한다. 옛 소련에서는 러시아어와 각 공화국의 주된 민족 언어가 공용어로 통용되었으며, 비러시아인들 중 둘 이상의 언어를 사용하는 사람의 수가 55%에 달했다.

러시아어는 슬라브어의 일족이지만, 그리스-로마어나 투르크어, 몽골어 혈통을 가진 단어들이 많다. 그리스-로마 계통의 단어가 많은 것은 말할 것도 없이 그리스 정교를 수용한 까닭이다. 정교회의 의식은 아름답다. 전승에 따르면 키예프의 블라디미르 대공이 그리스 정교를 국교로 선택한 것은 정교의 의식이 가장 아름다웠기 때문이라고 한다. 정교는 교회의 의식을 통해 신과의 합일을 몸소 경험하는 것을 지향한다. 15세기에 러시아의 정교회는

콘스탄티노플로부터 독립하여
독자적인 체계를 갖췄다.

정교회에서는 이콘이라는 판화
를 성상으로 사용하는데, 거기서
독특한 미의 세계가 생겨났다. 루
블료프나 그레크 등 유명한 화가
외에도 무수히 많은 화공들이 깊
은 신앙심이 배어나는 아름다운
성화상들을 남기고 있다. 또 정교
회에서는 카톨릭이나 개신교와
달리 파이프오르간이나 오르간

이반 4세가 창설한 별동부대 오프리치니크의 학살. 수천
명의 국사범을 고문, 처형하여 공포의 대상이 됐다.

을 사용하지 않는다. 무반주로, 인간의 목소리만으로 성가를 부른다. 러시아
인의 음악성은 이러한 교회의식에서 연마되었다고 할 수 있다.

러시아 정교회는 러시아의 국교가 된 이래로 러시아인들 속에 깊이 뿌리
를 내리고 그 삶을 지배해왔다. 그러나 같은 정교회이면서도 그루지야에는
독자적인 그루지야 정교회가 있고, 아르메니아에는 정교회와 뿌리가 같으나
많은 면에서 의식을 달리하는 아르메니아 교회가 있다. 그밖에 발트 3국인과
폴란드인 · 독일인은 카톨릭이나 개신교를 믿는다.

제2의 종교는 이슬람으로 신자 수가 5,000만에 달한다. 신도 수로 보면 아
랍 세계에 버금가는 규모이다. 예전의 러시아 제국이나 그 후의 소련이나 모
두 종교에 대해서는 관용을 보였기 때문에 중앙아시아 등지의 이슬람 전통
은 크게 손상되지 않은 채 보존될 수 있었다.

이슬람교도 외에 불교를 믿는 몇몇 소수민족과 유태교도가 있다.

러시아의 몇 가지 특징

이상과 같은 조건 속에서 러시아사의 특징과 발전의 패턴이 형성됐다. 이
것이 러시아사의 연속성으로 나타난다.

첫째는 후진성의 의식이다. 러시아는 주변의 선진국들에 비해 스스로를 후진국이라고 생각했다. 그로 인해 선진국을 따라가려는 노력이 행해지고 발전을 가속시키려는 지향이 생겨나지만, 역으로 선진국에 동화를 두려워하고 그에 반발하면서 자기 것을 지키려는 지향도 나타난다. 표트르 대제의 근대화 정책과 그에 대한 민중적 반발, 19세기의 서유럽파와 슬라브파의 논쟁 등이 그 예이다.

둘째는, 그와 밀접한 관련이 있는 것이지만, 외부의 침략에 대한 강한 경계심, 안전보장에 대한 강한 집착이다. 이 점을 가장 직설적으로 표현하고 있는 것이 1931년 2월에 행한 스탈린의 연설이다.

"속도를 늦추는 것은 낙오다. 낙오자는 두들겨 맞는다. 하지만 우리는 두들겨 맞지 않는다. 결단코 맞을 수 없다. 옛 러시아의 역사는 낙후되었다는 이유로 끊임없이 짓밟혀온 기록이었다. 몽골의 칸이, 투르크의 총독이, 스웨덴의 왕이, 폴란드와 리투아니아의 영주가, 영국과 프랑스의 자본가가, 일본 군벌이 끊임없이 우리를 짓밟아왔다. …이것이 착취자들의 법칙이다. 자본주의의 악랄한 규칙인 것이다. …우리는 선진국에게 50년 내지 100년 뒤떨어져 있다. 우리는 이 거리를 10년 동안에 따라잡아야 한다. 우리는 전력 질주해야 한다."

셋째는 국가주의, 국가신앙이다. 후진적인데다가 외부 침략에 시달리다 보면 강력한 국가에 대한 관념이 형성되고 지지를 받게 되는 법이다. 러시아에서 강력한 국가권력은 사회의 내적 발전에 따라 생겨난 것이 아니라 외적 필요에 의해 생겨났다. 나라를 군사적으로 방위할 필요에 따라 강력한 국가가 출현한 것이다. 이 필요를 충족시키기 위해 국가는 사회조직을 창출하고 사회적 결합을 다져나갔다.

국가주의, 국가신앙에 대한 관념은 언어에서도 나타나는데, 러시아어에서 '국가'는 '군주 · 주인'이라는 말에서 파생했고, '정부'는 '바르게 하다'라는 말에서 나왔다. 국가는 곧 주인이고, 정부는 역할을 정의를 행하는 것이라는 관념이 표현된 것이라 하겠다. 이러한 관념은 뜨거운 조국애로 이어져 국가가 위기에 처할 때마다 그를 돌파해내는 저력으로 작용했다. 이처럼 국가를 숭배하는 경향은 혁명이 성공하면 국가는 소멸해간다는 마르크스의 예견과는 달리 러시아 혁명으로 국가 사회주의 체제가 정

1917년 10월혁명이 일어나 레닌, 스탈린, 트로츠키 등이 이끄는 볼셰비키가 국가권력을 장악했다.

착해가면서 이전보다 더욱 강해졌다. 사회주의 소련은 제정 러시아보다 훨씬 효율적이고 동적이며 포괄적인 국가였다.

넷째는 제국 관념이다. 다민족을 지배하게 된 러시아는 제국이 되었다. 러시아 제국은 병합한 나라의 옛 지배자들을 자기네 지배계급, 귀족의 반열에 편입시켰다. 제국을 세운 것은 그러한 귀족들과 황제와 러시아어였다. 심지어 사회주의 소련에까지도 그러한 제국 관념이 부분적으로 이전되었다.

다섯째는 '프라브다'와 '볼랴'의 꿈이다. 프라브다는 소련 공산당기관지의 이름으로 널리 알려졌으나 본디 이 말은 러시아인의 전통 속에 깊이 뿌리내리고 있다. 프라브다는 '진리 · 진실'이라는 뜻과 함께 실현되는 세계를 지향한다.

"거짓이 진리를 짓밟아 진리는 거짓을 피해 하늘로 달아나고, 성스러운 루시의 대지에는 거짓만이 횡행하여 땅이 울고 사람들은 분노한다"며, 잃어버린 '프라브다'의 회복을 희구하는 간절한 마음이 13~15세기의 민중 종교시에 잘 표현되어 있다.

러시아의 민중들 가운데에는 지상을 지배하는 거짓을 타파하고 프라브다를 실현하는 것이 차르의 할 일이라는 생각이 있었다. 이윽고 그러한 생각은 "현재 제위에 있는 것은 가짜 차르이고 진짜 차르는 악인에게 추방당해 몸을 숨기고 있다. 그러나 우리를 구하기 위해 곧 돌아올 것이다"라는 관념으

독립을 요구하는 리투아니아 시위대. 1939년 독소조약을 상기시키는 '소련-나치스 협약' 플래카드를 들고 있다.

로 변했다. '구세주 차르'의 신화다. 19세기에 들어 그러한 관념은, 제위에 있는 차르가 우리에게 볼랴(자유)와 토지를 주려 하는데 나쁜 귀족들이 그 뜻을 막고 있다는 '통치하는 해방자 차르'의 신화로 변했다.

'볼랴'라는 말에는 '자유'와 '의지'라는 뜻이 함께 담겨 있다. 즉, 자신의 의지대로 살 수 있는 상태로서의 자유를 뜻한다. 러시아인은 전통적으로 "고기를 한점 더 먹는 것보다는 가슴 가득히 자유롭게 공기를 호흡하는 일을 보다 높은 가치"라고 믿었다. '카자흐의 자유'에도 이러한 민중의 바람이 녹아들어 있다.

이처럼 돌아오는 차르의 힘으로 프라브다와 볼랴를 일거에 실현하고자 하는 민중들의 희망이 국가와 혁명 사이에서 동요하며 근래의 역사를 이끌어온 추동력이었다고 할 수 있다. 금세기 초엽의 러시아 혁명은 민중이 황제에게 프라브다를 구하여 동궁(겨울 궁전)을 향해 행진한 '피의 일요일'로부터 시작되었다.

위와 같은 여러 조건 위에서 러시아는 '위로부터의 혁명'이 거듭 반복되면서 발전해왔다. 영국의 소련사 연구가 E. H. 카는 그의 〈일국사회주의〉에서 이렇게 말했다.

"발전 패턴은 '위로부터의 혁명'이라는 개념에 기초를 두고 있다. 개혁이 아래로부터 일어나지 않고 대외적 위기의 압력으로 행해진다. 지배층 내에서 뒤늦게나마 효과적인 권력과 그것을 행사할 강한 지도자를 찾게 되는 것이다. 그 결과 러시아에서 개혁은 권력의 강화와 집중을 의미한다."

후진성의 의식, 안전보장에 대한 강한 집착, 국가주의 제국 관념은 '위로부터의 혁명'을 거듭 반복시킨다. '위로부터의 혁명'은 강한 외세와 대치하는 속에서 체제를 근본적으로 개선, 강화할 목적으로 강력한 국가권력에 의해 발동, 실행되는 대규모의 격렬한 개혁이다.

러시아 역사상 첫 번째 '위로부터의 혁명'은 이반 뇌제에 의해 행해졌고 두 번째는 18세기 표트르 대제의 혁명이며, 세 번째는 19세기 알렉산드르 2세의 '대개혁'이다. 그 뒤로 두 차례의 혁명에 이어 1929년 네 번째로 스탈린의 '위로부터의 혁명'이 온다. 그리고 마지막으로는 고르바초프의 페레스트로이카다.

그전까지의 '위로부터의 혁명'이 모두 국가권력의 강화를 가져온 데 반해 페레스트로이카로 시작된 최근의 러시아 사태는 권력의 분산과 민주화를 가져왔고, 급기야는 체제의 붕괴까지 몰고 왔다.

소련의 역사만이 아니라 러시아의 전 역사를 통틀어서도 초유의 사태가 벌어진 것이다. 여기서 몇 가지 의문이 제기된다. 이로써 러시아사의 연속성은 파괴된 것일까?

소련의 붕괴와 함께 정의와 자유를 일거에 실현하려는 러시아 인민들의 소망 또한 묻혀버린 것일까? 러시아인들은 지금 스스로의 노력으로 새로운 사회를 만들려는 개혁의 길을 걷고 있는 것일까? 그 답을 내기 위해서는 러시아의 역사와 현실을 조금 더 돌아보고 또 지켜보아야 할 것 같다.

러시아가 남긴 유산과 교훈

러시아는 오랫동안 문화적으로 후진국이었다. 우리 역사와 비교해보면 고구려가 만주벌판을 경영하고 백제가 요동반도와 산동반도, 일본까지를 잇는 해상제국을 건설할 무렵 러시아는 아직 부족 단위의 생활을 하고 있었고, 9세기 말엽 통일신라와 발해가 남북국 시대를 형성하고 있던 무렵에야 키예프에 최초의 국가다운 국가가 세워졌다. 그 후 고려가 금속활자를 만들어 책을 인쇄해낼 무렵 러시아에서는 겨우 최초의 연대기가 쓰여 지고 최초의 법전이 마련됐다.

비록 구전 민요나 서사시 등의 민중들 사이에서 활발하게 유포되고 교회에서 러시아의 독특한 음악성이 착실하게 연마되긴 했으나, 러시아 문화가 활짝 핀 것은 근래에 이르러서였다.

19세기 들어 러시아 문학과 음악은 폭발적으로 성장하여 일거에 세계 최고수준의 작품들을 쏟아내기 시작했다. 푸시킨, 고골리, 투르게네프, 도스토예프스키, 톨스토이, 체호프, 등의 문호와 무소르크스키, 차이코프스키 등의 작곡가를 높은 봉우리로 하여 회화·발레·오페라·연극 등의 분야에서 숱한 거장들을 배출해낸 것이다. 이들은 러시아가 인류에게 준 귀중한 유산이다.

20세기의 러시아는 러시아 혁명과 사회주의 건설이라는 거대한 사건과 시도로써 세계인을 주목케 했다. 인간이 모든 착취와 억압으로부터 해방되고 진정한 평등·평화가 넘치는 유토피아를 구현하려는 과정에서 겪은 온갖 우여곡절에 한편에서는 박수를 보내고 한편에서는 질타하면서 많은 사람들이 그 추이를 지켜보았다. 그러나 그 거대한 시도는 끝내 실패로 막을 내리고 말았다.

20세기의 러시아사는 만인에게 커다란 발자취와 교훈을 남겼다. 각기 입장에 따라 평가도 다르고 얻은 교훈도 다르겠지만, 적어도 반제국주의 운동을 고무하고 나치 독일을 괴멸시키며 서방의 복지국가화를 촉진한 것 등은 20세기 러시아인의 커다란 공적임에 틀림없다.

숱한 고난과 역경을 이겨내며 살아온 러시아인들의 끈질긴 생명력은 그 자체만으로도 우리에게 짙은 감동을 준다. 이들이 다시 어떤 모습으로 우리 앞에 나타날지 궁금하다.

러시아 역사의 시작:
남러시아 초원의 그리스-이란 문화
(BC 7~AD 2세기)

　러시아 역사는 흔히 북방의 노르만인이 러시아 땅에 출현하여 키예프 러시아를 세웠다고 전해지는 9세기로부터 시작한다. 그전 시대를 말해주는 러시아의 문헌이 없고, 다른 나라의 사료에도 러시아에 관한 언급이 거의 없거나 매우 불충분하기 때문이다.

　그로 인해 러시아의 태동에 관한 역사는 특정한 목적하에 각색된 전설이나 수수께끼와도 같은 이야기로 전해져왔다. 그러한 '전설'의 가장 대표적인 예는 12세기 초에 한 수도사에 의해 씌어진 〈원초 연대기-지나간 세월의 이야기〉의 기록이다. 그에 따르면 노르만족의 일파인 바랴기가 슬라브인들의 요청에 의해 러시아 땅에 내려와 키예프 루시를 건설했고, 그로부터 러시아의 역사가 시작되었다고 한다.

　그러나 20세기의 고고학과 언어학은 적어도 70만 년 전부터 흑해로 흘러드는 드네프르 · 돈 · 드네스트르강과 카프카스 지방, 볼가강 유역, 시베리아 남부지방에서 인류의 발자취를 찾아냈고, 기원전 4000~3000년경에 이미 몇몇 지역에서 신석기와 토기를 사용하는 농경문화가 형성됐음을 밝혀냈다.

　그와 아울러, BC 2000년경부터 당시 선진 문화권을 형성했던 메소포타미아와 그리스 가까운 쪽으로부터 청동기문명이 도입되고 이어 철기문명이 들어오면서 당시 서유럽 지역과 비슷한 발전 수준을 보이고 있었다는 사실도 밝혀졌다. 적어도 남러시아 지역은 당시의 수준으로 볼 때 결코 캄캄한 미개지는 아니었던 것이다.

최근에 와서 그동안 잊혀져 있던 고대 러시아 세계의 복원이 이루어지고 있다. 그중 가장 먼저 빛을 본 것이 스키타이 문명이고, 그 뒤를 이어 새롭게 조명되는 것이 아르메니아 지방의 강

스키타이의 황금제 빗. 빗머리에 장식된 전사들은 호전적인 유목민인 스키타이인으로, BC 7세기경 러시아에 정착, 발달된 철기문명으로 강력한 국가를 세웠다.

성한 노예제 국가였던 우라르투 왕국과, 흑해 북안의 킴메르인 국가, 여러 개의 그리스 식민시와 보스포루스 왕국, 중앙아시아의 호라즘 왕국 등등이다. 그러나 무엇보다도 의미가 깊은 것은 러시아사의 주역인 옛 슬라브인들의 생활모습과 그 역사적 자리매김일 것이다.

러시아사의 첫 장면에서는 이란계 유목민과 그리스 식민시를 중심으로 하여 형성된 고대 남러시아의 그리스-이란 문화를 살펴보기로 한다. 비록 러시아인의 역사는 아닐지라도 거기서 러시아사의 기본 토대를 이루는 몇 가지 중요한 요소들을 볼 수 있기 때문이다.

BC 1000년경 흑해 북안의 비옥한 초원지대에 킴메르인들이 자리를 잡았다. 이들이 기록상 러시아의 대지에 최초로 그 이름을 나타내는 민족이다. 농경민족이었던 이들은 철제 도구를 가지고 이 땅에 들어와 토착민들 위에 서서 약 3세기 동안 남러시아를 지배했다.

이어 BC 7세기경 이란계의 유목민 스키타이인이 말을 타고 들어와 킴메르인들을 쫓아내고 새로운 국가를 세웠다. 제우스와 드네프르강의 딸의 후손

임을 자처한 이들 스키타이인은 매우 용맹스러운 민족이었다. 이들은 안장을 얹은 말을 타고 활과 단검을 자유자재로 쓰면서 기동성과 전격전으로 남러시아의 초원을 휩쓸었다. 당시 강국이었던 페르시아까지도 이들을 당하지 못했다.

스키타이인은 서쪽으로 다뉴브강에서 동쪽으로 돈강과 카프카스에 이르는 넓은 지역에 강력한 군사국가를 세우고 약 400년 동안 남러시아를 안정적으로 지배했다. 이들의 지배 아래서 남러시아의 토착문화가 다양한 외래문화와 접촉하며 발전해갔고, 초원지대의 북부에서는 농업이 계속 번창했다.

이러한 토대 위에서 '스키타이 동물 양식'이라고 불리는 독특한 문화가 창조됐다. 유목민들의 생활을 사실적으로 반영한 소재에 그리스 미술의 영향이 가미되어 창조된 이 청동제 · 금은제 공예품들은 특유의 생기가 넘친다. 스키타이의 옛 무덤에서는 그밖에도 청동제검 세 날개 청동 화살촉, 창, 활과 화살, 갑옷, 투구 등의 무기, 재갈 등의 마구 등이 출토되어 당시 스키타이인의 활동상을 보여준다.

BC 300년경 강력한 스키타이 국가도 같은 이란 계의 사르마트인들에게 무너졌다. 갑옷과 투구, 창과 긴 칼을 쓰는 중무장의 기병대를 가진 사르마트인이 스키타이의 경기병대를 무찔렀던 것이다. 이들은 신속히 스키타이인의 자리를 대신 차지한 후 남러시아의 초원지대를 가로지르는 동서 교역로를 개척했다. 사르마트의 여러 부족 중 가장 유명한 것이 당시의 지도에 종종 나타나는 알란족이다. 이들은 로마가 대제국을 건설해 유럽 전역이 로마 군병의 발 아래 무릎을 꿇었을 때에도, 그 세력권 밖에 서서 AD 200년 경까지 약 500년 동안 남러시아를 지배했다.

흑해 북안과 러시아의 초원지대에 그리스-이란 문화가 발전한 것은 바로 스키타이-사르마트 시대였다. 먼저 스키타이인과 사르마트인들에 의해 이란 문화의 요소들이 표출됐다. 언어와 관습과 종교와 전쟁 중시 사상, 독특한 장식미술, 힘 있는 공예기술 등이 그것이다. 그 바탕에 풍요로운 그리스 식민시들을 통해서 그리스 문명이 전해지면서 독특한 문화가 창출됐다.

그리스인들은 소아시아와 발칸반도를 거쳐 BC 7세기 중반부터 흑해 북안에 자리 잡고 상업을 발달시켰다. 유명한 식민시로는 일찍이 헤르도토스가 잠시 기거하면서 이 지역에 관한 귀중한 사료를 후세에 전해준 도시 올비아, 크림반도에 있던 케르소네소스, 아조프해와 흑해를 잇는 케르치 해협의 판티카파에움과 파나고리아 등이다. 이들은 남러시아의 곡물을 그리스 세계로 수입하는 등 다양한 종류의 교역에 종사했다. BC 5세기경 케르치 해협에 있던 그리스인 거류지를 중심으로 보스포루스 왕국이 건설되었다.

흑해 북안을 차지하고 있던 그리스 식민시들과 내륙의 초원지대를 지배하던 스키타이인과 사르마트인들은 서로를 공격하지 않고 공존하는 길을 택했다. 교역과 교류가 활발해지면서 상호간의 결혼, 문화 침투가 빠른 속도로 진행됐다. 그 결과 높은 수준의 문화적·정치적 통합이 이루어졌다. 그 실례의 하나가 보스포루스 왕국이다.

오늘날 모스크바의 역사박물관이나 에르미타슈 미술관의 전시실을 잠깐만 둘러보면, 이 당시 남러시아에서 꽃피었던 고대 그리스-이란 문화의 영광스런 자취를 확인할 수 있다. 남러시아 역사의 이 한 장면에서부터 러시아사의 한 특징을 이루는 동과 서로부터의 문화적 침투와 그 토착화 현상을 볼 수 있는 것이다.

거센 동풍:
아시아계 이민족의 남러시아 지배
(AD 4~9세기)

러시아의 대지는 크게 북쪽의 삼림과 남쪽의 초원으로 나뉜다. 북쪽의 삼림지대는 나무는 풍부하지만 대륙성의 혹한 기후를 보이는 데다 토지가 척박해 농사짓기에 좋은 땅이 아니다. 그에 반해 남쪽의 초원지대는 기후도 비교적 온화하고 땅도 기름진 흑토(체르노젬)여서 소출이 좋다. 이 드넓은 대초원이 흑해 북안에서 저 멀리 몽골 고원까지 장애물 하나 없이 끝없이 펼쳐져 있다.

본디 삼림지대의 숲이나 늪에서 모진 노동에 시달리던 슬라브인들은 언제나 남쪽의 광활한 대초원에 강하게 끌리고 있었다. 대초원은 기름질 뿐만 아니라 경관 또한 아름다웠다. 소설가 고골리는 그의 〈대장 불리바〉에서 대초원의 정경을 다음과 같이 묘사했다.

"그 무렵 러시아 남부는 온통 푸른 잎으로 덮인 처녀지였다. 야생의 잡초가 끝없이 물결치는 토지는 한 번도 쟁기로 찍힌 일이 없다. 그곳에 숨어 사는 말떼들이 높이 자란 풀들을 짓밟으며 지나간 자국이 군데군데 보일 뿐이다. 세상에 이토록 아름다운 곳이 또 있을까? 눈이 닿는 데는 온통 빛나는 녹색의 대양처럼 반짝이며 일곱 가지 색깔의 꽃들이 여기저기 얼굴을 내밀고 있다….

저녁이 되면 대초원은 전혀 새로운 곳이 된다. 갖가지 색깔로 빛나던 대초원이 마지막 태양 빛에 싸여 조금씩 어두워가고, 식물들의 향기가 짙어간다. 꽃이란 꽃, 풀이란 풀이 온통 향기를 내뿜어 대초원 전역이 야성적이면서도 그윽한 내 음 속에 파묻힌다. 낮의 음악이 물러가고 다른 음악이 들린다. 얼룩무늬 마모트가 구멍에서 나와 뒷다리로 서서 내는 휘파람 소리가 대초원 전체에 울려퍼진다. 귀뚜라미 날개 소리가 차츰 다른 소리를 덮는다."

슬라브의 우상. 고대 러시아의 토착 종교가 나타나 있는 이 오벨리스크의 맨 꼭대기 상은 하늘의 신, 가운데는 조그만 인간, 맨 아래는 저승에 사는 악마의 좌상이다. 높이 2.8m.

슬라브인들이 이 대초원에 정착하여 경작을 하려고 한 것은 당연하다. 실제로 그들은 몇 번이나 시도했다. 그러나 대초원은 꿈의 대지임과 동시에 무시무시한 곳이기도 했다. 탁 트인데다가 풀이 무성했기 때문에 사나운 유목민들이 쉽게 들이닥쳤던 것이다.

러시아의 대초원이 슬라브인의 삶의 터전이 되기까지는 아직도 한참을 더 기다려야 했다. 실제로 키예프 러시아가 강성했던 11세기 전후의 짧은 기간을 제외하고는 16세기에 이르기까지 수천 년 동안 남러시아 초원지대의 주인은 아시아계 유목민족이었다. 따라서 러시아의 역사에서 슬라브인을 등장시키기에 앞서 이들의 얘기를 전하지 않을 수 없다. 이들 역시 넓은 의미의 러시아 세계를 이루는 구성원들일 뿐만 아니라 이들의 이동이 미친 파급이 적지 않기 때문이다.

역사상에 기록을 남긴 것만 해도 적어도 여덟 차례, 아시아계의 유목민들이 남러시아에 몰려왔다. 정확한 기록이 남아 있는 최초의 유목민족으로서 BC 700년경에 스키타이인이 동쪽으로부터 들이닥쳤고 뒤를 이어 사르마트인이 들어와 AD 200년경까지 남러시아를 지배했음은 앞서 얘기한 바와 같다.

사르마트인의 지배는 동쪽이 아니라 북쪽에서 내려온 게르만계의 고트족에 의해 분쇄됐다. 이들은 남러시아에서 서고트족과 동고트족으로 갈라졌고, 이중 동고트족이 흑해에서 발트해에 이르는 대제국을 세우고 370년경까지 러시아를 지배했다.

고트족의 시대는 다시 동쪽에서 온 훈족의 침입으로 끝났다. 훈족의 이동은 유럽의 역사에 대파란을 몰고 왔다. 흉노족의 일파인 훈족은 372년경 중앙아시아에서부터 서진을 시작, 러시아의 광막한 초원지대를 거침없이 내달려 동고트족을 박살내고 단숨에 서유럽 깊숙이까지 쳐들어갔다. 작은 눈에 넓적한 어깨, 짧은 다리를 가진 그들은 말 등에서 밥 먹고 잠을 잤으며 그 용맹을 따를 자가 없었다.

짧은 기간이지만 훈족은 5세기 초 아틸라의 지도하에 다뉴브강 북안을 근거지로 하여 북유럽 전체를 아우르는 대제국을 건설했다. 로마의 심장부까지도 위협했던 제국은 그러나, 451년 프랑스 서부의 살롱 전투에서 패하고 2년 후 아틸라 왕이 죽으면서 붕괴하고 만다.

훈족의 침입과 그들에게 밀려난 동고트족의 이동으로 유럽 전역에 '게르만의 대이동'이 시작됐다. 그와 함께 로마가 멸망하면서 고대세계가 붕괴하고 유럽이 중세로 접어든다. 슬라브인이 동·서·남의 세 족속으로 갈라지는 것도 이때다.

남러시아를 내습한 다음 파도는 아바르인이었다. 몸집이 크고 전투능력이 탁월하여 잔인한 짓을 예사로 한 아바르인은, 558년 러시아의 초원에 들어와 100여 년간 남러시아를 지배했다. 한창 성할 때에는 비잔틴 제국까지 크게 위협했으나 이들의 지배가 종식된 후 그 국가는 거의 흔적도 없이 붕괴되고 말았다. 유동적이고, 정치적으로 미숙하며, 문화적으로 허약한 유목민들의 공통된 운명이었다.

그 후 7세기 남러시아 볼가 유역에 새로운 세력이 하나 등장하니, 바로 하자르국이다. 7세기 중엽부터 10세기 초까지 볼가 유역과 북카프카스 지방을 지배한 하자르인들은 이전의 훈족이나 아바르인과는 달리 약탈이나 살육을 삼가고 정주생활을 하면서 상업과 농업을 발전시켰다.

9세기 들어 지배층은 유태교로 개종했으나, 종교에 관용을 보여 기독교와 이슬람교, 그 밖의 이교도들이 국가 내에 공존했다. 하자르의 상업은 크게 확대되어 동으로는 중국에서부터 서로는 에스파냐에까지 그 힘이 미쳤다. 강력한 하자르국은 씨족사회 단계에 있던 슬라브 농경 목축민에게 큰 영향을 주었고, 9세기 중반에 들면 동슬라브의 몇몇 부족이 하자르에 조공을 바치는 관계가 된다.

이어 하자르가 아랍 제국에 밀려 힘을 잃은 후 페체네크인과 폴로베츠인이 차례로 초원지대에 등장하여 슬라브인들을 위협했고, 마지막으로 몽골족이 초원의 지배자로 등장하여 러시아인에게 이른바 '타타르의 멍에'를 씌운다.

러시아인의 외국인에 대한 배타성, 대외적인 위협에 대한 지나칠 정도의 경계심은 이런 역사적 배경을 모르고서는 이해할 수 없다. 옛 러시아인들은 오랫동안 동쪽을 두려워하면서 살아왔다. 언제 또 무서운 적이 폭풍처럼 덮쳐올지 몰랐기 때문이다. 훗날 그들은 서유럽에 대해서도 같은 두려움을 안게 된다.

슬라브인,
러시아 대지에 뿌리 내리다:
슬라브인의 이동과 정착(AD 5~9세기)

러시아의 광활한 대지를 가꾸며 역사를 이끌어간 슬라브인이 문헌에 등장하는 것은 매우 늦다. BC 5세기에 저술된 헤로도토스의 〈역사〉에 드네프르강과 부크강 유역에 살며 1년에 한 번씩 며칠 동안 늑대로 변신한다는 네우로이인에 대한 이야기가 나온다. 거주지나 민속(늑대 제사)으로 보아 이들이 슬라브인의 한 종족이었을 것으로 여겨진다. 또한 헤로도토스의 '스키타이 농민'이란 표현 속에 슬라브족이 숨어 있는지도 모른다. 그러나 그것들은 추정의 수준을 넘지 못한다.

슬라브인에 대한 확실한 정보는 서기 1~2세기에 살던 로마의 역사가 플리니우스와 타키투스, 그리고 6세기 비잔틴 제국의 역사가 프로코피우스, 고트족의 역사가 요르다네스의 저서에서 볼 수 있다. 여기서 슬라브인은 베네디, 안테스, 스클라베노이라는 이름으로 여기저기에 등장한다.

그러나, 여러 가지 정황으로 보아 슬라브인들은 그보다 훨씬 전, 일찍이는 BC 10세기 무렵부터 우크라이나의 드네스트르강과 드네프르강의 중·상류, 폴란드의 비스툴라강을 중심으로 한 삼림과 늪지대를 이동하면서 농사를 지으며 살고 있었음에 틀림없다. 응집력과 군사력이 약했던 탓으로 뒤늦게야 역사의 수면으로 떠올랐을 따름이다.

　프로코피우스는 슬라브인에 대해서 "그들은 초라한 움막에서 서로 멀리 떨어져 살고 있으며 거주지를 자주 바꾼다."라고 썼다. 그들은 통나무를 세우고 흙벽을 바른 허름한 움집에 살았다. 기본 생업은 화전 농업과 목축이었으나 어로나 수렵에도 뛰어나고 양봉기술도 터득하고 있었다. 슬라브 인은 강력한 군사조직을 갖추지 못해 위험이 닥치면 집을 버리고 성채가 있는 야영지로 피했다.

　2~4세기에 고트인이 남하하면서 슬라브인의 거주지를 휩쓸자 슬라브인은 동과 서로 나뉘었다. 이어 4~5세기에 훈족에 쫓긴 슬라브인의 한 무리가 다뉴브강 하류를 거쳐 발칸반도의 비잔틴 제국으로 들어갔다. 그 뒤 훈족의 제국이 붕괴하면서 슬라브인은 서로는 엘베강에서, 동으로는 발트해 남동부와 드네프르강 상류 전역으로 진출했다.

　이 와중에서 슬라브인은 셋으로 갈라졌다. 그 하나는 서쪽으로 흘러들어가 로마 카톨릭을 받아들이면서 서유럽권에 통합된 서슬라브족으로, 오늘날의 폴란드 · 체코 · 슬로바키아 인이 이에 속한다. 남서쪽으로 이동해 발칸반도에 정착한 남슬라브인은 오늘날의 세르비아 · 크로아티아 · 슬로베니아 · 불가리아인이 되었다. 그리고 동쪽으로 이동하여 러시아 평원에 정착한 것이 동슬라브족이다.

　동슬라브족은 이후 몇 세기에 걸쳐 북쪽으로는 발트해 남동안에서 북극해, 남쪽으로는 흑해 북서안에서 다뉴브강 하류, 동쪽으로는 오카강(볼가강의 지류)에 이르는 넓은 지역을 삶의 터전으로 삼으면서, 서서히 러시아사의 주인공으로 떠오른다.

　고대 슬라브인의 사회는 가부장제의 씨족사회였는데, 수십 호 정도가 모여 공동체를 이루어 살았다. 장로나 선출된 우두머리가 통솔했으며 재산은 공동소유였다. 중요한 사항은 가장들이 부락집회를 조직, 전원 합의 방식으로 결정했고, 관습법에 따라 공동체 생활을 엄격히 규제했다.

　종교의 최고 형태는 조상숭배였으며, 번개의 신 페룬과 가축과 부의 신 벨레스를 최고의 신으로 모셨고, 농경 의례와 관계있는 신으로 불의 신 스바로

약 3,000년 전에 그려진 북러시아의 원시 암면벽화. 물새와 배는 바다와 밀접한 관계를, 해와 달의 상징을 가진 털옷 입은 남자와 큰 사슴은 이들이 수렵도 했다는 것을 말해준다.

크와 태양신 다지보크, 바람의 신 스트리보크 등 다양한 신들이 있었다. 이밖에도 키, 시체크 등 전설상의 영웅이 신화적 서사시에 출현하며, 숲의 정령 레시, 물의 정령 보댜노이, 집의 정령 도모보이, 물과 숲의 정령 루살카, 마녀 야가 할멈, 불사의 노인 코시체이 등이 슬라브 민화에 자주 등장한다. 이러한 이교도적 민속신앙은 이후 기독교가 전파되면서 교묘하게 변형되어 민간에 전승된다.

9세기경 동슬라브족의 경제와 사회와 문화는 상당한 발전을 보이고 있었다. 당시 12개 부족의 느슨한 연맹을 형성하고 있던 이들은 철제 도구를 사용하는 꽤 수준 높은 농업기술을 갖고 있었고, 어업 · 수렵 · 양봉 · 축우 등에 종사하는 사람도 많았다. 또한 직조 · 목공 · 금속 세공 · 도기 제조 등의 수공업이 발달하면서 경제생활에 큰 변화가 일어났으며, 넓은 지역에서 다양한 상업이 이루어졌다.

교역이 발달하면서 수로가 만나는 지점을 중심으로 수백 개의 상업부락이 형성됐다. 상업부락은 곧 그 일대의 중심지가 됐고, 상인들은 재산을 보호하고 안전을 유지하기 위해 마을 주위에 성채를 쌓았다. 이어 성채를 중심으로 요새처럼 방비된 도시들이 러시아 평원의 여기저기에 자리잡았다. 노브고로트, 스몰렌스크, 키예프 등의 유서 깊은 도시들이 바로 이 무렵에 형성됐다.

하지만 삼림과 늪지대의 척박한 땅에서 혹독한 기후를 이겨내며 살아가기란 결코 쉬운 일이 아니었다. 동슬라브인들은 차츰 남쪽의 초원지대와 흑해와 발칸반도에 눈을 돌렸다. 하자르와 교역도 시작하고 다뉴브강 하류와 비잔틴 제국에 군사원정도 감행했다.

그러나 주변의 나라들은 군사력이 보잘것없었던 동슬라브족으로서는 넘보지 못할 강국들이었다. 북으로는 호전적인 노르만족, 동으로는 강력한 상업국가인 볼가 불가르 왕국, 남동쪽으로는 그보다 한 수 더 위인 하자르국, 남쪽으로는 막강한 비잔틴 제국이 버티고 있었던 것이다.

힘이 약한 슬라브인은 이중 누군가를 지배자로 받들어 모시거나 자기편으로 끌어들이지 않을 수 없었다.

'루시의 나라' 세워지다:
키예프 러시아 건국(882년)

"그리하여 그들은 바다 건너 바랴기인, 루시족에게로 갔다. 일부가 스웨덴인으로, 또 일부가 노르만인, 앵글인, 고트인으로 불리듯이, 이 바랴기인들은 루시인으로 알려졌으나, 곧 그들이 그렇게 불렸기 때문이다.

슬라브의 크리비치 부족에 속하는 추도인이 이윽고 그들에게 말했다.

'우리의 온 땅이 크고 부유한데, 그러나 거기에는 질서가 없습니다. 와서 우리들을 다스려주십시오!'

그리하여 그들은 세 형제와 그 친구들을 뽑았고, 그들은 모든 루시인을 데리고 함께 이주했다. 맏이인 류리크는 노브고로트에 자리 잡았고, 둘째인 시네우스는 비엘로셀로에, 셋째인 트루보르는 이즈보르스크에 자리잡았다.

이 바랴기인들로 하여 노브고로트 지역은 루시의 땅으로 알려지게 되었다. 노브고로트의 현재 주민은 바랴기인의 후손인데, 그러나 그전의 주민은 슬라브족이었다."

12세기 초에 편찬된 〈원초 연대기-지나간 세월의 이야기〉는 최초의 루시 국가인 키예프 러시아의 건국 배경에 대해 이렇게 쓰고 있다. 이른바 862년 류리크의 노브고로트 정착 이야기다. 이 전설은 882년 류리크의 한 측근인

노르만족은 9세기에서 11세기에 걸쳐 활발한 이동을 보여, 류리크 왕조와 노르망디 공국, 영국의 노르만 왕조 등을 세웠다. 그림은 레일리히 작의 〈바다를 건너온 방문자들〉.

올레크의 키예프 건국으로 이어진다. 여기서 노르만 초빙 건국설이 강력하게 대두됐다.

그러나 후세의 연구에서 당시 '루시의 나라'가 세워진 것은 사실이나, 그 이야기 중 많은 부분이 각색된 것임이 드러났다.

당시 12개의 부족으로 나뉘어 있던 동슬라브인은 수로상의 요지마다 도시를 세우고, 그 지도자를 중심으로 하여 작은 공후국들을 발전시켜나갔다. 그 중 가장 강력한 것이 6세기 말에 폴랴닌 부족의 한 공후, 키가 동생들과 함께 드네프르 강변에 세웠다고 전해지는 키예프다.

동슬라브인들은 아바르족, 하자르족 등 유목민으로부터 잦은 공격을 받았고, 반면에 다뉴브강 유역과 비잔티움 가까이까지 쳐들어가기도 했다. 공방전이 거듭되는 가운데 키예프 주변의 동슬라브인은 점점 내부 결속력을 다져갔다. 그와 함께, 연원은 확실치 않으나 스스로를 '루시'라 부르고 자기들이 살던 곳을 '루시의 땅'이라고 부르게 되었다.

여기서 '키예프 루시'라는 공국이 자라났고, 이 공국은 9세기 초에 이르러 동슬라브 여러 부족의 절반 정도에 어느 정도 영향력을 미치게 된다.

한편, 당시 '바이킹'(러시아어로는 바랴기)이라는 이름으로 서유럽과 이탈리아의 해안을 휩쓸던 북유럽의 노르만족은 비잔틴 제국으로 통하는 육상 교역로를 개척하고자 러시아의 강들에 진출하기 시작했다. 그들은 핀란드 만에서 네바강 · 라도가호 · 볼호프강 · 일멘호 · 로바트강 · 발다이 구릉 · 드네프르강을 거쳐 흑해로 통하는, 이른바 '바랴기에서 그리스로 가는 길'을 따라 침입해 들어왔다.

그 무렵 부족 간의 알력으로 약해져 있던 루시인들은 그들을 막아 낼 수 없었다. 바랴기 인들은 회유와 정복책을 병용하면서 루시의 땅을 손아귀에 넣어갔다. 860년경 북쪽 일멘호 근처에 있던 노브고로트가 바랴기의 수중에 들어갔고, 이어 남쪽에 있던 키예프도 그들의 손에 떨어졌다.

그 와중에서 882년에 류리크의 친척이라고 전해지는 올레크가 마침내 키예프에 들어와 종전의 지배자들을 몰아낸 후 스스로를 키예프 대공이라 불렀다. 그러고는 주위의 슬라브 부족들을 자신의 발 아래 굴복시켜갔다. 이것이 '키예프 루시'의 시작이다.

초창기의 키예프 러시아는 통합력이 그다지 강하지 않았다. 사실, 그 세력이 미치는 지방의 몇몇 공, 도시국가, 부족들이 키예프 대공의 종주권과 조세 징수권을 인정하면서 느슨한 통일성을 유지하고 있는 데 지나지 않았다. 특히 동슬라브인 거주 지역의 한쪽 중심을 형성한 노브고로트의 자주성은 강했고, 드레블랴닌 · 세베르 · 라디미치 등의 부족도 심심치 않게 저항을 해왔다. 게다가 초원지대의 하자르인과 페체네크인은 여전히 두려운 존재였다.

키예프 대공들은 군사력을 강화, 대규모 원정을 감행함으로써 권력을 굳히는 방법을 택했다. 올레크는 907년 비잔티움을 공략하여 비잔틴 황제와 통상조약을 맺었고, 후임자 이고리 역시 카프카스와 비잔틴, 소아시아 북쪽 해안에까지 원정군을 파견하여 대공의 위세를 떨쳤다.

이렇게 성립된 키예프 러시아는 향후 350년간 러시아의 대지를 지배하면서 아름다운 건축물과 성화로 유명한 중세 초기 러시아의 찬란한 문화를 꽃피운다.

한편, 키예프 러시아의 초기 지배자로 등장한 바랴기인은 2세기도 가지 않아 러시아의 역사에서 그 민족적 자취가 사라진다.

슬라브인의 당시 남러시아의 문화수준에 미치지 못하던 바랴기의 이국적 요소들을 모두 흡수해 동화시켜버린 것이다. 다시 말해, 류리크 왕조의 키예프 러시아는 초창기 지배자의 혈통을 제외하고는 철저히 러시아적인 나라, 슬라브적인 나라였으며, 그 깃발 아래서 동슬라브족 전체는 민족적 일체감을 형성하고 있었다.

스뱌토슬라프와 블라디미르:
키예프 국가의 확립(10세기 말)

동서고금을 막론하고 모든 국가의 초창기 역사에는 총칼로 이웃을 정복하여 나라의 터를 닦는 자가 있다. 키예프의 경우 스뱌토슬라프가 그런 사람이었다. 어머니 올가의 섭정을 끝내고 직접 통치를 시작한 962년부터 10년간의 치세 기간 동안 그는 키예프의 궁보다도 전쟁터에 있는 날이 더 많았다. 그는 본디 자신이 꿈꾸었던 것을 다 이루지는 못했으나 키예프의 영역을 엄청나게 넓혀 놓았다. 콘스탄티노플로부터 볼가 강과 카스피 해에 이르기까지 그의 발길이 닿지 않는 곳은 거의 없다.

한편, 정복왕의 업적을 계승하여 국가의 기틀을 다지는 사람이 있다. 키예프에서 블라디미르가 그런 사람이었다. 그의 시대를 거치며 키예프 러시아는 당시 유럽 어느 나라에도 비견할 만한 위세를 갖추면서 황금시대를 맞게 된다.

스뱌토슬라프는 전형적인 무사 군주의 모습으로 역사에 나타난다. 그는 흔히 카자흐 대장이나 바이킹 선장에 비유되는데, 확실히 그의 풍모와 복장·습관에는 초원지대의 카자흐를 연상시키는 바가 있다. 〈원초 연대기〉는 이렇게 묘사하고 있다.

"원정을 다닐 때 그는 마차도 솥도 갖고 다니지 않았고 어떤 고기도 삶아먹지 않았다. 오로지 말이나 소, 사냥한 짐승의 고기를 길쭉하게 베어내 숯불에 구워먹었다. 그는 또한 천막도 갖고 다니지 않았고, 다만 안장 깔개를 펼쳐 깔고 안장을 머리 밑에 괴면 그만이었다."

964년 스뱌토슬라프는 동방원정에 나섰다. 그는 먼저 하자르에게 조공을 바쳐온 동슬라브의 비아티치 부족을 정복했다. 다음에 오카강변의 핀계 부족들을 손에 넣은 후, 내처 볼가강으로 내려가 볼가 불가르국을 공략하고 수도 대불가르를 약탈했다.

그러다 갑자기 하자르국을 향하여 남쪽으로 말머리를 돌렸다. 도중에 그는 핀계와 투르크계 부족들을 종복했다. 이어 벌어진 하자르인과의 싸움에서 그의 군사는 하자르의 군대를 박살냈다. 하자르의 수도 이틸을 유린한 그는 카스피해 서쪽으로 내려가 사만다르 요새를 부수고, 거기서 서진하여 알란인과 카프카스의 몇몇 부족을 정복한 다음, 다시 돈강 어귀에 있던 하자르의 요새를 덮쳤다. 난타당한 하자르는 끝내 기운을 차리지 못하고 얼마 안 있어 소멸하고 만다.

그의 동방원정으로 동슬라브족의 완전한 통일이 이루어졌고, 중요한 수상교통로였던 돈강과 볼가강 유역 전체가 루시의 세력권 내에 들어왔다.

968년 스뱌토슬라프는 또 하나의 중요한 사업에 말려든다. 불가리아의 득세를 우려한 동로마(비잔틴) 황제의 요청으로 다뉴브강 유역에 진출한 것이다. 그는 대군을 이끌고 발칸반도로 들어가 불가리아의 수도를 점령했다.

발칸반도의 다뉴브평원을 차지한 스뱌토슬라프는 그곳이 마음에 들었다. 그곳은 그리스로부터는 황금과 비단과 포도주와 각종 과일이, 헝가리와 보헤미아로부터는 은과 말이, 러시아로부터는 모피와 밀랍과 꿀과 노예들이 들어오는 집결지였다. 그는 다뉴브강 어귀로 수도를 옮기려는 내심을 감추지 않았다.

비잔틴의 황제가 그것을 용납할 리 없었다. 그리하여 격한 전쟁이 벌어졌다. 스뱌토슬라프는 잽싸게 산맥을 넘어 비잔틴 제국으로 쳐들어가 아드리

블라드미르의 드미트리 성당의 석조. 1194~1197년에 건축된 것으로, 성당 안에는 당대의 그리스인 화가가 그린 〈최후의 심판〉 그림이 남아있다.

아노플과 콘스탄티노플을 위협했다. 그러자 비잔틴 황제는 군대를 우회시켜 불가리아의 수도를 점령해버렸다. 병참선이 끊길 위협에 처한 루시의 군대는 급히 다뉴브강으로 후퇴했고, 거기서 벌어진 전투에서 비잔틴군에게 포위되고 말았다. 이어 벌어진 협상에서 스뱌토슬라프는 발칸과 크림반도를 포기하고 앞으로는 비잔틴 제국에 도전하지 않겠다는 조건으로 화해했다.

6만 대군 중 남은 2만여 군사만을 데리고 키예프로 돌아오던 그는 도중에 길을 막고 나타난 페체네크 유목민들에게 살해됐다. 페체네크인은 그의 두개골로 잔을 만들어 술을 따라 마셨다.

스뱌토슬라프는 뛰어난 전사였지만 앞을 내다보는 안목이 부족했다. 동쪽의 방벽이었던 하자르국이 무너지자 그보다 훨씬 사나운 페체네크인이 러시아의 대초원을 밀고 들어왔다. 또한, 그가 건설한 제국은 조공제도를 무력으로 유지하는 종래의 체제를 그대로 답습하고 있었다. 슬라브인을 하나로 묶어주는 공통의 이념도 없었다. 키예프 국가의 기반이 다져지기까지는 또 한 사람의 힘이 가해져야 했다.

스뱌토슬라프의 사후 그의 세 아들 사이에 권력 다툼이 일어났다. 아버지가 죽은 지 8년 뒤인 980년 막내아들이 키예프 대공위에 오르니, 이가 곧 러시아 민요에서 영웅으로 추앙받는 블라디미르 공이다.

연대기 작가에 따르면, 블라디미르는 술을 좋아하고 여색을 밝혀 아내를 7명, 첩을 800명이나 두었으며, 기독교와 유태교·이슬람교를 심하게 박해했다. 그러나, 영토를 확장, 통합하는 일에는 광적일 만큼 정열을 쏟은 군인이며 행정가였다.

그는 먼저 8년간의 내란 동안 심하게 흔들린 키예프 대공의 권위를 재확립했다. 이어, 서쪽으로 폴란드인에게 뺏겼던 갈리치를 되찾고, 북쪽으로 리투아니아인을 쳐서 발트해 연안에 러시아 진출로를 개척했다. 그리고 대초원 깊숙이까지 들어와 있던 페체네크인을 키예프에서 이틀 거리 밖으로 몰아낸 다음, 그 경계에 방비를 단단히 갖춘 도시와 요새들을 세웠다.

또한 비잔틴의 황녀와 결혼하고 체코·폴란드·헝가리·불가리아·로마 교황 등과의 교류도 넓혀 국제적인 지위를 높였다. 언어와 문자의 보급에도 힘쓰고 그리스 문헌도 도입하여 문화발전의 토대를 닦았다.

그러나 그의 가장 큰 업적은 그리스 정교를 국교로 받아들인 것이었다. 이를 통해 동슬라브족은 이념적 통일성을 갖게 되고, 대공과 공후들의 권력이 강화되어 봉건제가 촉진되며, 비잔틴 및 유럽 세계와 가까워져 문화가 크게 발전하게 된다.

루시, 기독교를 받아들이다:
그리스 정교를 국교로(988년)

블라디미르는 988년 그리스 정교를 국교로 받아들이고 전 루시인에게 세례령을 내렸다. 이로서 이교 신앙에 젖어 있던 러시아는 기독교 세계에 편입되고, 러시아 사회는 큰 변모를 겪는다.

〈원초 연대기〉에 그리스 정교 수용에 관한 재미있는 이야기가 전해진다. 블라디미르가 정교를 수용하기 2년 전인 986년, 주변 여러 나라에서 여러 교파의 대표들이 블라디미르를 개종시키려고 그를 만났다.

먼저 유태계 하자르인이 그에게 유태교의 장점들을 설명하며 개종할 것을 설득했다. 블라디미르가 물었다.

"유태인이 왜 예루살렘에서 추방되었느뇨?"

"하느님께서 우리 조상들에게 노하시어 그 죄값으로 우리를 이방인들 사이에 분산시켰나이다."

블라디미르는 흩어진 민족의 종교에서 장래성을 볼 수 없어 이를 물리쳤다.

이어 블라디미르를 이슬람교로 개종시키고자 동쪽에서 볼가 불가르인이 왔다. 불가르인의 대표는 "이슬람교도들에게는 내세에서 마호메트가 미녀 70명씩을 주신다."면서 호색한인 블라디미르의 귀를 솔깃하게 했다. 그러나 이슬람교의 계율에 금주 조항이 있다는 말을 듣고는 이렇게 말하며 그들을 돌려보냈다.

"술은 러시아인의 기쁨이다. 우리는 이 낙이 없이는 살아가지 못한다."

로마 교황청과 비잔틴 교회에서 파견된 사절들이 블라디미르의 눈에는 반갑게 비쳤다. 할머니 올가가 957년에 이미 그리스 정교로 개종하는 등, 기독교가 이미 러시아 사회에 조금씩 뿌리를 내리고 있었기 때문이다. 블라디미르는 사신을 보내 로마 카톨릭 교회와 그리스 정교회를 비교 분석케 했다.

독일에서 로마 교회의 의식을 관찰하고 돌아온 사신은 거기서 "아무런 영광도 보지 못했노라"고 보고했다.

반면에 비잔티움의 소피아 대성당에 간 사신은 그 의식에 압도당하고 말았다.

"우리는 거기가 천상인지 지상인지 알 수 없었나이다. 그 장중함과 아름다움은 분명 지상의 것이 아니었습니다. 그를 묘사할 말을 찾을 수가 없나이다."

블라디미르는 마침내 그리스 정교를 선택했다.

이 전설 같은 이야기에 담긴 의미는 깊다. 당시 이미 동서양 문화의 교차로에 서서 두 문화를 두루 받아들이고 있던 키예프 러시아는 서양문명을 상징하는 기독교를 선택함으로써 자신을 유럽 세계의 일원으로 편입시켰다. 그 선택에는 인접국인 폴란드 · 덴마크 · 노르웨이 · 헝가리 등이 속속 기독교를 수용하고 있는 현실이 크게 작용했다. 동양 세계의 왼쪽 날개가 되기보다는 유럽 세계의 오른쪽 날개가 되는 것이 더 유리하겠다고 판단한 것이다.

한편으로 키예프 러시아는 카톨릭이 아니라 그리스 정교를 수용함으로써,

러시아는 키예프 지배자 블라디미르가 기독교로 개종함으로써 988년부터 공식적으로 기독교국이 되었다. 그림은 〈라지빌 연대기〉에 나오는 관련 부분으로, 윗부분은 그리스 정교의 화려한 의식이고, 아랫부분 사절들이 보고하는 광경이다.

서유럽 국가들에서 멀어지면서 카톨릭을 수용한 인접국들, 특히 폴란드와의 오랜 반목과 투쟁의 길을 걷게 된다. 이에는 그리스 정교 의식이 아름다움 외에, 당시 러시아가 로마로부터 멀리 떨어져 라틴 문화가 전혀 형성되지 않았던 점, 성서를 슬라브어로 번역하는 등 그리스 정교회의 사도들이 이미 오래 전부터 러시아 전도에 나섰던 점 등이 크게 작용했다.

사실 당시에는 카톨릭과 그리스 정교 세계의 대립과 반목이 그리 크지 않았다. 그러나 비잔틴 제국이 쇠잔하면서 러시아가 사실상 정교의 종주국이 되고, 그 후 러시아 정교에 슬라브적이고 동방적인 요소가 가미되면서 러시아가 유럽 사회에서 고립되는 한 요인을 형성하게 된다.

개종 후 블라디미르는 180도 태도를 바꿔 신을 두려워하는 도덕적인 생활을 했다고 전해진다. 그는 가난한 자를 돕고 죄인데 대한 형벌을 가볍게 했다. 이교도의 우상도 타파하고 각지에 교회도 세웠다. 후일 그는 러시아 교회의 성인으로 추대된다.

루시의 세계에서 기독교를 받아들이는 데는 진통이 없지 않았지만, 시간이 흐르면서 비교적 큰 무리 없이 기독교화가 진행되었다. 농민들 사이에는 근세에 이르기까지 이교도의 전통이 전해내려오긴 했으나, 정교가 민간신앙 요소를 많이 흡수하면서 농민들을 기독교의 세계로 끌어들였다.

한편, 루시의 지배자들은 기독교를 적극 환영했다. 그들은 기독교에서, 거칠고 야만스러운 이교 세계에서는 찾아볼 수 없었던 통일감과 목적의식을 발견했다. 새 종교는 또 그들에게 문명세계에의 소속감을 심어주었다.

996년 키예프에 첫 교회당인 십일세 교회가 세워짐을 시작으로 하여 러시아 곳곳에 많은 교회가 들어섰다. 러시아의 교회는 종교로서의 역할 외에, 글자를 가르치고 야만적인 관습을 순화시키는 기능이 있었으며, 어느 정도는 법률의 역할도 했다. 또 키릴 문자의 보급과 함께 러시아 문화의 발전에도 큰 역할을 했다.

또한 기독교는 정치적으로 키예프의 군주와 국가에게 나라의 통합을 촉구하고 동시에 비잔틴, 그리고 기독교 세계 전체와의 유대를 강조하는 이념적 기반을 제공했다. 러시아 교회는 차츰 중심적인 사회 기구로서 자신의 기반을 다져갔다.

정교의 도입과 함께 러시아에는 비잔틴 문화가 쏟아져 들어왔다. 문학·예술·법률·풍속·관습 등 모든 분야에서 러시아는 비잔틴으로부터 큰 영향을 받았다.

특히 건축과 회화 분야는 비잔틴의 영향으로 눈부시게 발전했다. 11세기 중반에 키예프와 노브고로트, 두 곳에 세워진 성소피아 성당은 비잔틴 양식의 영향을 받은 뛰어난 건축물로 꼽히며, 그밖에 키예프 근교의 페체르스키 수도원, 블라디미르의 우스펜스키 성당과 드미트리 성당, 블라디미르 근교 넬리 강변의 포크로프 성당도 유명하다. 또, 비잔틴 양식의 프레스코화와 모자이크화, 부조로 만든 성화 상이 유행하여 성당 등 건축물의 내부를 아름답게 장식했다.

루시, 자기 글자를 갖다:
키릴 문자의 보급(10세기)

　서양 언어에서 라틴계 알파벳에 익숙한 우리는 N자를 거꾸로 써놓은 듯한 글자나 그리스 대문자의 델타(△)나 파이(π) 비슷하게 생긴 글자를 사용하는 러시아 문자를 보면 당혹스럽다. 그 이색적인 러시아어 자모는 9세기 말에 만들어진 키릴 자모를 개량한 것으로, 오늘날과 같은 글자꼴을 갖춘 것은 18세기 초 표트르 대제 때다.

　러시아에 키릴 문자가 들어온 것은 기독교의 전래와 관계가 깊다. 기독교가 들어오면서 그 전례 언어를 기록하는 문자로서 키릴 문자가 함께 들어온 것이다.

　9세기 말부터 10세기에 걸쳐 슬라브인에게 기독교를 전파하는 데 힘을 쏟은 선교사들 가운데에 그리스인 키릴로스가 있었다. 키릴로스는 860년대에 형 메토디오스와 함께 지금의 체코인 모라비아의 슬라브인들에게 선교를 시작한다. 그때 선교의 필요에 의해 슬라브 어발음을 토대로 하여 글자를 만들었다. 그것이 글라골 문자이고, 그 문자체계에 상응하여 형성된 언어체계가 고대교회 슬라브어다. 그는 그리고 정교의 성서와 전례를 교회 슬라브 어와 글라골 문자로 번역했다.

이어 그의 제자들이 9세기 말에 불가리아에서 글라골 문자를 발전시켜 키릴 문자를 고안해냈다. 그들은 사람들이 익히고 쓰기 쉽도록 비교적 단순한 그리스 알파벳 대문자를 많이 활용했다. 선교사 키릴로스의 슬라브 명 '키릴'을 따 '키릴 문자'로 이름지어진 이 문자는 점차 슬라브 권의 동부에 퍼지면서 러시아어, 불가리아어, 세르비아어, 마케도니아어를 기록하는 문자로 정착한다.

〈이고리 공 원정기〉는 키예프 러시아의 대표적인 서사문학 작품으로 키릴 문자로 쓰인 것이다. 그림은 파보르스키의 목판화. 1954년.

10세기 들어 선교사들이 러시아에 내왕하면서 먼저 교회 슬라브어와 글라골 문자가 들어오고, 곧 이어 키릴 문자가 따라 들어왔다. 11세기까지는 성서와 설교집·기도문·찬송가 등에 글라골 문자와 키릴 문자가 함께 쓰였으나, 그 후에는 키릴 문자만이 살아남아 오늘의 러시아 문자로 이어진다.

교회 슬라브어와 키릴 문자는 기독교의 전파를 목적으로 도입됐으나, 이후 러시아의 문화유산을 기록·보존·전파하는 데 크게 기여한다.

먼저 각종 종교서적을 포함하여 그리스·로마의 많은 문헌들이 번역됐고, 이어 역사적 사건이나 각종 제도들이 문자로 기록되면서 키예프 시대의 사회와 문화를 발전시키는 데 큰 몫을 한다.

문자의 도입으로 국가의 기틀이 확고하게 다져지면서, 그와 함께 키예프의 기록문학도 급속도로 성장한다. 먼저, 기독교와 관련된 기록들이 나왔다. 성서 설화 모음집, 설교집, 찬송가, 성자들의 생애기록 등이다.

그중 유명한 것으로 페체르스키 수도원 성자들의 생애 모음집인 〈파테리콘〉과, 초창기의 가장 훌륭한 신학자이며 설교자였던 힐라리온의 설교집 〈율법과 은총〉이 있다.

이어 주로 수도사들에 의해 많은 연대기가 씌여졌다. 이 연대기들은 다소 종교적으로 각색된 바가 없지 않지만, 러시아 초창기 역사의 구체상을 전해 주는 자료로서 값진 의미가 있다. 최초의 연대기는 11세기 중엽부터 씌어져 12세기 초에 편찬된 〈지난 세월의 이야기〉로, 흔히 '원초 연대기'라 불린다. 이후 17세기에 이르기까지 키예프와 노브고로트, 블라디미르에서 많은 연대기가 편찬됐다.

세간 문학으로는 블라디미르 모노마흐의 〈유훈〉과 작자 불명인 〈이고리 공 원정기〉가 유명하다. 이중 푸시킨이 "우리나라 문학의 황야지대에 홀로 외롭게 우뚝 선 기념비"라고 부른 〈이고리 공 원정기〉는 1185년 폴로베츠인 과의 싸움을 배경으로 한 작품이다. 운율을 가진 산문으로서 서사시와 서정 시의 요소를 훌륭하게 결합시키고 있는 이 작품은 인상적인 이미지와 시적 인 서정미, 생생한 표현, 넘치는 힘이 너무도 경탄스러워 후세의 모작이라는 논쟁까지 불러일으킨 바 있다.

〈이고리 공 원정기〉는 남러시아의 한 공후, 이고리 공의 출정에서 시작해 서 전투에서의 참담한 패배, 공의 아내 야로슬라브나의 비탄에 잠긴 애도가, 이고리의 탈출과 귀환으로 이어지는데, 러시아의 공들에게 '루시의 땅을 위 해' 분기할 것을 호소하는 민족주의 요소를 강하게 가지고 있다. 야로슬라브 나가 바람과 태양과 드네프르강을 향하여 자신의 불행을 탄식하면서 남편을 도와달라고 애원하는 장면의 한 구절을 보자.

애닯구나 바람이여, 하늘을 가는 바람이여!
말해다오, 어이하여 그대는
그처럼 무정하게도 불어닥쳤느뇨?
어이하여 그대 튼튼한 날개에
미운 적 폴로베츠의 숱한 화살을 실어
우리 편 군사에게 쏘아댔느뇨?
구름 아래 높이 날며
푸른 바다 배 뒤엎는 것만으로는

성에 차지 않더란 말이더냐?
어이하여, 애닯구나 바람이여,
나의 기쁨을, 나의 행복을
바람에 흩날리는 풀들처럼
산산이 날려버렸느뇨?

지혜로운 자, 야로슬라프:
키예프의 황금기(11세기)

블라디미르에게는 열두 아들이 있었다. 그는 아들들을 각지의 공으로 파견하여 러시아를 다스렸다. 1015년에 블라디미르가 죽은 후 4년간의 혈투 끝에 한 아들이 대공위에 오르니, 이 사람이 지혜롭다 하여 '무드리'(현공)라 불린 야로슬라프다. 그는 1036년에 공위 계승 투쟁을 최종 마무리 짓고 이후 키예프의 전성기를 엮어낸다.

야로슬라프는 먼저 자신의 권력을 강화하고 외부로부터 러시아를 방어하는 데 힘을 기울였다. 잇따른 지역 반란을 차례로 진압하고 아들들과 충성스러운 신하들을 주요 도시에 파견하여 주민들을 엄격하게 다스리는 한편, 볼가 강변에 야로슬라블을 건설하는 등 영토의 확장과 안정에도 힘을 썼고, 남러시아 대초원의 페체네크인을 크게 무찌른 후 변방에 일련의 요새를 건설했다.

대외적으로는 당시 유럽 여러 왕실들과의 혼인 정책을 취하여 국제적 지위를 공고히 했다. 그 자신도 스웨덴 공주와 결혼했고, 세 딸을 노르웨이, 헝가리, 프랑스의 왕에게 시집보냈으며, 세 아들을 유럽의 공주들과 결혼시켰고, 누이 중 둘이 폴란드 왕과 비잔틴 왕자의 비가 되었다. 또, 헝가리와 노르웨이 등지에서 도망 온 군주들에게 은신처를 제공했고, 비잔틴의 허락 없이 러시아인 대주교를 임명하는 등 그 세를 과시하기도 했다.

또한 종교와 문화 · 예술 면에서도 큰 업적을 쌓았다. 종교를 크게 부흥시키고, 소피아 성당을 비롯한 여러 교회와 수도원, 황금 대문 등 훌륭한 건축물을 많이 지었다. 성당 내부를 아름답게 장식하는 등 예술도 크게 발전시켰다. 또, 글을 널리 보급하고 교육에도 힘썼다.

그러나 그의 가장 큰 업적은 러시아 최초의 법전인 〈루스카야 프라브다〉(러시아 법전)의 편찬이었다. 슬라브 관습법에 비잔틴의 법을 가미하여 만든 이 법전은 이후 약 1세기에 걸쳐 그의 아들들과 다음 세대에 의해 보강되어 러시아의 기본법으로 자리잡고, 그 후 편찬되는 모든 법전의 모범이자 기초자료가 된다.

이 법전은 피의 복수를 목숨값 지불로 대체하고, 재산의 침해에 대해서는 엄하게 규제하며 이자의 지불에 관한 규정을 두는 등, 당시의 사회 · 경제생활을 그대로 반영하고 있어 당시 키예프 러시아 사회경제사의 초고 사료로도 평가받는다.

1054년 야로슬라프가 죽은 후 키예프 러시아의 정치는 혼돈에 빠진다. 대공위를 둘러싼 분쟁이 극에 달하는 한편으로, 귀족들과 수공업자 · 상인 · 농민들의 분쟁이 끊이지 않았으며, 남쪽에서는 페제네크인의 뒤를 이어 폴로베츠인이 쳐들어와 러시아를 괴롭혔다.

혼란의 와중에서 또 한 명의 위대한 지도자 블라디미르 모노마흐가 등장한다(비잔틴 황제 모노마쿠스의 외손자라고 하여 '모

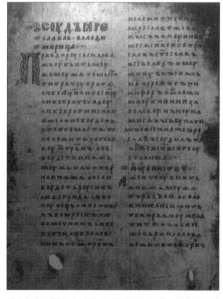

야로슬라프 현공의 가장 큰 업적으로 꼽히는 것은 러시아 최초의 법전 〈루스카야 프라브다〉의 편찬이다.

노마흐'라 불렸다). 참된 기사도의 자질을 갖추어 두루 신망이 높은데다 혁혁한 전공으로 이름을 날리던 블라디미르 모노마흐는 1113년 주민들의 추대로 대공위에 오른 후, 여러 공과 귀족들을 제압하여 내란을 종식시켰다.

그는 이어 나라 밖으로 눈을 돌려 폴로베츠, 리보니아, 핀란드, 볼가 불가르, 폴란드, 헝가리 인들을 물리쳐 국경을 안정시켰다. 특히 폴로베츠인과는 치열하게 싸워, 그의 손에 죽은 폴로베츠의 우두머리만도 200명에 달했고, 폴로베츠인 어머니들은 아이들에게 그의 이름을 들먹이며 겁을 주었다고 한다.

블라디미르 모노마흐는 능력 있고 지칠 줄 모르는 조직가이자 정치가, 이후 러시아의 중심무대가 되는 블라디미르 시의 건설자, 자손들에게 주는 〈유훈〉의 저자로 이름을 떨쳤다. 그는 또한 〈이자에 관한 법령〉과 〈채무 농민에 관한 법령〉을 제정하여 고리대금의 이자 제한과 빚진 농민의 지위 개선을 도모했다.

그는 〈유훈〉에서 아들에게 게으름 피우지 말 것, 항상 마음으로부터 신을 두려워할 것, 너그러이 자선을 베풀 것, 억압받는 자를 해방시켜줄 것, 가난한 자의 처지를 헤아려줄 것, 과부나 고아를 올바르게 처우해줄 것 등을 강조하고 있다.

1125년 블라디미르 모노마흐는 천수를 누리고 죽었다. 그 후로 키예프 러시아는 위대한 지도자를 갖지 못하고 다시 헤어나오지 못할 깊은 늪으로 빠져들면서 영광의 시대를 마감한다.

10세기 말 블라디미르 대공의 치세 때부터 12세기 초 블라디미르 모노마흐의 치세 때까지 약 150년간을 키예프의 황금시대라고 부른다. 이때 키예프는 경제·사회·문화, 모든 면에서 당대 세계 최고라 해도 지나치지 않을 부와 명성을 누렸다.

야로슬라프와 그 계승자들이 만들고 보강한 〈루스카야 프라브다〉의 여러 조항에서 당시 키예프 러시아의 사회상을 엿볼 수 있다.

키예프 러시아는 기본적으로 농업국이었다. 일찍부터 개화된 농업은 키예프가 융성해지면서 비옥한 초원지대까지도 그 영역 안으로 끌어들이면서 풍부한 농작물을 산출해냈다. 이포제 경작이 행해지고, 키예프 시대 말기에는 삼포제까지 행해지면서 생산력이 높아졌다. 이를 기반으로 대토지를 소유한 귀족들이 등장하고 자유농민들의 농노화 현상이 일어나면서 봉건제의 기반이 형성된다.

무역도 크게 발달했다. 공과 그 시종들은 발달한 수로를 따라 돌아다니면서 상품성이 높은 모피·밀랍·꿀 등으로 공물을 거둬들였다. 그들은 이것들을 다른 나라에 수출하고, 비잔틴으로부터는 포도주·비단·장식품을 동양으로부터는 향신료·보석·고급 직물을 수입했다. 교역이 활발해지면서 이를 전문적으로 담당하는 상인층이 형성됐고, 은화도 만들어졌다.

그와 더불어 도자기 제조·금속공예·모피 가공·제혁·직조·석조 건축·목공예 기술도 높은 수준으로 발전했다.

12세기 키예프 러시아의 인구는 700~800만에 달했는데, 사회가 변화하면서 계층분화가 일어났다. 맨 위에는 '크냐지', 즉 공이 있었고, 그 밑에는 공의 신하인 '드루지나'가 있었다. 드루지나는 지방귀족들과 함께 법전에는 '무지'라는 이름으로 나타나는데, 키예프 시대 말기에 이르면 '보야레'라는 이름으로 불린다. 이들이 이후 몇 세기 동안 러시아사에서 큰 비중을 차지하는 귀족층이다.

그 밑에 중간층 '류디'가 있고, 그 아래로 인구의 태반을 차지하는 촌락공동체의 자유농민 '스메르트'가 있었다. 이 자유농민층이 공에게 납부하는 세금을 전담했다. 세금은 한 가구를 뜻하는 '굴뚝 연기'와 '쟁기'를 기준으로 부과됐다.

대토지 소유자가 늘어나면서 지주에게 돈을 빌렸다가 갚지 못하는 채무농민 '자쿠프'도 함께 늘어났다. 이들은 점점 농노의 지위로 전락해갔다. 그 밑에 최하층으로 '홀로프', 즉 노예가 있었다.

그밖에 사제·수도사·수녀 등 교회기구에서 일하는 사람들이 특수집단을 형성했고, 자유로운 몸이 된 노예와 유민들을 포괄하는 '이즈고이'가 별도로 분류돼 있었다.

키예프 시대의 정치제도는 군주제·귀족제·민주제의 세 요소가 묘하게 혼합된 형태였다. 여러 공국의 공들은 모두 자기네 공국의 사법·행정·군사에서 핵심적인 지위를 차지했으나, 자신이 임명한 관리나 귀족회의(보야레 두마)와 협의하여 그 권력을 행사해야 했다. 그중에서 대공의 칭호를 가진 키예프의 공은 특별한 지위를 가지고 있어, 전시에는 주요 도시의 군대를 동원할 수 있고, 위급할 때에는 전국민 총동원령을 내릴 수 있었다.

귀족제의 요소인 귀족회의는 공과 그 신하들이 협력한 데에서 생겨났다. 고위 성직자도 두마 내의 한 자리를 차지했다. 귀족회의는 때에 따라 일종의 원로원 구실도 했는데, 어디까지나 공의 조언자·협력자의 테두리를 크게 벗어나지 않았다.

다음에, 민주제 요소로 민회(베체)가 있었다. 모든 가구의 가장이 참여하는 민회는 대체로 장터에서 열렸으며, 전쟁과 강화 결정, 비상입법, 공과의 대립 또는 공들 간의 대립 해소 등이 안건으로 다뤄졌다. 민회는 선사시대 이래 가장들의 집회가 이어져 내려온 것으로서 가장 역사가 깊었으나, 점점 그 권한이 약해져갔다. 그러나 때와 곳에 따라 큰 권한을 행사하기도 했다. 뒤에 나올 노브고로트의 민회에서 그 전형적인 예를 볼 수 있다.

꺼져가는 키예프의 빛:
키예프 러시아의 분열과 몰락(12세기 말)

"풀은 슬픔으로 고개를 숙이고 나무는 비탄으로 땅으로 휘어져 있다. 왜냐하면 형제들이여, 이미 음울한 계절이 시작되었기 때문이다. 이미 우리의 힘은 황야에 삼켜져버렸다. … 이단자들을 누른 공들의 승리는 사라졌으니, 이제 형제가 형제에게 '이것은 내 것이고 저것도 내 것'이라고 말하고 또한 공들이 사소한 일을 가지고 '보라! 이것은 큰 문제로다' 하며 불화를 일으키기 시작한 것이다. 그리고 사방에서는 이단자들이 승리를 거두면서 러시아 땅으로 쳐들어오고 있다."

12세기 말에 씌어진 〈이고리 공 원정기〉는 당시의 정황을 이렇게 한탄하고 있다. 키예프의 찬란한 빛이 꺼져가고 있었던 것이다.

블라디미르 모노마흐가 죽은 후 그의 장남 므스티슬라프의 짧은 치세 기간에는 비교적 평온이 유지됐다. 그러나 그것은 잠시뿐, 남쪽에 사나운 유목민 폴로베츠를 무서운 적으로 둔 채, 키예프 러시아는 형제간·숙질간의 난투장으로 변해갔다.

그 와중에서 키예프 러시아는 끝내 크게 넷으로 분열하고 만다. 로스토프와 수즈달과 블라디미르를 중심으로 하는 북동부, 노브고로트를 중심으로

하는 북부, 키예프를 중심으로 한 남부, 그리고 남서부의 갈리치-볼린 공국
이 그것이다.

분열의 핵은 북동부의 로스토프와 수즈달이었다. 블라디미르 모노마흐의
여섯째 아들 유리 돌고루키는 1132년에 로스토프-수즈달 독립공국을 세운
후 지칠 줄 모르는 정열과 북쪽과 동쪽으로 영토를 넓혀나가 '긴 손을 가진
사람'이라는 뜻의 '돌고루키'란 별명을 얻었다. 모스크바 창건자로도 이름 높
은 유리 돌고루키는 수즈달 공국을 안팎으로 다져나가면서 1155년에는 키
예프까지 공격해 키예프 대공에 올랐으나 2년 후에 죽고 만다.

그의 뒤를 이은 안드레이 보골류프스키는 권력투쟁의 와중에서 1169년 키
예프로 쳐들어가 도시를 철저하게 파괴하고 북동부의 블라디미르를 러시아
의 새로운 중심으로 만든다. 그로써 키예프는 '러시아 모든 도시들을 어머니'
라는 명성을 잃고 일개 공국으로 전락하고 만다.

안드레이 보골류프스키는 블라디미르와 그 인근에 화려한 궁전과 아름다
운 성당을 짓는 등, 키예프를 능가할 만큼 도시를 예술적으로 꾸몄다. 수공업
과 상업도 크게 발전하여 블라디미르는 12세기 종반부터 약 1세기 동안 전
성기를 누리다가 그후 새로운 별로 떠오른 모스크바에 바통을 넘긴다. 이 시
기가 바로 블라디미르 대공국의 시대로 블라디미르 대공이 온 러시아의 지
배자로 군림한다.

한편, 북쪽에서 유서 깊은 도시 노프고로트가 있었다. 활발한 상업과 수준
높은 문화를 자랑하며 독자적인 화폐와 법률과 군대를 가지고 있던 노브고
로트는 키예프가 약해짐과 함께 점점 그 세력을 확장해갔다. 노브고로트와
인근의 프스코프는 특히 민회가 활발한 것으로 유명했다. 이 민주제의 전통
이 계승되어 러시아 정치 전통의 한 맥을 형성한다.

위세에 치명적인 타격을 입고 교역도 거의 끊겨버린 남부의 키예프는 끝
없이 밀려오는 폴로베츠인의 위협에 시달리면서 근근이 명맥을 유지했다.
정치적으로도 혼란이 계속되어 모노마흐의 사후 50년간 대공이 18번이나
바뀌었다. 1204년 비잔티움이 제4차 십자군 원정대에 정복되면서 비잔틴 제
국과의 우호관계가 끊긴 후에는 산업이 더욱 피폐해져 인구도 크게 감소했

키예프 러시아는 칭기즈 칸의 손자 바투 칸에게 정복당했다. 몽골군은 '후회는 동정의 열매'라는 칭기즈 칸의 가르침에 따라 적을 철저히 살육, 파괴했다. 그림은 바투 침공 이후의 수즈달 땅(연대기 세밀화).

다. 1240년 키예프는 결국 몽골족에게 점령당하면서 한동안 버려진 도시가 된다.

키예프가 쇠락하면서 많은 러시아인이 남서쪽 드네프르강과 드네스트르강 상류 지역으로 이동했다. 거기서 갈리치-볼린 공국이 성장하여 키예프 유산의 상당부분을 계승한다. 남서부에서는 공을 비롯한 지방제후들의 활약이 돋보였다.

루시의 분열, 특히 남서부로의 진출은 러시아사에서 중요한 전기를 이룬다. 이후 남서부 전역과 남부의 일부가 리투아니아와 폴란드의 지배하에 들어가면서 북부나 북동부와는 대비되는 새로운 경험을 쌓게 되는 것이다. 그리하여 러시아인은 대러시아인과 소러시아(우크라이나)인, 벨로루시인으로 갈라진다.

이리하여 키예프 러시아는 사라졌다. 그러나 그 빛은 오늘날까지도 살아남아 러시아인들에게 애틋한 향수를 불러일으킨다.

당시 러시아인들은 공통의 종교와 언어·법률·문화를 가지고 있던 러시아가 위대한 나라로 발전하리라는 희망에 가슴 부풀어 있었다. 그러나 그 희망은 곧 절망으로 변하고 탄식만이 남는다.

번성하던 키예프 러시아가 몰락한 이유로는 여러 요인이 지적되고 있다.

키예프 공국의 허술함, 통치체제의 취약성, 지방 분권화 경향의 심화, 분화된 계층간의 사회적 갈등 등이 모두 중요한 요인으로 작용했음에 틀림없다.

그러나 보다 직접적인 원인은 지중해 무역이 번성하고 동로마 제국이 무너지면서 유럽의 중요 교역로의 하나였던 러시아의 내륙수로를 이용한 교역이 크게 파괴된 점, 그리고 페체네크인, 폴로베츠인, 몽골인으로 이어지며 끝없이 계속된 외침에 있지 않았나 싶다. 러시아인들 사이에서 전승되던 빌리나(영웅 서사시) 하나에 러시아 땅의 멸망에 대한 이야기가 전해내려온다.

> "보가트리(러시아의 힘센 무사들)는 정말 열심히 싸웠다. 그들은 원수들을 칼로 쳐서 그 몸뚱어리를 두동강냈다. 그러자 그 반쪽의 몸뚱어리가 제각기 하나의 온전한 몸뚱어리로 변했고, 그리하여 적들이 점점 더 불어나면서 계속 몰려와 마침내 러시아인들을 꺾어버렸다."

동방에서 들려오는 말굽소리:
몽골의 침입(1237년)

러시아가 형제들의 싸움으로 기진해가고 있을 무렵, 저 멀리 동쪽의 몽골 고원에서는 무서운 세력이 자라나고 있었다. 1206년 한 몽골 부족장의 아들 테무진이 전 몽골족을 통일하고 그 우두머리가 되면서 칭기즈 칸의 칭호를 얻은 것이다. 칭기즈 칸은 시간이 흐르면서 자신에게 지상에 정의를 다시 세우는 신성한 사명이 부여됐다고 생각하기 시작했다.

당시 서양 세계는 물론 중국에게도 몽골족은 대수로운 존재가 아니었다. 그들은 자기네 터전인 고비 사막과 주변의 거친 초원지대에서 부족들 간에 아웅다웅하며 살고 있었을 따름이기 때문이다. 어느 누구도 그들이 온 세계에 지각변동을 일으키리라고는 꿈에도 생각지 않았다. 그러나 그들은 군사를 일으켰다. 그리고 세계를 자기네 발아래 무릎 꿇렸다.

1211년 칭기즈 칸은 불과 10만 군사를 이끌고 만리장성을 넘었다. 그리고 5년 후 1억 인구의 중국을 정복했다. 그리고는 서쪽으로 기수를 돌렸다. 중국인 기술자들로 증강된 몽골의 대군은 중앙아시아와 페르시아를 단숨에 유린한 후, 북쪽으로 카프카스산맥을 넘어 러시아 땅으로 질풍처럼 달려들어왔다.

러시아 땅에서 맨 먼저 부딪친 것은 폴로베츠인이었다. 첫 싸움에서 몽골의 위세에 경악한 폴로베츠인은 오랜 숙적이었던 러시아의 공들에게 원병을 요청했다.

"몽골족이 오늘은 우리 땅을 뺏었지만, 내일은 당신들 땅을 뺏을 것입니다."

사태의 심각함을 알고 많은 공들이 원군을 파견했다. 그리하여 1233년 돈 강의 지류인 칼가 강변에서 러시아-폴로베츠 연합군과 몽골군이 격렬히 맞붙었다. 몽골군은 연합군에게 처참함 패배를 안겨주고는 동쪽으로 유유히 사라져버렸다. 이것이 몽골과 러시아의 서전인 카가 전투다.

칭기즈 칸의 뒤를 이은 오고타이 칸은 1236년 조카 바투에게 15만의 병사를 주어 다시 러시아로 보냈다. 전 유럽을 공포에 몰아넣은 바투의 유럽 원정이 시작된 것이다.

바투의 원정군에 맞선 러시아의 군대는 용감히 싸웠으나 몽골군의 적수가 되지 못했다. 단지 바투의 군대가 대군이라서만이 아니었다. 몽골군은 당시 어느 군대도 따를 수 없는 조직력과 무기·전략을 가지고 있었다.

몽골군은 기동성이 뛰어난 기병으로, 중장 기마대와 경장 기마대를 함께 운용했으며, 군대를 10명, 100명, 1,000명 단위로 편성하고 지휘부에는 참모부를 두는 등, 잘 조직되어 있었다. 또, 정찰과 첩보공작을 조직적으로 전개했고, 투석기와 파벽기를 앞세운 공성술도 뛰어났다.

뿐만 아니라 전략도 다양하게 구사했다. 예컨대 야전에서는 보조부대를 진의 중앙에 두고 양측방에 활을 가진 주력부대를 배치했다. 적병이 돌격해 들어오면 중앙이 후퇴하면서 양측방에서 적에게 화살 세례를 퍼부었다. 적병은 처음엔 이기고 있다고 생각하나 곧 함정에 빠져들었음을 깨닫는다.

몽골군은 적의 용기에 대해서는 경의를 표했지만 자비심을 베푸는 일은 좀처럼 없었다. 칭기즈 칸이 '후회는 동정의 열매'라고 가르쳤기 때문이다.

바투는 우랄산맥을 넘어 먼저 볼가 불가르인을 공략했다. 그리고 1237년 뜻밖에도 북쪽에서 돌연히 나타나 러시아 동부의 랴잔 공국을 들이쳤다. 랴

몽골 기마병. 250년간 러시아를 지배한 유목민족의 사나운 기질이 잘 나타나 있다. 이들은 싸움도 잠도 식사도 모두 말 위에서 했다. 14세기 중국 화가의 그림.

잔의 병사는 물론 온 시민이 나서서 끝까지 항전했으나, 5일간의 싸움 끝에 도시는 함락되고 시민들은 몰살당했다.

다음 차례는 블라디미르 대공국이었다. 1237~1238년 사이의 겨울에 몽골군은 얼어붙은 강을 빠른 속도로 건너다니며 당시 러시아 최강의 군대를 가지고 있던 대공국의 여러 도시를 휩쓸었다. 아마도 역사상 러시아를 겨울에 침략하여 성공한 유일한 사례일 것이다.

이어서 야로슬라블과 트베리, 볼가 강변의 여러 도시가 몽골군의 발굽 아래 초토화됐다. 노브고로트를 비롯한 북서부 지역만은 유일하게 화를 면했다. 얼음이 풀려 그 일대가 수렁화 되면서, 몽골군이 전진을 포기하고 초원지대로 말머리를 돌렸기 때문이다.

초원지대를 평정하며 잠시 재정비를 마친 몽골군은 이제 남러시아로 들이닥쳤다. 1240년 키예프가 점령되어 주민이 모두 죽거나 노예가 되었다.

몽골군은 이어 갈리치와 볼린을 휩쓸고 러시아의 국경을 넘어 폴란드와 헝가리로 쳐들어갔다. 폴란드에 침입한 몽골군은 계속 서진해 슐레지엔의 발슈타트 전투에서 독일군을 크게 무찔렀고, 헝가리로 진출한 몽골군의 선발대는 아드리아 해안까지 나아갔다. 온 유럽이 풍전등화의 위기에 놓인 것이다.

그때 몽골 본국의 카라코룸에서 오고타이 칸이 죽었다는 전갈이 왔다. 바투는 군대를 초원지대로 불러들여 1243년 볼가 강변의 사라이를 도읍으로 킵차크 한국을 세웠다. 이후 온 러시아는 킵차크의 칸에게 무릎을 꿇고 몽골의 지배를 받는다.

러시아인들은 몽골의 러시아 지배를 굴욕적인 표현을 써어 '타타르의 멍에'라고 불렀다. '타타르'라는 말은 본디 몽골의 한 부족명이었으나, 러시아에 그 말이 전해지면서 '지옥'이라는 뜻의 그리스어 '타르타로스'와 겹쳐져 몽골족을 총칭하는 말로 쓰이고, 그 후 다시 투르크계 민족들까지를 포함하는 유목 기마민족 전체를 아우르는 의미를 갖는다.

몽골의 침략과정과 지배 아래 러시아의 문화는 크게 파괴당하고 사회와 경제는 큰 굴절을 겪는다.

대 노브고로트와 시민의 힘:
노브고로트의 민회(12~13세기)

키예프 러시아 말기에 키예프의 한 대공이 자신의 아들을 노브고로트의 공으로 앉히려 했다. 노브고로트의 민회는 대공에게 사절을 보내 자신들의 뜻을 전했다.

"대공님, 우리는 우리의 도시에서 귀공도 또 귀공의 아드님도 바라지 않는다는 명확한 사실을 대공님께 전합니다. 만약 공자께서 머리가 둘이시라면 우리에게 보내주십시오."

위의 일화에서도 보이듯이, 러시아 제2의 도시였던 노브고로트는 키예프 러시아 말기에서 몽골 지배 초기에 독특한 정치체제와 생활양식으로 깊은 인상을 남겼다. 공의 권한이 점점 커지면서 전제군주가 태동하던 블라디미르 등지의 북동부 지역이나, 귀족들의 힘이 커져 귀족지배 경향이 나타나던 남서부 지역과 달리, 북부의 노브고로트에서는 시민과 민회의 힘이 커져 공화제 경향을 보였다. 정치체제와 시민생활은 르네상스기 이탈리아의 도시국가들과 흡사했다.

본디 발트해와 지중해를 잇는 '바랴기에서 그리스로 가는 길'의 북쪽 중심지녔던데다 볼가 수로를 통해 동방과도 연결되는 교통의 요지에 자리 잡고 있어, 노브고로트는 일찍부터 상업과 수공업이 발달했다. 정치적인 위상도 높아서 키예프 대공은 대대로 자신의 아들을 노브고로트 공에 앉혀 도시를 장악코자 했다. 키예프의 전성기를 이끌어낸 두 대공, 블라디미르와 야로슬라프도 한때 노브고로트 공이었고, 야로슬라프의 법전 〈루스카야 프라브다〉가 만들어진 것도 이 노브고로트에서였다.

그러나 공들은 결국 노브로고트에 뿌리를 내리지 못하고 도시의 정치적 실권은 점차 토착 귀족층인 보야레와 상층 시민들에게 옮겨갔다. 그와 함께 민회(베체)가 도시의 초고권력으로 자리잡으면서, 1136년에는 민회가 공을 추방하는 역사적 사건이 일어나고 1156년에는 자신의 대주교를 선출하는 권리까지도 얻어낸다.

노브고로트는 또한 러시아의 영토를 방어해낸 도시로도 유명하다. 네바 강에서 스웨덴인들을 크게 무찔렀다. 하여 '네프스키'(러시아어로 '네바의'라는 뜻)라는 별명을 얻은 알렉산드르 네프스키와 노브고로트 시민들의 영웅적인 투쟁에 얽힌 이야기다. 지리적 위치로 말미암아 노브고로트는 북서부의 침략자들과 맞섰다.

몽골군이 온 러시아를 휩쓸고 있을 때에 운 좋게도 간신히 몽골병의 말발굽을 피한 노브고로트에, 1240년 '등에 비수를 꽂듯' 북쪽으로부터 스웨덴인들이 쳐들어왔다. 당시 21살이던 알렉산드르의 지휘하에 노브고로트인들은 네바강 하구를 점령하여 노브고로트와 바다 사이를 끊으려는 스웨덴인을 크게 무찔렀다.

뒤이어 서쪽에서 독일 기사단이 침입해 들어왔다. 독일 기사단은 본디 십자군 원정대로 조직됐으나, 뒤에 북쪽으로 방향을 돌려 지금의 폴란드 북부와 라트비아, 에스토니아의 발트 해안을 장악하고서 자신의 세력을 키워가고 있었다. 1241년 독일 기사단은 서쪽의 프스코프를 점령하고 노브고로트를 향해 진격해왔다. 알렉산드르 네프스키는 독일 기사단과 맞서 싸워 그들을 격퇴한 후 프스코프를 해방시켰다.

이어 1242년 4월 에스토니아 추트 호의 얼음판 위에서 대결전이 벌어졌다. 처음에는 기사단이 우세했으나 곧 노브고로트군의 측면 공격이 주효하여 독일 기사단은 무너졌고, 설상가상으로 퇴각하던 기사단의 발 아래에서 봄철의 해빙으로 호수의 얼음이 깨지면서 숱한 병사들이 수장됐다. 이 싸움은 노래로, 이야기로, 프로코피예프의 음악으로, 에이젠슈테인의 영화로 러시아인들 사이에서 길이길이 칭송되고 있다. 1246년에는 리투아니아인이 공격해왔으나 이들 역시 격파당했다.

그러나 몽골에는 겸손하게 굴복했다. 노브고로트는 몽골의 직접 침략은 모면했으나 다른 러시아 공후들과 함께 몽골의 칸에게 무릎을 꿇었다. 용맹스런 알렉산드르 네프스키가 굴욕의 길을 택한 이유는 오직 한 가지였다. 몽골에 대한 저항은 가망 없는 일이라고 생각했던 것이다. 몽골과의 협력정책으로 알렉산드르 네프스키는 칸의 총애를 받아 죽을 때까지 러시아 대공으로 인정받았고, 그가 죽은 후 정교회는 그가 노브고로트 공국과 일부 러시아 영토를 파멸로부터 구했다. 하여 그를 시성했다.

노브고로트 시는 5개 구로 나뉘어 있었고, 광범한 자율권을 가진 각각의 구는 도시의 테두리를 넘어 방사상으로 뻗어 있는 각각의 주-농촌을 관할했다. 5개 주 바깥의 새로 획득된 넓은 대지는 도시 전체가 관리했다.

노브고로트에서도 최고의 직위는 사법 · 행정 · 군사에서 중심 역할을 하는 공이었다. 그러나 1136년의 민중혁명 민회가 공의 권력과 활동에 세세하게 제한을 가하기 시작했다. 시간이 흐르면서 공의 권력은 미미해지고 대신 민회가 막강한 권한을 갖게 됐다.

민회는 공을 임명하고 해임했으며, 포사드니크(시 장관)와 티샤츠키(千人長)를 선출했고, 대주교 지위에 합당한 세 후보를 선출하여 사실상 대주교의 선임을 결정했다. 또한 민회는 전쟁과 강화를 결정하고, 법률 선포, 세금 조달 등을 관장하는 도시의 최고권력이었다. 민회의 성원 자격은 도시에 거주하는 모든 자유민 가장이었으며, 단 한 사람의 시민이 종을 울려 민회를 소집할 수도 있다.

민회에서 선출한 포사드니크는 공과 행정업무를 분담했고, 공의 협력자 또는 부관 역할을 하면서 공에 대해서 도시의 이익을 보호했으며, 공의 부재

시에 역할을 대행했다. 티샤츠키는 자유민 1,000명의 대표로서 상업적 분쟁 등을 처리했다. 대주교는 성직자 고유의 역할 외에, 세속 권력자들에게 조언을 하고 적대하는 파당을 화해시키며 해외사절단을 이끄는 등 정치적으로도 중요한 역할을 했다.

또 하나 중요한 기관으로 명사위원회가 있었다. 노브고로트의 부와 세력이 반영된 기관으로써, 귀족층, 전·현직 포사드니크와 티샤츠키, 각 구와 거리의 대표들이 위원으로 참여했다. 위원회는 민회에서 논의 또는 제정한 법이나 조치들을 정교하게 다듬었고, 노브고로트 정치의 흐름을 조절했다.

사법체계 역시 놀라울 만큼 치밀하고 인도주의적이었다. 여러 단계의 법정에 민주적인 배심원 제도와 중재 제도 등을 두어 사건을 합리적으로 처리했다.

이처럼 민주적인 제도하에서 노브고로트는 교역도 크게 성장하고, 키예프의 유산을 물려받아 문화도 크게 발전시키면서 15세기까지 번영을 누렸다. 한 예로, 노브고로트에서 발견된 500여 개의 자작나무 껍질 문서들은 사람들 사이에 읽고 쓰는 능력이 널리 보급되어 있었음을 시사한다.

그러나 노브고로트의 민회도 14세기에 접어들어 몇몇 가문의 파벌 싸움장으로 변하면서 권위를 잃고, 귀족들이 득세하여 정치를 좌지우지한다. 1471년 노브고로트는 마침내, 점점 세력을 넓혀오던 모스크바의 이반 3세에게 굴복했다. 모스크바는 노브고로트인의 저항을 무참히 짓밟고 제도들을 모두 파괴해 모스크바에 순응하도록 만들었다. 그 상징적인 조처로서 이반 3세는 노브고로트에서 민회를 소집 할 때 치던 종(콜로콜)을 모스크바로 가져가버렸다.

타타르의 멍에:
몽골의 지배(1240~1480년)

　러시아와 동유럽을 정복한 몽골의 바투는 볼가 강변의 사라이를 도읍으로 킵차크 한국을 세우고 온 러시아를 지배한다. 러시아인들은 킵차크 한국을 '졸로타야 오르다'라 부르고 몽골족의 러시아 지배를 '타타르의 멍에'라 했다. '졸로타야 오르다(金帳汗國)'는 '황색 천막 속에서 칸이 중심(황색은 중앙의 상징이기도 함)에 앉아 지배하는 나라'라는 뜻이다.

　'타타르의 멍에'는 러시아의 서부지방에서는 약 1세기, 북부와 중부지방에서는 약 2세기, 남동부 지방에서는 3세기 이상 이어졌으며, 지역과 시기에 따라 지배의 강도가 달랐다.

　몽골족이 러시아를 침략하면서 러시아에 끼친 피해는 이루 헤아릴 수 없었다. 대량학살로 인한 인명 손실, 약탈과 파괴로 인한 재산 손실, 노예로 팔려간 포로들은 실로 엄청난 규모였다. 공물 수탈로 땅은 척박해지고 사람들은 비참한 빈곤에 시달렸다.

　몽골은 키예프 러시아의 유산을 송두리째 파괴해버렸다. 키예프 시대의 찬란한 문화는 그 뿌리를 잘리고 문화의 암흑시대로 접어들었다. 도시와 마을의 파괴는 산업의 기반을 뒤흔들어 발달한 상업과 수공업을 소멸시키고 러시아를 농업 일색의 사회로 바꾸어 놓았다. 그리고 북부 일부를 제외한 모든 지역에서 민회와 함께 시민의 자유를 말살해버리고 국민들을 질곡의 구렁텅이로 몰아넣었다.

러시아를 지배하게 된 몽골은 처음에는 직접 다루가치(총독)나 바스카크(사정관)를 파견해서 행정 · 징세 · 징병 등의 업무를 집행했다.

세금을 거두기 위해 인구조사도 세 차례나 했다(1275년에 실시한 세번째 인구조사에서 당시 러시아 인구는 약 1,000만 명). 세금은 납세능력에 관계없이 머릿수대로 거두었다. 사정관의 징세는 철저했고, 이에 저항하는 주민들은 참혹하게 진압됐다. 인구조사 결과는 징병에도 이용돼, 많은 러시아 장정이 몽골을 위해 병역에 복무했다.

그러나 러시아인의 반발을 고려하여, 13세기 말에 러시아의 여러 공에게 권한을 위탁하고 조공을 받는 간접지배 방법으로 전환했다. 킵차크의 칸은 러시아 공들에게서 공물을 받고 그들에게 공국의 통치권을 인정하는 허가장인 야를리크를 내주었으며, 그들 가운데 가장 믿음직한 공에게 '전 러시아의 대공' 칭호를 주어 러시아의 모든 공후 위에 서게 했다. 러시아의 공들은 야를리크를 받기 위해, 그리고 '전 러시아의 대공' 칭호를 얻기 위해 앞다투어 사라이를 드나들었고, 킵차크의 칸은 러시아 공후들의 대립과 반목을 교묘히 이용하여 지배를 강화했다.

몽골 지배하에서 러시아는 북부와 남서부의 일부를 제외하고는 교역이 크게 쇠퇴하여 토지경작이 유일한 주산업인 나라로 변했다. 그나마 혹독한 기후와 황폐한 땅에서 농업을 정착, 발전시키는 것마저도 쉽지가 않았다. 게다가 몽골의 징세가 빈약한 러시아 경제를 더더욱 쥐어짰다. 한 역사가는 몽골의 수탈을 이렇게 표현했다.

"한 거대한 기생충이 러시아 민중의 생체에 달라붙어 그 즙을 빨아먹었다. 그리하여 그 생명력을 고갈시켰고 때때로 그 생체 안에 커다란 혼란을 일으켰다."

농민들의 지위는 계속 악화되어 점점 더 지주에게 예속돼갔다. 그와 함께 여러 단계의 군신 관계가 형성되면서 귀족들은 봉건제후화 됐다. 러시아는 몽골의 지배를 거치면서 봉건제하의 중세 유럽과 비슷한 사회구조를 갖게 된다.

킵차크 한국의 시조 바투 칸

몽골 지배 아래서 가장 큰 발전을 보인 것은 러시아 교회였다. 가혹한 지배자였던 몽골인도 종교에 대해서만은 매우 관대했다. 교회와 수도원은 면세특권을 부여받았고, 재산도 보호를 받았다. 또, 사라이에까지 주교 관구를 설치하고 교회도 건립했다. 러시아의 여러 공도 자신을 위해 기도해준 대가로 교회에 많은 재산을 기증했다. 몽골 지배말기에 이르면, 경지의 약 1/4이 교회의 소유가 된다.

'타타르의 멍에' 하에서 문화 · 예술은 전반적으로 큰 침체를 겪었으나, 목조건축과 성화 부문에서만은 큰 진보를 보였다. 특히 14세기 말과 15세기 초에 활동한 루블료프의 성화는 조화로움과 평온함의 극치를 보여주는 작품으로 칭송받는다.

킵차크 한국은 14세기 전반, 우즈베크 칸과 자니베크 칸 때에 전성기를 맞았다. 수도 사라이에는 새로운 시가지가 만들어지고 모스크 등의 건축물이 세워졌으며, 상업과 수공업이 발달했다. 이슬람 상인들이 크게 활약하면서 중국(원나라)과 비잔틴 · 제노바와의 무역도 활발해졌다.

그러나 궁정 안에서 내분이 일어나고 러시아의 제후들이 이반하면서 킵차크 한국의 지배력도 점점 느슨해졌다. 마침내 1395년 중앙아시아의 초원에서 일어나 세력을 키워가던 티무르 제국의 침공을 받아 수도 사라이가 잿더미가 되면서, 킵차크 한국은 급격한 쇠퇴를 겪고 러시아에 대한 지배력도 상실해간다.

작은 마을이 대공국으로:
모스크바의 웅비(14세기)

러시아의 중앙 대지에서 발원하여 동쪽으로 흐르다가 카잔 근처에서 남쪽으로 크게 진로를 바꿔 대초원을 유유히 가로지르며 카스피해로 흘러드는 볼가강. 유럽 러시아 최대이자 유럽에서 제일 긴 강이기도 한 볼가강은 옛날부터 '어머니 같은 볼가'로 사랑을 받아오면서 많은 문학작품의 소재가 되고 농민반란의 무대가 되기도 했다. 러시아의 역사에 이름이 빈번히 오르내리는 오카강은 볼가강의 커다란 지류이고 모스크바강은 모스크바 시내를 굽이 돌아 이 오카강에 합류한다.

큰 강과 그 지류들이 그물망처럼 퍼져 있던 유럽 러시아에서는 옛날부터 수상교통이 매우 활발했다. 강들의 발원지가 겨우 해발 200미터 남짓한 낮은 구릉지여서 물매가 매우 완만한데다 큰 강들의 수원이 그리 멀지 않은 곳에 몰려 있어 수상교통의 발달에 천혜의 조건을 갖추고 있었던 것이다. 강과 강 사이는 통나무를 늘어놓고 그 위로 배를 굴려 분수령을 넘는 연수 육로로 연결됐다. 발트해로 흘러드는 네바강과 서드비나강, 흑해와 카스피해로 흐르는 드네프르강과 볼가강이 모두 같은 수계를 이루고 있었던 셈이다. 말하자면 유럽 러시아는 자연 장애물이라고는 거의 없는 하나의 평원이었고, 그

드넓은 대지는 발달한 수로망으로 거미줄처럼 연결돼 있었다.

12세기 중엽만 해도 모스크바 강변의 작은 마을에 불과하던 모스크바가 겨우 300년 만에 온 러시아를 호령하는 대공국으로 성장한데는 이런 배경이 있었다. 모스크바는 이 러시아 평원의 중심부에 자리 잡고 있었던 것이다. 모스크바는 수로망을 따라 세력을 확장해가면서 마침내 온 러시아를 지배하게 된다.

모스크바의 창건자는 수즈달 공이었던 유리 돌고루키로 알려져 있다. 그는 모스크바 강변에 있던 작은 마을을 점령한 뒤 이웃의 공을 초빙하여 강변에서 연회를 베풀었다. 이것이 모스크바에 관한 최초의 기록으로, 한 연대기의 1147년 항목에 씌어 있다. 1156년 유리는 마을 주변에 목책과 호를 만들어 도시의 방벽을 세웠다. 그러나 1237년 몽골군에 의해 성채가 파괴된다.

그 후 1271년 알렉산드르 네프스키의 막내아들 다닐이 모스크바를 본거지로 해서 모스크바 공국을 건설했다. 그 무렵 모스크바는 왜소한 소공국에 불과했으나, 다닐의 뒤를 이은 역대 공들의 수완으로 이웃 트베리 공국과의 긴 싸움을 승리로 이끌면서 점점 영토를 넓히고 권위를 높여간다.

다닐의 아들 이반 칼리타는 킵차크 칸의 환심을 사서 인근 러시아 공국들의 토지를 수중에 넣은 한편, 1328년 당시 키예프를 떠나 블라디미르에 자리 잡고 있던 정교회의 수도 대주교를 모스크바로 영입해들인다. 이제 러시아 정교회의 본산이 된 모스크바는 이후 역대 수도 대주교들의 협조를 얻어 세를 크게 확장해간다.

14세기 후반 디미트리 돈스코이는 크렘린(성채) 주변에 돌 성벽을 축조하고 성 바깥에 여러 개의 수도원을 만들었으며, 리투아니아의 침입도 물리쳤다.

이어 1380년 유명한 쿨리코보 전투에서 디미트리 돈스코이는 킵차크 칸군을 무찔러 '몽골 불패의 신화'를 깨뜨리며 일약 러시아의 희망으로 떠오른다. 2년 후 전열을 재정비한 몽골군이 쳐들어와 모스크바가 불타버리나, 이후 몽골의 지배는 전과 달리 느슨해진다.

15세기 들어 킵차크 한국이 약해지고 당시 서부 러시아를 지배하고 있던

쿨리코보 전투. 디미트리가 이끄는 연합군이 돈강 상류에서 킵차크 한국군을 격파, 몽골 불패의 신화를 뒤집고 돈스코이('돈강'이라는 뜻)라는 별명을 얻었다. 15세기 세밀화.

리투아니아와의 싸움이 소강상태에 접어들면서 모스크바를 중심으로 하는 전 러시아의 통일에 박차가 가해졌다. 1480년 이반 3세가 마침내 킵차크 한국에서 완전 독립하여 모스크바 러시아 시대를 연다.

모스크바의 대두에 당대의 러시아인은 모두 놀라워했다. 모스크바가 이처럼 크게 성장한 데에는 여러 가지 요인이 있었다.

서두에서 말한 것처럼 수로망의 중앙부에 있어 빠른 시간 내에 경제의 중심지로 부상할 수 있었다는 것 외에, 모스크바의 지리적 위치는 정치적으로도 큰 의미를 가지고 있었다. 모스크바는 기울어가는 남부에서 성장해가는 북동부로 이어지는 길목이었고, 또 드넓은 평원의 중앙에 자리 잡고 있었던 탓에 외부의 침략에도 충격을 덜 받을 수 있었다. 예컨대 북서부의 적은 노브고로트가 막아주었고, 남동부의 적은 랴잔이 그 충격을 완화해주었다.

그리고, 운 좋게도 초기의 모스크바 공국에서는 공의 자리를 놓고 다툴 삼촌들이 없어서 자연스럽게 부자 세습, 장남 상속의 원칙이 일찍부터 정착할 수 있었다. 또, 모스크바의 공들은 다른 지역에서 더 거창한 일을 하기보다는 자신의 공국에 전념하는 것이 상책이라는 것을 일찍부터 깨달아 그 일에 전념했다.

킵차크 칸에 대한 협력정책 역시 모스크바의 성장에 큰 역할을 했다. 막강한 힘에는 굴복하면서 속으로 내실을 기하는 것, 이것이 역대 모스크바 대공들의 정책이었다.

예를 들어, 이반 칼리타는 킵차크 한국으로부터 전 러시아에 대한 징세권을 얻은 뒤 절반을 자기가 챙겨 공국의 강화를 위해 썼다. 칼리타라는 별명은 러시아어로 '돈주머니'라는 뜻이다. 당시 러시아에서 지방분권화 경향이 심했던 것도 역으로 모스크바의 성장에 기여했다. 다른 공국들이 너무 작아진 탓에 자꾸만 커져가는 한 세력을 막아낼 수가 없었던 것이다.

교회도 큰 몫을 했다. 정치적으로 큰 힘이 없던 시절에 수도 대주교를 모스크바에 정주시킴으로써 모스크바 공들은 권위를 높였고, 역대 수도 대주교도 모스크바의 러시아 통합을 크게 도왔다.

그러나 모스크바는 한편으로 노브고로트와 프스코프 등지의 남아있던 민주적 전통이나 비러시아 민족들의 자유를 파괴하고 오로지 전제군주에 절대 복종하는 전제정치를 러시아 땅에 정착시켜갔다.

리투아니아와 우크라이나:
리투아니아의 서남러시아 경영(14~15세기)

몽골 지배하에서 동북러시아가 모스크바를 중심으로 결속돼가고 있을 때 서부에서는 리투아니아의 힘이 막강하게 자라나고 있었다. 그리하여 1400년 경에는 러시아가 리투아니아 지배하의 서남부와 모스크바 주도하의 동북부의 둘로 나뉘어 각각 다른 길을 걷게 된다. 키예프 러시아 말기부터 시작된 러시아인의 분화-대러시아인, 우크라이나인, 벨로루시인으로의 분화-는 한층 더 심화되어 이후의 러시아 역사에 큰 영향을 미친다.

1240년경 몽골병의 말발굽은 러시아의 서남부를 휩쓸고 폴란드와 헝가리 까지 진출했다. 그러나 바투 칸이 러시아의 동쪽 변방인 볼가 강변의 사라이에 킵차크 한국의 도읍을 세운 탓에, 서부러시아에는 몽골의 지배력이 그리 강하게 미치지 못했다. 그 틈을 타고 북쪽에서 리투아니아가 뻗어왔다.

오래전부터 발트해 연안에 살고 있던 리투아니아인 부족들이 민다우가스 공의 지도하에 하나의 통일체를 이룬 것은 1240년경이었다. 직접적인 자극이 된 것은 북쪽에 자리 잡은 독일 기사단의 압력이었다. 민다우가스의 사후 잠시 내분에 시달리던 리투아니아는 1293년 비텐에 의해 다시 통합됐다.

그의 뒤를 이은 게디미나스와 그의 아들 알기르다스의 치세에, 리투아니

스몰렌스크의 함락.
1609~1611년에 지기스문트 3세에
의해 요새화 됐다. 당신의 동판화.
리투아니아는 1569년 폴란드에 합
병되었다.

아는 서남러시아의 여러 공국을 차례로 손에 넣어 발트해에서 흑해에 이르
는 대국을 건설했다. 알기르다스는 러시아 전체를 지배하고자 세 차례나 모
스크바와 싸움을 벌였으나 결국 실패했다.

동북부로의 진출은 실패했으나 리투아니아의 영토는 키예프, 볼린, 체르니
코프, 스몰렌스크 등 서남러시아 전역을 포괄했다. 리투아니아가 이처럼 러
시아 속으로 급속히 팽창해올 수 있었던 것은 일차적으로 러시아인의 저항
력이 크게 떨어져 있었기 때문이지만, 한편으로 리투아니아의 지배방식이
러시아인을 거스르지 않는 것도 중요한 요인으로 작용했다. 사실 어떤 면에
서 보면 리투아니아 대공국은 리투아니아-러시아 국가였다.

리투아니아 대공국의 주민은 약 3/4이 러시아인이었고, 도시들은 러시아
적인 특성을 그대로 지니고 있었으며, 러시아의 상류층과 정교회는 그들의
지위와 특권을 계속 누릴 수 있었다. 두 나라 귀족들간의 결혼도 성행했다.
또한 이교도로서 문화적으로 뒤져 있던 리투아니아의 지배자들은 키예프 러
시아의 문화를 열심히 받아들였고, 군대 · 행정 · 법률 · 재정 등도 러시아식
으로 만들었으며, 러시아어를 국가의 공식 언어로 사용했다. 따라서 리투아
니아 대공국은 키예프의 또다른 상속자라고 할 수 있었다.

그러나 1377년 아릭르다스가 죽은 후 새로운 요소가 들어왔다. 그의 아들
요가일라가 1386년에 폴란드의 야드비가 여왕과 결혼하여 폴란드 국왕을
겸임하게 되면서 폴란드의 영향이 밀려오기 시작한 것이다. 요가일라는 스

스로 정교를 버리고 카톨릭으로 개종했을 뿐만 아니라, 이교도였던 리투아니아인들을 카톨릭교도로 개종시켰다. 그로 인해 성직자들이 폴란드에서 리투아니아로 왔고, 교회는 교육·문화·예술 등의 분야에서 폴란드화를 선도하는 거점이 된다.

그러나 그의 밑에서 리투아니아의 대공이 된 사촌 비타우타스는 독립적인 군주로 행동하면서 독일 기사단의 위협을 제거하고 몽골과도 큰 전쟁을 일으키며 모스크바 대공국의 내란에도 개입하는 등, 적극적인 동방정책을 폈다.

비타우타스가 죽은 해인 1430년 무렵까지가 리투아니아의 전성기로서, 그후로는 리투아니아인과 동슬라브인, 카톨릭과 그리스 정교의 민족적·종교적 갈등에다가 폴란드의 간섭, 모스크바 러시아의 압력까지도 겹쳐 쇠퇴의 길을 걷는다.

이후 폴란드화가 더 급속히 진행됐다. 교회의 영향력은 종교와 교육·문화를 넘어 사회와 경제·정치로까지 확대됐다. 늘어나는 교회의 토지들은 계속 면세특권을 누렸고, 주교들이 대공의 자문위원회에 참석하는 등, 수준 높은 교육을 받은 많은 성직자들이 국사에 관여했다.

상류집단일수록 더 광범한 폴란드화가 진행됐다. 귀족들에게 많은 특권을 주는 폴란드는 리투아니아와 서부러시아의 지주들에게 아주 매력적이었다. 리투아니아의 상류층은 폴란드어와 함께 귀족들의 독립성과 명예를 중시하는 폴란드의 관습들까지 받아들였고, 지주들은 폴란드의 예를 따라 영주 직영지 경영을 발전시켰다.

1569년 리투아니아와 폴란드는 대등한 관계의 국가연합을 이루었다. 두 국가는 공동의 군주와 공동의 의회를 가졌으나, 사법·행정·재정·군대는 별도로 유지했다. 그러나 이 '루블린 연합'으로 리투아니아는 사실상 폴란드의 종속국이 됐다. 실은 루블린 연합 자체가 폴란드의 강압에 의한 것이었다. 리투아니아의 지배층이 연합에 동의하지 않자 폴란드의 지기스문트 2세는 군대를 파견, 리투아니아 대공국의 남부를 장악하여 폴란드 영토에 편입시켰다. 위기를 느낀 리투아니아인들은 그제서야 폴란드의 제안을 받아들였다.

협약은 리투아니아와 폴란드의 평등을 분명히 밝히고 있으나 사실은 폴란드의 명백한 승리였다. 의회의 대표권에서도 폴란드가 3:1로 우세했으며 (각 군에서 2명씩 대표자를 보냈는데, 연합 직전에 차지한 남러시아 영토를 포함하여 폴란드의 군이 3배로 많았다), 리투아니아인들 사이에 폴란드의 영향력이 깊이 퍼져 있어 모든 면에서 폴란드가 형님의 위치를 차지할 수 있었던 것이다.

이리하여 모스크바 대공국과 함께 러시아를 양분하던 리투아니아 대공국은 마침내 사라졌다. 모스크바가 전 러시아의 통일을 향해 한 걸음씩 전진해 갈 때, 결속력이 약했던 리투아니아는 폴란드의 영향 아래로 녹아들어 가버린 것이다.

이후, 리투아니아 대공국에서 가장 큰 비중을 차지하던 우크라이나인들은 리투아니아–폴란드 연합의 지배에 순응하지 않고 이반하는 모습을 보인다. 1648년 흐멜니츠키의 주도하에 일어난 우크라이나인의 반란은 마침내 우크라이나 독립전쟁으로 이어진다.

교회의 성장과 막강한 힘:
러시아 정교회의 독립(1448년)

러시아에 기독교가 전파된 지 얼마 안돼 교회는 러시아인의 삶 속에 깊이 뿌리를 내렸다. 마을마다 교회가 세워지고 수백 개의 수도원에서 많은 사제들을 길러냈다. 교육받은 성직자들은 정치에도 관여하여 큰 영향력을 행사했다.

그러나 러시아의 교회는 15세기 중엽까지 비잔틴 교회의 관할하에 있었다. 콘스탄티노플의 총주교는 키예프에 러시아 수도 대주교관을 두고 대대로 그리스인을 수도 대주교로 임명했다. 전례나 교회제도도 비잔틴의 것을 그대로 도입했다. 그러나 시간이 흐르면서 러시아의 교회에 민족적인 색채가 가미되고 러시아인 대주교도 나오기 시작했다.

13세기 전반에 몽골의 침입으로 키예프를 비롯한 남러시아가 황폐해지면서 러시아의 중심은 북동부로 옮겨갔다. 수도 대주교관도 블라디미르를 거쳐 14세기 전반에는 모스크바로 옮겼다.

러시아를 지배한 몽골족은 기독교에는 관대했다. 따라서 몽골 지배하에서 러시아 교회는 크게 성장할 수 있었다. 당시 여러 공국으로 분열돼 있던 러시아에서 뛰어난 조직력, 엄청난 재산과 특권을 가지고 있던 교회는 모스크바의 정상을 돕고 북동부 황무지를 개척하는 등, 정치와 경제 분야에서까지 중대한 역할을 했다.

러시아 교회에서는 장엄한 종교의식이 중시됐다. 그것은 공을 들이는 성찬식과 예배에서 잘 드러난다. 1년 365일의 약 1/3인 교회의 성일과 연중 행사표는 엄격히 준수됐다. 교회와 국가가 운영하는 공방에서는 화려한 성화상, 비단 예복, 황금 성찬배 등을 대량 생산했다. 작은 마을에도 수준급의 웅장한 남성 성가대가 있었다.

14세기 중엽부터 수도원 운동이 활발하게 일어 각지에 수도원이 문을 열었다. 그중 가장 유명한 것이 1340년경에 성자 세르기가 모스크바 근교에 세운 트로이체(성 삼위일체) 수도원이다. 이 수도원은 이후 러시아 정교의 메카가 되고, 성 세르기가 묻힌 수도원 내의 한 교회는 성지가 되어 많은 순례객들이 찾아든다.

성 세르기는 겸손 · 친절 · 우애 · 사랑 등의 덕목을 성실히 실천했고, 도움을 필요로 하는 사람들을 돕고자 끊임없이 노력했으며, 종교적 묵상과 계율, 일과 배움을 강조했다. 또한 높은 품성과 지혜, 신비스러운 경험으로 큰 명성을 얻고 세속사에도 깊이 관여했다.

일면 종교적이고 일면 사회적인 그의 업적들에서 이후 러시아 수도원이 걸어갈 두 가지 방향이 생겨났다. 하나는 차르를 지지하며 세속사에 깊이 관여하는 길이었고, 하나는 차르와의 관계를 단절하고 깊은 정신세계에 잠겨 세속적인 권력과 부를 포기하는 길이었다. 두 개의 길은 이후 거듭된 종교분쟁의 중심주제가 된다.

교회와 수도원의 수가 크게 늘면서 러시아 교회의 세가 커지고 러시아 사회에서 정교회가 차지하는 비중도 커져갔다. 15세기 초에 러시아 정교회에는 모스크바의 수도 대주교 외에 15명의 주교가 있었고, 그중 노브고로트, 로스토프, 수즈달의 주교는 대주교의 칭호를 갖고 있었다. 성직자들은 러시아의 여러 공들, 특히 모스크바 대공을 도와가며 그 영향력을 키워갔고, 교회의 재산도 크게 늘어 러시아 전 경작지의 1/4을 차지했다.

반면에 그리스 정교의 총본산이던 비잔틴의 교회는 비잔틴 제국의 쇠퇴와

블라디미르의 성모. 러시아에서 가장 유명한 성상으로 자애로움이 넘친다. 러시아인의 신앙은 깊어서 황제에서 농민에 이르기까지 성상을 귀하게 모셨다.

함께 점점 그 세력이 줄어갔다. 15세기 초에 이르자 비잔틴 제국은 오스만 투르크의 위협을 받아 존망이 위기에 처하게 된다.

그 와중에서 비잔틴은 로마 교회와 그 영향하에 있는 서방국가들로부터 도움을 얻고자, 1439년의 피렌체 종교회의에서 마침내 로마교황의 최고권을 인정하고 만다. 그리스인이던 당시 러시아의 수도 대주교 이시도로스는 모스크바로 돌아와 예배 중에 피렌체 회의의 결과를 발표하고 교황을 위해 기도한다. 예배 후에 그는 모스크바 대공의 명령에 따라 체포돼 수도원에 감금된다.

1448년 러시아 주교회의는 교회일치(카톨릭 교회와 그리스 정교회의 연합)를 옳지 않은 것으로 비난하면서, 콘스탄티노플 총주교의 승인 없이 이시도로스를 퇴위시키고 러시아인 요나스를 수도 대주교로 임명한다. 이로써 비잔틴의 러시아 교회 관할권은 무시되고, 러시아 교회는 비잔틴으로부터 독립한다.

1453년 비잔틴 제국이 멸망한 후 러시아 교회에서는 한때 모스크바 제3로마론이 대두되어 관심을 끌었다. 3개의 로마에 관한 이야기인데, 첫째는 로마의 교회로써 이단 때문에 몰락했고, 둘째 로마인 콘스탄티노플의 교회는 이교도에 의해 무너졌으나, 셋째 로마인 모스크바의 교회는 태양과도 같이 온 세계를 비추리니 넷째 로마는 없을 것이기 때문이라는 주장이었다.

정교회에서 주교 이상의 성직자는 수도사 중에서 뽑게 돼 있어 교회정치에서 수도원이 차지하는 비중은 점점 커져갔다. 때로는 경제력을 배경으로 황제한테까지 대항했다. 몇몇 황제가 수도원을 약화시키려 시도했지만 실패했다.

그러나 번영의 그늘에서는 모순이 확대되고 있었다. 16세기 초, 수도사 닐소르스키가 수도원의 지나친 토지소유를 공격하고 나섰다. 그는 청빈한 수도생활, 교회와 국가의 분립을 주장하면서, 교회의 사회적 책임, 교회와 국가의 결합을 강조하는 요시프 볼로츠키와 논쟁을 벌였다. 이른바 '소유파'와 '무소유파'의 논쟁에서 소유파가 승리한 뒤 교회와 국가의 관계는 더욱 긴밀해진다.

그 후 1589년에 모스크바의 수도 대주교가 총주교로 승격하면서 러시아 정교회는 명실공히 그리스 정교회의 적자임을 주장한다. 다른 4개의 총주교관은 당시 모두 오스만 투르크의 지배하에 있었다.

그러나 1654년 복잡했던 러시아 정교회의 전례 개혁을 둘러싸고 교회가 크게 둘로 분열하고, 18세기 초에 표트르 대제의 개혁에 의해 교회가 국가의 한 기관으로 전락하면서 러시아 교회는 영광의 시대를 마감한다. 그러나 교회와 수도원은 계속 불어나 러시아인들의 생활 속에 더 깊숙이 파고든다.

몽골, 초원으로 물러나다:
몽골 지배의 종식(1480년)

1380년 9월 8일 돈 강변의 쿨리코보 벌판. 디미트리 돈스코이가 이끄는 15만의 러시아 연합군과 마마이 칸이 이끄는 20만의 킵차크 한국군이 벌판을 가운데 두고 대치했다. 정오경 짙은 안개가 걷히자 킵차크 한국군이 공격을 개시했다. 러시아 군은 곳곳에 개울이 흐르는 얕은 구릉지대에 진을 치고 있었다. 날렵한 기병대를 주축으로 하는 몽골군의 예봉을 꺾기 위한 러시아 군의 작전이었다.

몽골군은 러시아군을 간단히 포위하지 못하고 러시아군 진지 안으로 깊숙이 뚫고 들어와야 했다. 이윽고 피비린내 나는 백병전이 벌어졌다. 오후 3시경 양편 군대 모두 태반이 죽고 남은 병사들도 탈진했다. 그때 숲속에 매복해 있던 러시아의 마지막 예비부대가 몽골군을 덮쳤다. 마마이 칸과 남은 몽골병사들은 혼비백산하여 줄행랑을 쳤다. 이것이 그 유명한 쿨리코보 전투다.

전투는 몽골군의 참패로 끝났으나 러시아 연합군의 피해도 막심하여 군대의 절반 이상을 잃었다. 디미트리 자신도 전투 중에 의식을 잃고 쓰러졌다가 싸움을 끝난 후 시체더미 속에서 걸어나왔고, 싸움터에서 치른 장례식만도

킵차크 한국의 공납청구 서간을 찢어버리는 이반 3세. 칸은 대로하여 모스크바 정벌군을 일으켰으나 우그라 강가에서 회군, '타타르의 멍에'가 벗겨졌다.

8일이나 걸렸다. 킵차크 한국과 동맹을 맺은 리투아니아의 군대는 이틀 후에 돈강에 도착했으나 그때는 이미 싸움이 끝난 뒤였다. 그들은 군대를 돌려, 오던 길을 되돌아갔다.

이 싸움으로 '몽골 불패의 신화'는 깨졌고, 러시아는 실로 오랜만에 하늘이 터지는 기분을 맛보았다. 러시아 연합군의 중추 역할을 한 모스크바 대공국의 권위는 크게 높아졌고, 모스크바 대공 디미트리 돈스코이는 러시아의 영웅이 됐다. 돈스코이라는 별명도 이때 얻은 것으로, '돈강의'라는 뜻이다.

그러나 러시아가 몽골의 지배로부터 완전히 벗어나기까지는 그로부터 100년을 더 기다려야 했다. 몽골의 힘이 아직 다하지 않았던 것이다.

2년 후인 1382년에 토크타미슈 칸이 대군을 이끌고 모스크바로 진격해와 시가를 불태우고 재물을 약탈했다. 디미크리는 다시 킵차크의 칸을 대군주로 모시지 않을 수 없었고, 칸은 디미트리를 러시아의 대공으로 승인했다.

그러나 쿨리코보 전투 이후 몽골의 지배는 그전 같은 견고함이 없었다. 디미트리 돈스코이가 1389년에 죽었을 때 그의 아들 바실리는 킵차크 칸의 승인 없이 대공의 자리에 올랐고, 이후 많은 러시아 공들이 때때로 조공을 선물로 대신했다.

150년간이나 러시아를 지배해온 킵차크 한국에 결정적인 타격을 가한 것은 같은 유목민족이 세운 나라, 티무르 제국이었다. 제국의 창건자 티무르는 1368년 중국대륙에서 몽골족이 세운 원나라가 멸망한 직후, 칭기즈 칸의 후

예를 자칭하며 몽골제국 재건의 기치를 내걸고 중앙아시아, 페르시아, 인도 북부, 카프카스 지방을 아우르는 대제국을 건설했다.

1391년 티무르군은 킵차크 한국에 쳐들어와 수도 사라이를 유린하고 랴잔까지 초토화시킨 뒤 철수했다. 티무르군이 철수한 후 킵차크 한국은 다시 부활했으나 그 여파로 내분이 격화됐다. 15세기에 들어 크림, 카잔, 아스트라한의 세 한국이 킵차크 한국에서 분리 독립하자 킵차크 한국의 권위는 날이 갈수록 떨어졌다.

1452년에는 새로운 사태가 발생했다. 모스크바 대공의 지배를 받는 몽골인 군주가 카시모프 공국의 공위에 오른 것이다. 더불어, 많은 몽골 귀족들이 모스크바 대공에게 복종을 서약했다. 이를 계기로 모스크바 대공국과 킵차크 한국의 관계는 사실상 역전됐다. 킵차크의 칸은 그를 전후하여 모스크바를 다시 자기 지배하에 두려고 여러 차례 시도하지만 번번이 실패하고 만다.

몽골의 러시아 지배는 몽골족이 러시아를 침략해올 때나 쿨리코보의 결전에 비하면 그야말로 싱겁게 막을 내렸다.

1480년 모스크바의 이반 3세가 킵차크 한국에 대한 충성을 공식적으로 거부하자, 킵차크의 아마드 칸은 총력전을 펼쳐 러시아를 응징하기로 결심했다. 그는 먼저 리투아니아, 폴란드와 동맹을 맺고 러시아 영토로 침입해 들어왔다. 이반 3세는 리투아니아와 폴란드를 견제하기 위해 크림 한국과 동맹을 맺은 뒤 모스크바 남쪽 우그라 강변에 군대를 배치하고 기다렸다.

마침내 킵차크 한국군이 맞은편 강변에 다다랐다. 양편의 군대는 서로 마주본 채 한겨울을 보냈다. 겨울이 끝날 즈음 킵차크 한국군은 조용히 말머리를 돌려 초원으로 되돌아갔다. 동맹국인 리투아니아, 폴란드와 크림 한국만이 간간이 싸움을 벌였다.

그 후 킵차크 한국은 다시는 러시아 땅을 넘보지 못하고 얼마 안가 자신의 후예인 크림 한국에게 멸망하고 만다(그러나 킵차크 한국을 계승한 여러 나라는 그 후로도 얼마 동안 러시아의 남동부 초원지대를 지배한다. 카잔 한국, 아스트라한 한국이 러시아에 흡수된 것은 1552년, 1556년이고, 마지막까지 남아 있던 크림 한국이 러시아의 지배하에 들어온 것은 그보다도 훨씬 뒤인 1783년의 일이다).

이로써 몽골의 러시아 지배는 끝나고 러시아는 길로 긴 '타타르의 멍에'에서 풀려났다. 몽골 지배하에서 러시아는 크나큰 왜곡의 과정을 겪었다. 키예프의 유산이 파괴되면서 나라의 발전이 크게 지체됐고, 서유럽과 비잔틴과의 단절을 겪는 대신 절대군주가 지배하는 몽골로부터 그 전제성과 냉혹성을 물려받았다. 몽골은 러시아인에게 쓰디쓴 고통을 안겨주었던 것이다.

본디 씨족사회의 유산을 물려받아 그 용맹만으로 대제국을 건설한 몽골족은 드넓은 영토를 다스릴 치국술은 발전시키지 못했다. 그리하여 갑작스럽게 세계무대에 나타나 깜짝 놀랄 공연을 연출한 뒤 몽골족은 다시 초원의 한 구석으로 물러갔다. 말 위에서 싸워 제국을 얻을 수는 있지만 말 안장에 앉아 제국을 통치할 수는 없었던 것이다.

한편, 몽골의 지배를 물리친 러시아는 그 후 모스크바를 중심으로 대통일을 이룩하면서 새로운 시대, 즉 모스크바 러시아 시대를 열어간다.

동북러시아의 통일과
전제군주의 등장:
이반 3세, 동북러시아 통일(1485년)

모스크바 러시아의 토대를 닦은 것은 러시아에서 몽골 지배를 종식시킨 것으로 유명한 이반 3세다. 그는 44년 동안 모스크바의 지배자로 있으면서 동북러시아를 통일하여 오랜 공국시대를 마감하고 러시아를 중앙집권 국가로 만들었다.

그의 치세에 러시아는 열강의 반열에 올라섰고, 모스크바 대공은 '전 러시아의 군주'로서 절대권력을 누리며 온 러시아에 군림하게 된다. 러시아 혁명 때까지 러시아인들에게 공포와 숭배의 대상이 된 '차르'와 '전제군주'라는 칭호를 처음 사용한 것도 그이고, 19세기 후반까지 러시아의 지식인과 인민들에게 최악의 제도로 지탄받아오며 혁명의 불씨를 일으킨 농노제의 법적 기초를 마련한 것도 그다.

22살의 나이에 모스크바 대공이 된 이반 3세는 보기 드문 정치수완과 비전을 가진 야심가였다. 그의 통치하에서 러시아의 통합은 빠른 속도로 진행됐다. 1470년대 중반까지 모스크바 대공국은 이전의 블라디미르 대공국이 관할하던 영토의 대부분을 손에 넣었다. 이반 3세의 영토욕은 그에 그치지 않았다.

제일의 목표는 당시 그 찬란했던 시기를 보내고 한 귀족문벌의 지배하에 있던 북쪽의 대 노브고로트 공국이었다. 1471년에 이반 3세에게 패한 후 모스크바에 충성을 약속한 바 있는 노브고로트의 지배자들이 다시 이반 3세에게 반기를 들었다. 당시 모스크바와 함께 러시아 땅을 양분하고 있던 리투아니아의 도움을 기대하면서 모스크바의 지배에 저항해온 것이다.

1478년 화가 난 이반 3세는 노브고로트와의 두 번째 교전에 착수했다. 리투아니아의 도움은 실현되지 못했고, 심각한 내부분열을 겪고 있던 노브고로트는 도시를 포위한 모스크바 군대와 싸워보지도 못한 채 마침내 백기를 들었다. 이반 3세는 자신을 반대하는 노브고로트인의 일부를 처형 또는 추방하고 일부는 농촌으로 이주시켰다. 그리고 상징적인 조처로 민회를 소집할 때 쓰던 종을 모스크바로 가져가면서 이렇게 선언했다.

> "나의 영지인 노브고로트에 민회의 종은 필요없다. 포사드니크(시장관)도 필요없다. 내
> 가 온 나라를 지배한다."

1489년 또 한 차례의 대추방이 있은 후 노브고로트는 마침내 모스크바 러시아의 한 부분이 됐다. 이로써 모스크바는 발트해 연안에서 우랄산맥에 이르는 러시아 북부의 광할한 대지를 손에 넣었다.

다음 차례는 트베리였다. 200년 동안 모스크바와 대립하며 동북러시아의 패권을 다투어온 트베리 공국도 이제 모스크바의 적수가 되지 못했다. 트베리의 공 역시 변변히 저항도 못해 보고 이반 3세에게 무릎을 꿇었다(1485).

몇몇 작은 공국이 남아 있긴 했지만, 이로써 동북러시아 통일의 위업이 이루어졌다. 그와 함께 킵차크 한국도 물리쳐 200여 년에 걸친 '타타르의 멍에'에서도 풀려났다. 모스크바가 명실상부한 동북러시아의 지배자가 된 것이다.

이반 3세는 이제 키예프 러시아의 정통 상속자임을 주장하며 서쪽과 남서쪽으로 눈을 돌렸다. 거기에는 리투아니아 대공국이 있었다. 이반 3세가 동북러시아를 통일하자 모스크바와 리투아니아의 접경지대에 있던 여러 공국

이반 3세. 노브고르트 공국과 트베리 공국을 평정. 발트해 연안에서 우랄산맥에 이르는 광활한 동북러시아를 통일했다.

이 리투아니아로부터 모스크바로 충성의 방향을 돌렸다. 리투아니아가 순순히 바라보고만 있을 리 없었다. 이윽고 1500년에 싸움이 벌어졌고, 승리한 모스크바는 러시아 중서부의 스몰렌스크와 체르니코프의 대부분을 얻었다.

한편, 북서쪽으로는 당시 리가에 근거지를 두고 호시탐탐 러시아 진출을 엿보던 리보니아 기사단을 무찔러 그들을 제자리에 묶어놓았다. 동쪽으로는 카잔 한국과도 싸워 눈에 띄게 약화시켰다.

이렇게 다져진 모스크바 러시아는 이제 몽골 지배 이전의 키예프 러시아와 달리 분명한 민족국가의 모습을 띠게 됐다. 단일 인종, 단일 종교, 단일 언어, 민족적 일체감 등의 요소 외에도, 모스크바 러시아는 공국들의 느슨한 결합이었던 키예프 러시아와 달리 단 한 사람의 우두머리 밑에 강력한 끈으로 규합되어 있었다. 또한 국민 모두가 동슬라브인 중에서도 대러시아인이었다. 키예프의 공들은 다투어 내부분열을 일으켰으나, 모스크바는 러시아인의 힘을 결집하여 외국세력과 대결했다. 이러한 모든 요소들의 러시아의 통합에 더 박차를 가했다.

1472년 그에게 좋은 기회가 왔다. 1453년 콘스탄티노플이 투르크에 함락될 때 성벽에서 싸우다 전사한 비잔틴의 마지막 황제 콘스탄티누스 11세의 조카 조에(소피아)와 결혼하게 된 것이다. 주선자는 바티칸의 교황이었다. 교황은 러시아를 자기 지배하에 두고 투르크에 맞설 광범한 연합전선을 구축하고자 했다. 교황의 기대는 빗나갔지만, 그 결혼은 모스크바의 지위를 크게 격상시켰다.

이반 3세는 결혼 후 비잔틴 제국의 후계자를 자처했다. 그는 자기 가문의 성 게오르기 상에다 비잔틴의 머리 둘 달린 독수리를 합하여 쌍두 독수리 문장을 만들었다. 그리고 자기의 호칭에 '차르(로마의 황제 이름 '카이사르'가 변형된 말로서 비잔틴 제국의 황제를 가리킴.)'와 '전제군주'라는 말을 덧붙였다. 블라디미르 모노마흐가 비잔틴 황제에게 받았다는 왕관 '모노마흐의 모자'도 쓰기 시작했다. 궁정의 의전절차도 장중하게 고쳤다.

그러나 러시아의 여러 공과 토착귀족 세력도 만만치 않았다. 그들은 귀족회의(보야레 두마)를 구성하여 대공을 견제하고 고위직책을 독점했다. 이반 3세는 법전을 새로 만들어 토착귀족들에 대한 규제책을 마련하는 한편, 하급 전사들에게 군역을 조건으로 봉토(포메스테)를 주어 군주에게 충성하는 사족(드보랴네)층을 육성했다. 이들이 후에 궁정귀족이 되어 토착귀족들을 능가하는 세력을 갖게 된다.

1497년에 키예프 시대의 〈루스카야 프라브다〉와 프스코프의 〈수데브니크〉를 참조하여 만든 이반 3세의 법전 〈수데브니크〉(재판 법규집)는 러시아 농노제의 법적 기초를 마련한 것으로도 유명하다. 당시 지주에게 점점 예속돼가던 농민들의 이주를 제한하여 농노제의 완성에 기여한 것이다. 법전은 전국적으로 '유리의 날(11월 26일)' 전후 2주간만 농민이 자유롭게 이주할 수 있게 하고, 그것도 채무를 완전히 청산한 경우로만 제한했다.

이로써 농노제를 근간으로 하는 전제군주제의 기반이 닦여졌다. 이반 3세가 닦은 기반에 그를 계승한 바실리 3세와 이반 4세(뇌제)가 기둥을 세우고 대들보를 놓아 러시아 특유의 전제권력이 확립된다. 이반 3세는 후에 '이반 대제'로 불렸다.

목공예술과 석공예술의 절묘한 조화:
크렘린 개축, 바실리 성당 건축(16세기)

보통 사람들에게 러시아 하면 가장 먼저 떠오르는 것으로 모스크바의 크렘린이 있다. 견고한 성벽, 양파 모양의 돔을 가진 여러 개의 성당, 화려한 궁전, 이반 종루라 불리는 높은 탑이 돋보이는 모스크바의 크렘린은 오랜 동안 러시아와 소련 권력의 핵으로써, 사람들에게 강렬한 인상을 심어왔다.

또한 러시아에서 가장 러시아적인 건축물을 들라면, 대부분 모스크바 붉은 광장 한편에 자리 잡은 바실리 대성당을 꼽는다. 바실리 대성당은 러시아의 전통적인 목조건축술과 비잔틴과 서유럽에서 유입된 석조건축술을 결합시켜 독특한 분위기를 만들어낸 러시아의 상징적인 건축물이다.

모스크바 크렘린이 현재의 외형을 갖추고 바실리 대성당이 건축되는 등, 러시아를 상징하는 건축물들이 지어진 것은 15세기 말에서 16세기, 즉 이반 3세에서 바실리 3세, 이반 4세로 이어지는 러시아 전제권력의 확립이다. 왕권이 강화되면서 그와 함께 외형적으로도 모스크바의 격을 높이려는 노력이 경주된 결과다.

러시아는 본디 나무가 많은 나라다. 오랜 옛날부터 러시아인들은 나무로 집을 짓고 성을 쌓아왔다. 그 결과, 자연스럽게 목조건축술과 목공예가 발달

16세기의 붉은 광장. 크렘린 동쪽 벽을 따라 펼쳐져 있다. 멀리 성 바실리 대성당이 보이고, 주위 건물들이 잘 꾸며져 있는 가운데 장이 서 있다.

했다. 그러던 중 10세기에 비잔틴에서 기독교가 전래되면서 비잔틴의 석조 건축술이 들어왔다. 초기에 세워진 교회들은 비잔틴 예술의 영향을 많이 받았다. 그러나 기단이나 돔의 모양과 색깔 등, 러시아적인 특징도 많이 가미됐다.

14세기에 지어진 성당들에서는 전통적인 목조건축술의 영향이 두드러지게 나타난다. 외벽을 흰 돌로 쌓고 그 위에 로마네스크 풍의 양각 장식을 하거나, 지붕 모양을 여러 가지로 변형시킨 것들이 그 예다. 이어 모스크바를 중심으로 국가의 통일이 빠른 속도로 추진된 15세기 말, 16세기 초에는 유럽 최고의 건축술이 들어와 모스크바의 모습을 크게 바꾸어놓는다.

1474년 이반 3세는 베네치아에 특사를 보내 이탈리아인 건축사들을 초빙했다. 피오라반티, 솔라리오, 루포, 알레비지오 등의 이탈리아 장인들은 러시아의 일급 건축가들과 힘을 합쳐 크렘린의 탑과 성벽을 돌로 견고하게 고쳐 쌓고, 궁전도 당당하게 새로 지었으며, 크렘린 안의 유명한 세 성당도 건축했다.

이때 지어진 우스펜스키(성모승천) 성당, 블라고베시첸스키(수태고지) 성당, 대천사 미카엘 성당은 크렘린의 성스러운 심장이 됐고, 각각 황제의 대관식·결혼식·장례식 장소로도 사용됐다. 돌로 지은 이 성당들에는 당시 유럽을 풍미하던 르네상스 양식이 짙게 반영됐는데, 그럼에도 전체적인 외관은 러시아풍을 잃지 않고 있다. 비잔틴 양식과 르네상스 양식, 러시아의 전통적인 목조건축술, 이슬람 양식이 혼합되어 빚어낸 뛰어난 아름다움을 간직하고 있는 것이다.

우스펜스키 성당은 당시 러시아와 그리스의 일급 미술가들이 힘을 합쳐 그린 내부 벽화로도 유명하다. 성화상이 주를 이루는 이 벽화들은 장중한 기풍과 화려한 색채로 보는 이의 마음을 사로잡는다. 여기서 행해진 대관식에 참석한 귀족과 주교들의 입에서는 절로 감탄의 소리가 새어나왔다고 한다. "아아, 여기가 바로 천국이로다!" 이후 많은 러시아 성당들이 이 성당을 모델로 하여 지어졌다.

이 시기에 정착된 성당의 양파 모양 돔은 이슬람 건축에서 그 선례를 찾을 수 있긴 하나, 러시아인의 소박한 신앙심을 잘 표현하고 있다. 양파 형 돔의 뾰족한 끝에 달린 십자가는 러시아인들에게 하늘을 뚫고 구세주에게 다가가는 길잡이였다.

16세기에 접어들면서 새로운 양식의 지붕을 올린 교회당이 등장했다. 목조건축에 쓰이던 방식을 도입한 것으로, 돔 대신에 팔각뿔 천막형의 높다란 지붕을 올린 것이다. 그와 더불어, 국가의 통일을 이룩한 자신감과 기쁨을 반영하여 관례에 얽매이지 않은 환상적인 건축물들이 많이 지어졌다. 가장 러시아적이면서도 기상천외한 양식의 바실리 대성당이 그 대표적인 예다.

이반 뇌제는 1552년에 볼가 유역으로 진출하여 킵차크 한국의 후예인 카잔 한국을 멸한 후, 위대한 승리를 기념하는 성당을 세워 승리의 중개자인 성모 마리아에게 바친다. 이것이 바실리 대성당으로, 1560년에 완공됐다. '바실리 블라젠니'(복된 바실리)라는 이름은 1588년에 성당 북동편 구석에 유로디비(기이한 행동을 일삼는 수도자), 성 바실리의 제실이 증축된 데서 기인했다.

바실리 대성당은 단층집처럼 보이는 하나의 커다란 기단 위에 높은 탑 모양의 본채를 짓고 , 그 둘레에 비슷한 모양의 교회 8개를 배치한 독특한 형태의 성당이다. 건립될 당시에는 색채와 형태가 지금처럼 복잡하진 않았으나 17세기에 돔의 모양을 바꾸고 바깥 복도에 뾰족한 지붕을 덮어 화려하게 채

색했다.

9개 교회 모두 넓은 팔각기둥 위에 좁은 팔각기둥이 놓여 있는 모양이고, 주변의 8개 교회는 지붕이 양파 모양이나 중앙 교회만은 천막형이다. 높이와 모양이 각기 다른 둥근 지붕들이 각 교회의 다양성과 독립성을 강조한다. 밝고 다양한 색채와 풍부한 장식들도 그 강렬한 인상을 북돋운다.

이 성당의 아름다움을 잘 대변하는 것으로, 바실리 대성당과 이반 뇌제에 얽힌 일화 하나가 전해진다. 완성된 바실리 대성당을 본 이반 뇌제는 매우 흡족했다. 화려한 색채, 다채로운 형태, 물감과 돌의 완전한 조화, 이 모든 것이 차르의 마음에 쏙 들었다. 괴팍한 차르는 성당을 설계한 두 러시아인 건축가를 불러 그 재능을 칭찬해주었다. 그러고는 옆에 있던 신하에게, 다시는 그렇게 아름다운 것을 만들지 못하도록 두 사람의 눈알을 도려내라고 명했다.

바실리 대성당은 목조건축술을 석조건축에 활용하여 절묘하게 조화시킨 걸작품이라고 할 수 있다. 그와 함께 석조건축술의 영향을 받은 목조건축도 크게 발전했다. 모스크바 교외에 세워진 콜로멘스코예 궁정과 북부의 키지 섬에 세워진 프레오브라젠스키 성당은 소박한 나무로 지어졌으면서도 보는 이들의 넋을 빼앗는 환상적인 아름다움을 가지고 있다.

이반 뇌제와 강력한 국가:
이반 4세, 차르로 등극(1547년)

광기에 가까운 격정으로 한 시대를 군림한 인물, 이반 4세를 두고 후세 사람들은 양극단의 평가를 내린다. 그는 온 나라를 피로 물들인 폭군이자, 국가를 단단한 토대 위에 세운 능력 있는 군주였다. 그의 별명인 뇌제雷帝(그로즈니)에 이 두 가지 평가가 함께 담겨 있다. 그는 벼락처럼 두려운 군주이면서 번개처럼 위광이 빛나는 군주였다.

그의 통치는 흔히 전후반의 두 부분으로 나누어 얘기한다. 전반부에는 능력있는 군주의 특성이 두드러지게 나타나고, 후반부에는 폭군의 특징이 두드러진다. 그러나 그는 일관되게 토착귀족들에 대항하여 차르의 권력을 강하는 데 힘썼다.

1533년 이반 4세가 왕위에 오를 때 그의 나이는 겨우 세 살이었다. 그는 예민하고 총명하고 조숙한 소년이었다. 이반은 일찍부터 읽는 것을 배워 눈에 띄는 것은 뭐든지 읽어댔다.

이반 4세가 열일곱 살이 되어 친정에 나서기 전까지는 비엘스키 가와 슈이스키 가의 두 귀족가문이 번갈아가며 국정을 좌지우지했다. 그들은 공중 앞에서는 이반에게 경의를 표했으나 사적으로는 이반을 마치 '하인 다루듯'

했다. 음식도 옷도 제대로 주지 않았고, 이반 앞에서 방자한 태도로 다투기 일쑤였다. 살인과 처형, 체포와 투옥이 다반사로 행해졌다. 그러는 가운데 이반은 귀족들에 대한 증오심과 함께 혹독함과 잔인함을 키워갔다.

열세 살이 되자 이반은 용포를 입고 섭정을 맡은 비엘스키 가와 슈이스키 가의 회의를 주재하기 시작했다. 이때 뜻밖의 사건 하나가 일어난다. 한 회의 석성에서 이반은 일을 잘못 처리하고 낭비를 했다고 중신들을 가볍게 나무랐다. 이로 인해 말다툼이 일어났다. 그때 갑자기 이반이 일어서서 섭정 중의 하나인 안드레이 슈이스키를 지적하며 그의 체포를 명했다. 모두들 우물쭈물하는 사이 안드레이가 도망치려고 하자, 평소에 이반이 신임하던 궁전의 개 사육관이 그를 곤봉으로 쳐죽이고 말았다. 엉뚱한 결과를 낸 이 사건은 이반에게 유리한 상황을 조성해주어, 이후 이반의 왕권이 크게 강화됐다.

1547년, 열일곱 살의 나이로 이반은 정식으로 대관식을 가졌다. 이때 이반은 그에게 비잔틴식 기독교 군주의 이념을 가르쳐준 수도 대주교 마카리의 권유로, 대공 대신 '차르'라는 칭호를 공식으로 채택했다.

전에 할아버지 이반 3세가 차르를 칭한 적은 있지만 이 칭호로 제위에 오른 것은 그가 처음이었다. 3주일 후 그는 아나스타샤 로마노프와 결혼했다. 왕비의 가문인 로마노프 가는 명문으로서 이후 러시아 역사에서 매우 중요한 역할을 맡는다. 이반은 결혼에 앞서 사려 깊게 자신의 배필을 골랐다. 그의 선택은 결국 옳은 것으로 드러났다. 1560년 젊은 나이로 죽을 때까지 아나스타샤는 포악함을 숨기고 있던 이반의 가슴을 어루만지며 선정을 펴도록 돕는다.

이반 4세는 사족 출신인 알렉세이 아다셰프, 수도 대주교 마카리, 사제 실베스토르 등으로 구성된 '선발회의'의 조언을 받으며 정치했다. 통치 초기에는 중앙에서 파견된 지사의 지방 지배, 문벌을 중시한 인재등용 등에서 연유하는 폐단을 개혁에 초점을 두었다.

1549년, 이반 4세는 대귀족과 고위 성직자, 중앙과 지방의 고위관리, 사족 및 대상인의 대표로 구성된 '전국회의(젬스키 소보르)'를 소집했다. 전국회의는 정부가 정책을 설명하고 지지를 요청하는 실권 없는 일종의 신분제 의회

이반 뇌제의 흉상. 발굴된 그의 두개골과 옛 초상화를 바탕으로 조각한 것이다. '강렬'과 '잔혹'으로 표상되는 그의 성격이 잘 나타났다.

였으나, 이후 참가 범주와 권한이 확대되면서 차르의 선출, 국내의 개혁, 전쟁과 강화 등의 중요정책을 심의하는 기관으로 부상한다.

이반 4세는 전국회의에서 대귀족의 횡포를 비난하고 개혁의지를 표방했으며, 새로운 법령 제정, 지방제도 개혁 등의 승인을 얻어냈다. 그중에서 지방제도의 개혁은 특기할 만하다. 개혁의 결과, 주민들이 중앙정부에 일정액의 세금을 바치는 지방에서는 중앙에서 지사를 임명, 파견하지 않고 자신들이 직접 관리를 선출할 수 있게 됐다. 그리고 지사들이 있는 곳에서도 지사들의 활동을 면밀히 조사하고 필요한 경우 지사를 탄핵할 수도 있는 보좌역을 선출할 수 있었다.

그와 더불어, 1551년 이후 몇 차례에 걸쳐 많은 주교가 참가하는 공의회(스토글라프 회의)를 열어 교회제도를 개혁하고 교회의 지위와 권한을 통제하려 했으나 그다지 큰 성과를 거두지는 못했다.

1550년경에는 전국에서 선출된 천여 명의 사족에게 모스크바에 가까운 봉토와 중앙관청의 공직을 주어 사족층을 육성했다. 토착귀족 세력의 영향력을 줄이기 위한 조처였다. 그리고 군사개혁에도 관심을 기울여 포병을 증강시키고, 스트렐치, 즉 소총부대로 알려지는 상설 정규연대도 설치했다.

이반은 대외정책 면에서도 큰 성공을 거두었다. 1552년 차르는 카잔 한국을 공략하고자 볼가 방면으로 출진했다. 카잔의 굳게 닫힌 성문 앞에 높이 15m 포대가 설치되고 거기서 쉴새없이 포탄이 쏟아져 나와 성 안을 쑥밭으로 만들었다. 마침내 카잔이 함락되고 동쪽 장벽이 뚫려, 러시아는 시베리아까지 넘볼 수 있게 됐다. 이반은 민중의 환호 속에 모스크바로 개선했고, 승리를 기념하여 대성당을 짓는다.

1556년에는 볼가 하류를 장악하고 있던 아스트라한 한국도 러시아군에 무릎을 꿇었다. 이로써 투르크어로 '강'이라는 뜻을 지닌 볼가강 전체가 아시아인의 강에서 러시아인의 강이 됐다.

북서쪽으로는 발트해로 나가는 출구를 얻고자 리보니아 기사단과 전쟁을 벌였다. 당시 북극해를 통해 영국과 교역하고 독일과의 교류도 늘고 있던 러시아로서는 발트해로 나가는 출구가 꼭 필요했다. 리보니아 전쟁에서 처음에는 러시아군이 승리했으나 이후 리투아니아와 스웨덴이 개입하면서 전쟁은 장기전으로 접어든다.

전쟁에서의 승리와 함께 개혁 작업도 계속됐다. 1555~1556년에 영지의 규모에 따른 군역의 규모를 표준화했다. 영지의 규모를 기준으로 국가가 요청할 때 바쳐야 하는 무사와 말 등의 수를 정한 것이다. 그와 더불어, 지위가 세습되는 토착귀족과 봉공의 대가로 지위가 하사되는 사족의 구분도 희박해졌다. 차르에게 봉공하지 않고서는 누구도 지주로 남아 있을 수 없게 된 것이다.

그러나 리보니아 전쟁이 난항 속으로 빠져들고 사족들이 늘어나면서 점점 더 많은 토지가 필요해지던 차에, 1560년 이반이 몹시도 사랑하던 왕비 아나스타샤가 죽는다. 귀족들이 왕비를 독살했다고 믿은 이반 4세는 이후 대귀족들과의 전쟁에 돌입한다. 피를 말리는 공포정치 끝에 이반은 대귀족들의 세력을 크게 삭감하고, 대신 자신에게 충성하는 사족들을 키워 막강한 전제권력을 확립한다.

피로 물들인 이반의 칼:
오프리치니나 체제(1565~1572년)

1552년 카잔 정복에 성공하고 위세가 절정에 오른 이반 4세는 다음해에 중병에 걸려 쓰러진다. 그는 죽음에 대비하여 병상에서 생후 5개월 된 왕자 디미트리에게 신하로서의 서약을 행하도록 귀족들에게 요청했다. 그러나 귀족들(보야레) 중에 이에 반기를 들고 이반의 사촌형제를 옹립하려는 무리가 있었다. 아다셰프 등의 측근들까지도 중립적인 입장을 취했다.

얼마 안 가 이반이 기적적으로 회복되면서 문제는 해소됐다. 이후 모든 일이 순순히 풀리면서 이 사건은 잊혀진 듯했으나, 이반의 마음속 깊은 곳에서는 귀족들에 대한 불신감이 계속 커갔다.

1560년, 이반이 몹시도 아끼던 왕비 아나스타샤가 죽었다. 그 여파로 아다셰프와 실베스토르 등 측근들이 직위에서 쫓겨나고 선발회의도 폐지된다. 후에 이반은 이들이 귀족들과 공모하여 왕비를 독살했다고 비난했다. 선발회의의 멤버와 그 친지들이 재판 없이 죽어갔다. 피를 부르는 소리가 들리기 시작한 것이다.

그 즈음 리보니아 전쟁이 스웨덴, 리투아니아, 폴란드의 가세로 격화되면서 러시아가 점점 수세에 몰린다. 1563년 리투아니아의 요새인 폴로츠크가 함락됐으나, 다음 해 봄부터는 러시아군이 거듭 패했다. 그 와중에 선발회의의 멤버였던 대귀족 쿠르프스키가 리투아니아로 탈주하는 사건이 일어났다.

이후 무려 15년간에 걸쳐 이반 뇌제와 쿠르프스키 간에 유명한 왕복서한이 교환된다. 이반 4세는 쿠르프스키에게 보낸 두 통의 편지에서, 그의 전제 정부가 신에 의해서 세워진 것이고, 설령 자신이 폭군이라 하더라도 그대는 충실한 신하이자 기독교도로서 이를 묵묵히 견뎌냄이 옳다고 당당하게 주장했다.

이반 4세가 오프리치니나 체제를 도입한 것은 이때다. 1564년 12월 차르는 수도원에 간다고 해놓고, 시종 몇 명만 데리고 모스크바를 떠나 북쪽의 작은 마을 알렉산드로프로 잠적했다. 다음해 1월 모스크바로 두 통의 칙서가 날아들었다. 한 통에서는 대귀족, 고위 성직자와 관리들을 비난하면서 그들의 착복과 배반, 적과의 싸움을 등한시하는 것 등을 규탄했고, 시민들에게 보내는 다른 편지에서는 모스크바의 상인, 수공업자 등 민중들에 대한 변함없는 사랑을 표현했다.

경악한 민중들은 귀족회의에 자신들의 입장을 밝혔다. 귀족회의가 나서서 차르에게 귀환을 간청할 것이며, 배반자들은 결코 용서할 수 없다는 것이었다. 성직자와 대귀족들이 대표를 파견하여 차르에게 돌아와 달라고 간절히 청했다. 차르는 두 가지 조건을 붙여 모스크바로 돌아왔다. 첫째로 반역자들에 대한 판정과 처벌 권한은 자기에게만 있고, 둘째로 오프리치니나 제도를 도입한다는 것이었다.

모스크바로 돌아온 이반 4세는 전 국토를 차르의 직영지인 오프리치니나와 귀족들의 영지인 젬시치나로 구

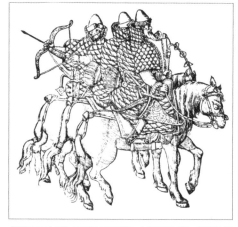

16세기 모스크바 공국의 보야레. 솜이 들어 있는 갑옷을 입고 있는데, 이는 정복자인 몽골인에게서 도입한 것이다. 이 보야레들은 권력투쟁에서 이반 뇌제에게 패배, 숙청되었다.

분하고, 오프리치니나에 편입된 토지를 자신이 오프리치니크, 즉 오프리치니나 대원으로 임명한 사람들에게 나눠주었다. 또한 많은 귀족들의 영지를 몰수하여 자신이 총애하는 사족들에게 주었다. 얼마 안 돼 오프리치니나는 전 국토의 절반으로 늘어났다.

오프리치니크는 차르에게 충성을 서약한 대귀족 일부와 다수의 사족, 외국인들로 별도의 군대를 조직했다. 이들은 검은 옷에 검은 말을 타고 빗자루와 개머리를 말안장에 매달고서 온 나라를 누볐다.

오프리치니크의 군대는 이반의 수족이 되어 대규모 테러를 자행했다. 테러 대상은 배반을 꾀한 자, 차르에게 반항한 자로부터 차르의 기대에 따르지 않는 자, 차르의 기분을 상하게 한 자, 그들의 가족과 친지에까지 이르렀고, 때로는 아무 이유 없이 테러를 가하기도 했다. 희생자들의 재산은 가차 없이 몰수 또는 약탈됐다. 고문과 처형방법도 잔인하기 그지없었다. 온 나라가 공포의 도가니에 빠져들었다.

이에 1568년, 수도 대주교 필리프가 감히 차르에게 충고를 하고 나섰다. 이반은 그가 전에 원장으로 있던 수도원을 조사, 허위증언을 수집하여 주교회의에 고발했다. 주교회의에서 유죄가 선고되어 그는 감금됐다가 살해당했다.

1570년에는 대규모의 오프리치니크 군대가 노브고로트에 몰려왔다. 도시 주민들이 적과 내통했다는 혐의였다. 곧 학살과 약탈이 자행되어 3만 주민의 약 절반이 죽임을 당했다. 그해 7월에는 모스크바 붉은 광장에서 크림 한국, 폴란드-리투아니아의 스파이 노릇을 했다는 등의 혐의로 100여 명이 학살됐다.

오프리치니나의 설치와 공포정치로 토착귀족을 중심으로 하는 봉건세력은 큰 타격을 받고 몰락했으며, 이반 4세의 전제권력은 크게 강화됐다. 그 과정에서 이반은 계급 간 대립을 이용했다. 일부 귀족과 다수의 사족(궁정귀족·관료), 외국인들로 오프리치니크를 만들어 토착 대귀족들과 대립케 한 것이다. 귀족들과의 기나긴 싸움에서 이반 4세가 결국 승리를 거둔 셈이다.

그러나 이반이 오프리치니나를 폐지했을 때 정치세력으로서의 세습귀족은 사라지고 없었으나 귀족들 자체가 없어진 것은 아니었다. 끝내는 이들의 자손이 궐기해 다시 이반의 후계자들과 싸우게 된다.

아직도 대규모 테러가 행해지고 있는 1571년 말, 크림 한국의 군대가 몰려와 모스크바를 불질렀다. 10여 만의 시민이 학살되어 모스크바강이 핏빛으로 물들었고, 수많은 시민들이 노예로 끌려갔다.

이에 이반 4세는 오프리치니나 군대와 젬시치나 군대의 혼성군을 조직하지 않을 수 없었다. 다음해 7월 혼성군은 크림 한국군에게 대승을 거두었다. 그리고 그해 가을, 오르리치니나 제도를 폐지한다는 선언이 있었다. 그러나 그 후에도 이반의 테러는 계속됐다. 그는 계속 음모가 행해지고 있다고 생각하여 주변 사람들을 의심의 눈초리로 바라보았다. 황태자 이반만이 유일하게 믿음직스러웠다. 그러나, 1581년 11월 이반 뇌제는 30세가 된 황태자 이반의 말에 격노하여 지팡이로 그를 내리쳤다. 황태자는 그 자리에서 정신을 잃고 쓰러진 뒤, 급히 옮겨져 치료를 받았으나 결국 죽고 말았다. 피의 부름이 그가 가장 사랑하던 아들까지도 데려가 버린 것이다.

설상가상으로 1582년과 1583년에 맺은 폴란드-리투아니아, 스웨덴과의 협정은 이반 뇌제에게 참담한 굴욕을 안겨주었다. 이 협정으로 러시아는 결국 리보니아와 발트 연안을 포기하게 된다. 차르의 오랜 꿈은 실현되지 못하고 국토만 황폐화된 채 리보니아 전쟁이 끝을 맺은 것이다. 1584년 이반 뇌제는 며칠 동안을 울부짖으며 궁 안을 헤매다가 죽었다. 후세에 소련에서 그의 시체를 검시한 결과 독살로 판명됐다.

시베리아로 진출하다:
에르마크의 시베리아 원정(1579~1582년)

모스크바에서 드넓은 러시아의 대지를 가로질러 동으로 동으로 달려가면 높이 500m 전후의 낮은 산맥 하나가 눈앞을 가로막는다. 유럽과 아시아를 가르는 우랄산맥이다. 16세기 중엽 이전의 러시아사의 무대는 거기까지였다. 산맥을 넘으면 시베리아(우랄 너머)의 대지가 펼쳐진다. 가도 가도 끝이 없는 광막한 벌판이다. 넓이로 치면 유럽러시아의 두 배가 넘으나, 사람은 거의 살고 있지 않았다.

1579년 카자흐의 한 부대가 우랄산맥을 넘었다. 그로부터 70년도 채 안돼 러시아인은 5,000km를 달려 동쪽 끝 태평양에 다다랐다. 엄청나게 빠른 속도로 사실상 주인이 없던 땅을 점령해버린 것이다(수십을 헤아리는 원주민족들이 부족을 이루어 살고 있었으나 주민 수가 얼마 되지 않았고, 시비르 한국과 몇몇 예외를 제외하고는 저항도 거의 없었다). 그 동토의 땅에서 이제 엄청난 자원이 쏟아져 나와 세계의 관심을 집중시키고 있으나, 당시 러시아인의 주된 관심사는 모피였다.

러시아에서 시베리아 진출의 선봉대 역할을 맡은 것은 카자흐 부대였다. 카자흐란 러시아의 변경에 살던 기마전사 집단을 일컫는 말이었으나, 15세기 중엽부터 지주와 관리의 압제에 못 이겨 많은 농민들이 변경지방으로 달아나 집단을 이루어 살게 되면서 이들 러시아 도망 농민도 카자흐로 불리게 된다. 이들의 생계수단은 수렵·어로·약탈행위였다.

에르마크는 볼가강을 항행하는 배를 습격하여 약탈하는 카자흐 부대의 우두머리였다. 그가 스트로가노프와 만난 것은 1577년의 일이다. 러시아 문화예술의 후원자로 이름 높은 스트로가노프 가문은 당시 이반 4세의 특허를 받아 우랄 지방에서 모피산업·제염업·광산업·농림어업 등을 일으키고 있었다.

스트로가노프는 에르마크와 그의 부대에게 후한 대가를 주면서, 당시 우랄산맥 너머 오브강 유역을 장악하고 있던 시비르 한국의 쿠춤 칸으로부터 자신의 영지를 보호하는 일을 맡겼다. 2년 뒤에는 다시 에르마크를 불러 시비르 한국을 정복하면 차르께서 후한 보상을 해줄 것이라고 유혹했다. 대신 러시아 정부에서 대포·식량·화승총 등 전쟁물자 일체를 제공키로 했다. 에르마크는 흔쾌히 승낙했다.

1579년 에르마크는 천여 명의 카자흐 부대를 이끌고 시베리아 원정에 나섰다. 오브강의 지류인 이르티슈 강변에서 벌어진 쿠춤 칸과의 전투에서 에르마크의 부대는 큰 승리를 거두었다. 수적으로는 열세였으나 화승총을 갖고 있던 에르마크 부대는 활과 창을 쓰는 쿠춤 칸의 군대를 쉽게 물리칠 수 있었다. 에르마크의 부대는 곳곳에서 원주민의 부대를 패배시키면서 영토를 점령해나갔다.

1582년 에르마크의 부대는 시비르 한국의 수도 시비리에서 쿠춤 칸과 맞섰다. 쿠춤 칸의 군대는 성문을 닫아걸고 밖으로 나오려 들지 않았다. 성벽을 사이에 두고 공방전이 거듭됐다. 마침내 에르마크가 후퇴작전을 펴서, 쿠춤 칸의 군대를 성 밖으로 유인해낸 후 성 안을 급습하여 시비리를 장악했다. 에르마크는 시비르 한국을 이반 4세에게 헌상하고 후한 상을 받았다.

그러나 1585년 8월 에르마크는 시비르 한국의 잔존세력들에게 기습당해 부상을 입고 도망치다가 이르티슈강에 빠져 익사했다. 그의 남은 부대는 시비리를 버리고 다시 러시아로 돌아왔다.

그 후 이반 4세는 러시아 정규군을 보내 본격적으로 시베리아 진출에 나섰다. 1588~1589년에 튜멘과 토볼스크 요새가 건설되고, 이어 1598년에 보리스 고두노프가 시비르 한국을 완전히 정복하여 러시아에 편입시켰다.

에르마크의 시베리아 원정으로 시작된 러시아의 시베리아 진출사는 미국의 서부 개척사

배를 타고 시베리아 원정에 나선 카자흐 부대. 강기슭에 포진한 원주민 부족들로부터 공격받고 있다. 전설에 따르면 카자흐들은 예수상 깃발(왼쪽)의 기적으로 무사히 인도되었다 한다. 18세기 삽화.

와 유사한 데가 많다. 드넓은 대지와 풍부한 자원, 개척자들의 출신과 그 정신, 개척의 파급효과 등등. 그러나 속도는 러시아가 훨씬 빨랐다. 1630년에는 벌써 레나강 기슭의 야쿠츠크에 도달했고, 1639년에는 카자흐의 작은 부대가 태평양에 다다랐다. 1648년에는 또 다른 카자흐 집단이 5척의 배를 타고서 시베리아 북동부 끝을 돌아 베링 해협을 통과했다.

동쪽 끝에 이른 러시아인은 거기서 다시 남하하다가 아무르강(흑룡강)에서 중국인민들과 충돌한다(러시아가 우리나라와 처음 관계를 맺는 것은 이때다. 당시 중국을 지배하던 청나라 요청으로 조선조의 효종이 1654년과 1658년 두 차례에 걸쳐 나선-러시아-정벌군을 파견한다). 그 뒤 1689년에 네르친스크 조약이 맺어져 스타노보이산맥을 따라 국경이 그어졌다.

당시 시베리아에 진출하는 사람들의 가장 큰 관심거리는 모피였다. 그곳에는 검은 담비·족제비·비버 등 털과 가죽이 좋은 동물이 많았기 때문이다. 러시아의 교역에서 모피는 매우 중요한 상품이었다. 이어 금과 은이 발견

되면서 광물에도 관심을 갖게 되고, 서시베리아 지역부터 느린 속도로 농경 정착지도 늘어간다. 그러나 시베리아에 본격적으로 개발의 손길이 미치는 것은 19세기에 이르러서다.

한편 18세기부터 유형수가 늘어가면서, 시베리아는 러시아인들에게 혹독한 추위와 광막한 벌판에 내던져진 죄수와 반역자들의 한 서린 유형지로 각인되기도 했다.

시베리아에 진출한 러시아인은 원주민들에게 대체로 우호적으로 대했다. 원주민들은 당국에 모피 세금을 바치는 대신 보호를 받았다. 러시아 정교로 개종하는 원주민에게는 러시아인과 똑같은 대우를 해주었다.

관리들과 일부 러시아인의 전횡이 없었던 것은 아니지만, 지주계급이 없고 도망자들을 위한 무한한 공간이 있어 시베리아는 농노제도의 질곡을 면할 수 있었다. 원주민과의 통혼을 통해 원주민의 동화가 진전되고, 유럽러시아에서 이민이 증가하고 정부가 주민들의 생활에 신경을 쓰면서 시베리아 사회는 점점 발전했다. 그에 따라 시베리아 사회는 우랄산맥 너머의 유럽러시아보다 더 자유롭고 민주적인 사회체제를 발전시켜갈 수 있었고, 그와 더불어 미국의 서부를 연상시키는 강인함과 독립성 등의 특질을 지니게 됐다.

국민의 힘으로 나라를 구하다:
보리스 고두노프와 동란시대(1604~1613년)

1584년 이반 뇌제가 죽은 후 병약한 표도르가 왕위를 계승했다. 실권은 그의 처남 보리스 고두노프가 장악했다. 보리스는 크림 한국과의 관계를 개선하는 등 평화정책을 폈다. 전쟁과 공포정치로 국토가 황폐해진 것을 알고 있었기 때문이다.

농민들은 과중한 세금·테러·기근·질병에 못 이겨 남부와 동부로 대거 도주해갔다. 사태가 이렇게 발전하자 농민의 이주를 금지하여 토지에 묶어두는 정책을 강화하지 않을 수 없었다. 이반 뇌제의 말기에 전후 2주일 동안 농민의 이주를 허용하는 '유리의 날'을 폐지하는 칙령이 발동됐으나, 보리스는 그것을 항구화하고 도망 농민에 대한 지주의 수색·연행기간도 5년으로 늘렸다. 이로써 러시아의 독특한 농노제가 사실상 완성됐다.

1591년 표도르의 하나뿐인 동생 디미트리가 죽었다. 항간에 보리스 고두노프가 자객을 보내 죽였다는 설이 파다하게 나돌았다. 1598년 표도르가 죽은 후에 열린 전국회의(젬스키 소보르)에서 보리스 고두노프가 차르로 선출됐다.

왕위에 오른 보리스는 로마노프 가와 슈이스키 가 등 명문귀족들을 정계에서 추방하고, 사족들을 축으로 삼아 통치의 기반을 다졌다. 그리고는 유능한 젊은이를 외국으로 유학 보내고 이웃 나라들과 화평을 유지하는 한편, 시베리아를 경략하고 무역을 장려하는 등, 의욕적인 정책들을 펼쳐나갔다.

그러나 하늘은 그를 돕지 않았다. 1601~1602년 이태 동안 연이어 냉해와 혹한으로 수확이 격감하더니, 1603년에는 대기근이

보리스 고두노프. 이반 뇌제가 죽고 그의 아들 표도르 1세가 즉위하자 병약한 황제를 대신하여 실권을 쥐었고, 표도르가 죽자 차르에 추대되었다.

닥쳐왔다. 국민의 1/3 가량이 죽어 거리에 시체가 나뒹굴었다. 굶주린 이들이 고양이와 개, 심지어는 사람의 시체까지 먹어댔고, 나무껍질이나 풀로 연명하는 사람이 부지기수였다. 농민도 노예도 다투어 도망쳐 카자흐의 세계에 몸을 담았다.

사람들 사이에 구세주를 기다리는 기대가 높아갔다. 디미트리 왕자가 보리스에게 살해된 것이라는 소문이 설득력을 얻어갔다. 소문은 "디미트리는 살아 있다. 곧 우리에게 돌아와 우리를 구해줄 것이다"라는 기대로 발전했다. '구세주 차르'의 신앙이 대두한 것이다. 이윽고 1604년 폴란드에서 한 청년이 자기가 바로 디미트리 왕자라면서 카자흐와 폴란드 귀족의 지지를 얻어 군사를 일으켰다.

이로써 러시아어로 '스무타'라 불리는 동란시대가 시작된다. 이 시기에는 두 명의 가짜 디미트리를 비롯해 차르와 왕자를 참칭하는 자가 여럿 나타나 러시아인을 현혹시키고, 대규모 반란이 일어나며, 외국군이 러시아 국토를 유린하는 등, 기괴스러움과 파괴가 극에 달했다. 말 그대로 동란의 시대였다. 그러나 이 동란시대는 러시아 국민의 힘으로 진정되고 새로운 질서가 자리를 잡는다.

'디미트리 왕자'가 러시아 영내에 들어오니 사람들은 열광하여 그를 맞았다. 보리스는 "그 사람은 가짜다. 수도원에서 도망친 사제 그리고리 오틀레피예프다"라고 외쳐댔지만 사람들은 보리스의 얘기를 믿으려 들지 않았다. 1605년 1월 5,000으로 늘어난 가짜 디미트리의 군대는 보리스의 군대에 패하여 밀려났다. 그러자 더 많은 러시아인이 그에 가담하여 세가 더욱 불어났다. 가짜 디미트리는 보리스의 권력과 대귀족으로부터의 해방을 내걸고 민중들에게 '자유'를 약속했다. 어떤 지역에서는 10년간 세를 거두지 않겠다고 포고했다.

그해 4월 보리스가 급사하면서 보리스 진영 내에서 반란이 일어나고, 6월에는 왕비와 왕자가 크렘린에 난입한 민중들에게 살해됐다. 차르 참칭자는 모스크바에 입성하여 7월에 제위에 올랐다.

그러나 가짜 디미트리도 난국을 수습할 수는 없었다. 그가 이끌고 온 폴란드인들은 사사건건 러시아인들과 충돌했다. 그 사이에 남쪽에서는 한 청년이 있지도 않은 전 차르 표도르의 아들을 참칭하고 나서 '표도르 왕자'로 행세했다. 가짜 디미트리를 차르로 받들어 모시고 있던 대귀족들은 민중의 불만에 편승하여, 1606년 5월 폴란드인들을 죽이고 가짜 디미트리를 처형했다.

새로이 차르에 오른 것은 대귀족 바실리 슈이스키였다. 그가 즉위함으로써 대귀족의 입지는 크게 강화됐으나 민중들은 예전과 다름없이 고통을 겪었다. 사람들 사이에 다시 "디미트리는 죽지 않았고, 죽은 것은 다른 사람"이라는 소문이 나돌았다. 각지의 도시들의 슈이스키에게 충성을 거부했다.

노예 출신의 이반 볼로트니코프가 반란을 일으킨 것은 이때다. 볼로트니코프의 군대는 농민과 카자흐, 노예, 일부 사족의 지지를 받아 급속히 팽창하여 수만으로 늘어났고, 10월에는 모스크바 진공을 개시했다. 한때 모스크바 성문 앞까지 진입했으나 슈이스키군의 반격에 밀려 후퇴했다. 이후 사족들이 이끄는 군대가 떨어져나가 세력이 약해진 볼로트니코프는 이번엔 '표도르 왕자'의 군대와 합세하여 툴라에서 정부군에 맞섰다. 1607년 네 달간에 걸친 공방전 끝에 반란군은 결국 정부군에 항복했다. 볼로트니코프의 거사는 러시아 최초의 농민반란으로 일컬어진다.

반란이 진압된 직후 두 번째 가짜 디미트리가 나타났다. 작년에 귀족들에게 죽은 디미트리는 다른 사람이고 자신은 기적적으로 목숨을 구해 도망쳤다면서, 제2의 가짜 디미트리는 급속히 세를 규합해갔다. 어느 모로 봐도 분명히 다른 사람이었지만, 첫 번째 가짜 디미트리의 왕비였던 폴란드 귀족의 딸은 그를 자기 남편이라고 인정했고, 얼마 후에는 그의 아들까지 낳았다.

카자흐와 폴란드 귀족의 도움을 받고 있던 제2의 가짜 디미트리는 러시아 깊숙이 진공해들어와 서부의 많은 도시를 점령했다. 그리고는 모스크바에서 그리 멀지 않은 투시노에 본영를 두고, 1610년까지 슈이스키와 러시아를 양분했다. 많은 귀족들이 투시노의 가짜 디미트리에게 붙어 그를 섬겼다.

이어 외국의 직접 간섭이 시작된다. 슈이스키는 스웨덴 왕과 동맹을 맺었고, 가짜 디미트리 2세 측의 귀족들은 폴란드 왕과 결탁했다.

가짜 디미트리 측 러시아 귀족들은 1610년 가짜 디미트리를 버리고, 폴란드 왕 지그문트 3세에게 사절단을 보내 폴란드 왕자를 차르로 맞고 싶다는 의사를 전했다. 모스크바의 지배를 노리고 있던 폴란드 왕은 이에 모스크바 공략군을 파견했다. 그해 7월 슈이스키는 퇴위되고 모스크바의 대귀족은 폴란드군의 모스크바 점령을 허락했다. 이로써 모스크바는 폴란드 수중에 들어갔다.

폴란드인에 대한 반감이 고조돼가는 가운데, 여기저기에 해방투쟁을 부르짖는 격문이 나붙었다. 모스크바 총주교 게르모겐은 모두 일어나 정교 신앙을 지키자고 전국에 회신을 발송했다. 각지에서 농민 · 카자흐 · 귀족 · 사족 · 상인들이 일어나 해방군(국민군)을 결성하고 모스크바로 쳐들어갔다. 그러나 폴란드군은 빈약하게 무장한 해방군을 무참히 살육하여 퇴각시키고는 크렘린 안으로 들어갔다. 남은 해방군마저 분열하여 힘을 잃었다. 북쪽에서는 스웨덴까지 밀고 들어왔다. 러시아는 그야말로 캄캄한 암흑 가운데에 있었다.

그러나 모든 것을 잃어버린 것 같던 1611년 가을, 니주니 노브고로트의 상인들이 장로 쿠지마 미닌의 제창에 호응하여 군자금을 각출한 것을 계기로 제2차 해방군이 결성됐다. 포자르스키 공작이 이끄는 러시아 국민군은 1612년 10월 마침내 폴란드군을 항복시켰다. 모스크바는 해방됐고, 1613년 전국회의가 소집되어 미하일 로마노프가 차르로 선출되면서 300년 로마노프 왕조의 막이 올랐다.

이로써 동란시대를 거치며 국가관념과 국민의식이 러시아인들 속에 크게 자리잡기 시작했다. 그러나 나라는 여전히 전제정부였다. 국민의 힘으로 다시 세워진 전제권력은 향후 더 힘을 굳히면서 국민들 위에 절대자로 군림하게 된다.

한편, 사회적인 의미에서 동란은 각 구성원들에게 현저히 다른 결과를 가져다주었다. 외국세력과 결탁하고 여러 차르에게 번갈아 충성을 바친 토착귀족이 몰락하면서, 신흥귀족인 사족과 도시의 상인층이 크게 대두했다. 이들은 미하일 시대에 빈번히 열린 전국회의의 중심세력으로 자리 잡으면서 큰 영향력을 발휘하게 된다. 그와 더불어 교회도 나름대로의 역할을 인정받아 권위와 위신을 높여간다.

북부의 농민을 제외한 대부분의 농민과 카자흐는 동란기간에 볼로트니코프 휘하에서 반란을 일으키거나 가짜 황제들을 위해 싸운 탓에 그 입지가 더 악화됐다. 이후 농노제가 더욱 강화되면서 농민들은 심한 예속화 과정을 겪게 된다. 그들의 요구는 압제 질서를 무너뜨리고 자신들의 국가를 세우는 것이었으나, 그러기에는 아직도 오랜 세월이 흘러야 했다.

300년 왕조의 서막:
로마노프 왕조의 출현(1613년)

동란이 끝난 후 1613년 초 전국회의가 소집됐다. 차르를 선출하여 정통성 있는 정부를 세우는 것이 그 목적이었다. 회의에는 성직자·귀족·사족·도시민의 대표들과 약간의 농민대표가 참가했다. 먼저 외국인은 일단 차르 후보에서 배제한다는 결정이 내려졌다. 얼마 후 미하일 로마노프가 강력한 후보로 떠올랐다.

로마노프 가는 러시아인에게 인기 있는 가문이었다. 이반 뇌제의 훌륭한 황후 아나스타샤 로마노프 가 출신이었고, 차르 선출 당시 폴란드에 포로로 붙잡혀 있던 미하일의 아버지 필라레트도 두루 신망을 얻고 있었다. 미하일이 당시 16살의 어린 나이였다는 것도 유리하게 작용했다. 동란에 휩쓸려 폴란드인이나 차르 사칭자들을 섬기거나 할 일이 없었기 때문이다. 총주교 게르모겐이 천거했다는 것도 신망을 높이는 요소가 됐다.

차르를 결정할 전국회의는 전국에 밀사를 파견하여 지방 여론을 살폈다. 국민들이 결정을 강력히 지지한다는 보고가 들어오자 전국회의는 마침내 미하일 로마노프가 러시아를 통치할 차르로 선출됐음을 공표했다.

미하일 로마노프는 1613년 7월에 차르로 즉위했다. 로마노프 왕조가 열린

폴란드에 붙잡혀 갔다 돌아온 모스크바 총주교 필라레트(왼쪽)와 로마노프 왕조를 연 미하일 로마노프(오른쪽). 그러나 군주 자질이 부족해, 아버지가 실권을 잡았다.

것이다. 플라토노프의 표현에 따르면 "전체의 뜻에 따라서 새로운 자신의 군주를 뽑았고, 그리하여 온 러시아가 크게 기뻐하고 즐거워했다."

그러나 국민이 세운 로마노프 왕조는 초창기의 잠깐을 제외하고는 러시아 혁명이 일어날 때까지 300여 년을 혹독한 전제정치로 일관하면서 국민 위에 군림한다. 신의 생각에 러시아인이 정의로운 통치자를 갖기에는 아직 일렀던 모양이다.

로마노프 왕조는 크게 세 시기로 구분된다. 1기는 표트르 대제가 등장하기 전까지로, 미하일과 알렉세이의 통치하에 전제권력을 재건하고 왕조의 기반을 다진 시기다. 이 시기에는 모스크바 러시아 시대의 사회구조가 거의 바뀌지 않은 채 그대로 이어졌다.

17세기 말에 표트르 대제가 등장하면서 러시아는 크게 달라진다. 광범한 개혁이 행해져, 러시아는 구태를 쇄신하고 유럽 열강의 하나로 부상한다. 얼마간의 혼란기를 거쳐 18세기 후반에는 걸출한 여제 예카테리나 2세가 등장하여 러시아의 위상을 다시 드높인다. 그럼에도 러시아는 여전히 모든 면에서 후진적인 모습을 탈각하지 못하고 있었다. 예컨대 서유럽의 여러 나라가 봉건제로부터 벗어나 산업혁명을 일으키고 시민의 자유를 신장시켜가고 있던 이때, 러시아에서는 농노제와 전제권력이 더 강화돼가고 있었다.

여제의 사후 19세기에 접어들면서 제3세기가 시작된다. 이때에는 제위 계승의 원칙이 확립되어 황제 자리를 둘러싼 싸움은 없어지나, 러시아의 후진성이 명백하게 드러나면서 개혁과 반동이 급격하게 교차하고 지식인과 인민들 간에 개혁과 혁명의 거센 바람이 인다. 이윽고 20세기로 넘어가 제1차 세계대전의 와중에서 러시아 혁명이 일어나 로마노프 왕조는 종식된다.

어린 나이로 즉위한 미하일에게는 그야말로 문제가 산처럼 쌓여 있었다. 동란시대에 어지럽혀진 권위와 제도를 하루빨리 수습하고, 외국과의 전쟁도 마무리 짓고, 황폐해진 국토를 재건해야 했다. 미하일은 전국회의(젬스키 소보르)를 거의 매년 열어 중요한 일들을 토론에 부치고, 귀족회의(보야레 두마)에도 수시로 자문을 구하면서 러시아를 수습해나갔다. 한동안은 미하일의 아버지 필라레트가 총주교 겸 대군주가 되어 미하일과 함께 러시아를 통치했다.

이 시기의 러시아는 신분제 의회를 가진 제한군주제 국가였다고 할 수 있다. 전국회의와 귀족회의가 국가의 정책결정에 큰 영향력을 행사했다. 1630년대에는 한때 사족대표가 전국회의의 상설화를 주장하기도 했으나 실현되지 못했다.

그러나 미하일의 뒤를 이은 알렉세이 미하일로비치의 치세에서 신분제도가 정착하고 관청의 수가 50개로 늘어나는 등 중앙행정기관이 정비되면서 전국회의는 점점 유명무실해져갔다. 의회제도가 정착할 수 있는 국민적 토대가 아직 마련되지 못했던 것이다. 러시아는 신분제 의회를 가진 제한군주제 국가에서 절대군주가 지배하는 가혹한 전제국가로 이행해갔다.

1649년에는 전국회의의 비준을 얻어 〈회의 법전〉(울로제니예)이라는 새로운 법전이 제정됐다. 이 법전에서 군주권이 최고의 권위로 규정됨과 아울러, 사족의 영지 보유가 보장되어 토착귀족과 사족의 직위가 거의 대등해졌다.

한편, 법전은 도망친 농노의 추적기한을 무기한으로 연장하여 농노제의 법적 토대를 완성했다. 농노와 그 가족이 완전히 영주의 소유물이 돼버린 것이다. 이후 농노는 사고 팔 수 있는 물건으로 전락해 갔다.

로마노프 왕조 초기에 러시아는 동부 우크라이나를 손에 넣었다. 러시아의 발상지 우크라이나는 당시 폴란드의 지배하에 있었는데, 강화되는 농노제와 기근을 피해 폴란드와 러시아로부터 도망친 많은 농민들이 속속 드네프르강 하류의 카자흐 무리에 합류한다. 그리하여 그곳에 강력한 집단이 형성되니, 곧 '자포로제(급류 건너편) 카자흐'다.

폴란드 지주들에 대한 우크라이나 농민들의 저항이 높아가는 가운데, 1648년 드네프르강의 모래섬에 본영을 두고 있던 자포로제 카자흐가 카자흐 고유의 자치를 부정당한 데 반발하여 들고일어났다. 지도자는 폴란드 정부에 등록된 상층 카자흐의 아타만(수령), 보그단 흐멜니츠키였다. 반란은 곧 우크라이나 농민들의 지지 속에 우크라이나 독립전쟁으로 이어졌으나, 1651년 폴란드군에 패하고 말았다.

흐멜니츠키는 모스크바에 원조를 청했다. 차르 알렉세이는 우크라이나의 카자흐를 러시아의 보호하에 두기로 결정했다. 1654년 우크라이나 카자흐는 모스크바의 차르와 군신 협정을 맺었다. 이후 우크라이나 문제는 러시아와 폴란드의 전쟁으로 변했다. 1667년 양국은 휴전협정을 맺고 키예프와 드네프르강 동쪽과 우크라이나 땅이 러시아 령으로 편입됐다.

한편, 교회도 커다란 진통을 겪었다. 모스크바 총주교 니콘이 신앙심 깊은 차르 알렉세이의 후원하에 전례개혁에 착수했다. 1654년 주교회의는 그리스 관행에 따른 니콘의 전례개혁을 승인했다. 개혁에 반대하는 세력은 사제 아바쿰을 중심으로 라스콜니키 파(분리파, 고의식파)를 형성했다.

1666~1667년의 공의회에서는 교권의 강화를 둘러싸고 차르 알렉세이와 대립한 니콘 총주교가 파면당했다. 이로써 교권이 완전히 차르의 권력 밑으로 떨어졌다.

파문당한 분리파는 정교회와 함께 국가에도 저항하는 자세를 취했다. 분리파의 거점들은 분쇄되고 지도자 아바쿰은 1682년에 화형당했다. 분리파는 분신으로 저항하여 2만 이상의 신도가 자기 몸을 불살랐다. 그 후 그들은 교회와 국가의 지배가 미치지 않는 우랄이나 시베리아 등 벽지로 도피하여 자신의 신앙을 지켜나간다. 교회의 분열과 함께 러시아 정교회의 위상은 크게 떨어졌다.

그때, 돈과 볼가 유역에서는 반역의 기운이 일고 있었다. 오래전부터 카자흐가 강력한 세력을 구축하고 있던 지역에 도망 농민들이 가세하고, 전국에 걸친 농민들의 분노가 더해져 반란을 잉태해가고 있었던 것이다. 지도자는 전설적인 영웅 스텐카 라진이었다.

장하도다, 스텐가 라진:
라진의 난(1670~1671년)

러시아 정부는 남쪽과 남동쪽 변경지대에 기마술에 능란한 전사들을 배치하여 국경을 방비하고 있었다. 처음에는 투르크계 유목민이 주를 이루었으나 뒤에는 러시아인이 많이 배치된다. 이들이 초기의 카자흐로, 투르크어로 '방랑자', '모험자'라는 뜻을 가지고 있다.

15세기 중엽부터 농노제가 강화되면서 많은 농민들이 자유를 찾아 카자흐의 세계에 들어왔다. 그리하여 16세기가 되면, 전에 유목민들이 지배하던 드네프르강과 돈강의 하류, 볼가강의 중·하류 등지에 막강한 카자흐 집단이 형성된다(중앙아시아의 카자흐인과 어원·철자는 같으나, 여기서 말하는 카자흐는 민족 개념을 가진 중앙아시아의 카자흐인과는 다르다).

카자흐 집단에는 도망 농민 외에도 도망 노예, 범법자, 비러시아계 유목민들이 다양하게 섞여 있었다. 독립정신이 왕성한 카자흐들은 무엇보다도 자유를 중시했다. 카자흐가 모두 모이는 집회(크루크)에서 선거로 자신들의 수령(아타만)을 뽑았고, 자유를 찾아 도망 온 사람들을 관대히 받아들였으며, 교회 분열 후에는 분리파 정교를 승인했다.

이들은 처음에는 농사를 짓지 않고 수렵·어로·양봉 그리고 약탈행위로 생계를 꾸려나갔다. 이들의 약탈행위는 유명하여, 강과 강에 가까운 평야지대는 물론 저 멀리 흑해와 카스피해 건너편까지도 거친 카자흐들의 활동무대였다.

카자흐는 중앙정부에게는 골칫거리였다. 정부는 이들에게 자치를 허용하고 물자를 제공하는 등, 여러 가지 특권을 부여하는 대신으로 전투와 국가방위에 이들의 도움을 받았다. 그러나 이들은 때때로 중앙정부에 반기를 들고 온 나라를 소용돌이에 빠뜨리곤 한다.

러시아 역사에서 카자흐는 중요한 몫을 담당했다. 시베리아 개척의 선두에 선 것도, 동란시대에 볼로트니코프 반란군의 주력부대가 된 것도, 우크라이나 독립전쟁의 주역도 모두 이들 카자흐였다. 그 뒤를 이어 카자흐 역사의 최대 영웅이 등장하니, 이가 곧 스테판 라진이다.

'스텐카'라는 애칭으로 우리 귀에 익숙한 스테판 라진은 돈 카자흐의 비교적 부유한 집안에서 태어났다. 그는 어려서부터 하층 카자흐나 가난한 농민들과 함께 생활하면서 그들이 겪는 고난을 피부로 느끼고 있었다. 그가 반역을 결심한 것은 카자흐의 아타만이었던 형이 모스크바의 군사령관에게 처형당했을 때였다고 한다.

당시의 러시아는 농노제의 강화와 더불어 전국 각지에서 일어난 반란으로 몸살을 앓고 있었다. 빈곤과 물가고, 가혹한 세금징수가 반란과 폭동을 부채질했다. 1650년에는 프스코프와 노브고로트에서 커다란 폭동이 일어났다. 프스코프에서는 한때 민중들이 권력을 장악하기까지 했다. 1655년에는 전국에 페스트가 창궐하면서 각지에서 폭력이 난무했다.

1662년에는 은전 대신 동전을 주조하면서 고위층이 축재를 했다는 의혹이 일면서 모스크바에서 폭동이 일어났다. 수도가 폭도들의 손에 떨어지고 차르가 목숨을 잃을 뻔했다. 폭동으로 7,000명이 처형당하고 그보다 훨씬 많은 사람들이 각종 형벌에 처해졌다. 농민들의 대규모 탈주는 계속됐다. 이들은 줄기차게 변경으로 빠져나와 카자흐에 가담했다.

스텐가 라진의 반란은 농노, 하층 도시민, 가난한 카자흐, 억압당하던 소수민족들에게는 하나의 복음이었다. 민요와 서사시에 그 행적이 생생하게 기록되고, 때로는 과장되어 초자연적인 영웅으로까지 승화된 것은 이런 상황에서 연유한다.

라진은 1667년 봄에서 1669년 말까지 도망 농민들인 하층 카자흐를 이끌고 카스피해로 대규모 원정을 다녔다. 이 원정은 카스피해 연안의 부유한 페르시아인 정착지 약탈에서 절정을 이룬다.

널리 애송되는 민요에 따르면, 스텐카 라진은 이 원정에서 페르시아 공주 하나를 포로로 잡아온다. 라진은 공주에 푹 빠져, 늘 가까이에 두고 그녀와 정을 나누었다. 어느 날 라진은 돈 카자흐 부하들이 자신의 뼈까지 녹아내릴 것 같다고 한탄하는 소리를 들었다. 라진은 조용히 일어서더니 공주를 번쩍 안아들었다.

"자유로운 사나이 동지들 속에 분란이 일어나서는 안된다. 볼가여, 어머니 같은 볼가여, 당신은 우리에게 금은보화를 주었나이다. 이제 우리의 귀한 선물을 받아주소서."

그러고는 그녀를 강물에 던져버렸다. 고대의 영웅 설화와 스텐카 라진의 전설이 혼합되어 생겨난 민요지만, 후대의 러시아인이 스텐카 라진을 어떻게 생각했는지 잘 말해주는 대목이라 하겠다.

막대한 전리품을 싣고 돌아오던 라진은 길을 막는 차르의 관리와 군대들을 내쳐버린다. 그는 순식간에 사람들의 칭송을 받으며 돈과 볼가 지방의 카자흐 지도자로 떠오른다. 그의 주위에 카자흐와 농민들이 구름처럼 모여들었다.

이제 그의 생각은 페르시아의 부귀영화로부터 러시아인의 형제애로 바뀌었다. 평범한 카자흐의 모험이 카자흐와 농노를 억압하는 자들에 대한 투쟁으로 변한 것이다.

1670년 라진은 2만의 군대를 이끌고 모스크바로 향했다. 그가 행동을 개시하자 농민과 하층 도시민이 그에게 모여들었고 수비대 병사들도 그의 편이 됐다. 라진은 돈강을 거슬러올라가 차리친(볼고그라드)을 손에 넣은 뒤 그것에 본영을 설치했다.

형장으로 끌려가는 라진과 아우 프롤(왼쪽 끝). 라진은 교수대를 실은 짐마차로 모스크바의 붉은 광장으로 압송되어 모진 고문 끝에 처형되었다.

스텐카 라진은 사람들에게 "귀족들에게 살해당한 알렉세이 왕자가 실은 죽지 않고 우리 곁에 있다. 모두 일어나서 그 귀족 배반자들과 지방관리들을 쓸어버리자"고 호소했다. 그와 더불어, 전 러시아에 '카자흐의 자유'를 실현하겠다고 선언했다. 라진의 밀사가 그에 앞서 전국을 누비면서 그의 뜻을 전파했다. 전국이 술렁거렸다.

볼가 하구의 아스트라한은 그가 도착하기도 전에 그의 것이 돼 있었다. 이어 사라토프와 사마라가 이 카자흐 영웅에게 성문을 열어주었다. 러시아의 지배자들에게 자기네 땅을 빼앗긴 바슈키르, 추바슈, 마리, 모르드바 등의 소수민족들도 그에 호응하여 반란을 일으켰다. 러시아 중앙부터 오카강 유역에서도 학살과 약탈이 광범하게 행해졌다. 저 멀리 백해 연안의 솔로베츠키 수도원도 호응했다. 차르가 통치하는 전 지역에 반란의 불길이 타오른 것이다.

라진은 볼가 중류의 심비르스크(울리야노프)를 포위했다. 그의 부대들은 여러 갈래로 나뉘어 모스크바를 향해 진격해 들어갔다. 곳곳에서 반란이 일어 그들의 앞길을 예비했다.

그러나 당시 20만에 이른 반란군은 돈 카자흐 부대를 제외하고는 모두 오합지졸이었다. 그에 반해 정부군은 좋은 무기와 잘 훈련된 부대들을 갖고 있었다. 개중에는 서유럽 사관들에게 최신식 훈련을 받은 부대도 있었다. 정부군의 반격이 시작됐다. 니주니 노브고로트가 반란군에서 정부군으로 넘어왔다. 정부군은 카잔을 거쳐 심비르스크로 공격해왔다. 라진의 군대는 참패를 당하고 차리친의 본영으로 철수했다. 스텐카 라진의 마술 같은 전설이 깨져 갔다. 이윽고 상층 카자흐의 배신으로 1671년 4월 그는 체포당했다.

라진은 그의 아우 프롤과 함께 모스크바로 압송돼 붉은 광장에 던져졌다. 그는 뼈를 하나하나 부러뜨리려는 가혹한 고문을 당당하게 견뎌냈다. 끔찍한 고문이 진행되는 동안 그는 신음소리 한번 내지 않았고 끝가지 자신의 죄를 인정하지 않았다. 그는 마침내 사지가 찢겨 죽었다.

그가 죽은 후에도 한동안 반란의 불길은 계속 타올랐다. 수많은 마을이 재로 변했고 곳곳에 교수대가 세워져 반란군들이 처형됐다.

스텐카 라진은 죽은 후에 더 위대한 영웅이 됐다. 그를 소재로 한 민요가 만들어져 러시아 전역에서 애송되고, 세월이 흐르는 사이에 그는 전설 속의 인물로 추켜올려져 초자연적인 힘을 가진 영웅으로 윤색됐다. 러시아 민중들은 그가 살아 돌아와 자기들을 구해줄 것이라고 믿었다.

라진은 반란의 지도자였을 뿐 혁명가는 되지 못했다. 그에게는 지배자에 대한 강한 분노와 사람들을 떨쳐 일어나게 하는 호소력은 있었으나, 미래에 대한 청사진도, 자신이 직접 통치자가 되겠다는 야심도 없었다. 결국 러시아의 차르를 타도하기 위해서는 미래의 비전을 제시할 수 있는 사람들의 출현을 기다려야 했다.

그런데 광범한 개혁을 추진하여 유능한 사람들을 길러냄으로써 결국에 가서는 자기 자손들의 목을 맬 줄과 교수대를 마련하는 사람이 라진이 죽은 바로 다음 해에 태어나니, 곧 표트르 대제다.

서유럽으로 창을 뚫다:
표트르 1세의 집권(1694년)과
북방전쟁(1700~1721년)

1697년 봄, 한 무리의 러시아인이 서쪽으로 가고 있었다. 카자흐 마부, 나팔수 난쟁이 그리고 대번에 고관대작임을 알 수 있는 멋진 관복 차림의 귀족들이 뒤섞인 희한한 행렬이었다. 그들 중에 유난히 거칠고 초라해 보이도록 꾸민 표트르 미하일이라는 사람이 끼어 있었다. 그는 애써 자신의 신분을 숨기려 했으나, 2m가 넘는 훤칠한 키에다 유난히 불거져나온 턱의 혹, 잦은 경련을 일으키는 안면근육 등의 두드러진 특징이 그의 의도를 우스꽝스럽게 만들곤 했다.

그들은 서유럽 시찰에 나선 '대사절단'과 표트르 1세의 무리였다.

이들은 서유럽 여러 나라를 돌아다니면서 탐욕스럽게 선진문물을 배우고 익혔다. 일행 중 어느 누구보다도 표트르 1세가 가장 열심이었다.

프로이센에서는 포병대령에게 포술훈련을 받았다. 복잡한 기계를 볼 때마다 그 작동법을 배우고 직접 분해조립을 해보았다. 해부학 등 응용과학에도 매혹됐다. 네덜란드에서는 조선소에 평범한 배 목수로 취직하여 조선술을 열심히 익혔다. 영국에서도 발달한 조선기술·군사훈련 방법을 두루 배웠다.

14개월간의 서유럽 여행 중에 표트르 1세는 어린 나이에 엄청난 주량과 고약한 술버릇, 야만스러운 행동거지로 우스갯거리가 됐다. 그러나 개중에는 거친 행동 속에 숨겨진 표트르의 진면목을 알아보는 이도 있었다. 독일의 위대한 철학자 라이프니츠가 그중 하나로, 그는 그 후 오랫동안 표트르와 편지를 주고받는다. 표트르는 모든 허례허식을 버리고 서유럽으로부터 발달된 과학과 선진문명을 배워야 한다는 뚜렷한 목적의식을 가지고 있었던 것이다.

　표트르는 1672년 차르 알렉세이와 두 번째 왕비 사이에서 태어났다. 알렉세이가 죽은 후 그의 이복형 표도르가 차르에 올랐으나, 몸이 약한 표도르는 후사를 남기지 못하고 일찍 죽었다. 1682년 우여곡절 끝에 표트르는 역시 병약했던 이복동생 이반과 공동 차르가 됐다. 그 후 7년간은 이반의 누나 소피아가 섭정을 맡아 러시아를 통치했다.

　소피아는 열심으로 서유럽의 문물을 받아들이는 등 의욕적인 정책을 펼쳤다. 그러나, 의욕이 지나쳐 야심으로 변하면서 자신이 직접 차르에 오르려다 표트르와 표트르를 따르는 세력에게 꺾여 수녀원에 유폐당하고 만다. 당시 17살이었던 표트르는 1689년부터 5년 동안 어머니에게 정사를 맡기고 잡다한 공부와 전쟁놀이에 몰두한다.

　1694년 어머니가 죽은 후 표트르는 직접 통치에 나서고, 2년 후 공동 차르였던 이반이 죽으면서 러시아의 유일한 통치자가 된다.

　어린 시절 표트르는 외국인촌에서 외국인 기술자들과 어울리며 실용적인 기술들을 익히는 것을 좋아했다. 석공 일과 목수 일도 배웠고, 말에 편자를 박을 줄도 알았으며, 집도 짓고 대포도 만들었다. 그리고 어려서부터 술도 마시고 담배도 피우고 한때 여자에게 빠지기도 했으며, 익살스런 농담과 심한 장난도 즐겼다.

　그는 또한 젊은 귀족과 농노 마부, 개 사유관 등과 어울려 전쟁놀이를 즐겼다. 외국장교들을 불러와 자신의 '부대'를 훈련시키기도 했고, 크렘린에서 대포와 소총·실탄을 가져와 실전을 방불케 하는 모의 전투를 벌여 20명 이상이 죽은 적도 있다.

미래의 수도가 될 소택지를 활보하는 표트르 1세(맨 앞). 이곳의 이름은 그의 수호성인 이름을 따서 성 페테르부르크로 불리게 되었다.

표트르는 어려서부터 차르로서의 사명을 자각하고 있었다. 그는 고루한 인습의 올가미를 벗어버리고 러시아를 훌륭한 나라로 만들어야 한다고 생각했다. 그러기 위해서는 유럽의 발달된 기술과 생활양식을 도입하여 러시아를 유럽의 일원으로 편입시켜야 했다. 이러한 생각은 대사절단의 경험에 의해 더욱 굳어졌다.

표트르의 치세는 끝없는 소용돌이의 연속이었다. 쉴 새 없이 전쟁이 계속됐고, 날마다 개혁과 혁신이 쏟아져 나오다시피 했다. 위대한 러시아의 건설, 이것이야말로 표트르의 지상목표였다.

표트르는 먼저 전쟁으로 러시아의 위상을 높이는 일에 착수했다. 1695년 그는 군대를 이끌고 흑해 연안의 투르크 요새 아조프를 공략했으나 실패했다. 표트르는 이 실패를 교훈삼아 2차 공격을 위해 러시아 최초의 해군을 만들었다. 혹독한 훈련과 무자비한 징용으로 강력한 해군과 함대가 만들어졌다. 아조프 요새는 함락됐다. 유럽 여러 나라가 러시아에 관심을 갖기 시작했다.

1700년 투르크와 휴전협정을 맺은 후 표트르는 북방으로 눈을 돌렸다. 당시 발트해를 장악하고 있던 스웨덴은 유럽에서 프랑스와 패권을 다투는 대국으로 성장해 있었다. 그러나 표트르는 발트해 연안에 서유럽으로 가는 창구를 확보해야만 했다.

1700년 11월에 벌어진 나르바 전투에서 표트르는 참패했다. 나이 어린 스웨덴 왕 카를 12세는 호락호락한 상대가 아니었다. 카를 12세는 러시아를 제쳐두고 더 강력한 상대라고 생각한 폴란드로 화살을 돌렸다.

그 사이에 표트르는 강력한 군대의 건설에 박차를 가했다. 그는 귀족의 군복무 특권을 없애 농민과 똑같이 평생 동안 소집에 응하도록 바꾸었다. 교회의 종은 녹여서 대포로 만들었다. 유능한 외국인 장교들의 속속 초빙돼 왔고 군사훈련 교범도 근대화했다. 그는 또 국민들의 의식을 고려하여, '차르 폐하를 위하여'라는 구호를 '나라를 위하여'로 바꾸었다.

카를 12세가 폴란드와 싸우는 동안 표트르는 발트 연안에 소규모 공격을 계속 퍼부어 승리를 거두었다. 그중에서도 핀란드 만의 네바강 하구를 뺏은 의의는 컸다.

1703년 표트르는 네바강 하구에 신도시를 건설하기 시작했다. 그곳은 땅이 습하고 파도가 거칠며 혹독한 추위가 몰아치는 황량한 곳이었다. 그럼에도 표트르에게는, 그곳이야말로 러시아 사람들이 인습을 타파하고 새로운 세계로 전진해 나아가는 데 더 없이 좋은 입지조건을 갖추고 있다고 보았다.

그는 수만 명의 사람을 끌고와 총칼로 위협하여 요새와 조선소를 건설하고 도시의 기반을 닦게 했다. 토대가 완성되자 말을 안 들으면 추방 또는 사형시킨다고 위협, 수천의 러시아 귀족들을 강제로 이주시켜 석조 저택들을 짓게 했다. 마침내 1712년 민중의 숱한 해골들 위에 도시가 완성되니, 여기가 곧 페테르부르크다. 그해에 표트르는 러시아의 수도를 모스크바에서 이곳으로 옮겼다.

한편, 전쟁을 치르기 위한 가혹한 징세와 징병, 신도시 건설을 위한 무자비한 징용, 표트르의 서구화 정책에 대한 반발로 1705년 또 한 차례 대규모 농민반란이 일어났다. 볼가 하구의 아스트라한에서 시작된 반란의 불길은 러시아 남부 전역을 휩쓸며 북상해 올라왔다. 그러나 1708년 돈 카자흐 출신의 지도자 불라빈이 표트르의 군대에 패하면서 반란의 불길은 사그라든다.

북방전쟁은 계속되고, 1709년 7월 폴타바에서 러시아군과 스웨덴군의 대접전이 벌어진다. 이 싸움에서 폴란드와의 전쟁으로 지친 스웨덴군은 표트르가 진두에 서서 지휘한 러시아군에 참패를 당한다. 폴타바 전투의 승리로 러시아는 크게 위세를 떨쳤다.

그 후로도 북방전쟁은 10년 이상을 끌었다. 약간의 기복이 없진 않았으나, 이후 러시아군은 스웨덴군을 계속 몰아붙여 곤경에 빠뜨린다. 신생 발트 해 함대가 스웨덴 해군을 격파했고, 러시아 육군은 핀란드로 공격해 들어갔다.

1721년 전쟁은 마침내 러시아의 승리로 끝나고, 니슈타트 화약에서 러시아는 발트해 연안을 영구히 확보한다. 서유럽으로 창을 뚫으려는 오랜 숙원이 마침내 이루어진 것이다.

승리 축하연에서 표트르는 '황제' 칭호를 받고, 러시아는 '제국'으로 새롭게 모습을 단장한다. 국제적으로도 크게 지위가 상승한 러시아는 당당히 유럽 열강의 대열에 올라선다. 이제 러시아를 빼고서는 유럽의 일은 논할 수 없게 됐다.

강력한 개혁 드라이브:
표트르의 개혁(18세기 초)

박력 있고 개성적인 군주 표트르 1세는 실권을 잡은 뒤부터 죽어서 제위에서 물러날 때까지 끊임없이 러시아를 개혁했다. 그의 개혁은 러시아의 군대와 정부, 재정과 산업, 교육과 문화와 국민생활, 그 모두에 걸쳐 행해졌다. 표트르가 모델로 삼은 것은 서유럽이었다. 그는 뒤처진 러시아를 혁신하여 유럽의 강국으로 만들고자 했다. 그의 치세 말기부터 러시아는 구태를 벗고 새롭게 도약하기 시작했다.

개혁의 추동력은 군사적인 필요였다. 당시의 유럽 열강들, 특히 스웨덴과 맞서 싸워 이기기 위해서는 군대가 강해져야 했고, 강병을 양성하기 위해서는 재정이 튼튼해야 했고, 재정을 튼튼히 하기 위해서는 산업이 발달해야 했고, 산업을 육성하기 위해서는 행정체계가 효율적으로 작동해야 했고, 근대적인 행정을 유지하려면 교육을 증진시켜야 했다.

그러나 군사적인 목적과 별 관계없는 개혁조치도 많이 행해졌고, 군사적인 필요에 앞서서 개혁이 단행된 것들도 많다. 요컨대 표트르는 짧은 기간에 군사적으로나 사회경제적으로나 문화적으로나 러시아를 유럽 열강과 어깨를 견줄 수 있는 나라로 만들고 싶어했던 것이다.

유럽 시찰을 마치고 온 직후 표트르는 자기 손으로 귀족 몇 명의 수염을 잘라버리고 전국에 수염 삭발령을 내렸다. 분리파 정교도들과 전통주의자들은 사람의 수염을 깎는 것은 신을 거스르는 행위라면서 강력하게 반발했다. 그러나 표트르는 거추장스런 수염을 자르는 데서부터 개혁은 시작된다고 믿어 강제로 수염 삭발을 집행했고, 그래도 수염을 깎지 않으려는 사람들에게는 '수염 세'를 물렸다. 더불어, 귀족과 군인들에

귀족의 수염을 자르는 광경. 표트르는 사회개혁의 일환으로 턱수염을 자르게 하고 수염에 세금을 매기게 했다. 런던 국립미술관 소장.

게 서유럽식 옷을 입도록 명령하고 국민들에게도 긴 소매를 자르고 간편한 옷을 입도록 권장했다.

표트르의 개혁에서 가장 중점이 두어진 것은 군사부문이다. 그는 싸움이 있을 때에만 소집되는 종래의 러시아군을 가지고서는 유럽 열강과의 싸움에서 승리할 수 없다는 것을 잘 알고 있었다. 그리하여 그는 상비 육군을 강화하고 상비 함대를 새롭게 만들었으며, 전 국민에 공평하게 부과되는 징병제도를 확립했다. 그리고 서유럽의 교관들을 초빙하여 새로이 마련한 교범으로 부대를 훈련시켰고, 무기도 근대적으로 개량했다.

행정기구도 합리적으로 개편했다. 업무가 뒤죽박죽으로 뒤엉켜 있던 40여 개의 관청을 없애 새롭게 정비하고, 중앙에 집중돼 있던 행정권한을 지방으로 분산시킨 것이 그 골격이다. 중앙에서는 사실상 소멸해버린 전국회의와 귀족회의 대신에 9명으로 이루어진 원로원을 발족시켜 행정 · 사법 · 재정의 모든 면을 감독케 하고, 각각 12명의 위원(외국인이 한 명 이상)으로 이루어진 9개 참사회(콜레기아)를 구성하여 군사 · 사법 · 외무 · 재무 · 경제기획 등의 임무를 맡겼다.

지방에는 현(구베르니야) 제도를 도입, 전국을 8개 현으로 나누어 지방의 자잘한 문제를 처리케 했으며, 도시에도 부분적으로 자치권을 주었다. 뒤에 현의 수가 늘어나고 현 밑에 군(우에즈드)이 설치된다. 지방제도 개혁의 주된 목적은 세수를 늘리는 것이었으나, 제도 자체가 곧 기능마비 상태에 빠지고 만다.

교회도 탈바꿈시켰다. 총주교를 없애고 종무원을 발족시켜 한 명의 세속인의 감독하에 10명의 성직자가 모여 교회 일을 결정케 했다. 그로 인해 교회의 조직과 방침, 교회 재산 등이 국가의 지배를 받게 됐다.

늘어가는 재정수요를 충당하기 위해서도 많은 노력을 기울였다. 관·수염·꿀벌·목욕탕 등에까지 과세를 했으며, 농민과 농노들이 한지붕 밑에 모여 살아 과세를 피한다는 것을 알고는 호구세를 폐지하고 인두세 제도를 확립했다. 그와 더불어 6년간에 걸쳐 인구조사를 실시, 과세대상이 되는 사람들을 철저히 조사하여 500만 명의 성인 남자를 장부에 등록시켰다.

산업을 육성하는 데도 힘을 쏟았다. 공장 수십 개가 국비로 세워졌고, 그보다 훨씬 많은 공장이 특권을 얻은 민간인의 손으로 건립됐다. 우랄산맥에서 구리와 철광산을 개발했고, 직물·유리·피혁공업 등을 발전시켰다.

교육과 문화에서도 많은 혁신이 이루어졌다. 청년들을 외국으로 유학 보내고 국내에도 학교를 세웠다. 초기에 세운 학교는 산술·기하·지리·항해술 등 주로 군사상 필요한 과목들을 가르치는 일종의 전문학교였으나, 뒤에 가서 전국에 수십 개의 초등학교를 세웠다. 그와 더불어 사관학교와 의학교·공공 도서관·박물관도 세우고, 대학의 전신이라고 할 수 있는 제국 과학 아카데미의 설립도 준비했다.

또한 자신이 직접 러시아 최초의 신문을 편집하고 문자도 쓰기 편하게 개량했으며, 슬라브 숫자를 아라비아 숫자로 바꾸고 각종 서적도 간행했다. 역법도 개정하여, 성서를 기준으로 천지창조의 순간부터 햇수를 세고 9월부터 새해를 시작하는 종래의 달력을 폐지하고, 율리우스 력을 새 달력으로 채택했다. 이것이 러시아 혁명 전까지 시행된 러시아 구력이다.

표트르의 개혁은 국민생활의 세세한 부분에까지 미쳤다. 여성이 밖에 나서지 않는 관습을 폐지하여 남녀가 모임에서 자유롭게 교제토록 했고, 사람들의 예의와 복장 등에까지 세심한 지시를 내렸다. 농가의 구조에 대해서도 칙령을 내려 화재에 방비케 하고 국민보건을 위한 규칙도 하달했다.

표트르는 계몽 전제군주의 역할을 자임했다. 그의 견해로는 전체가 잘 되려면 개개인은 국가에 복종해야 했다. 그는 자신의 뜻을 국민들의 이성에 호소하고, 때로는 무서운 벌칙을 두어 강제로 집행했다.

그의 급격한 개혁과 끝없는 전쟁, 그리고 잔인한 성격은 광범한 반발을 불러일으켰다. 그러나 그는 과단성 있게 자신의 뜻을 밀어붙인 결과 새로운 러시아의 틀을 만드는 데 성공했다. 이후의 러시아는 표트르와 연관짓지 않고는 생각조차 할 수 없을 정도로, 그의 개혁은 러시아에 깊고 강력한 영향을 미쳤다.

러시아, 대국으로 성장하다:
제정 러시아의 성립(1721년)

1721년 북방전쟁이 러시아의 승리로 끝나고 그해 10월 스웨덴과 니슈타트 조약이 체결됐다. 원로원 의원들은 감사와 찬탄의 마음으로 자신들의 군주에게 '조국의 아버지, 황제(임페라토르)'의 칭호를 증정했다. 이로써 러시아 제국이 탄생했다. 이제 러시아는 자신의 존재를 걸고 주변의 강국과 싸우던 시대에서 벗어나, 세계의 패권을 다투는 대국으로 안팎에 세력을 팽창시켜 나가게 된다.

러시아 제국의 토대는 농노제였다. 표트르는 1718년부터 시작된 인구조사 결과를 토대로 다양한 범주의 농민들을 영주 휘하의 농노와 국유지 농민의 두 가지로 정리하고 인두세 제도를 시행에 옮겼다. 세금의 징수는 비장에 분산 배치된 군대에 맡겨졌다. 1722년에는 공장을 경영하는 상인들에게 농노와 그들이 경작하는 토지를 구입할 수 있게 했다. 농노의 노동력을 이용, 공업화를 추진할 수 있게 한 것이다.

제국을 떠받치고 있는 기둥은 국가에 대한 의무봉직 제도와 관료제였다. 1722년 관등표가 제정됐다. 문관·무관 각 14등급의 관등이 정해지고 승격의 기준이 작성됐다. 토착귀족(보야레)과 사족(드보랴네)의 구별이 없어져 모

표트르 대제의 치세에서 그 무대가 되었던 제정 러시아의 수도 페테르부르크의 모습

두가 같은 귀족이 됐고, 귀족이 아닌 자도 일정 관등에 이르면 세습귀족이
될 수 있었다.

표트르가 죽은 직후에 그가 준비한 제국 과학 아카데미가 창설됐다. 과학
아카데미는 수학·역사학·물리학 등의 전공과정을 갖춘 대학의 전신으로
서 러시아의 발전에 지대한 공헌을 한다. 그와 더불어 각급 학교가 설립되고
광범한 문화·교육사업이 행해지면서, 러시아에 근대화의 기반이 다져짐과
동시에 러시아 민중이 서서히 자각적인 존재로 성장해나가게 된다.

표트르는 1725년 2월, 53살의 나이로 정력적인 삶을 마감했다. 그의 유산
에 대해서는 지금까지도 많은 논란이 일고 있다. 예컨대 슬라브파에게 표트
르는 러시아와 러시아의 문화유산을 배신한 자였고, 서유럽파에게는 비길
데 없이 위대한 영웅이었다. 그러나 모두가 인정하듯이, 그는 위대한 애국자
로서 러시아인의 삶을 크게 변화시키고 러시아를 대국으로 성장시킨 사람이
었다.

표트르 대제의 찬미자이며 우파 지식인이었던 역사가 포고진은 편향된 시
각이기는 하나, 표트르 개혁이 국민생활에 얼마만큼 영향을 미쳤는지 실감
나게 묘사하고 있다.

"표트르 대제는 러시아를 위해 대단한 일을 했다. 눈에 보여도 믿기지 않고 한없이 나아
가도 끝에 다다를 수가 없다. 우리가 눈을 뜨기만 하면, 조금이라도 움직이기만 하면, 집

에서, 거리에서, 교회에서, 학교에서, 법정에서, 군부대에서, 산책로에서, 그야말로 도처에서 그와 맞닥뜨리게 된다.

아침에 눈을 뜬다. 오늘이 며칠인가? 1841년 1월 1일. 표트르 대제가 우리에게 그리스도 탄생을 기점으로 하여 해를 세도록 명했고 1월부터 달을 세도록 명했다.

옷 입을 시간이다. 우리의 옷은 표트르 대제가 정한 모양과 기준에 따라 만들어지고 옷감은 그가 세운 공장에서 만들며 양털은 그가 기르기 시작한 양으로부터 깎은 것이다.

책이 눈길을 끈다. 표트르 대제가 그 글자를 도입했고 자신이 직접 그 글자체를 도안했다.

신문이 들어온다. 표트르 대제가 신문을 만들었다.

여러 가지 물건을 산다. 비단 목도리로부터 구두 밑창에 이르기까지 모든 것들이 표트르 대제를 상기시켜줄 것이다. 그중 어떤 것은 표트르 대제가 제작을 지시한 것이고, 어떤 것은 그로 인해 쓰이게 되거나 개선된 것들이며, 그 모든 것이 그의 배에 실려 그의 항구로 오고, 그의 운하와 도로를 통해 이곳까지 온다.

저녁을 먹는다. 소금에 절인 청어로부터 그가 재배하도록 명한 감자와 그가 재배하기 시작한 포도로 빚은 포도주에 이르기까지 모든 음식들이 표트르 대제에 관해 말할 것이다.

대학에 가본다. 교회학교 아닌 일반학교는 표트르 대제가 처음 만들었다.

우리는 한 등급을 부여받는다. 표트르 대제의 등급표에 따라서.

고소장 하나를 제출한다. 표트르 대제가 그 서식을 정했다. 그것은 받아들여질 것이다. 표트르 대제의 정의의 거울 앞에서.

외국여행을 하기로 결정했다. 표트르 대제가 러시아를 유럽 국가들 가운데에 서게 했고, 그들에게서 러시아에 대한 존경심을 불러일으키기 시작했으므로."

러시아는 표트르 대제가 일구어놓은 이러한 토양으로부터 새로운 야심과 희망을 부풀리고 문화와 군사와 과학 모든 면에서 새로운 성과를 내기 시작한다. 그와 더불어, 19세기의 잔혹한 압제와 20세기의 대변동으로 이어지는 길도 열리기 시작했다. 그러나 러시아 제국은 이제 첫발을 내디딘 데 지나지 않았다.

러시아 제국의 판도에서도 우크라이나 서부지역, 흑해 연안과 카프카스, 중앙아시아 지방, 극동지방이 아직 제국의 지배하에 들어와 있지 않았고, 특히 서부와 남부에서는 세계의 강국들과 마주하여 아직도 영토의 보장을 받지 못하고 있었다.

제위 계승의 원칙도 확립되지 못하여, 제정 러시아는 18세기가 다 가도록 왕조의 틀을 다지지 못하고 있었다. 18세기 중반 40년도 못되는 기간에 3명의 여제를 포함하여 무려 7명이 제위에 올랐다. 행정기구도 아직 부실하여 각 기관의 권한이 명확하게 설정되지 못한 상태였고, 표트르가 설치한 참사회도 얼마 안 가 그 기능이 소멸하고 말았다. 지방행정체계는 더욱 부실하여 많은 혼선을 초래했다.

문화생활 면에서도 아직은 혼란과 무질서의 소용돌이 속에 있었다. 표트르 대제에 의해 옛 러시아 문화가 파괴된 뒤 새로운 질서가 자리 잡기까지는 꽤 오랜 시간이 필요했다. 서유럽과의 사이에 놓여 있던 벽이 뚫리면서 서유럽의 문화가 엄청난 속도로 흘러들어왔으나, 1755년에 모스크바 대학을 설립한 위대한 과학자이자 인문학자 로모노소프 등 극소수 예외를 제외하고는 그 흐름을 제대로 타지 못하고 이리저리 휩쓸리고 말았던 것이다.

이 모든 것들이 차례차례 해결되고 표트르 대제로부터 시작된 근대화 정책이 현저한 성과를 거두기 시작하는 것은, 19세기 말의 걸출한 여제 예카테리나 2세의 시대를 지나면서였다.

귀족의 천국, 농노의 지옥:
예카테리나 2세 즉위(1762년)

표트르 대제가 죽은 후 40년이 채 못 돼 러시아는 또 한 명의 대제, 예카테리나 2세를 맞는다. 예카테리나 여제의 치세하에서 러시아는 화려함의 극치를 맛본다. 대외적으로 영토가 안정돼가는 가운데 황실과 귀족은 다투어 호화로운 궁전과 저택을 지었고, 번듯한 집안에서는 연일 사교 모임을 베풀었으며, 계몽사상과 서유럽 문화가 유입되면서 귀족들은 지적 유희와 허세를 만끽했다.

황실과 귀족들의 극에 달한 사치는 농민과 농노들의 가혹한 착취를 바탕으로 했다. 여제의 치세 때 농민들은 최악의 상태로 전락했다. 여제가 그녀의 총신이나 아첨꾼들에게 방대한 국유지를 하사함으로써 반자유 상태였던 농민들마저 비참한 농노의 신세로 전락해갔고, 사유지의 농노들은 사고 파는 물건이 되어 자신의 생명까지도 지주들에게 맡긴 채 참담한 나날을 보내고 있었다.

민중들의 삶이 썩어 문드러져가는 속에서도, 여제의 치세하에서 러시아는 유럽 강국의 하나로서 그 위세가 실로 당당했다. 얼마 전까지만 해도 동유럽의 강국을 자처하며 세를 떨치던 폴란드는 러시아의 주도하에 셋으로 나뉘어 지도하에 자취를 감추고 말았다. 내부적으로도 행정체계가 정비되어 제정 러시아는 제국의 기반을 갖추었다. 여제의 시대는 겉보기에 실로 위대한 시대였다.

표트르 대제가 후계자를 지목하지 못하고 죽은 후 황제의 왕관은 황족들 사이에 이리저리 떠돌다가 1741년 그의 딸 엘리자베타에게 돌아갔다. 엘리자베타는 조카인 독일 홀슈타인 가의 표트르 공자를 자신의 후계자로 지명했다. 그리고 표트르 공자의 배필도 직접 선발하여 독일 안하르트 체르프스트 공의 딸 소피아를 뽑았다. 이 처녀가 바로 예카테리나다.

예카테리나는 명석하고 열정적이며 군센 의지와 정력을 가진 여걸이었다. 그녀는 곧 러시아어를 익히고 러시아에 대한 해박한 지식을 갖추었다. 그에 반해 젊은 표트르는 주정뱅이인데다가 행동도 천박하기 이를 데 없었다. 예카테리나는 남편을 경멸했다. 엘리자베타가 죽은 후 표트르가 제위에 올랐으나, 예카테리나는 6개월 만에 근위대의 도움으로 궁정 쿠데타를 일으켜 그를 폐위시키고 스스로 러시아의 여제가 됐다.

열흘 뒤 표트르는 고주망태가 된 상태에서 살해됐다. 쿠데타를 실행에 옮긴 것은 예카테리나의 애인이 된 근위대의 미남 장교 오를로프였다. 예카테리나의 애정행각은 유명하여, 그녀는 죽을 때까지 적어도 21명의 애인을 가졌다. 그러나 그녀의 사랑이 국사를 돌보는 데에 장애가 되지는 않았다. 여제는 그들에게 충성을 요구했고 충성의 대가로 토지와 재물을 주었다. 싫증이 나서 다른 남자로 바꾼 후에도 그들에게 정적으로 은급을 하사하여 관계를 유지했다.

쿠데타로 제위에 오른 예카테리나 2세는 자신이 독일인이고 또 남편을 죽이고 권력을 탈취했다는 인상을 주고 있는 것이 두려웠다. 여제는 적극적인 정책을 펴서 자신이 러시아 제국의 황제로서 손색이 없음을 만방에 과시하기로 했다. 그녀는 민족 우선, 자유 확대, 귀족 우대 정책을 펴나갔다. 예카테리나는 먼저 쿠데타의 공신들과 쿠데타 후의 반발을 진압한 데 공이 큰 귀족과 총신들에게 대규모 서훈을 행하고 농민이 딸린 국유지를 나누어주어 자기 세력을 강화했다. 귀족들의 국가에 대한 봉직 의무도 폐지하고 자유의사

에 맡겼다. 그리고 러시아 전역을 두루 여행하여 널리 배우는 모습을 과시했다.

어느 정도 기반이 정비되자 1766년 말에는 법전편찬 위원회에 인민 각층으로부터 광범한 대표를 참가시키겠다는 칙령을 발표했다. 1767년 귀족뿐만 아니라 도시민, 국유지 농민, 카자흐와 소수민족들 사이에서 여러 단계를 거쳐 뽑힌 564명의 대표가 모였다. 첫 회의에서 몽테스키외의 〈법의 정신〉을

예카테리나 대제. 낭비벽과 바람기가 심했으나 국사를 정력적으로 수행한 황제였다. 보통 아침 5시에 일어나 10~15시간씩 업무를 처리했다.

참조하여 예카테리나 자신이 직접 쓴 〈훈령〉이 낭독됐다. 〈훈령〉은 법에 의한 통치를 설파하면서 러시아처럼 광대한 나라에서는 전제권력이 필요함을 역설했다.

위원회에서 귀족대표들은 다른 신부의 사람도 관등이 오름에 따라 세습귀족이 될 수 있는 현행제도에 반대하면서 귀족의 특권을 주장했다. 도시 상인의 대표들은 자유고용 노동의 확립을 외치면서 농노를 점원으로 소유할 수 있게 해야 한다고 주장했다. 농민들도 농노 문제를 둘러싸고 귀족들과 대립했다. 위원회는 200여 회에 걸쳐 여러 법안을 심의하다가 1768년 말에 이르러 활동이 중지되고 만다.

법전편찬 위원회는 각 계층 간의 틈을 확인함과 아울러 황제가 인민 각층의 지지를 얻어 법에 따라 통치한다는 것을 선전하는 효과만 낸 채 성과 없이 끝을 맺었다. 여제는 그러는 가운데 볼테르와 편지를 교환하고 디드로를 초빙하는 등 자신이 계몽군주임을 과시했다.

대외정책으로는 러시아 제국의 확대에 힘을 기울여 국민들의 민족적인 바람을 충족시켜주었다. 여제의 치세하에서 러시아는 남부와 서부로 크게 영

토를 확장했고, 새로 획득한 영토는 귀족들에게 주어 농노제를 더욱 확대 강화했다.

착취당하는 농노와 농민, 자치권을 잃은 카자흐들은 러시아 최대의 농민 반란을 일으켜 전제정치와 귀족 지배에 저항했다. 반란은 러시아의 동남부 지역을 휩쓴 1775년 지도자 푸가초프가 처형되면서 막을 내린다.

반란에 충격을 받은 정부는 그해 지방제도를 개혁했다. 전국을 50현으로 나누고 그 밑에 250개의 군을 두었다. 현에는 중앙관료를 지사로 임명, 파견했으나, 군의 행정과 사법은 현지 귀족 중에서 선출된 자에게 위임했다. 그에 따라 지주귀족들의 입지가 크게 강화됐다.

1785년에는 귀족과 도시에 대한 특권 인가장이 발부되고 귀족신분의 권리가 확립됐다. 귀족들은 재판을 거치지 않고는 명예와 생명과 재산과 호칭을 박탈당하지 않고, 체형과 인두세를 면제받으며, 산업시설도 소유할 수 있게 됐다. 도시민에게도 자치가 인정됐으나 크게 실효를 거두지는 못했다.

귀족들은 예카테리나의 제국에서 화사한 봄을 즐겼다. 1789년에 시작된 프랑스 혁명이 그들을 위협했으나 이제 강력한 보수주의자로 변한 여제가 자유사상의 러시아 유입을 막아주었다.

러시아는 또한, 예카테리나의 치세에 상공업이 크게 발달하여 국부가 증가하고 문화적으로도 진보를 이룬다. 당시 문화의 창조자와 향유자는 귀족들이었으나, 그 영향으로 진보적 지식인이 늘어가고 민중들에게도 교육과 의료와 복지 면에서 약간의 혜택이 돌아가면서 19세기의 찬란한 개화를 준비한다.

성난 카자흐와 농민:
푸가초프의 반란(1773~1775년)

황실이 호사를 부리고 귀족들이 태평성대를 구가하고 있는 동안에 러시아 농민과 농노들의 처지는 계속 악화돼갔다. 황제가 총신들에게 은급으로 하사하는 국유지가 증가함에 따라 농노로 전락하는 농민도 함께 늘어갔다. 농노제도 계속 악화일로를 걸어 예카테리나 시대가 되어서는 지주가 어떤 형벌을 가해도 농노는 항의조차 할 수 없었다. 농노는 말하자면 밥 먹고 숨쉬는 물건이었다.

농민과 농노들은 이제 격렬히 저항했다. 예카테리나 치세 초기의 10년간 중앙러시아에서만도 약 40회의 농민폭동이 일어났다.

그때 러시아의 동쪽 볼가와 우랄 지방에서 지금까지의 소규모 폭동과는 다른 거대한 움직임이 일고 있었다. 스텐카 라진의 열풍이 러시아를 휩쓸고 지나간 지 약 100년 후에 러시아 최대의 농민반란이 고개를 들기 시작한 것이다. 기폭제가 된 것은 이번에도 역시 카자흐들이었다.

남부로 새롭게 확장된 러시아 영토가 귀족들에게 하사되어 이곳에까지 농노제가 확대되면서, 지금까지 존중받아오던 카자흐의 자유가 부정됐다. 정부는 나아가 야이크(우랄) 강 유역의 카자흐를 러시아 정규군으로 편성하고

영주의 명령을 어겨 처벌받는 농노. 이들은 매매·증여·저당의 대상이 되는데다 국가에 대해서는 납세징병의 의무까지 졌다. 그러나 국가로부터 어떠한 보호도 받지 못했다. 1768년에 그려진 판화.

자 했다. 카자흐들 사이에 긴장이 고조됐다. 야이크 카자흐는 1772년 도망친 칼미크인을 추적하라는 명령을 거부하고 반란을 일으켰으나 곧 진압됐다.

에멜리얀 푸가초프는 돈 카자흐로, 분리파 정교도였다. 그는 야이크 카자흐들에게 투르크 왕을 따르자고 선동했다는 혐의로 체포되어 1772년에 심비르스크 감옥을 거쳐 카잔 감옥에 갇혔다. 그는 근엄하고 친절, 경건한 태도로 수인들과 간수들을 감화시켰고, 마침내 간수들의 도움으로 탈옥에 성공했다.

자유의 몸이 된 푸가초프는 분리파 정교도인 우랄 지방의 카자흐들에게 토지와 자유를 위해 궐기하자고 호소했다. 1773년 그는 10년 전 예카테리나의 음모로 폐위, 암살됐다고 전해진 표트르 3세를 칭하며, 야이크 카자흐들 사이에 나타났다. 농민들 사이에는 그때까지도 차르가 아직 살아서 예카테리나와 귀족들을 피해 은신해 있다는 믿음이 널리 유포돼 있었다.

카잔과 오렌부르크 현의 주민은 대부분 이슬람교도로, 토지를 빼앗아간 러시아의 관리와 상인들로부터 자기들을 구원해주는 사건이 일어나기를 기다리고 있었다. 그리하여 80명에 불과했던 푸가초프의 무리에 카자흐, 탈주병, 광산과 공장의 농노 노동자, 도망 농민과 농노, 그리고 바슈키르, 키르기스, 타타르, 칼미크, 카자흐 인 등 소수민족들이 속속 합류하여, 가을에는 군사가 2만 5,000을 헤아리게 됐다.

푸가초프는 이 군대를 이끌고 오렌부르크를 공략하면서 사방에 병사를 풀

체포된 푸가초프. 그는 취조에서 "나는 글을 몰라 통치능력이 없다. 러시아를 내 것으로 만들 생각은 없었다"라고 말했다. 처형 전 최후의 말은 "정교의 인민들아, 용서해주오"였다.

어 관리와 지주들을 살육케 했다. 카잔, 아스타라한, 니주니 노브고로트, 페름이 반란군의 활동무대로 변했다. 모스크바 근처에서까지 방화와 약탈이 행해졌다. 작은 도시들은 싸우지도 않고 이 '표트르 3세'의 군대를 맞아들였다.

이제 푸가초프의 반란은 라진의 반란을 능가하는 대규모 농민전쟁으로 발전하고 있었다. 그러나 정부와 지방관헌들은 사태의 중대함을 깨닫지 못하고 있었다. 일례로, 반군이 오렌부르크에 들이닥쳤을 때 지사는 무도회를 열고 있었다. 부하가 달려와 성채의 보루가 무너졌다고 보고했는데도 그는 별로 귀 기울이지 않고 무도회를 계속 진행시켰다. 반란을 진압하러 온 군대도 규율이 형편없었다. 진압군이 봉기하여 장교를 살해하고 반군에 가담하기도 했다. 이 틈을 타 푸가초프와 반란군은 빠른 속도로 그 세를 확대해갔다.

그러나 푸가초프의 반군은 1774년 3월 이윽고 유능한 장군이 지휘하는 정부군을 만나 우랄 지방으로 패퇴한다. 그러나 장군이 급사한 뒤에 온 후임자는 태만한 사람이어서 푸가초프는 다시 세력을 규합할 시간을 얻었다.

우랄 지방에서 새롭게 힘을 모은 푸가초프는 새로 만든 무기와 탄약으로 무장하고 서진하여 다시 카잔을 넘어 모스크바로 공격해들어 갔다. 반군은 다시 3만 가까이로 불어났고, 반란의 불길은 다시 타올라 니주니 노브고로트까지 뒤덮고 모스크바를 위협해왔다. 예카테리나는 그제서야 초조감을 보이기 시작했다.

1774년 여름 대규모의 진압군이 끔찍한 보복을 가하면서 진압작전을 전개해왔다. 카잔 서쪽에서 정부군에 패퇴한 푸가초프는 반군을 이끌고 남부의 곡창지대를 지나가면서 농민들을 선동했다. 각지에서 수많은 농민군이 일어나 다시 모스크바 주변까지 세력을 넓혀 갔다.

정부는 투르크와의 전쟁을 급히 끝맺고 토벌군을 증강하여 푸가초프의 본대를 추격했다. 푸가초프의 군대는 차리친(볼고그라드) 근처에서 강력한 진압군을 만나 괴멸적인 타격을 입었고, 푸가초프는 겨우 포위망을 벗어나 도망쳤다. 그러나 그해 말에 그는 정부에 매수된 부하들에게 체포되어 정부군에 넘겨졌다. 모스크바로 압송된 푸가초프는 1775년 1월 붉은 광장에서 사지가 찢겨 죽었다.

각지의 농민반란은 그해 여름까지 계속됐다. 진압군은 반란의 깃발을 든 숱한 마을을 잿더미로 만들고 수많은 농민을 교수대에 매단 후 교수대를 마을에 그대로 세워두었다.

반란 중에 빼어난 미모로 푸가초프의 눈에 띄어 그의 부인이 된 16세 카자흐 소녀 우스티니아도 죽을 때까지 참담한 곤욕을 치렀다. 반군들에게 '황후'로 불린 우스티니아는 체포된 후 감옥을 전전하면서 숱한 고문과 능욕에 시달렸다. 소문을 들은 예카테리나는 그녀가 얼마나 아름다운지 보고 싶었다. 여제 앞에 끌려온 그녀의 몰골은 2년간의 감옥생활과 거기서 겪은 곤욕으로 초췌하기 짝이 없었다. 여제는 "소문만큼 예쁘지 않군." 하고는 그녀를 요새에 종신 유폐하라고 명했다. 여제는 그녀가 요새에서 장병들의 노리개가 되리라는 것을 알고 있었을 것이다.

예카테리나 여제는 반란을 모두 진압한 후 유능한 포템킨 공작의 도움을 받으며 그때까지 남아 있던 카자흐 자치령을 모두 없애고 지방행정을 개혁하여 전제의 기반을 튼튼히 했다.

푸가초프의 반란이 진압됨으로써 러시아에서 대규모 농민전쟁의 역사는 끝을 맺었다. 민중이 활발하게 일어서던 시대는 가고, 참고 순종하는 시대가 온 것이다.

대신, 지식인이 일어서기 시작했다. 계몽사상과 프랑스 혁명의 영향으로,

러시아 사회의 문제점을 꿰뚫어보고 그 해결책을 제시하는 지식인들이 등장하기 시작한 것이다.

프리메이슨 단원으로서 날카로운 사회비평을 한 시사평론가 노비코프와 농노제에 전면적인 비판을 가한 작가 라디시체프가 그 선구자들이다. 특히 라디시체프는 1790년에 〈페테르부르크에서 모스크바까지의 여행〉 속에서 농노제도의 끔찍한 모습들을 구체적으로 그리는 한편, 농노제를 정면으로 비난하면서 농노해방을 주장하여 러시아 사회에 큰 파문을 던졌다.

예카테리나 여제는 라디시체프에게 '푸가초프보다 더 나쁜 놈'이라면서 사형선고를 내렸다. 그 후 그는 감형되어 10년간의 시베리아 유형에 처해졌다.

폴란드, 지도에서 사라지다:
러시아의 팽창과 폴란드 분할
(1772~1795년)

제국으로 발돋움해가던 러시아를 가로막는 나라가 셋 있었다. 북으로는 스웨덴, 남으로는 투르크, 서로는 폴란드가 버티고 서서 러시아의 팽창을 저지하고 있었던 것이다. 그중 하나, 스웨덴 문제는 표트르 대제가 해결했다. 이어 예카테리나 대제가 다른 두 문제를 해결했다. 여제의 치세하에 러시아는 남쪽과 서쪽으로 크게 판도를 넓혀 오랜 숙원을 이룬다. 당시 유럽의 정세도 러시아의 팽창을 도왔다. 영국은 아메리카 식민지(미국) 문제를 몰두해 다른 곳에는 신경 쓸 여력이 없었고, 1789년에 시작된 프랑스 혁명은 유럽의 모든 시선을 파리로 끌어 모으고 있었다.

러시아는 오래 전부터 흑해 연안과 남부의 초원지대를 완전히 장악하고자 했다. 역대 왕과 황제들이 이를 시도하여 부분적으로 성과를 거두기는 했으나, 그곳의 대부분은 여전히 투르크의 영향권하에 있었다.

1768년부터 6년간 벌어진 제1차 러시아-투르크 전쟁에서 러시아는 육지와 바다 양쪽에서 투르크를 공략하여 대승을 거두었다. 1774년 7월에 체결된 조약에서 러시아는 흑해 북동부 연안과 크림반도의 일부를 손에 넣었고, 러시아 상선이 투르크 해역에서 자유로이 항해할 수 있는 권리를 얻었다. 또

제1차 폴란드 분할의 풍자도. 제목은 〈국왕들의 과자〉. 왼쪽부터 러시아의 예카테리나 여제, 폴란드의 스타니슬라브, 오스트리아의 요제프 2세, 프로이센의 프리드리히 2세. 파리, 폴란드 도서관 소장.

한 투르크 영토 내의 교회와 정교도의 보호권을 인정받아 향후 투르크에 개입할 수 있는 길을 터놓았다.

1783년에는 근근이 명맥을 유지하고 있던 크림 한국을 병합하여 몽골 지배의 마지막 잔재를 없앴다. 이어 1785년에는 세바스토폴을 기지로 꽤 큰 규모의 흑해함대를 구축했다.

당시 예카테리나 여제와 그 애인 포템킨은 원대한 '그리스 계획'을 꿈꾸고 있었다. 투르크를 정복한 후 콘스탄티노플을 수도로 하는 기독교 제국을 세운다는 것이었다. 오스트리아와도 교감을 거친 이 야심적인 안은 추진자인 포템킨이 죽으면서 결국 종이 위의 계획으로 끝나고 만다.

1787년 투르크와의 두 번째 싸움이 시작됐다. 굴욕을 씹고 있던 투르크가 러시아의 남하정책을 저지하려는 영국·프랑스·프로이센·스웨덴 등 유럽 열강의 비호하에 러시아에 선전포고를 한 것이다. 예카테리나 여제는 동맹국 오스트리아의 지원을 받으며 이에 맞섰다. 5년간의 싸움에서 수보로프 장군이 이끄는 러시아 군대는 연승을 거두며 발칸반도 깊숙이 쳐들어갔다.

1792년 1월의 이아시 조약으로 러시아는 흑해 북서부 연안을 얻고 크림 합병도 인정받았다. 이로써 러시아의 남쪽 영토는 자연 경계선에 이르렀고, 투르크 문제는 사실상 종결됐다.

서쪽의 폴란드 문제는 투르크 문제처럼 단순하지 않았다. 폴란드는 오랜 옛날 폴란드 평원에 뿌리를 내린 이래 주변의 넓고 기름진 땅에 영향력을 행사해온 동유럽의 대국이었다. 게다가 주변 3국, 즉 러시아 외에도 당시 급속도로 팽창하고 있던 프로이센과 오스트리아 사이에 미묘한 이해관계가 얽혀 있었다.

1569년의 루블린 연합으로 사실상 리투아니아를 합병하면서 동유럽의 강자로 떠오른 폴란드는 17세기 들어 체제의 취약성을 드러내기 시작했다. 지방 귀족들의 힘이 점점 강화되면서 선출된 왕은 그야말로 허수아비에 지나지 않게 됐고, 지방의회의 대표들로 구성된 세임, 즉 의회는 거부권의 남발로 그 기능을 잃어갔다. 한 의원만 거부해도 의안이 통과되지 않음은 물론, 의원 한 사람의 발의로 세임이 해체되면서 이전에 통과시킨 법안들마저도 폐기되는 체제였던 것이다. 당시의 폴란드는 일종의 무정부 상태였다.

게다가 폴란드의 영토에는 다양한 민족이 다양한 종교를 믿으며 살고 있었다. 폴란드의 모든 권리는 국민의 약 8%를 차지하는 중상층이 장악하고 있었고, 국민의 대부분은 최악의 농노 상태에 있었다. 인접한 세 강국은 호시탐탐 폴란드를 노렸다.

주변 3국 중에서도 폴란드에 가장 눈독을 들이고 있던 나라가 폴란드에 의해 국토가 동서로 양분돼 있던 프로이센이었다. 프로이센은 러시아와 오스트리아의 팽창을 묵인해주면서 폴란드의 노른자위를 노리고 있었다. 폴란드의 지배층이 러시아에 많이 의지하고 있는 것도 결단을 앞당기는 한 요인이 됐다. 마침내 프로이센의 프리드리히 2세가 폴란드 영토의 일부 분할을 제의해왔고, 오스트리아와 러시아가 제의를 수락했다.

1772년의 제1차 분할로 러시아는 서드비나강과 드네프르강 동쪽의 길쭉한 영토를 얻었고, 오스트리아는 갈리치아와 그 인근의 땅을 차지했다. 프로이센은 폴란드 프로이센 지역의 대부분을 얻었다. 땅은 가장 작았지만 프로이센은 이로서 동서 영토를 하나로 연결하는 가장 알찬 성과를 올렸다.

폴란드인들은 이에 자극받아 개혁에 박차를 가했다. 이윽고 1791년 5월 새 헌법이 통과됐다. 군주는 세습제가 됐고, 왕에게 행정권이 주어지고 내각이 구성됐으며, 입법권을 부여받은 의회는 다수결 원칙을 채택했다.

프로이센과 오스트리아는 이 헌법을 인정했으나, 구체제하의 폴란드에서 기득권을 누리고 있던 러시아는 폴란드의 일부 지도층을 선동하여 분란을 일으킨 후 폴란드로 침입해 들어갔다. 그러자 프로이센도 입장을 바꿔 침략에 합세했다. 오스트리아는 프랑스 혁명의 영향으로 국내문제에 시달리고 있었다. 1793년 1월 제2차 분할이 행해졌다. 러시아는 벨로루시와 우크라이나 대부분을 손에 넣었고, 프로이센은 서부 폴란드를 차지했다.

1794년 3월 폴란드인들은 코시우스코의 지도하에 봉기를 일으켰다. 그들은 전국 곳곳에서 용감히 싸웠으나 러시아와 프로이센의 군대에게 무참히 짓밟혔다. 오스트리아도 다시 동맹국에 합세했다. 1795년 세 나라에 의해 제3차 폴란드 분할이 행해지고, 폴란드는 지도에서 자취를 감추었다. 폴란드인은 이후 120여 년 동안 나라 없는 설움을 톡톡히 겪으며 처절한 싸움을 계속한다.

러시아는 폴란드 분할로 옛날 키예프 러시아가 영유하던 서부지역의 거의 전부를 다시 손에 넣었고 거기에다 리투아니아까지 지배하게 됐다. 이로써 러시아는 서로는 리투아니아, 남으로는 흑해와 아무르 강, 동으로는 태평양에 이르는 대제국을 완성했다.

19세기 러시아의 역사는 예카테리나 여제가 마련한 이 무대, 즉 드넓은 영토, 특권을 가진 귀족의 지배, 전제정부, 더 가혹해진 농노제, 폭넓게 유입된 서유럽 문화의 토대 위에서 그 막을 올린다.

실패로 끝난 근대화의 시도:
알렉산드르 1세와 초기 개혁정치
(1801~1812년)

1799년 말 페테르부르크에서는 무서운 음모가 싹트고 있었다. 황제 파벨의 전횡과 외교정책에 불만을 품은 세력들이 둘씩 셋씩 모여 밀담을 나누었다. 그들은 파벨을 폐위시키고 황태자 알렉산드르를 옹립한 뒤 입헌군주제를 추진하기로 뜻을 모았다.

중심인물은 외무참사회 부총재 파닌이었다. 젊은 파닌은 노련한 정치가 팔렌을 음모에 끌어들였다. 그밖에도 몇 명의 관리와 장교가 음모에 가담했고, 전통적인 협조관계를 깨고 프랑스와 동맹을 맺은 황제 파벨에게 불만을 품은 영국대사도 관여했다. 황태자 알렉산드르도 이런 움직임을 알고 있었다.

이상한 분위기를 감지한 황제 파벨은 파닌을 수도에서 추방해버렸다. 그리고 요새 형태로 꾸민 미하일 궁으로 거처를 옮겼다. 1801년에 들어 반역의 낌새를 확실히 눈치 챈 황제는 밤 9시부터 수도에 통행금지를 실시하고 수도의 지사이자 근위대 사령관이었던 팔렌 백작에게 자신의 경호를 강화하라고 특별지시를 내렸다. 그러나 바로 그 팔렌이 음모의 주모자였으니, 황제의 목숨은 끝장난 것이나 다름없었다.

1801년 3월 11일 밤, 한 무리의 근위병이 황제의 침실에 뛰어들었다. 술 냄새를 물씬 풍기며, 한 장교가 스카프를 풀어 황제의 목을 졸랐다. 파벨은 죽고, 아들 알렉산드르가 제위를 계승했다. 러시아 최후의 궁정 쿠데타였다.

알렉산드르는 예카테리나 여제의 총애를 받던 손자로서, 어려서부터 여제의 극진한 관심하에 특별 교육을 받으며 자라났다. 스위스의 공화주의자 라 아르프에게 자유주의적인 교육을 받으면서 그는 진보 사상을 습득하고 자비심도 길렀다.

러시아에서 무엇이 잘못됐는지도 어느 정도는 파악했다. 불합리한 행정체계와 농노제를 그대로 두고서는 러시아가 발전할 수 없으리라는 것도 의식하고 있었다. 한편으로 그는 오랜 세월 계속 강화되기만 해온 전제체제의 포로이기도 했다. 귀족들 역시 극소수를 제외하고는 그의 소박한 개혁의지를 꺾는 세력이었다.

제위에 오른 알렉산드르 1세는 아버지를 죽인 '공신'들을 물리치고 '젊은 친구들'이라 불린 코추베이, 스트로가노프, 노보실체프, 폴란드인 차르토리스키 등을 불러들였다. 이들은 황제와 함께 비밀위원회를 구성하고 개혁 프로그램을 짜나갔다.

1802년에 첫 성과가 나왔다. 협의체인 참사회(콜레기아)가 폐지되고 부가 설치됐으며, 각부 장관들의 협의회가 구성됐다. 근대 관료제의 틀을 갖춘 것이다.

이어, 큰 성과를 거두지는 못했지만 농노제를 개선하려는 시도가 행해졌다. 귀족들의 자발적인 농노해방이 허가됐고, 발트 연안 지역의 경우, 제한적으로 농노를 해방하는 조치를 내리기도 했다.

대학과 각급 학교도 많이 설립했다. 하리코프, 빌나에 대학이 세워졌고, 이어 카잔과 페테르부르크에 대학이 설립된다. 그리하여 1755년에 세워진 모스크바 대학과 스웨덴인이 1632년에 개설한 에스토니아의 타르투 대학을 합쳐 러시아는 모두 6개의 대학을 갖게 된다. 중등학교와 전문학교도 계속 설립됐다.

그러나 나폴레옹 전쟁이 유럽 전역으로 확산되면서 나폴레옹 타도를 주장

나폴레옹과 함께 회담하기 위해 배에서 내리는 알렉산드르 1세. 1807년 6월 25일. 이 회담에 의해 틸지트 조약이 맺어졌다. 베르사유 미술관 소장.

하는 '젊은 친구들'과 황제 간에 충돌이 생겨 1803년 비밀위원회는 사실상 활동이 중지되고, 1805년 프랑스와의 전쟁에 돌입하면서 개혁은 중단된다.

1807년 프랑스와 강화를 맺고 1808년 스웨덴과의 전쟁에서 이겨 핀란드를 얻은 후, 알렉산드르 1세는 다시 국내문제로 관심을 돌린다. 황제는 스페란스키라는 유능한 관료를 중용하여 큰 임무를 맡겼다. 스페란스키는 시골 사제의 아들로 신학교 출신이었으나 폭넓은 안목과 남다른 기획력을 가지고 있었다.

1809년에 완성된 그의 국가 개조안은 이상과 현실을 절충한 것으로서, 법에 기반을 둔 절대권력의 통치를 모토로 하고 있었다. 그가 만든 헌법안의 요지는 이러했다. 간접선거로 향·군·현에 각급 두마를 설치하고, 각급의 두마에서 각각 행정부와 사법부를 선출한다. 그리고 현 두마에서 선출된 후보 중에서 황제가 국회(국가 두마) 의원과 최고 사법부의 법관을 임명한다. 국회는 입법기관이 아니라 황제가 임명하는 각부 장관의 자문에 응하고 장관들에게 권고를 하는 역할을 맡는다. 이러한 3권 분립의 토대 위에 황제가 서서 전체를 통제한다. 황제를 돕는 기관으로 별도의 국가평의회를 구성한다.

그리고 러시아 국민을 세 계층으로 나누고 계층별로 각각 다른 권리를 주는 안도 들어 있었다. 즉, 귀족에게는 일반 시민으로서의 권리와 참정권·재산권 등 모든 권리를 주고, 중류층에게는 일반 시민권과 제한된 참정권을 부여하며, 농노와 노동자에게는 일반 시민권만 부여하는 안이었다.

그러나 이 위대한 계획은 1810년 국가평의회가 설치되는 것으로 그치고 말았다. 국가평의회는 고위 관리와 장교들 중에서 황제가 임명하는 의원들로 구성되어 황제의 입법권 행사에 자문을 행하는 기관이 됐다. 스페란스키가 초대 의장이 되어 1812년 물러날 때까지 활동했다.

계획이 실현되지 못한 일차적인 원인은 황제에게 있었다. 자유주의와 전제체제 사이에서 방황하던 그에게, 자유주의라는 이념에는 자치의 개념이 들어 있지 않았고, 그는 또 헌법은 원하되 군주의 행동에는 제약이 가해지지 않는 헌법을 원했던 것이다. 또한 기득권의 상실을 우려한 귀족계급의 반발도 컸다.

스페란스키는 중앙정계에서 황제의 신임 외에는 다른 뿌리가 없는 고립된 존재였다. 1810년 프랑스와의 협조체제가 깨지고 반프랑스 분위기가 강화되는 가운데 스페란스키는 프랑스와 내통하고 있다는 공격을 받았다. 황제도 마침내 동요하여 1812년 3월 스페란스키는 유형에 처해진다.

그와 더불어 그의 원대한 꿈은 깨어지고 알렉산드르 1세의 위태롭던 개혁의지도 실종되고 만다. 이로써 19세기 초두에 진행된 근대화의 시도는 결국 실패로 끝나고 러시아는 기나긴 동면 속으로 빠져든다.

조국 전쟁:
나폴레옹 격퇴(1812년)

프랑스 혁명을 집어삼키며 1804년 마침내 황제에 오른 나폴레옹은 온 유럽을 손에 놓기 위해 전쟁에 박차를 가한다. 1805년 중부 유럽의 아우스테를리츠에서 대접전이 벌어졌다. 나폴레옹이 이끄는 프랑스군과 두 황제가 이끄는 오스트리아-러시아 연합군이 맞붙은 것이다. 이른바 3제 회전이다. 여기서 나폴레옹은 연합군을 궤멸시키면서 유럽 패권의 기반을 다진다.

전쟁에 진 오스트리아는 큰 타격을 입고 나폴레옹에게 굴복하나, 러시아의 알렉산드르 1세는 이제 프로이센과 동맹을 맺고 전쟁을 계속한다. 그러나 러시아와 프로이센은 신식무기와 뛰어난 전술을 앞세운 프랑스군에게 거듭 패배한 후 1807년 마침내 강화를 맺는다. 나폴레옹의 패권을 굳힌 유명한 틸지트 화약이다.

이 조약으로 프로이센은 바르샤바 공국을 독립시키는 등 큰 타격을 입으나, 러시아의 입지는 오히려 강화된다. 러시아는 나폴레옹의 대륙봉쇄령에 가담하는 조건으로 프랑스와 화해하는 대신, 주변의 다른 나라와 싸움을 벌여 핀란드와 그루지야 등을 합병할 수 있었던 것이다.

그러나 영국에 많은 곡물을 수출하고 있던 러시아의 귀족들이 곧 대륙봉쇄령에 반발하여 밀무역을 시작했다. 알렉산드르 1세는 그것을 묵인하다가 1810년에 이르러 영국과 공식적으로 무역을 재개하며 프랑스와의 일전을 각오한다. 한편, 중서부 유럽을 석권한 나폴레옹도 이제 러시아가 탐이 나서 견딜 수가 없었다.

1812년 6월 나폴레옹은 마침내 60만 대군을 이끌고 러시아로 쳐들어왔다. 모두 합해 22만밖에 되지 않던 러시아군은 후퇴에 후퇴를 거듭했다. 고육지책으로 강구한 것이 초토화 작전이었다. 후퇴하면서 집과 가축과 식량을 모두 불태워 프랑스군이 기식할 곳을 없애 버린 것이다.

스몰렌스크를 점령한 프랑스군의 눈에 비친 것은 8할 이상의 집이 불타버린 폐허였다. 절반 이상이 외국군이던 프랑스군의 병력은 급속도로 줄어갔다. 반면에 러시아인들 사이에서는 침략자에 맞서 조국을 수호하는 전쟁에 나서자는 의식이 나날이 고조돼갔다.

알렉산드르 1세는 전열을 재정비하고 노장군 쿠투조프를 새 사령관으로 임명했다. 8월 말 모스크바 근교 보로디노에서 결전이 벌어졌다. 새벽부터 밤까지 계속된 전투는 결국 프랑스의 승리로 끝나긴 했으나 양군 모두 5만이 넘는 군대를 잃었다. 나폴레옹은 후에 이 싸움을 두고 '생에 가장 힘들었던 전투'였다고 회고했다.

쿠투조프 사령관과 알렉산드르 1세는 마침내 모스크바를 비우고 후퇴하는 작전을 쓰기로 했다. 9월 초 나폴레옹은 남은 11만의 군대를 이끌고 아무도 없는 모스크바에 입성했다. 그런데 그날 밤 여기저기서 불길이 치솟더니 4일 만에 모스크바의 대부분이 폐허로 변해버렸다.

프랑스군은 먹을 것이 다 떨어진데다 잘 곳도 마땅치 않아 곤욕을 치렀다. 병참선이 너무 길어진 탓에 본국에서 오는 식량이 끊긴지도 이미 오래였다. 그래도 나폴레옹은 이제 모스크바를 점령했으니 알렉산드르 1세가 강화를 제의해오리라 생각했다.

그러나 알렉산드르에게는 아무런 소식이 없었다. 그해 따라 추위는 떠 빨리 찾아와 겨울옷도 없는 프랑스군의 괴로움을 가중시켰다. 거꾸로 부하를 보내 알렉산드르에게 강화를 구했으나 묵살당했다.

불타는 모스크바. 1812년 9월, 프랑스군이 모스크바에 무혈입성했을 때 전 시가는 화염에 휩싸였다. 뒷날 나폴레옹은 이때를 회상하며 "내가 본 중에서 가장 장려하고 무서운 광경이었다"고 말했다.

마침내 1개월 만에 나폴레옹은 퇴각을 결정했다. 프랑스군이 퇴각을 시작하자 그때까지 그림자도 비치지 않던 러시아군이 습격을 개시해왔다. 곳곳에서 농민 파르티잔이 일어나 앞길을 막고 옆구리를 쑤셔왔다. 혹독한 동장군도 한몫 거들었다. 이윽고 나폴레옹이 러시아를 빠져나와 군대를 돌아보니 파김치가 된 3만의 패잔병 부대 뿐이었다.

그 사이에 쿠투조프는 죽었으나 러시아군은 황제를 따라 프랑스군을 계속 추격했다. 1814년 3월 러시아군은 마침내 파리에 입성했다. 나폴레옹은 퇴위되어 엘바 섬에 유배되고 알렉산드르 1세는 나폴레옹을 격파한 일동 공로를 인정받으며 전후 처리의 주역으로 활약한다.

1815년 빈 회의에서 알렉산드르는 기독교의 정의와 사랑을 내세우며 신성동맹을 제창하여 유럽의 복고 반동에 앞장선다. 그 부산물로서, 나폴레옹이 세운 바르샤바 공국을 양도받아 폴란드 왕국을 세우고 그 왕을 겸임하는 소득도 얻는다.

1812년의 나폴레옹 격퇴 전쟁은 러시아에서 '조국전쟁'으로 불린다. 영웅적인 투쟁으로 적의 침략으로부터 조국을 방어하고 1813~1814년의 원정 싸움에서까지 대승리를 일구어내는 과정에서 러시아인의 민족의식을 급속도로 고양됐다.

러시아 작가와 음악가와 화가들은 조국전쟁에서 모티프를 얻어 많은 예술 작품을 남겼다. 톨스토이의 〈전쟁과 평화〉가 그 대표작이다. 또한 프랑스 혁명과 나폴레옹 전쟁 과정에서 러시아의 지식인들은 선진문물과 사상을 깊숙이 접함으로써, 조국 개혁의 의지를 다지고 그 방법론을 모색하는 계기를 갖는다.

한편으로 조국전쟁은 사람들에게 국민, 특히 그 대다수를 이루는 농민들에 대해서 진지하게 생각할 기회를 제공해주었다. 병사들이 대부분 농민의 자제들이었을 뿐만 아니라, 직접 파르티잔을 조직하여 조국을 지키기 위한 투쟁에 앞장선 것도 전제와 농노제의 가장 큰 희생자라고 할 수 있는 바로 농민들이었기 때문이다.

뜨거운 12월:
데카브리스트의 반란(1825년)

 나폴레옹 전쟁 후 알렉산드르 1세는 전 육군장관 아락체예프에게 국내정
치를 일임하고 국제정치에 몰두하면서 신비주의에 탐닉한다. 아락체예프는
자유주의자들을 물리치고 반동정치로 일관하여 국민들의 원성을 샀다.

 나폴레옹 전쟁 때 유럽에 출진하여 자유의 공기를 흠뻑 쐬고 돌아온 청년
장교 등 일부 젊은 귀족들은 이 같은 반동정치를 그대로 두고만 볼 수 없었
다. 여기서 입헌정치와 농노제 폐지를 목표로 하는 데카브리스트(12월 당원)
운동이 생겨난다. 애국 청년귀족들은 프리메이슨 결사의 영향을 받아 비밀
결사를 만들었다.

 1816년 니키타 무라비요프, 트루베츠코이 등의 근위대 장교들이 최초의
비밀결사 '구제동맹'을 결성했다. 그들은 모두 나폴레옹 전쟁에 참가한 장교
들로서 전쟁 중에 농민출신의 병사들과 접촉하면서 비참한 농촌실정을 알
았고, 유럽 원정 중에 러시아보다 훨씬 앞선 서유럽 사회를 보면서 뒤떨어진
조국을 '구제'해야겠다고 결심했다. 투철한 신념을 가지고 있던 페스텔도 곧
이에 가담한다.

 2년 후인 1818년에 구제동맹은 '복지동맹'으로 발전했다. 이 결사에는

데카브리스트의 반란. 1825년 12월 14일, 페테르부르크의 원로원 광장에서 일어난 청년장교들의 반란. 카 코리만 작. 1830년대.

200명 정도가 참여했다. 이들은 농노제와 전제를 폐지해야 한다는 점에서는 의견의 일치를 보았다. 그러나 장래의 러시아에서 입헌군주제를 시행할 것인가 공화제를 시행할 것인가를 두고 의견이 갈라졌다. 또한 무장봉기의 채택 여부, 봉기의 방법과 시기에 대해서도 여러 의견이 있었다.

다양한 견해들을 하나로 모으는 것은 쉬운 일이 아니었다. 게다가 당국의 스파이에게 결사에 관한 정부가 들어갔다는 소식이 전해져왔다.

1821년 그들은 동맹을 해산하고 제2 군관구가 있는 남러시아 툴친을 본거지로 하는 '남방결사'와 페테르부르크를 본거지로 하는 '북방결사'로 갈라졌다.

공화주의자들이 많았던 남방결사는 페스텔 대령의 지도하에 장래 러시아 공화국이 헌법이라고 할 수 있는 〈루스카야 프라브다〉를 결사의 강령으로 채택했다. 페스텔 자신이 기초한 것으로서, 농노해방, 신분제 폐지, 공화제 등이 그 근간을 이루었다. 뒤에 이 결사에 슬라브 민족들의 연방을 목표로 하는 '통일 슬라브 결사'와 '폴란드 애국 동맹'이 합류한다.

북방결사에서는 니키타 무라비요프가 입헌군주제를 골자로 하는 헌법 초안을 만들었다. 그러나 1823년에 들어서면서 북방결사에도 시인 릴레예프와 베스투제프 형제 등, 공화주의자들이 가입하여 의견이 갈라진다.

1825년 11월 19일 알렉산드르 1세가 흑해 연안의 요양지 타간로크에서 급사했다(일설에는 신비주의에 빠져 은둔했다고 한다). 그에게는 자식이 없었다. 18세기 말 파벨 치세에 제정된 제위 계승법에 따르면, 바로 아래 동생 콘스탄틴이 제위를 계승해야 했다. 그러나 그는 전에 카톨릭 교도인 폴란드 백작의 딸과 재혼한 뒤 제위 포기 의사를 비쳐 형 알렉산드르의 승인을 받은 바 있었다. 따라서 제위는 다음 동생 니콜라이가 계승하게 되어 있었다.

그러나 알렉산드르는 이 중대한 사실을 공표하지 않았다. 당사자인 니콜라이도 몰랐고, 국가평의회도, 장관들도 몰랐다. 임종에 입회한 측근들도 아무 말을 듣지 못했다.

이로 인해 혼란이 일어났다. 국민들은 콘스탄틴의 즉위를 믿어 의심치 않았다. 원로원과 군대는 그에게 충성을 서약했다. 바르샤바에 있던 콘스탄틴이 제위 포기 의사를 거듭 확인하고 1822년에 쓴 알렉산드르의 비밀성명이 공표된 후 니콜라이가 제위를 수락하기까지 약 3주일 동안, 황제의 자리는 비어 있었다. 1826년 봄에 거사할 계획이었던 모의 자들은 이 혼란을 틈타 거사를 하기로 결정했다.

그들은 계획을 숙의했다. 현재 동원 가능한 3개 연대가 각기 다른 한 연대씩을 끌어들여 모두 6개 연대가 반란을 일으키면 남은 군대들은 압도되어 행동에 나서지 못할 것이다. 그뒤 공격에 나서 니콜라이를 체포하고 정부기관을 장악한 다음, 니콜라이에게 헌법제정의회를 소집케 하고 그 사이에 임시정부의 수립을 선언한다.

그러나 다른 의견들이 속출하여 합의를 보지 못하고 있었다. 그때 한 장교의 배신으로 거사계획이 니콜라이의 귀에까지 들어갔다. 주모자들은 다급해졌다.

시인 릴레예프는 거사의 지도자로 뽑힌 트루베츠코이 공에게 지금 곧바로 행동에 옮겨야 한다고 주장했다.

"어차피 실패한 것이라면 앉아서 당하느니 무기를 들고 나가 싸우다가 죽자."

옆에 있던 동료가 릴레예프를 얼싸안으며 외쳤다.

"우린 죽을 것이다. 하지만 그것은 영광스런 죽음이다."

마침내 즉각 봉기를 하기로 결정을 났다.

12월 14일 니콜라이 1세에 대한 충성 선서식 날, 베스투제프 형제는 근위대 병사들에게 권력을 찬탈한 니콜라이에 맞서 콘스탄틴을 지키자고 호소하여, 약 3,000의 병사를 이끌고 원로원 광장으로 왔다. 소수의 다른 군대와 민간인이 합류했다. 이들은 전제정치 타도와 농노제 폐지를 주장하는 선언문을 발표하고자 했다.

그러나 최고 지도자 트루베츠코이 공이 나타나지 않았다. 지도자가 없는 반란군은 아무런 행동도 하지 못하고 가만히 선 채로 광장을 지켰다. 몇 배에 달하는 정부군이 광장 주위를 포위했다. 양군은 몇 시간 동안 그대로 서서 대치했다.

새 황제는 자신의 통치 첫날을 피로 물들이고 싶지 않았다. 황제는 대주교를 보내 반란군을 설득했다. 그러나 효과가 없었다. 진무에 나선 밀로라도비치 장군은 민간인 카호프스키가 쏜 총에 맞아 죽었다.

겨울의 짧은 낮은 벌써 저물고 있었다. 이윽고 니콜라이가 발포명령을 내렸다. 한 시간 만에 광장은 깨끗이 정리됐다.

남러시아에서도 페스텔 등 지도자가 체포된 후 세르게이 무라비요프와 류민의 지도하에 봉기가 일어났으나 곧 진압됐다.

니콜라이는 반란 관여자 약 600명을 체포하여, 그중 페스텔, 릴레예프, 세르게이 무라비요프, 류민, 카호프스키, 이렇게 5명을 교수형에 처하고 120여 명을 시베리아에 유형 보냈다.

이로써 거사는 실패로 끝났다. 12월(러시아어로 '데카브리')에 일어났다고 해서 '데카브리스트의 반란'이라고 불린 이 운동에는 엘리트 귀족청년이 대거 참여했다. 두 개의 헌법 초안에서도 보이듯이 그들은 통치능력도 가지고 있었다.

그러나 이들은 민중을 무시했다. 거사에 민중을 끌어들이려는 어떠한 시도도 하지 않았다. 이들은 대신, 군대를 동원하여 무력으로 뜻을 이루려 했다. 그러나 하급장교가 주축을 이루던 이들은 군대를 확실하게 장악할 수 없었다. 따라서 이 데카브리스트 운동은 '고립된 귀족청년들의 무모한 항의'에 그칠 수밖에 없었다.

데카브리스트들의 죽음은 헛된 것이 아니었다. 그들은 농노제를 폐지하고 차르의 전제체제를 타도하고자 했다. 공화제 또는 입헌군주제가 전제체제를 대체해야 했다. 이런 의미에서 데카브리스트 운동은 러시아 최초의 혁명운동이었다. 이들의 봉기와 처형에 커다란 충격을 받고 일생을 전제정치에 대한 투쟁에 바쳤던 러시아 혁명운동의 선구자 게르첸은 항상 '다섯 명의 십자가 위에서의 죽음'을 순교의 죽음으로 찬양했다. 또한 그는 정치적 계획을 가지고 일으킨 이 첫 번째 혁명운동의 의의와 도덕성을 이렇게 지적했다.

"이론은 확신을 불러일으키고 본보기는 행동을 불러일으킨다."

데카브리스트들은 귀족의 특권과 보장받은 입신출세의 길을 버리고 조국 러시아와 인민을 위해 자신의 몸을 내던졌다. 데카브리스트 운동은 이후, 푸시킨과 네크라소프의 시에 등장하여 널리 애송되고, 러시아의 뜻있는 지식인들 사이에 본받아야 할 귀감으로 깊이 각인되면서 러시아사의 흐름에 큰 영향을 미친다.

유럽의 헌병:
니콜라이 1세와 반동정치(1825~1855년)

"전 러시아의 차르는 독재하는 절대군주이며, 그 최고권력에 외경심을 가지고 마음으로
부터 복종할 것을 신의 이름으로 명령한다."

중세시대, 한 1500년쯤에 러시아의 차르가 새롭게 정복한 지방의 시민들
에게 내린 칙서 같은 느낌을 주는 구절이다. 그러나 놀랍게도 이것은 1833년
에 제정된 〈러시아 제국 법전〉 제1조를 그대로 옮긴 것이다.

서유럽 각국에서 민주주의 혁명이 일어나 입헌정치가 깊이 뿌리를 내리고
있던 때에, 러시아는 의연히 전제군주제를 신의 이름으로 떠받들고 있었던
것이다. 러시아의 체제가 얼마나 후진적이었는지를 단적으로 보여주는 좋은
예다.

통치 첫날부터 피를 본 니콜라이 1세는 안팎에서 피어나는 혁명의 기운과
대결하는 것이 자신의 신성한 임무라고 생각했다. 그리고 초지일관 자유주
의와 혁명에 맞서 전제체제를 수호하고자 했다. 데카브리스트 반란이 일어
난 바로 다음날, 그는 동생 미하일에게 이렇게 말했다.

"혁명이 러시아의 문 앞에까지 와 있다. 그러나 내가 살아 있는 한, 맹세코 그것이 러시아에 들어오지 못하게 할 것이다."

그리고 그는 자신의 말을 실천했다. 그의 치세에 러시아는 전제의 혹독함을 유감없이 맛보았다. 지식인은 지식인대로, 농민은 농민대로 체제가 짓누르는 억압에 숨이 막힘을 느꼈다.

농노제의 폐단을 모를 리 없는 그가 보기에도 농노제는 '러시아의 생존과 발전에 분명히 나쁜 것'이었다. 그러나 그는 농노제를 잘못 건드렸을 때 일어날지도 모르는 사태를 두려워했다. 지배체제가 붕괴됨은 물론 국가가 해체될지도 모른다고 생각했다.

니콜라이는 나아가, 외국의 빈번한 혁명과 미만한 혁명정신 속에서 질서의 붕괴를 보았다. 신성동맹의 정통이념에 충실했던 그는 자신이 통치하는 러시아에게 유럽의 기존질서 유지를 책임지는 헌병역할을 맡겼다.

그는 지칠 줄 모르는 정력과 몸에 밴 군사규율로 스스로에게 부여한 임무를 수행했다. 예민하고 의심 많던 그는 국가의 모든 기능을 자신의 손아귀에 장악하여 국가를 거대한 병영으로 만들어갔다.

그의 통치 스타일은 데카브리스트 반란의 사후처리에서부터 분명하게 드러났다. 그는 몇 달간에 걸쳐, 600명에 달하는 관련자를 하나하나 불러 직접 심문했다. 그리고 그들로부터 '완벽한' 자백을 받아낸 후 5명을 사형에 처하고 나머지에게도 응분의 보복을 가했다. 18세기 중엽 엘리자베타 여제 시대에 공식적으로는 사형이 폐지된 터라, 5명에 대한 사형집행은 국민들에게 큰 공포심을 자아냈다.

니콜라이 1세는 정부의 모든 일을 자기 손으로 직접 처리하려 했다. 국가평의회

데카브리스트의 처형. 푸시킨의 노트에 메모와 함께 처형당한 5명과 처형 광경이 그려져 있다. 이후 니콜라이 1세는 전제정치를 더 강화했다.

나 원로원, 각부 장관들은 허수아비나 다름 없었고, 황제 직속으로 사설 집행부를 만들어 일을 처리했다. 곧 황제 직할청에 권력이 집중됐다.

황제 직할청의 단면을 가장 확실하게 보여주는 것은 제3부였다. 황제의 절대적인 신임하에 제3부는 곧 거대한 비밀경찰 기구로 탈바꿈하여, 대규모 제보자를 가진 '국가 안의 국가'가 됐다.

제3부의 제1과는 반정부 조직을 감시했고, 제2과는 종교적 이단행위를 감시하고 위조화폐를 단속했다. 제3과는 체류 외국인을 감시하고 해외정보를 수집했으며, 제4과는 농촌과 농민의 동향을 감시했다. 제5과는 문서검열을 담당했다. 황제는 제3부에서 작성해 올린 보고서를 상세히 훑어보고 사소한 문제까지 직접 지시했다.

그와 더불어 반정부 사상의 유포를 막기 위해 검열제도를 강화했다. 당시 갓 피어나던 러시아 문학도 제3부와 정부에 의해 이중 삼중의 감시를 받아, 개작을 강요받거나 작가가 유형 또는 구금을 당하는 예가 비일비재했다. 그러나 그 유례없는 억압 속에서도 러시아의 문학과 사상은 전에 없이 성행했다.

교육 역시 반동의 깃발 아래 획일적인 통제하에 놓여졌다. 1828년에 제정된 규칙에 따라, 중등교육을 받을 수 있는 자격이 귀족과 관리의 자녀들로 제한됐다. 그와 더불어 법률학교와 여러 기술전문학교를 세우는 등, 중등교육기관은 꽤 늘었으나, 초등학교는 세우지 않았다. 따라서 농민의 자녀들은 부모와 마찬가지로 문맹 상태를 벗어날 수 없었다.

1833년 반동적인 학자 우바로프가 문교장관이 되면서 교육은 더 후퇴했다. 그는 자신의 말대로 '러시아의 발전을 50년간 유보'하고 서유럽에서 밀려오는 혁명의 홍수에 대비해 댐을 쌓았다. 댐의 중심 지주는 정교·전제정치·국민정신이었다. 러시아 정교의 권위에 순종하고, 황제와 그의 경찰통치에 충성하며, 서유럽에 맞서 러시아 고유의 애국심과 민족성을 길러야 한다는 것이었다.

1835년에는 대학이 자치권을 잃고 정부의 통제하에 들어갔다. 교수의 임명까지도 장관의 재가를 받아야 했다. 신학과 교회사가 필수과목이 되는 대신, 위험하다고 여겨진 철학·헌법·세계사 강좌가 폐강되기도 했다. 대학 교육의 강조점도 관료체제의 요구를 충족시키는 방향으로 바뀌었다.

대외정책 면에서도 니콜라이의 첫째 목표는 '유럽의 헌병'으로서 유럽의 혁명운동을 진압하고 그 여파가 러시아에 미치지 않도록 하는 것이었다.

1830년 프랑스에서 7월혁명이 일어나고 그 영향으로 그의 지배하에 있던 폴란드에서 반란이 일어나자 니콜라이는 1831년 15만 대군을 바르샤바에 보내 무참하게 짓밟았다. 그리고는 폴란드에 어느 정도 인정하고 있던 자유와 자치를 빼앗고 폴란드를 완전히 러시아 제국의 일부로 편입시켜버렸다. 1833년에는 프로이센과 오스트리아 등의 군주들과 동맹을 맺고 '유럽의 수호'를 다짐했다.

1848년 2월혁명이 일어나자 니콜라이는 더 이상 참을 수가 없었다. 그는 프랑스 공화국과 즉각 외교를 단절하고 40만 대군을 서부국경으로 집결시켰으나, 유럽 각국의 냉담한 반응에 군대를 돌리지 않을 수 없었다. 그러나 1849년에 헝가리에서 혁명이 일어나자 오스트리아 황제가 지원을 요청해왔고, 니콜라이는 기꺼이 군대를 보내 혁명을 진압하고 합스부르크 가를 위험에서 구출해주었다.

유럽의 혁명을 목도한 니콜라이 1세는 국내에서 억압의 강도를 더욱 높였다. 경찰통치는 점점 더 독단적으로 변해갔고, 개혁의 방도를 찾으려는 시도는 물론 이견의 표시마저도 금지됐다. 대학에서도 입학자격과 교과과정이 더욱 개악됐다. 매우 경미한 정치범에게도 시베리아 유형이 떨어졌다. 체제의 충실한 옹호자였던 우바로프 문교 장관마저도 자유주의적 사고를 가졌다는 이유로 해임됐다.

그러나 한편으로, 차르로서의 의무감도 강하고 능력도 있던 그가 치세기간 내내 오로지 탄압만을 생각하고 있었을 리는 없다. 그는 항상 국가를 탄탄한 토대 위에 세워놓고자 했다. 그런 시도들이 혁명 방지라는 지상목표와 부딪쳐, 늘 우선순위에서 밀렸을 따름이다.

그의 치세 초기 1826년 말경에 설치된 비밀위원회는 몇 년간에 걸쳐 국가평의회의 재구성, 원로원의 개혁, 농노제의 개선 등을 심의했다. 그러나 결국 어느 것 하나 제대로 해결하지 못했다. 1833년에 경매시 토지를 포함하지 않은 농노의 매매를 금지시킨 것이 거의 유일한 성과였다.

니콜라이는 또한 스페란스키에게 명하여 러시아의 법전을 집성, 정비케 했다. 그리하여 1830년에 〈러시아 제국 법률 집성〉 전 45권이 만들어지고, 1833년에는 〈러시아 제국 법전〉이 편찬된다. 이때의 스페란스키는 이전의 자유주의 성향을 모두 잃어버린 뒤였기 때문에, 제국 법전은 그 제1조에서도 명확히 드러나듯이 오로지 전제군주의 뜻을 충실히 떠받드는 방향으로 편찬됐다.

니콜라이는 치세 후반에도 국내의 가장 큰 골칫거리였던 농민문제를, 농노제의 골격을 유지하는 선에서 해결해보려 했다. 1842년 법으로 농민은 지주와의 합의하에 화폐나 노동력을 제공하고 지주로부터 토지소유권을 얻을 수 있게 됐다. 그러나 지주들이 따라주지 않아 이 법은 효과를 보지 못했다.

그러는 와중에도 러시아의 산업은 눈에 띄게 성장했다. 정부의 보호관세 아래 면방직업 · 야금업 · 제당업이 크게 발전하면서 공장이 늘어갔고, 노동자도 50만에 이르렀다. 1837년에는 철도도 등장했고, 외국자본도 들어오기 시작했다.

농민들이 봉건적인 농촌공동체에 묶여 있는 것은 이제 산업의 성장에 걸림돌이 됐다. 농업에서도 공업에서도 농노 노동력의 생산성은 낮았다. 싹트기 시작한 자본주의 경제는 토지에서 풀려난 자유로운 노동자를 부르고 있었다.

1854년에 확대된 크림 전쟁은 니콜라이 체제를 송두리째 무너뜨렸다. 니콜라이의 반동정치하에서 러시아와 서유럽의 격차는 엄청나게 벌어졌던 것이다. 전쟁의 패색이 짙어진 1855년 3월, 지치고 무력해진 니콜라이는 죽음을 맞았다.

혁명이라는 더 큰 악으로부터 러시아를 보호하고자 하는 일념으로 모든 악을 그대로 온존시켜온 니콜라이 1세는 후대의 러시아인에게 큰 부담을 지우고 죽었다. 반면에 그가 헌병을 자처하며 옛 질서를 유지하려 애쓴 유럽은 러시아를 저만치 뒤로 하면서 계속 앞으로 치달아 갔다.

푸시킨과 고골리:
러시아 문학 황금기의 시작
(1820~1830년대)

19세기 러시아는 매우 독특한 시대다. 최악의 전제정치와 농노제의 유산의 숨 막혀 하면서도, 러시아인들은 한편으로 많은 분야에서 당대 최고수준의 위업을 이루어냈다. 문학·예술·과학·사상 각 분야에서 우리 귀에 익은 사람들의 이름만 열거해도 아마 몇 페이지를 넘어갈 것이다.

그것은 실로 '시대정신'의 소산이었다. 표트르 대제 이래의 서구화 정책과 프랑스 혁명 등을 통해 유럽의 진보사상과 사조가 물밀듯이 밀려들어왔다. 나폴레옹의 침입에 맞서 싸우면서 민족의식이 크게 고양됐고, 러시아가 얼마나 뒤졌는가를 깨달으면서 사람들은 조국의 미래를 걱정하기 시작했다. 황실과 귀족의 호사스러운 생활과 농노의 비참한 현실에서 러시아는 두 개의 사회가 존재함을 직시했고 데카브리스트의 반란에서 조국을 위해 목숨을 내던지는 귀감을 보았다.

역설로 들릴지 모르나, 전제정치 역시 위대한 문화를 꽃피우는 데 기여했다. 사회악에 대한 관심과 의견 표시마저도 억누르는 전제권력에서 사람들을 맞서 싸울 대상을 찾았다. 위대한 예술과 사상은 불의와 악과의 싸움에서 싹트는 법. 전제권력은 갖은 수단을 다 동원하여 감시하고 탄압했으나, 시대

푸시킨과 고골리. 알렉산드르 푸시킨은 러시아 근대문장어의 확립과 국민문학의 창조라는 큰 업적을 남겼으며, 고골리는 러시아 리얼리즘의 시조로 일컬어진다.

의 도도한 흐름을 막을 수는 없었다. 그리하여 진흙 속에서 아름다운 연꽃이 피어올랐다.

19세기 러시아 문학은 푸시킨과 레르몬토프에서 고골리, 네크라소프, 튜체프, 곤차로프, 투르게네프, 도스토예프스키, 톨스토이, 체호프로 맥을 이어가면서 그 황금기를 구가한다. 특히 이 시대의 러시아 문학은 사회현실을 농도 짙게 반영하는 독특한 리얼리즘 문학으로써, 세계문학사에서 매우 중요한 위치를 차지한다.

러시아의 '국민시인' 알렉산드르 푸시킨은 1799년 모스크바에서 귀족의 아들로 태어났다. 사랑·우정·기쁨 등의 주제를 다루던 그의 시는 '조국전쟁'을 거치면서 조국과 민중에 대한 사랑을 담아갔고, 진보적인 청년귀족들과의 교제가 시작되면서 자유가 중심주제로 떠올랐다.

데카브리스트들의 모임에서는 〈자유〉〈마을〉〈차다예프에게〉 등, 그의 자유사상이 담긴 작품들이 즐겨 낭송됐다. 그중 1817년 18살 때 쓴 시 〈자유〉를 잠깐 보자.

전제의 자리에 있는 나쁜 자여, 그대를
그대의 제위를 나는 증오한다
사무치는 즐거움으로
나는 그대가 망해가는 꼴을
그대의 죽음과 시체를 지켜보리라

전제정치에 대한 젊은 시인의 분노가 흡사 격문 같은 문구로 표현되어 있다. 이런 시들을 써댔으니, 전제권력이 그를 가만 놔둘 리 없었다. 당시 공무원 생활을 하고 있던 그는 1820년 남러시아로 전출됐다가 이어 요시찰 인물로 지목되어 프스코프 부근의 작은 마을로 추방당한다. 그 사이에 그는 풍자시 〈루슬란과 류드밀라〉, 담시 〈카프카스의 포로〉 등을 발표하고, 사극 〈보리스 고두노프〉를 집필한다.

시골에 추방당해 있던 덕분에 데카브리스트 반란에 연루되는 것을 면한 그는 니콜라이가 즉위한 후 황제의 '온정'으로 자유를 얻었으나, 죽을 때까지 비밀경찰의 엄격한 감시와 검열을 받는다.

1831년, 그는 근 10년간에 걸쳐 쓴 역작 〈예브게니 오네긴〉을 발표한다. 러시아 리얼리즘 문학의 한 지표가 된 운문소설 〈예브게니 오네긴〉은 뛰어난 기교로 1820년대 러시아를 통찰하고 있다. 이 작품에서 푸시킨은 귀족청년 오네긴의 생활에 빗대어 러시아 귀족사회의 방탕과 무기력을 폭로하면서 타탸나라는 현명한 여성을 등장시켜 그 부정적 형상을 극복한다. 현실에 뿌리를 내리고 있는 사려 깊은 여성, 타탸나의 형상은 러시아의 미래에 대한 예언이자 희망이다.

그 후로도 푸시킨은 전제권력과 개인 간의 갈등을 묘사한 〈청동의 기사〉와 표트르 대제를 찬양한 〈폴타바〉 등의 장편 서사시를 비롯해 많은 시를 썼다.

그는 또한 산문에서도 많은 걸작을 남겼다. 푸시킨은 "정확함과 간결함이 산문의 생명이며, 산문에는 사상이 담겨 있어야 한다."고 말했다. 그의 대표적인 산문에는 다섯 편의 단편소설을 모은 〈벨킨 이야기〉, 그가 지대한 관심을 보인 푸가초프 반란을 무대로 한 소설 〈대위의 딸〉, 팽팽한 긴장감으로 푸시킨 산문의 최고봉으로 꼽히는 소설 〈스페이드의 여왕〉 등이 있다. 그의 시보다는 산문에서 리얼리즘의 경향이 더 두드러지게 나타난다.

그는 1837년 젊은 나이에 미모의 아내를 둘러싸고 빚어진 결투로 삶을 마감했다. 많은 사람들의 그의 죽음을 애도했다. 그의 장례식에 참석한 한 노인은 그를 잘 아느냐는 물음에 이렇게 대답했다.

"잘 모르오. 하지만 난 러시아인이오."

후대 러시아 작가와 평론가들은 그의 업적에 대해 이렇게 말했다.

"그는 예언자였다. 우리가 가는 어두운 밤길에 환한 등불이었다."

- 도스토예프스키

"푸시킨을 통해 수많은 사람들에게 문학적 교양이 쌓였다.
그는 러시아에서 문학을 국민적인 사업으로 끌어올린 시인이다."

- 체르니셰프스키

"다른 나라에서는
1세기 이상의 시간을 두고 이루어진 두 가지 일(문장어 확립과 국민문학의 창조)이
푸시킨 한 사람에 의해 동시에 성취됐다."

- 투르게네프

"푸시킨에 대해서 쓰는 것은 러시아 문학 전체에 대해서 쓰는 것과 같다.
푸시킨 이전의 러시아 작가가 푸시킨으로 모아지고
푸시킨이 푸시킨 이후의 작가를 설명하기 때문이다."

- 벨린스키

푸시킨이 시를 통해 건강하고 활력 있는 러시아 근대문학의 전통을 확립
했다면, 고골리는 소설을 통해 푸시킨의 전통을 계승하면서 그 위에 비판적
리얼리즘의 기반을 쌓았다. 벨린스키는 1840년대 이후를 문학사상 '고골리
의 시대'라고 했다. 고골리를 시작으로 러시아의 독특한 리얼리즘의 뿌리를
내리는 것이다.

고골리의 독특한 재능은 그의 초기작품에서부터 나타났다. 〈지카니카 인
근 마을의 야화〉는 환상과 사실 묘사가 일체를 이루고 해학과 기괴스러움이
뒤얽히는 시적인 이야기다. 폴란드에 대항하여 자기 마을을 수호하는 카자
흐들의 싸움을 그린 〈대장 불리바〉에도 비장한 분위기 속에 유머와 토속적

인 색조가 넘실거린다. 그러나 해학과 풍자가 돋보이는 그의 작풍에 사회의 온갖 부조리가 투영되면서 고골리의 진면목이 드러나는 것은 후기작품 〈외투〉 〈검찰관〉 〈죽은 혼〉 등에서다.

〈외투〉는 작은 봉급으로 살아가는 하급관리가 일생의 소원인 외투를 장만 했다가 강도에게 빼앗기고 그 충격으로 미쳐버린 후 거리에 그의 유령이 출 몰한다는 줄거리의 짤막한 소설이다. 〈외투〉에는 뿌리까지 썩어버린 러시아 의 전제질서와 산업화의 진전과 함께 파괴돼가는 시대의 형상이 고골리 특 유의 재치와 은유, 반전 기법으로 묘사되어 있다.

작은 소도시의 탐관오리가 웬 낯선 사람이 도시에 머물고 있다는 소문을 듣고 그를 검찰관이라고 오해하는 데에서 출발하는 시대 풍자 희곡 〈검찰 관〉에서는, 부패한 관리들에 대한 도덕적 풍자가 봉건적인 전제질서와 부패 한 사회조직에 대한 비판으로 발전해간다. 러시아 농노제의 현실을 묘사한 〈죽은 혼〉은 지주들에게 죽은 농노(혼)를 사들인 후 그를 되팔거나 저당 잡 히는 악한을 그린 이야기로, 혐오스러운 지주들의 생활과 당시의 러시아 농 촌이 사실적이고도 풍자적으로 묘사되어 있다.

고골리 문학의 한 특징은 '사실보다도 더 사실적'이라는 것이다. 고골리 자 신은 사실 그렇게 진보적인 의식을 가진 작가는 아니었고, 말년에 가서는 반 동적인 모습을 보이다가 마침내 신경쇠약에 걸려 죽는다. 그러나 문학이란 본디 '사회의 거울'인 것이고, 러시아 문학은 특히 사회적 책임과 '민중에 대 한 부채' 의식을 강조하는 전통을 쌓아가고 있었다. 그 중심에 서 있던 위대 한 소설가 고골리의 문학에는 당연히 그 시대가 투명하게 반영될 수밖에 없 었고, 그로 인해 그는 러시아의 비판적 리얼리즘의 선봉에 서게 됐다.

이어 1840년대에 들면서 뛰어난 평론가 벨린스키가 러시아 문학의 지표를 제시하고, 투르게네프, 도스토예프스키, 톨스토이의 세 거장과 시인 네크라 소프, 튜체프의 초기작품들이 쏟아져 나오면서 러시아 문학은 그 웅자를 점 점 더 드러내게 된다.

한밤중의 총성:
차다예프의 〈철학서한〉 발표(1836년)

1836년 〈망원경〉 지에 러시아의 현실을 통박하는 차다예프의 글이 실렸다. 한 여인에게 보내는 편지 형식으로 쓴 〈역사철학에 관한 서한 제1호〉였다.

서한에서 차다예프는 러시아와 유럽 사이에는 근본적인 문화의 차이가 있음을 인정했다. 그러나, 이 차이는 황실이 주장하듯 러시아가 우수했기 때문이 아니라 낙후했기 때문에 생긴 것이었다. 그는 러시아의 전통 가운데에서 아무런 교훈도 찾아볼 수 없다면서 러시아를 어린 아기에 비유했다.

"과거도 없고 미래도 없는 협소한 현재 속에서, 죽은 듯한 고요 속에서 우리는 살고 있습니다. 간혹 우리가 일어서서 행동을 할 경우, 그것은 어떤 것을 이루겠다는 희망이나 욕구에서 하는 것이 아니고, 유모가 내미는 장난감을 잡으려고 일어나 앉아 손을 내미는 어린 아기와 같이 아무 생각 없이 반사적인 행동을 하는 것일 뿐입니다."

그가 보기에, 이런 비극적인 상황은 러시아가 카톨릭 교회의 관할에서 이탈했기 때문에 빚어진 것이었다. 합리적인 사고나 권리와 의무, 정의와 질서

등의 개념이 유럽 사회에서는 생활화되어 있으나 러시아는 그렇지 않다. 유럽인들에게는 그들이 호흡하는 공기 속에 스며들어 있는 인간의 존엄성이나 자유 같은 개념들이 러시아에는 전혀 알려져 있지도 않다. 결국 "다른 민족의 역사는 해방의 역사이나, 러시아의 역사는 농노제와 전제체제 발전의 역사"라는 것이었다.

차다예프의 서한은 러시아 사회에 충격을 던졌다. 가장 격분한 것은 니콜라이 1세였다. 자신의 통치체제를 송두리째 부정하는 그 글을 용납할 수가 없었던 것이다(이 글은 1829년에 프랑스어로 씌어져 원고 상태로 돌려져 읽히고 있던 8개 서한 중 첫 번째 편지였다). 이 글을 러시아어로 번역 출판해도 좋다고 허락한 모스크바 대학 총장이 해임됐고, 〈망원경〉지는 영구 정간 처분을 받았다. 차다예프는 미치광이로 공식 선언되어 자택에 연금됐다. 서한에 대한 논평은 일절 금지됐다.

그러나 지식인 사회에서는 이 서한에 대한 얘기가 일파만파로 퍼져나갔다. 삼삼오오 모여 러시아의 참담한 현실을 타개할 길을 모색하고 있던 러시아의 인텔리겐치아들에게 이 서한은 좋은 논쟁거리였다. 게르첸은 뒷날 이렇게 썼다.

"차다예프의 서한은 한밤중의 총성이었다. 그것은 러시아의 모든 사색하는 사람들을 동요시켰다."

지식인들은 러시아가 서유럽에 뒤져 있으며 러시아의 현상황이 잘못된 것이라는 점에는 공감했다. 그러나 잘못의 근원이 무엇이고 그 잘못을 시정하는 방법이 무엇인가를 두고 크게 두 갈래로 갈라졌다. 슬라브 파와 서유럽 파가 그것이다.

슬라브 파는 표트르 대제의 서유럽화 정책으로부터 잘못이 시작됐고, 러시아의 전통유산들을 잘 발전시킴으로써 그 잘못을 치유할 수 있다고 주장했다. 반면에 서유럽 파는 서유럽의 발전방향이 러시아가 본받아야 할 모델이며, 서유럽화 정책을 가일층 빠른 속도로 추진함으로써 러시아의 후진성을 극복할 수 있다고 주장했다.

호먀코프, 키례예프스키 형제, 악사코프 형제 등이 주도한 슬라브파(슬라보 필리)는 인간들 사이의 합일과 조화라는 구상을 제시했다. 그들은 종교의 본질인 신도들간의 사랑과 신에 대한 순종을 바탕으로 진정한 공동체를 이룰 수 있다고 주장했다. 러시아인의 삶과 역사 속에 등장한 농민공동체, 전국회의, 가부장제 가족 등도 계승 발전시켜야 할 요소들이었다. 그런데 표트르 대제가 러시아에 합리주의와 법치주의 등을 도입함으로써 러시아의 조화로운 발전을 파괴했다. 러시아의 미래는 어떻게 전통적인 원칙들로 복귀하여 서유럽에서 온 질병들을 극복해내느냐에 달려 있다. 이 질병들을 극복한 러시아는 조화를 상실하고 소멸해가는 유럽 사회에 구원의 메시지를 전해줄 수 있을 것이다.

이들은 전국회의와 같은 기구의 보좌를 받는 전제정부 자체는 인정했으나, 그와 함께 농노의 해방과 양심·언론·출판의 자유 등을 요구했고, 정부의 과도한 개입과 사형제도 등에는 반대했다.

그라노프스키, 봇킨, 안넨코프 외에 많은 작가·사상가·학자들이 함께 한 서유럽 파(자파드니키)는 다양한 그룹들을 포괄하고 있었다. 이들은 전제체제와 농노제에 분명한 반대의사를 밝히면서, 러시아는 서유럽으로부터 발달된 문명을 받아들이고 전제정부를 입헌정부로 개조함으로써 서유럽의 길을 걸어야 한다고 주장했다. 슬라브 파와 달리 이들은 표트르 대제의 업적을 찬양하면서 훨씬 더 의욕적인 서유럽화를 촉구했다.

시간이 가면서 서유럽 파에서는 여러 갈래의 흐름이 갈라져 나왔다. 점진적인 개혁과 대중 계몽을 강조하는 온건 자유주의자들이 주류를 이루었다. 그에 반해, 벨린스키, 게르첸, 오가료프, 바쿠닌 등의 급진주의자들은 따로 좌파를 형성하여 그룹에서 떨어져 나왔다. 이 급진주의자들은 좌파 헤겔주의와 공상적 사회주의의 영향을 받으며 러시아 및 유럽 전체의 체제에 도전해갔고, 마침내 혁명을 요구하기에 이른다.

게르첸과 바쿠닌:
지식인 혁명가의 등장(1840년대)

1827년 모스크바 교외의 참새 언덕. 열다섯 살쯤 되는 두 소년이 데카브리스트의 뜻을 이어받아 조국 러시아의 해방을 위해 목숨을 바치자고 굳은 맹세를 나누었다. 그리고 그들은 그 맹세를 실천하여 죽을 때까지 전제와 농노제의 타파, 민중의 해방을 위해 싸웠다. 이들이 바로 '러시아 사회주의의 아버지'라 불리는 게르첸과 그 평생의 친구 오가료프다.

1812년 귀족의 서자로 태어난 게르첸은 어려서부터 집안의 농노제 질서를 증오했다. 모스크바 대학에 다니던 시절, 그는 동료들과 함께 서클을 만들어 정치와 철학을 논했다. 그들은 데카브리스트와 프랑스 혁명의 사상을 선전하고, 당시 러시아에 유입된 생시몽과 푸리에의 공상적 사회주의를 깊이 검토했다. 1834년 게르첸은 반정부적 언동을 이유로 오가료프 등과 함께 체포되어 유형에 처해졌다.

1839년 모스크바에 돌아온 게르첸은 당시 헤겔 철학의 보수적 해석에 빠져 있던 스탄케비치 서클 멤버들과 논쟁을 벌이고, 독자적인 연구 끝에 '혁명의 대수학'으로서의 헤겔 해석에 도달했다. 슬라브 파와 서유럽 파의 논쟁에서는 서유럽 파의 편에 섰으나, 서유럽 파 주류에 대해서는 사회주의 관점

게르첸이 출판한 잡지
〈북극성〉의 표지에 실린
처형된 5인의 데카브리스트

에서 비판적인 입장을 견지했다. 이 무렵 게르첸은 철학 · 사회평론 · 문학에 관한 많은 저작을 발표했고, 그를 통해 농노제를 격렬히 공격하고 자본주의 사회의 해악에도 비판을 가했다. 게르첸은 1847년 해외로 출국, 망명한다.

한편, 평론계에서는 벨린스키가 대활약을 했다. 대학에서 쫓겨난 그는 저널리즘에 짧은 생애를 바쳤다. 점점 심해지는 검열을 교묘히 피해가면서, 그는 문학뿐만 아니라 정치 · 사회 · 철학 · 역사에 이르는 다양한 분야에서 긴급하고도 절박한 문제들을 빼놓지 않고 다루었다. 1840년대 초에 이르러 그의 저작은 혁명적 민주주의의 색채가 농후해졌다.

당시 벨린스키의 지도하에 편집되고 있던 〈조국의 기록〉과 〈현대인〉 지는 민주주의 사상의 연단이 됐고, 이를 매개로 진보 그룹들이 형성돼갔다. 그러는 가운데 벨린스키는 사회주의에 공감하고 러시아에서 혁명의 필요를 확신하기에 이른다. 그가 쓴 많은 글 중에서도 특히, 전제와 농노제를 날카롭게 공격하면서 인민혁명이 반드시 일어나 모든 사람이 자유롭고 평등하게 사는 사회가 올 것임을 예언한 〈고골리에게 보내는 편지〉는 필사본으로 유포되어 대단한 반향을 일으켰다. 벨린스키는 또한 귀족 아닌 잡계급 출신의 첫 혁명가(군의관의 아들이었다)로서도 큰 의의를 남겼다.

1844년경 페테르부르크에서는 뒤에 페트라셰프스키 단으로 불리는 지하그룹이 형성됐다. 그룹의 주요 멤버는 페트라셰프스키, 스페슈네프, 소설가 도스토예프스키 등이었고, 관리·교사·작가·예술가·학생·장교 등 하층 귀족과 잡계급 출신자들이 다수 참여했다. 이들은 푸리에의 사회주의와 포이에르바흐의 철학, 벨린스키와 게르첸의 저술들을 연구·검토하고 국내의 여러 문제들을 토론했다. 이들은 사회주의를 신봉했으나 그 견해가 다양했고, 실천적으로는 급진적인 민주주의를 추구했다.

1848년 프랑스 2월혁명의 영향으로 그룹 내에 더 급진적인 소그룹이 몇 개 만들어졌다. 이들은 농민봉기와 비밀문서의 인쇄·배포를 논의했다. 그러나 계획이 무르익기 전인 1849년 4월, 밀고로 주도자들이 체포되고, 9월까지 250여 명이 취조를 받았다. 재판 결과 21명에게 사형판결이 내려졌으나, 형이 집행되려는 순간 황제의 특별명령이 떨어져 시베리아 유형 또는 징역으로 감형됐다.

1848년 이후 러시아에서는 반동이 더욱 강화됐으나, 타오르기 시작한 열기는 식을 줄 몰랐다. 진보적인 청년들은 혁명사상에 열심히 귀를 기울였다. 해외에 있던 게르첸은 다시 가열차게 혁명을 선동하기 시작했다. 1853년에는 런던에서 '자유 러시아 출판사'를 열어 러시아의 긴급한 사회·정치문제들을 다루고, 니콜라이 체제의 결함을 가차없이 비판하는 유인물과 논문들을 인쇄·배포했다.

게르첸은 한편으로, 1848년 혁명의 좌절을 겪은 뒤 서유럽 형의 역사발전에 의문을 품고 러시아의 독자적인 발전 가능성을 탐구했다. 그 결과로 독특한 러시아 사회주의 이론이 창출됐다. 농노제를 폐지하고 농민공동체(미르)에 토지를 넘겨, 토지에 얽매인 농민들을 해방함과 동시에 사회주의를 실현할 수 있다는 이론이었다. 게르첸의 이 '농민사회주의'는 뒤에 좀더 다듬어져 나로드니키의 교의인 인민주의 사상의 핵심을 이룬다.

게르첸은 또한 1855년에 정기 논문집 〈북극성〉을 간행하고, 1857년에는 오가료프와 함께 정치잡지 〈종(코로콜)〉을 발행하여 전제와 농노제를 가차없이 비판함으로써 러시아 혁명운동의 성장에 큰 역할을 한다. 한편, 국내에서는 네크라소프, 체르니셰프시키, 도브롤류보프 등이 〈현대인〉지 주변에 모여 러시아의 현실에 날카로운 비판을 가했다.

'니힐리즘의 창시자이자 무정부주의의 사도' 바쿠닌은 1840년까지 스탄케비치, 벨린스키와 사귀면서 독일철학을 공부했다. 1840년 베를린 대학 재학 중 헤겔 좌파가 됐고, 이어 프루동 등과 접촉하면서 무정부 사회주의자가 됐다. 그때부터 그는 러시아 및 전 세계의 국가 · 사회 · 경제 · 문화 전반에 대해 맹렬한 비난을 퍼붓기 시작한다. 그는 초기의 한 논문에서 "파괴에의 정열은 그 자체가 창조적 정열"이라고 주장하면서 기존질서의 파괴를 강조했다.

1848년 게르첸이 파리에서 혁명의 붕괴를 씁쓸히 지켜보고 있는 동안, 그는 각국을 뛰어다니며 봉기를 호소하다가, 다음 해 독일 드레스덴 봉기에서 체포됐다. 1851년 러시아 정부에 인도된 그는 수감 · 유배 · 탈주 · 망명생활을 거쳐 1861년 런던으로 왔다. 런던에서 그는 입장은 비록 달랐지만 게르첸의 〈종〉 발행에 협력한다. 그 역시 농민공동체를 러시아의 희망으로 간주하게 됐던 것이다.

이후 그는 러시아 인민주의의 한 조류에 큰 영향을 미치면서 러시아 사회주의의 한 분파를 이끌다가, 그 뒤 마르크스주의자들과의 대립이 첨예해지면서 무정부주의를 대표하는 인물로서 전 세계에 이름을 떨친다.

1840년대와 1850년대를 거치며 러시아에는 혁명적 민주주의와 러시아 사회주의의 씨가 뿌려졌다. 사람마다 그룹마다 각기 조금씩 다른 요소들을 가지고 있었으나, 이들이 뿌린 씨는 1860년대의 더 깊숙한 논의로 기름진 자양분을 얻어 1870년대에 다시 인민주의라는 거대한 뿌리를 내리고, 이 뿌리는 곧 엄청난 에너지로 러시아의 대지를 타고 뻗어나간다.

무너지는 제정 러시아:
크림 전쟁(1853~1856년)

　농노제의 모순이 격화되고 지식인들 사이에 심상치 않은 기운이 일고 있던 니콜라이 치세의 말기에, 러시아의 후진성을 여지없이 드러내주는 한 사건이 발생했다. 크림 전쟁이 터진 것이다.

　사실, 니콜라이 1세가 '유럽의 헌병'을 자처하며 각국의 내정에 간여하고, 국민들에게 '차르가 인민의 보호자'임을 내세우며 자기를 따르라고 강력히 외칠 수 있었던 것은 러시아의 군사력에 대한 믿음이 있었기 때문이었다. 그러나 3년간의 전쟁에서 러시아 군대는 형편없음이 드러났고 러시아는 유럽에 크게 뒤져 있음이 분명하게 밝혀졌다. 낙심한 니콜라이는 전쟁이 끝나기도 전에 죽고, 이제 황실과 보수주의자들까지도 러시아에 대수술을 가해야 한다는 데 공감하기에 이른다.

　크림 전쟁은 본질적으로 근동과 발칸 지방의 패권을 두고 러시아와 유럽 열강이 충돌한 싸움이다. 즉, 전통적인 남하정책을 계속 추진하려는 러시아와, 러시아의 남하를 저지하면서 근동지방에 영향력을 확대하려는 영국과 프랑스가 투르크 문제를 둘러싸고 날카롭게 부딪친 것이다.

　당시 니콜라이는 투르크가 '중병에 걸린 환자'라면서, 거기서 발생할 위험을 미연에 방지하기 위해서라도 유럽 여러 나라, 특히 영국에 투르크를 분할 지배해야 한다고 제의하고 있었다. 영국은 그럴 경우 지리적 여건상 근동지방의 패권이 러시아에 넘어갈 것을 우려, 반대하는 입장을 취했다.

1844년 니콜라이는 친히 영국을 방문하여 애버딘 외상과 근동 정세에 대해 의견을 나누었다. 러시아와 영국은 가능한 한 오랫동안 투르크를 존속시키되, 만일 투르크가 급속히 붕괴할 경우 양국은 투르크 영토의 분할과 그 밖의 여러 문제에 대해 사전에 약정을 맺기로 합의했다.

1850년, 팔레스타인에서 기독교 성지에 대한 권리를 둘러싸고 카톨릭과 정교 사이에 분쟁이 발생했다. 프랑스의 나폴레옹 3세가 먼저 손을 써서 투르크 정부로 하여금 카톨릭의 권리를 인정케 했다. 격분한 니콜라이는 1853년 1월 투르크에 최후통첩을 띄웠다. 팔레스타인 분쟁은 정교도들이 주장대로 해결되어야 하며, 투르크 영내 1,200만 정교도들의 보호권이 러시아에 있음을 인정하라는 것이었다. 투르크는 협상 끝에 첫 번째 요구는 수락했으나, 두 번째 요구는 자주권에 대한 침해로서 인정할 수 없다고 버텼다.

그해 7월 니콜라이는 정교도의 보호권을 인정한 1774년의 러-투조약을 상기시키며, 투르크의 지배하에 있던 몰다비아와 왈라키아로 군대를 출동시켰다. 니콜라이는 영국과의 그간의 대화 등에 비추어, 영국-프랑스 양국이 러시아-투르크 문제에 개입하지 않으리라고 보았다. 그러나 그것이 오산이었다. 영불 두 정부의 수반 모두 야심만만한 인물로서 러시아의 진출을 그냥 두고 볼 사람들이 아니었고, 영불 양국의 여론 또한 러시아에 매우 적대적이었다.

영국과 프랑스는 함대가 곧 해협으로 출동했다. 마침내 영-프 양국의 지원을 약속받은 투르크는 10월, 러시아에 선전포고를 하고 다뉴브강을 건너 공격해왔다. 전쟁 초기에 전세는 러시아에 유리하게 돌아갔다. 11월에는 러시아의 함대가 소아시아의 투르크 기지를 공격하여 초토화시켰다.

이에 영국과 프랑스의 함대가 흑해로 진입했다. 1854년 2월 양국은 러시아에게 몰다비아와 왈라키아에서 퇴각할 것을 요구했다. 반응이 없자 3월 영국과 프랑스군이 전쟁에 돌입했다. 영국·프랑스·투르크 연합군은 발칸반

세바스토폴 요새에 포격을 가하는 영불 연합군 함대. 무려 349일 동안이나 계속된 이 전투에서 연합군은 승리를 거두고 요새를 손에 넣는다.

도, 흑해 북부 연안, 카프카스 지방의 세 방면에서 러시아군을 압박해 들어왔다.

그때 니콜라이가 우방국이라고 믿고 있던 오스트리아가 군대를 보내 몰다비아와 왈가키아를 점령해버렸다. 그리하여 발칸반도에서는 러시아와 투르크 사이에 완충지대가 형성됐다. 동쪽의 카프카스 지방은 산세가 워낙 험하여 대규모 전투를 벌이기에는 부적합했다. 자연히 전투는 바다에서 벌어지게 됐다.

영불 연합군은 곧 바다를 장악하고, 흑해는 물론, 발트해, 백해, 베링해에 이르기까지 모든 러시아 해안에서 함대와 요새에 공격을 가해왔다. 러시아 해군의 목제 범선은 연합군의 증기선의 적수가 되지 못했고, 해안의 러시아 요새들은 막대한 타격을 입었다. 연합군은 마침내 결전장소로 크림반도를 선택했다. 크림반도의 남서해안에는 러시아 흑해함대의 사령부 세바스토폴 요새가 있었다.

1854년 9월, 6만의 연합군이 크림반도에 상륙했다. 6일 뒤 알마 강변의 언덕에서 연합군과 멘슈코프가 이끄는 러시아군이 맞붙었다. 이 싸움에서 러시아군은 유리한 지형을 장악하고 있었음에도 수천의 전사자를 내고 후퇴했다.

10월, 연합군의 포격과 함께 세바스토폴 공방전이 시작됐다. 병참선이 끊긴 가운데에서도 러시아의 흑해 함대는 나히모프, 코르닐로프, 토들레벤 같은 헌신적인 장교들의 지휘하에 사력을 다해 요새를 방어했다. 연합군의 포격으로 요새는 폐허로 변해갔고, 매일같이 수백 명이 죽어 나뒹굴었다. 무려 349일 동안이나 계속된 이 전투의 참혹상은 톨스토이가 쓴 〈세바스토폴 이야기〉에 잘 묘사되어 있다(톨스토이는 포병 장교로 이 전투에 직접 참가했다).

다른 곳에서 벌어진 전투에서도 러시아군은 영국과 프랑스의 성능 좋은 대포와 소총에 계속 밀렸다. 철도도 없고 도로망도 부실하여 식량도 증원군도 제때에 도착하지 못했다. 농노들이 주축을 이루는 러시아군의 사기는 날로 떨어져갔다. 전비 조달을 위한 가혹한 징세와 지폐 남발로 인플레가 격화되고 국민들 사이에 불만이 높아갔다.

1855년 초에는 사르디니아까지 연합국에 가세했다. 각국의 통신원들은 시시각각 달라지는 전황을 본국에 전보로 알렸다. 크림 전쟁은 전투 진행상황이 참전국의 국민들에게 곧바로 전해진 최초의 전쟁이었다.

전선에서는 많은 병사들이 쓰러져갔다. 50만을 넘긴 사망자들의 대다수는 전사자라기보다는 병사자였다. 전선마다 전염병이 돌아 병사들이 무더기로 죽어갔고, 부상병들은 제대로 치료도 받지 못한 채 눈을 감았다. 나이팅게일과 자원 간호사들이 새로운 형태의 야전병원을 세워 헌신적으로 부상병을 치료한 것이 바로 이 크림 전쟁에서였다. 크림 전쟁의 내막은 몰라도 나이팅게일의 이름을 기억하는 사람은 많을 것이다.

패색이 짙어가던 1855년 3월, 니콜라이 1세는 무력감 속에 눈을 감고, 그 아들 알렉산드르 2세가 제위를 계승했다. 연합군은 아조프해 입구의 케르치까지 함락시키고 세바스토폴을 죄어들어왔다. 그해 9월, 세바스토폴의 러시아군은 마침내 남은 함정들을 침몰시키고 요새를 폭파한 뒤 세바스토폴을 버렸다.

10월에는 부크강 어귀의 러시아 요새가 쑥밭이 됐다. 11월에는 스웨덴이 연합군에 가담했다. 12월에는 그때까지 중립을 지키던 오스트리아가 러시아에게 공격을 중지하고 베사라비아에서 퇴각할 것과 흑해 중립화안을 받아들일 것을 요구해왔다. 러시아는 더 이상 해볼 도리가 없었다.

1856년 3월 파리에서 강화조약이 체결됐다. 러시아는 베사라비아의 일부를 투르크에 할양하고, 사실상 러시아의 내해였던 흑해 중립화를 인정했다. 그에 따라 러시아는 더이상 흑해 함대를 보유할 수 없게 됐다. 투르크 제국 내 정교도들에 대한 보호권 주장도 철회했다. 러시아는 나폴레옹 전쟁 이후의 그 당당하던 위세를 잃고 처참한 굴욕을 맛보았다.

경찰통치의 중심지주였던 러시아 군대는 허수아비임이 밝혀지고, 관료들의 무능력과 부패상이 백일하에 드러났다. 후진적인 농노제와 비효율적인 관료체제를 그대로 두고서는 서유럽과의 경쟁은 고사하고 러시아의 미래를 설계하는 것조차도 불가능하다는 것이 분명해졌다. 농민폭동은 더욱 잦아지고 각계에서 개혁여론이 비등했다. 크림 전쟁의 패배는 새로운 체제로 진입을 주저하며 구체제에 안주하려던 러시아의 지배층에게까지 일대 각성을 촉구했다.

대개혁과 그 후:
알렉산드르 2세, 개혁 착수(1857년)

1856년 3월, 크림 전쟁의 종식을 선언하는 조서의 마지막 부분에서 알렉산드르 2세는 국민들에게 개혁을 약속했다. 이어, 차르 대관식에 모인 귀족들에게 알렉산드르는 영주-농노 관계의 변혁이 필요한 시점에 이르렀다면서, "밑에서 일어나는 것보다는 위에서 일으키는 게 낫지 않겠느냐"고 귀족들을 설득했다. 이 말이 사람들의 입을 통해 전해지면서 개혁을 향한 열망은 크게 부풀어올랐다.

당시 해군장관이었던 황제의 아우 콘스탄틴과 해군성이 개혁파 관료들을 모아 개혁의 견인차 역할을 수행했다. 교수와 지식인 · 관료들 사이에서 개혁에 관한 논의가 활발하게 번져나갔다.

1857년에 들어서면서 개혁이 구체적인 행동으로 옮겨지기 시작했다. 1월에는 비밀위원회를 설치하여 농노해방의 구체적인 준비를 시작했다. 그해 말에는 토지의 분배를 동반하는 농노해방이 정부의 방침임을 분명히 했다.

그와 더불어 1857년 1월 철도건설에 관한 칙령을 내려, 당시 총연장 1,000km가 채 안되던 철도를 곧 4,000km로 끌어올리겠다고 발표했다. 철도건설에는 자재의 수입이 불가피했다. 그에 따라 5월에는 우랄 지방의 제철업을 보호하기 위해 채택하고 있던 고율 관세를 대폭 인하했다. 7월에는 관영 신용기관의 예금 이율도 내렸다. 주식과 회사채 구입 쪽으로 자금을 유도하기 위한 개혁조처였다. 1866년 이 기관은 폐지되고 국립은행이 설립됐다.

2년간의 의견수렴과 귀족들의 반발 무마, 2년간의 법제화 작업 끝에 1861년 2월 19일 농노해방이 선포됐다. 다시 2년의 유예기간을 거친 후 농노는 지주에게서 인격적으로 해방되어 자유의 몸이 됐다. 그러나 지주들의 요구가 대폭 수용된 나머지, 농노해방은 매우 불철저하게 이루어졌다.

절반 이상의 토지가 지주의 소유로 남았고, 나머지 토지도 높은 가격으로 농민공동체에 분배됐다. 농민들은 공동체의 연대책임으로 49년간에 걸쳐 과중한 토지대금을 분할 상환해야 했다. 해방된 농민들은 또한 자유의사로 공동체를 떠날 수도 없었다.

그럼에도 농노해방은 러시아사에 큰 획을 긋는 중요한 사건으로서 다른 여러 개혁의 시발점이기도 했다. 농노제가 폐지됨에 따라 종래에 지주가 농노들에게 행사하던 사법권이 자동 소멸됐고, 지방에서 지주들이 누리고 있던 특권들에도 큰 타격이 왔다. 지방귀족들에게 일임되고 있던 지방행정이 시급하게 재조직되어야 했다.

1864년, 젬스트보라는 지방자치기관이 설립됐다. 군 단위에서 지주, 농민공동체, 도시민들이 각기 자신의 대표들을 뽑아 군회를 구성하고, 군회에서 파견된 대표들로 현회가 만들어졌다. 그리고 군회와 현회에서 각각의 집행부인 참사회를 선임했다. 젬스트보는 도로정비·의료·초등교육·우편 등 주민복지 업무를 관장했고, 일반 행정과 공권력은 중앙에서 파견된 행정관들이 집행했다.

법원도 개혁됐다. 1864년 11월, '만인에게 평등한 법'이라는 원칙하에 종래의 신분별 제도를 철폐하고 모든 신문에 대해 동등한 제도를 확립했다. 사법부는 행정부에서 독립했고, 재판의 공개원칙이 세워졌다. 재판관은 종신제가 보장되고 보수도 좋아져 권력이나 금력에 굽신거리지 않을 수 있게 됐고, 치안판사제와 배심원 제도, 변호사 제도도 도입됐다. 그러나 농민들의 향 재판소·종교 재판소·군법회의는 그대로 존치됐다.

농노 해방의 날. 1861년 2월 19일, 역사적인 농노 해방이 선포됐다. 선포 직후 페테르부르크의 동궁 앞에서 농부들의 환호를 받는 알렉산드르 2세.

교육제도에도 개혁이 가해졌다. 1863년의 대학령으로 교수회를 핵심으로 하는 대학자치의 원칙이 부활됐고, 1864년 7월과 11월의 학교령으로 초등학교와 7년제 중등학교의 개설이 촉진됐다. 1856년에는 사전 검열제도도 다소 완화됐다.

도시 제도도 달라졌다. 1870년에 도시법이 공포되어 귀족·상인이 지배하던 도시행정 대신에 신분에 구애를 받지 않는 도시자치의 원칙이 세워졌다. 그러나 사의회(두마)의 선거에서 소유재산에 따라 대표권에 차등을 두어, 대부르주아지와 특권신분의 대표가 의회를 주도했다.

군 제도에서는 밀류틴 육군장관이 보수파의 반대를 무릅쓰고 1864년에 군관구제를 도입하고 사관양성 제도를 개혁했다. 이어 1874년에는 국민개병제를 도입하면서 군복무 기간을 25년에서 6년으로 축하고 복무조건도 개선했다. 그와 더불어 병사들에게 초등교육을 실시하여 문맹퇴치와 근대화에 크게 기여했다.

알렉산드르 2세 치하에서 진행된 일련의 이 개혁을 흔히 '대개혁'이라고 한다. 황제 권력은 농노제를 폐지하고 공업화를 진전시키고 일련의 근대적인 사회제도를 도입했다. 당연히, 전제권력은 권력 자체의 개혁, 즉 정치개혁에는 착수하지 않았다. 개혁파 관료들은 전제권력이야말로 개혁을 보증하는 유일한 힘이라고 생각했다. 일종의 '위로부터의 혁명'이었다.

그 한계가 분명하긴 했으나, 대개혁은 러시아에서 종래의 확고한 신분질서를 무너뜨리고 새로운 질서를 가져왔다. 자본주의 경제가 뿌리를 내리면서 지주 귀족들의 세력이 약해지는 대신 부르주아지가 중심 세력의 하나로 등장했고, 전문 관료·기술자·교사·교수·문인·언론인·의사·법률가 등의 전문직업 종사자들의 영향력이 커졌다. 학생 수가 늘어나면서 학생들의 영향력도 커졌다. 새로운 세력인 전문직 종사자들과 학생들 가운데에서 체제를 근본적으로 뜯어고치려는 사회혁명에 관심을 갖는 급진주의자들이 늘어갔다. 급진주의자들은 점점 차르의 권력에 정면으로 도전하기 시작했다.

상대적 박탈감을 느끼고 있던 반동세력들은 1863년의 폴란드 반란, 1866년의 황제 암살 기도, 급진주의자들의 강력한 도전에 거듭 놀란 황제를 부추겨 반격에 나서게 했다. 그리하여 알렉산드르 2세 치세의 후반기에 개혁은 상당 부분 후퇴한다. 개혁으로 혁명의 기운을 누르고자 한 초기의 의도가 뒤집힌 것이다. 검열이 다시 강화되고 정치사범은 배심제 판결에서 제외됐으며, 젬스트보는 엄격한 규제를 받았고, 전제체제에 일정한 제약을 가하고 가치의 확대를 꾀하는 시도는 물론 그에 관한 언급조차도 탄압을 받았다.

그러나 개혁의 물꼬는 이미 터졌고, 사회 전반에서 그 효과가 나타나고 있었다. 이제 어느 누구도 역사의 도도한 물줄기를 되돌릴 수는 없었다. 새롭게 형성된 급진주의 그룹 역시 그 정도의 억압에 자신의 신조를 포기할 만큼 나약하지 않았다. 러시아의 정세는 이제 전제권력과 혁명가들의 정면대결로 치달아간다.

이름뿐인 해방이 가져온 것:
농노해방(1861년)

18세기 중엽 러시아의 인구는 약 6,700만이었다. 그중 5,000만여 명이 농민과 그 가족이었고, 그 가운데에서 일부 자유농민과 특수신분을 제외한 4,000만여 명이 농노로서 인간 이하의 대우를 받으며 살고 있었다.

농노 중에서도 약 2,200만에 달하는 사유지 농노의 생활은 참담하기 이를 데 없었다. 인두세를 지불하고 병역에 복무하는 등 국가에 의무를 다하면서도 국가로부터는 아무런 보호도 받지 못한 채 노예 같은 삶을 영위하고 있었다. 지주는 농노를 마음대로 사고 팔 수 있었고, 저당도 잡힐 수 있었다. 또한 시베리아 유형을 포함하여 무제한의 형벌을 가할 수 있었고, 매질도 예사로 행했다.

농노들은 지주에게 분여지를 제공받아 경작을 하는 대신, 그 대가를 훨씬 넘는 공조(오브로크: 현물 또는 화폐 지대) 또는 부역(바르시치나: 노동 지대)의 의무를 졌다. 지방에 따라 의무의 형태는 달라, 중부와 북부에서는 영주들이 공조를 선호했고, 토지가 비옥한 남부의 흑토지대에서는 부역을 선호했으며, 둘 다를 요구하는 경우도 많았다. 부역의 경우, 주 3일 이상 영주의 직영지에 나가 노동을 하는 경우가 태반이었다.

국유지 농노와 황실소유지 농노는 사유지 농노에 비해 인격적인 예속은 덜했으나, 농노로서의 의무와 사회적인 지위 면에서는 별반 다를 게 없었고, 황제가 신하에게 토지를 하사할 경우 그 땅의 농노들은 자동적으로 영주의 사유지 농노로 전락했다.

농노들은 대부분 재래의 유산인 농민공동체(미르 또는 오프시치나)를 유지하고 있었다. 공동체는 토지와 연대책임으로 부과되는 의무를 노동력을 기준으로 균등하게 배분하고 그것을 다시 정기적으로 재분배하면서 구성원들의 공동생활을 이끌었다. 공동체는 농노들의 자치조직인 동시에 지주 또는 국가의 지배도구라는 이중의 성격을 가지고 있었다.

19세기에 접어들면서 농노제는 러시아의 발전을 가로막는 가장 큰 요인임이 분명해졌다. 그러나 농노제 폐지 또는 개혁의 시도는 번번이 좌절됐다. 가장 큰 이유는 농노제를 폐지할 경우 러시아 전제군주제의 토대를 이루는 귀족계급이 몰락해버림으로써 사회혁명을 초래할 것이라는 두려움이었다.

그러나 19세기 중엽에 이르자 농노제의 존립 기반이 뿌리부터 흔들리기 시작했다. 먼저, 농노제를 기반으로 하는 농업이 위기에 처하면서 귀족계급의 붕괴현상이 나타났다. 농노제 농업의 비능률과 낮은 생산성을 극복하는 길은 오로지 농업기술을 개선하는 것이었으나, 귀족들은 극소수를 제외하고는 기술투자를 할 생각은 않고 그저 땅이나 농노를 저당잡혀 이전의 생활을 유지하기에 급급했다. 그로 인해 많은 귀족들이 궁핍해지면서 귀족계급의 영향력이 눈에 띄게 줄어들어갔다.

꾸준히 발달하는 자본주의 경제 역시 농노의 해방을 요구하기에 이르렀다. 노동자의 다수를 차지하고 있던 농노 노동자들은 자유고용 노동자에 비해 생산성이 낮았고, 더욱이 농번기만 되면 공장을 떠나 농촌으로 돌아가곤 했다. 공장주들은 계약기간 중 농노 노동자의 이탈 금지, 공장 소유 농노의 해방 등을 정부에 청원하지 않을 수 없었다. 러시아의 발달하는 자본자의와 봉건적인 농노제 사이의 모순이 첨예하게 드러나기 시작한 것이다.

한편, 농노제에 반발하는 농민폭동은 날이 갈수록 늘어만 갔다. 19세기 초 연간 10여 건에 불과하던 농민폭동이 19세기 중엽에는 매년 50건이나 일어났다. 알렉산드르 2세의 즉위 후 농민폭동은 더욱 빈발해, 가장 심했던 1858년에는 무려 378건의 폭동이 일어나고 수십 명의 지주와 관리가 살해됐다. 그와 더불어 진보적인 지식인들 사이에서 농노제를 공박하는 여론이 크게 일기 시작했다.

크림 전쟁의 패배는 이런 상황에 불을 질렀다. 농노제하의 러시아와 자본제하의 서유럽 사이에 엄청난 격차가 벌어졌다는 것이 여실히 입증됐던 것이다.

크림 전쟁 중에 즉위한 알렉산드르 2세는 이제 더 이상 농노해방을 늦출 수 없음을 분명히 깨닫고 있었다. 전쟁을 끝낸 황제는 1856년, 귀족들에게 자발적으로 농노를 해방시키는 게 어떻겠느냐고 권유했다. 귀족들의 반응은 냉담했다. 그러나 국민들 사이에는 이미 농노제의 폐지는 시대적 요청이라는 공감대가 폭넓게 형성되어 있었다. 보수적인 지식인들까지도 농노제 폐지 주장에 가세했다.

알렉산드르 2세는 1857년 1월, 비밀위원회를 가동하여 농노해방의 구체안을 마련하도록 했다. 11월에는 토지의 분배 없는 농노해방을 검토하겠다는 서부 3개 현 지사의 제안을 거부하면서, 각 현마다 위원회를 설치하여 농노해방에 관한 논의를 하도록 했다. 뒤이어 내린 포고령에서, 알렉산드르는 농노해방은 정부의 확실한 방침이며 토지의 분배와 함께 농노해방이 실시될 것임을 분명히 했다. 농노제 폐지를 거론하지 못하게 한 언론 제약도 풀었다.

귀족들의 반발과 의견차이로 인해 농노해방에 관한 논의가 지지부진하자, 1858년 황제는 전국을 순시하면서 현위원회에서 농노해방에 소극적인 귀족들을 직접 설득했다. 빈발하는 농민폭동은 정부의 발걸음을 재촉했다. 그해 말, 정부는 공동체의 존속, 토지의 유상분배라는 농노해방의 원칙을 제시했다.

1859년에는 법전편찬위원회가 설립됐다. 위원회는 각 현 귀족대표들의 의견을 결집하여 법 조문을 만들어갔다. 2년간의 토론과 법제화 과정에서, 지주귀족들의 요구가 대폭 수용됐다. 개혁파 관료들은 개혁의 뼈대를 지키고자 애를 썼으나, 귀족들의 반발이 워낙 드세어 많은 부분이 귀족들의 요구대로 관철됐다.

1861년 2월 19일, "지주의 사유지에 거주하는 농민과 가내 농민들에 대한 농노제는 영원히 폐지된다." 는 것을 골자로 하는 농노해방령이 공표됐다. 2년의 유예기간을 거친 후 농노는 지주에게서 해방되어 자유를 얻었다.

그러나 농노해방은 여러 면에서 매우 불충분한 것이었다. 절반 이상의 토지가 지주의 소유로 남아, 농민들에게 할당된 토지는 해방 이전의 경작지보다 오히려 줄어들었다. 부족한 토지마저도 지역에 따라서는 시가의 2배 가까운 높은 가격으로 농민 개인이 아닌 공동체에 분배됐다. 정부는 지주에게 주는 배상금의 20%를 농민들에게 부담시키고, 80%는 국가가 지불한 후 농민들에게 공동체의 연대책임으로 49년간에 걸쳐 국가에 분할 상환케 했다. 농민들은 과중한 토지상환금을 이자까지 쳐서 완불한 뒤에야 비로소 토지의 공동 소유자가 될 수 있었다.

농노해방과 더불어 농민공동체는 더욱 강화됐다. 종래의 공동체를 기반으로 촌이 만들어지고 몇 개의 촌이 모여 향이 조직됐다. 촌에는 경제적 기능이, 향에는 행정적 기능이 부여됐다. 공동체에 부여된 연대 책임은 농민들을 옴짝달싹 못하도록 공동체에 붙들어 매었고, 거기에 덧붙여 종전에 영주가 갖고 있던 권리 중 징세·징병·재판 등의 권한이 공동체에 위임됐다. 이런 제약 속에서 농민들은 독립 자영농이 될 수도, 자유로운 임금 노동자로 변신을 할 수도 없었다. 설혹 공동체의 동의를 얻어 다른 곳에서 일자리를 구한다 해도 자기 몫의 의무와 상환금은 정기적으로 납부해야 했다. 게다가 농촌 인구가 늘면서 분여지가 계속 줄어드는 바람에 농민들의 생활은 농노해방 이전보다도 더 악화됐다.

결국 농노들이 인격적 예속으로부터의 자유와 함께 얻은 것은 공동체에의 예속, 늘어난 경제적 부담, 더 심한 궁핍, 그리고 첨예화된 계급의식이었다. 농노해방의 실체를 파악한 농민들은 크게 반발하여 곳곳에서 폭동을 일으켰으나 여지없이 진압됐다.

한편, 황실소유지 농노는 1863년, 약 30종류에 달하던 국유지 농민은 1866년에 해방됐다. 이들의 해방조건은 사유지 농노보다는 조금 나았으나,

이들 역시 과중한 토지상환금을 감당할 수가 없었다. 복잡하게 꼬여가던 상환금 문제는 농노해방이 완전한 실패였음이 분명해진 후인 1905년에 이르러 결국 폐기되고 만다.

그러나 '매우 불충분한' 농노해방은 러시아 사회에 큰 변화를 몰고왔다. 4,000만여 인구가 인격적인 예속상태에서 풀려 자유를 얻었다는 것은 그것만으로도 놀라운 사건이었다. 그것은 수백 년 동안 농민들의 몸에 배어 있던 노예근성을 뿌리 뽑고 새로운 사고를 할 수 있는 계기를 제공해주었다.

그와 더불어 많은 농노들이 지주귀족들의 전횡적인 지배에서 벗어나게 되면서 종래의 행정과 사법질서가 뿌리째 흔들렸다. 그로 인해 행정과 사법 등 여러 면에 걸친 개혁이 잇따랐다.

농노해방은 또한 귀족계급의 몰락과 새로운 세력의 등장을 촉진했다. 이후 러시아에서는 부르주아지와 전문직업인의 영향력이 증대하고 각종 제도가 근대적으로 정비되면서 자본주의 사회체제가 뿌리를 내려간다.

불철저한 농노해방은 한편으로 농노제의 잔존물에 대한 투쟁을 촉발했고, 농노해방에 뒤이은 각종 개혁은 사회 문화운동의 지반을 넓혔다. 그러한 갈등 속에서 진보적인 사상과 뛰어난 문화예술이 꽃을 피우고, 사회 모순을 해결하려는 치열한 혁명운동이 고개를 들기 시작했다.

농노해방 이후 러시아는 이전과는 비교할 수 없을 만큼 빠른 속도로 변화하기 시작했다. 변화의 두 축은 자본주의와 혁명운동이었다.

18세기 말에서 19세기 중엽까지 산업혁명을 완수한 유럽 열강은 원료의 새로운 시장을 찾아 세계를 누비고 다녔다. 후진적인 농업사회를 이루고 있던 다른 지역들은 유럽 강국들의 신식대포와 소총 앞에 맥없이 무릎을 꿇고 차례차례 식민지로 전락해갔다.

그 선두에 선 것은 가장 먼저 산업혁명을 이룬 영국이었다. 영국은 식민지 개척의 선발주자였던 에스파냐와 포르투갈, 네덜란드를 차례로 격파하고 프랑스까지 굴복시킨 후, 무적함대를 앞세워 5대양을 누비면서 식민지를 넓혀 나갔다. 그리하여 19세기 말에 영국은 서쪽의 아메리카에서 동쪽의 중국과 오세아니아에 이르는 전세계의 요소 요소를 장악하여 '해가 지지 않는 제국'을 건설했다.

프랑스, 네덜란드, 벨기에, 에스파냐, 포르투갈 등도 세계 각지에 적지않은 식민지를 확보했다. 이어 독일과 이탈리아가 1860~1870년대에 각각 통일국가를 세우고 식민지 확보 싸움에 뛰어든다. 미국은 한 세기 동안 서부개척에 몰두하면서 한편으로 라틴 아메리카에 상당한 영향력을 심은 후, 19세기 말에 세계무대에 나선다. 바야흐로 제국주의가 판을 치는 세상이 된 것이다.

반면에, 아직 산업혁명을 겪지도 않은 채로 유럽 열강의 대열에 끼어 있던 러시아는 19세기 중엽까지도 드넓은 제국의 주변에 정복할 땅을 남겨두고 있었다.

남서쪽으로는 '유럽의 환자' 오스만 투르크가 골골거리고 있었고, 카프카스 방면에서는 산악부족들이 끈질기게 저항하고 있었다. 중앙아시아의 넓은 땅에서도 이슬람교를 믿는 여러 민족이 러시아의 지배를 거부하고 있었다. 중국의 관할하에 있던 극동의 아무르강 유역에서는 청조의 약화와 함께 그 영향력이 줄어들면서 러시아의 진출에 좋은 조건이 조성되고 있었다.

알렉산드르 2세는 안으로 개혁의 추진과 혁명세력의 제압에 골몰하면서도, 밖으로는 제국의 확장에 힘을 쏟았다. 그 결과, 남서쪽의 대 투르크 정책은 유럽 열강의 저지로 결국 뜻을 이루지 못했으나, 세 방면에 걸친 아시아 정책은 큰 결실을 거두었다. 그리하여 그의 치세 말기에 러시아 제국은 몇 군데에 미세한 국경 조정 문제만을 남긴 채로 사실상 최대판도를 이룬다. 14~15세기부터 시작된 역대 차르들의 집요한 영토 확장욕이 이제야 그 한계점에 이른 것이다.

크림 전쟁의 패배를 만회할 기회를 엿보던 러시아에 마침내 좋은 구실이 생겼다. 1875년, 투르크 지배하에 있던 발칸의 보스니아-헤르체고비나에서 반란이 일어난 것이다. 러시아인들 사이에 남슬라브인 형제들을 구하자는 소리가 높아갔다. 1876년에는 불가리아에서 반란이 일어났다. 투르크군은 무자비한 학살로 그에 화답했다. 이어 세르비아와 몬테네그로가 투르크에 선전포고를 했다. 범슬라브주의의 신봉자였던 체르냐예프 장군이 세르비아로 가 최고사령관에 취임했고, 귀족에서 농민에 이르는 5,000명의 러시아 의용군이 파견됐다.

분쟁에 깊숙이 말려든 러시아는 1877년 4월 투르크와의 전쟁에 돌입했다. 투르크군도 완강히 맞섰으나, 전쟁은 마침내 러시아의 승리로 끝났다. 국민 개병제를 도입하면서 다시 태어난 러시아군의 승리였다. 1878년 3월 산스테파노 조약으로 러시아는 남부 베사라비야를 얻고 발칸반도에 영향력을 확대했다.

그러나 독일 비스마르크의 중재로 그해 6월에 열린 유럽 열강들의 베를린 회의에서, 발칸반도는 러시아의 의사와는 전혀 다르게 재편되고 말았다. 러시아의 여론은 외교상의 패배를 분개했고, 러시아 정세는 긴장을 더해갔다.

그에 반해, 아시아 세 방면으로의 진출은 비교적 순조롭게 이루어 졌다. 카프카스 지방은 카프카스산맥 주변의 그다지 넓지 않은 땅에 수십에 달하는 민족이 각양각색의 언어를 쓰며 사는 독특한 지역으로 예로부터 '민족의 전시장' 또는 '언어의 숲'으로 불렸다. 고대와 중세에는 러시아보다 앞선 문화를 누리기도 했던 이 지역이 러시아 제국과 부딪친 것은 18세기 후반에 이르러서다.

러시아는 남쪽의 투르크, 페르시아와 싸우고, 소수민족들의 강렬한 저항을 제압하면서 카프카스 지방을 조금씩 먹어들어갔다. 북카프카스의 초원지대는 1800년까지 거의 러시아 영토에 편입됐다. 이어 19세기 전반에 자카프카스(카프카스산맥 너머)의 그루지야, 아제르바이잔과 아르메니아 일부가 러시아에 합병됐다.

그러나 북카프카스의 산악민족들은 끈질기게 저항하며 50년을 버텼다. 이들은 이슬람교의 전설적인 지도자 샤밀의 영도하에 이맘 국가를 건설하고 러시아를 상대로 해방투쟁을 전개했다. 그러나 1864년, 끝까지 저항하던 체르케스와 다케스탄 민족들이 마침내 러시아의 군화 아래 무릎을 꿇으면서 카프카스 전쟁은 막을 내린다. 그 후 1878년 산스테파노 조약으로 러시아는 아르메니아의 일부를 더 확보하여 카프카스 지방을 완전히 장악했다.

그러나 민족문제가 복잡하게 뒤얽힌 카프카스 지방은 그 후로도 크고 작은 분쟁이 끊이질 않아, 러시아 제국과 그뒤를 이은 소련정부의 커다란 골칫거리였다. 시간이 지나 1980년대 말에 일어난 소요는 소련 붕괴의 기폭제가 되기도 했다.

투르크계의 이슬람교도들이 살고 있던 중앙아시아의 초원지대에 러시아가 진출을 시작한 것은 18세기 초였으나, 남하정책의 일환으로 본격적인 공략이 시작된 것은 19세기에 접어들어서다.

세 개의 오르다로 나뉘어 있던 카자흐스탄 지역 중 18세기부터 러시아

모스크바 대공국에서 러일전쟁까지의 영토 확장(1260~1904)

에 조공을 바쳐오던 중·소 오르다가 1822년과 1824년에 각각 병합됐고, 1847년에는 남쪽의 대 오르다까지 합병됐다. 카자흐인은 끊임없이 반란을 일으키며 이에 맞섰다.

이어 크림 전쟁 패배의 울분을 대외적 승리로 풀려는 국수주의 군인들의 관심이 중앙아시아에 집중되면서 투르케스탄 공략이 개시됐다. 오렌부르크 지사의 참모장 체르냐예프가 1864년 독단으로 호칸드 한국에 쳐들어가 타슈켄트를 점령했다. 이것이 중앙정부의 추인을 받으면서 침략의 속도는 빨라졌다. 1867년 타슈켄트에 투르케스탄 총독부가 설치됐고, 1868년에는 부하라 한국이 군사적 압력하에 러시아의 보호국이 됐다. 1873년에는 히바 한국도 같은 운명에 처해졌고, 1876년에는 호칸드 한국이 러시아에 합병됐다. 러시아는 계속해서 투르크멘 지방의 정복에 나서 1884년 서투르케스탄까지 완전히 장악했다.

러시아는 각지에 총독부를 두고 면화 등의 단일경작, 러시아인의 식민, 기독교화 정책을 강행하여 중앙아시아를 제정 러시아의 가장 전형적인 식민지로 만들었다. 이러한 식민지 정책에 반발하여 중앙아시아인들은 러시아 혁명 전야인 1916년에 대반란을 일으킨다.

극동지역에서는 1689년 청과 네르친스크 조약을 맺어 스타노보이산맥을 국경으로 정한 후, 더 이상의 남하정책을 유보하고 동쪽으로 향했다. 러시아인들은 18세기 초에 캄차카반도를 손에 놓고 베링의 해협 탐험 후 알래스카로 건너갔다. 알래스카를 장악한 이들은 그곳에 러시아-아메리카 회사를 세우고 모피 교역에 힘썼다. 한때는 캘리포니아 남부에까지 러시아의 교역소가 세워졌다. 그러나 사업이 부진해지고 영국 · 미국과의 마찰까지 빚어지자, 1867년 러시아는 720만 달러에 알래스카를 미국정부에 팔아넘기고 아메리카 대륙에서 철수했다.

19세기 중엽에 들어 중국이 두 차례의 아편전쟁과 태평천국의 난으로 시달리는 틈을 타서, 러시아는 다시 남방으로 손을 뻗쳤다. 1858년 청과 아이훈 조약을 맺어 아무르강 북쪽 지역을 손에 넣고, 1860년에는 베이징 조약으로 우수리강 동쪽의 연해주를 차지했다. 러시아는 연해주의 남쪽에 블라디보스토크('동방 정복'이라는 뜻)라는 해군 항을 만들어 극동의 중심기지로 삼았다. 이어 1875년에는 일본과 조약을 맺어 사할린을 차지하는 대신 쿠릴열도를 일본에 내주었다. 이로써 러시아의 극동영토가 완성됐다.

이렇게 아시아의 세 방면에서 세력을 확장한 러시아는 이제 세계열강들과 국경을 맞대다시피 하면서 국제역할 관계에 더 깊숙이 빠져들게 된다. 서부 국경의 독일과 오스트리아 관계, 발칸 지방의 복잡한 국제관계에 덧붙여, 카프카스와 중앙아시아 방면에서 영국과 부딪치고, 극동에서는 일본과 마주치게 된 것이다. 이처럼 복잡해진 국제관계와 국내의 유동적인 정세가 상호작용하면서 러시아 제국을 점점 미궁 속으로 끌고들어간다.

러시아의 문호들:
만개한 러시아 문학(19세기 후반)

DIGEST
42
RUSSIA

　빠르게 변하는 사회는 인간에게 많은 것을 생각케 한다. 그 속에서 인간의 다양한 본성 역시 적나라하게 표출된다. 거기에 의식적인 노력이 가해지지 않고 물질의 흐름만이 세계를 온통 지배한다면 인간들의 생각은 통속적인 범주에 머무르고 말겠지만, 어느 시대에나 위대한 선각자는 있어 동시대 사람들에게 빛을 던지는 법이다. 사람들은 그 빛을 따라 생각을 모아 위대한 사상과 문화를 이루어낸다. 다양하게 표출된 인간의 본성들이 그 흐름 속에 투영되면서 사상과 문화에 깊이와 넓이가 더해지고, 더불어 인간의 삶 자체도 한결 더 풍요로워진다.

　19세기 후반의 러시아는 급격한 변화 속에 있었다. 농노제가 붕괴하고, 자본주의 생산양식이 뿌리를 내리고, 근대적인 사회제도들이 도입되면서 사회구조 자체에 큰 변화가 왔다. 시대착오적인 전제제와 불철저한 개혁, 민중들의 비참한 생활상은 지식인과 민중들 사이에 폭넓은 반발을 불러일으켜 혁명운동이 깃들일 자리를 마련했다. 이 같은 사회 분위기는 작가들에게도 사회참여와 민중에 대한 책무 이행을 끊임없이 촉구했다.

　19세기 전반에 확립된 러시아 리얼리즘의 전통은 1830~1840년대의 벨린

이반 **투르게네프**(1818~1883)와 니콜라이 네크라소프(1821~1877)

스키에 이어 1950년대 후반에 체르니셰프스키와 도브롤류보프라는 두 명의 걸출한 평론가를 만나면서 이론적인 바탕을 다진다. '마땅히 있어야 할 형태의 삶을 보여주는 존재가 아름다운 것'이라는 미학과, 문학은 '사회의 표현'이고 '사회를 움직이는 힘'이며 '살아있는 진실을 감지하고 묘사하는 능력'이라는 문학관에 바탕을 둔 이들의 평론은 작가들에게 문학의 사회적 책임을 부단히 일깨우면서 러시아의 비판적 리얼리즘의 형성에 크게 기여했다.

그리하여 푸시킨과 고골리로부터 시작된 러시아 문학의 황금기는 19세기 후반에 들어 투르게네프, 도스토예프스키, 톨스토이의 세 거장과, 곤차로프, 네크라소프, 살티코프 시체드린, 체호프 등의 문호들을 등장시키면서 그 절정에 이른다. 대작가들은 혁명적 민주주의 파의 미학에 부분적으로 불만을 드러내면서도, 나름대로 민중성과 리얼리즘의 원칙을 세우고 사회적으로 중요한 주제, 시대가 제기하는 문제들을 파고들어 인류사에 영원히 남을 걸작들을 남겼다.

투르게네프는 가볍고 상큼한 자연묘사와 러시아어의 풍부한 활용을 통해 러시아 리얼리즘의 발전에 새로운 활력을 불어넣은 작가다. 1818년 지주귀족의 아들로 태어난 그는 어려서부터 어머니가 농노들을 가혹하게 학대하는 것을 보면서 비인간적인 농노제의 개혁 필요성을 실감했고, 대학 졸업 후 베를린 대학으로 유학을 가 셸링과 헤겔 등, 독일 문학과 철학에 심취하면서 서유럽주의자가 됐다.

러시아에 돌아온 그는 1843년 벨린스키를 만나면서 시대의 예민한 문제에 깊은 관심을 갖게 됐다. 프랑스의 오페라 가수 비아르도 부인과의 숙명적인 만남도 그의 삶에 큰 영향을 미쳤다. 그는 죽을 때까지 비아르도 부부와 교제하고 서유럽의 문학 예술가들이 모이는 살롱을 드나들면서 러시아와 서유럽 문화의 가교역할을 했다.

투르게네프가 작가로서 명성을 얻은 것은 연작 단편 〈사냥꾼의 수기〉를 통해서다. 이 작품은 농노제에 대한 도덕적 항의, 민중 정서의 긍정적인 표현으로 일관하여 농노해방에도 상당한 영향을 미쳤다.

투르게네프의 사회적 관심은 이후 그의 6대 소설에서 더욱 치열한 문제의식으로 표출된다. 〈루딘〉(1856)은 뛰어난 능력을 지니고서도 결국엔 시대의 중압과 행동력의 결여로 인해 무력하게 죽어가는 무위도식자(잉여 인간) 상을 구현하면서 변혁시대 러시아 지식인의 정신사를 그린 작품이다. 〈귀족의 둥지〉(1859)에서는 안락한 토양에서 성장한 한 지식인의 변화과정을 추적하면서 스러져가는 귀족문화에 애도가를 바친다. 〈전야〉(1860)에서는 조국의 자유를 위한 투쟁에 생애를 바치려는 강인한 성격의 불가리아인을 주인공으로 등장시켜, 러시아의 미래를 짊어지고 나아갈 힘은 잡계급 출신의 지식인들에게 있음을 예고한다.

가장 널리 읽히고 있는 〈아버지와 아들〉(1862)에서는 1840년대의 '관념의 세대'와 1860년대의 '행동의 세대'간의 갈등을 그린다. 주인공 바자로프는 기존의 모든 가치와 권위·인습을 경멸하며 오로지 자연과학과 실제적인 것만을 신뢰하는 강렬한 개성의 소유자로, '아들 세대'를 대표하는 니힐리스트('유물론을 믿는 급진주의자'를 지칭)다. 이 작품은 1860년대 러시아의 사상적 축도라고 할 만큼 많은 논쟁과 갈등을 통해 당대의 여러 사회사상을 반영하고 있다.

그 뒤에 쓴 〈연기〉(1867)에서는 개혁을 둘러싼 소동을 다루며, 〈처녀지〉(1877)는 '브나로드'의 깃발 아래 농촌으로 뛰어든 나로드니키의 혁명운동과 그 비극을 그리고 있다. 그의 소설들에 등장하는 청순하고 굳세며 올곧은 성격의 여주인공들, 통칭 '투르게네프의 아가씨'들은 러시아의 희망을 형상화한 것으로 유명하다.

투르게네프의 작품들은 사회성을 짙게 띠지만, 그 자신은 시인과 철학자의 눈으로 자연과 사회·인간을 공정하게 관찰하고자 했으며, 치밀한 구성과 섬세한 문제, 시적인 언어와 생생한 성격묘사, 뛰어난 서정성과 따뜻한 정서로 세계에 그 문명을 드날렸다. 투르게네프는 당대의 서유럽에서 수준 높은 독자들을 확보한 최초의 러시아 작가이기도 했다.

투르게네프와 동시대인인 곤차로프는 농노제가 폐지되기 직전인 1859년에 농노제를 신랄하게 풍자한 소설 〈오블로모프〉를 발표하여 농노제에 사형선고를 내렸다. 〈오블로모프〉를 비롯한 그의 작품들은 무위도식자의 전형을 등장시켜 러시아의 기생 계층의 필연적인 몰락을 설파하고, 그 반대 형상으로서 긍정적인 여성상을 제시하면서 양자를 극명하게 대비시킨 러시아 리얼리즘 서설의 전형을 창출한 것으로도 이름 높다.

페트라셰프스키 단에 관여하여 유형을 당한 후 1850년대 중반부터 차리즘과 관료제, 지주계급, 신흥 자본가 계급에 대한 통렬한 풍자를 담은 보고 문학과 소설들을 연이어 발표한 살티코프 시체드린, 민중에 대한 무한한 사랑과 민중의 적에 대한 증오를 짧은 시어 속에 풍부하게 담아낸 농민민주주의 시인 네크라소프 또한 러시아 리얼리즘 전통의 정통 계승자로 꼽힌다.

그러나 19세기의 러시아 문학이 시공을 초월하여 인류에게 짙은 향기를 내뿜을 수 있게 된 것은, 인간의 삶을 가장 넓고 깊게 파헤쳐 들어간 두 명의 걸출한 대가, 도스토예프스키와 톨스토이를 통해서였다.

러시아 문학의 두 거봉:
도스토예프스키와 톨스토이(19세기 후반)

'루시의 위대한 고뇌자' 도스토예프스키는 1821년 자선병원 의사의 둘째 아들로 모스크바에서 태어났다. 그의 아버지는 폭군이었고, 그가 좋아한 어머니는 그가 16살 때에 죽었다. 그의 젊은 날은 실패의 연속이었고, 어려서부터 겪은 대도시의 밑바닥 생활은 그의 예민한 감수성에 깊은 굴곡을 남겼다. 그의 탁월한 의식 분석, 심리묘사 능력은 이런 토대 위에서 길러졌다.

1846년 그는 페테르부르크의 다락방과 지하실 주민들의 슬픈 운명을 그린 〈가난한 사람들〉을 발표하여 주목을 받았다. 고골리와 네크라소프는 이 작품에 흥분했고, 벨린스키는 문단에 대작가의 탄생을 알렸다.

1847년부터 그는 사회주의에 공감하는 민주주의 서클 페트라셰프스키 단에 가담하여 활동했다. 1849년 회원들이 전원 체포됐고, 도스토예프스키는 다른 20명의 핵심단원과 함께 사형선고를 받았다. 죽음을 눈앞에 두고 그는 말할 수 없는 공포심을 느꼈다. 사형이 집행되려는 순간 황제의 특사가 내려져 그는 목숨을 건졌고, 이후 4년간 시베리아에서 중노동 징역을 살았다. 사형선고와 투옥, 유배생활의 경험은 그의 '인간타구'에 깊이를 더해주었고, 이때 보고 겪은 극단적인 행동과 감정들은 이후 그의 작품들에 생생하게 반영된다.

1860년대 전반에 그는 형과 함께 잡지 〈시대〉와 〈세기〉를 펴내면서, 민중 속에 뿌리박힌 러시아 정신을 회복할 것을 소리 높여 주장했다. 그와 함께, 시베리아 유형의 체험을 담은 〈죽음의 집의 기록〉과, 〈학대받는 사람들〉 〈지하생활자의 수기〉 등을 발표했다. 이어 1860년대 후반부터 그의 4대 걸작이 쓰여진다.

도스토예프스키에게 불멸의 명성을 안겨준 〈죄와 벌〉(1866)에서는 자신의 신념을 위해 전당포 노파를 살해하는 청년 라스콜리니코프가 주인공으로 등장한다.

그는 고뇌와 번민 끝에 체포되어 시베리아 유형에 처해지고, 그 과정에서 '순결한' 창녀 소냐를 만나 구원의 길로 인도된다. 〈백치〉(1868)에서는 반백치인 미슈킨 공작을 선하고 아름다운 인간의 표상으로 등장시켜, 그를 중심으로 사랑과 질투와 복수, 돈과 살인이 뒤얽히는 드라마를 펼쳐간다. 그는 모든 사람에게 선을 베풀고자 하나 그의 선은 돈과 권력과 쾌락을 좇는 세상을 바꾸지도 구원하지도 못한다.

〈악령〉(1871)은 니힐리스트 단체가 배신의 위험이 있다는 이유로 한 동지를 살해한 사건을 배경으로 한 작품으로, 니힐리즘과 신 사이의 갈등이 예리하게 표출된다. 마지막 장편 〈카라마조프의 형제들〉(1880)에서는 부친 살해라는 범죄에 감성 · 이성 · 선을 각각 상징하는 세 아들을 공동정범으로 등장시켜, 지금까지의 작품들에서 제기한 문제들을 종합하면서 자신의 사상과 예술을 형상화해낸다.

그의 소설들은 하나같이 불안과 긴장, 격정과 광란, 살인과 자살, 선과 악의 극단화된 모습으로 가득 차 있다. 능숙한 작가는 이런 요소들을 적절히 배치하여 장면 장면을 구성하고 암시를 최대한 억제하면서 독자들을 일종의 정신병원 속에 가두어둔다. 그리고는 예리한 관찰력으로 인간의 가장 깊은 속을 찬찬히 들여다보며 천부적인 이야기꾼의 자질을 발휘하여 독자들을 자신의 고뇌 속으로 끌어들인다. 그가 '세계 최대의 심리작가'라는 명성을 얻은 것은 참으로 당연하다.

러시아 문학의 거장 레프 톨스토이(1828~1910)와 표도르 도스토예프스키
(1821~1881). 톨스토이는 크림 전쟁에 종군한 경험을 바탕으로 〈세바스토폴 이야
기〉를 썼다.

　　그러나 그의 ‘인간탐구’ 역시 잘 닦인 거울처럼 당시의 사회를 사실적으로
반영하고 있다. 그는 자신의 모든 작품에서 돈과 권력에 억눌리는 사람들의
고통을 놀랄 만큼 힘있게 묘사하고 있다. 중년 이후의 그는 비록 진보적 민
주주의의 신념을 버리고 독실한 기독교인이 되어 신의 구원을 갈구하나, 그
의 작품에서는 자본주의가 발달하면서 발생하는 각종 사회악과 세속주의와
합리주의에 대한 증오, 그로 인한 인간 영혼의 왜곡에 대한 저항이 절절히
배어나온다.

　　그는 누구보다도 앞서 ‘현대문명 속에서의 인간의 파괴’를 갈파한 작가였
다. 1880년까지만 해도 서유럽의 많은 작가들은 도스토예프스키를 거들떠보
지도 않았다. 그러나 그 후 자본주의의 병폐가 심각하게 드러나고 그로 인한
인간성의 파괴에 눈을 돌리게 됐을 때, 그들은 일찍이 19세기 후반에 러시아
의 병든 사회와 인간을 집요하게 응시하던 도스토예프스키를 발견하고는 그
의 제자가 됐다.

　　‘러시아 대지의 대작가’ 레프 톨스토이는 1828년 백작 집안의 유복한 환경
에서 태어났다. 어려서 부모를 잃고 숙모들의 보살핌 속에 자랐으나, 외국인
가정교사로부터 교육을 받고 취미와 교양도 충분히 쌓았다. 그러나 ‘사는 기
쁨’과 ‘육체의 충동’을 긍정하는 낙천적인 성격과 파괴적인 자기반성의 청교

도적 경향을 함께 지니고 있던 그는 안온한 삶을 버리고 동요로 가득 찬 삶을 선택한다.

톨스토이는 인간의 마음을 꿰뚫어보는 통찰력을 지니고 있었고, 인간 혼의 움직임, '혼의 변증법'에 통달해 있었으며 또 그것을 글로 표현할 줄 알았다. 그의 작품은 민중, 즉 노동하는 사람에 대한 사랑, 깊은 휴머니즘과 청결한 도덕으로 일관하면서 러시아 리얼리즘의 절정을 보여준다.

톨스토이는 1852년부터 1857년까지 성장의 기쁨과 고통을 진솔하게 묘사한 자전소설 3부작 〈유년 시절〉〈소년 시절〉〈청년 시절〉을 〈현대인〉 지에 발표하여 문단의 주목을 받았다. 크림 전쟁 때에는 직접 포병장교로 참전, 유명한 전쟁 보고문 〈세바스토폴 이야기〉를 써서 영예를 얻었다.

그 후 그는 자신의 영지로 내려와 농부들과 어울려 살면서 〈전쟁과 평화〉의 집필에 착수했다. 주인공만도 60여 명, 주요 등장인물이 200여 명에 이르는 대작 〈전쟁과 평화〉는 1865년부터 1869년 사이에 6권으로 출판됐다. 나폴레옹의 침입을 격퇴한 조국전쟁을 배경으로 한 이 작품에서, 톨스토이는 등장인물 하나하나마다 독특한 개성을 부여하면서 서유럽과 러시아의 충돌 속에 놓인 러시아 인민들의 삶을 웅대한 한 편의 서사시로 엮어낸다.

또 하나의 대작 〈안나 카레니나〉(1877)에서는 전형적인 상황의 대비를 통해 러시아의 귀족들과 농민들의 생활양식의 차이를 보여주면서, 레빈이라는 인물의 심리묘사를 통해 당대 지식인상의 전형을 완성한다.

그 후 그는 내심의 허무감에 사로잡히면서 '사는 기쁨'을 위협하는 죽음의 공포에 빠져든다. 1879년 '사는 기쁨'을 기만이라고 단죄하고 〈참회록〉의 집필에 착수하면서 톨스토이의 이른바 '회심回心'이 일어난다. 그는 문명이라는 악에 대항해서 검소한 농민의 생활을 영위하는 것을 이상으로 삼는 청교도적이고 무정부주의적 성격이 짙은 자신의 '종교'를 창시했다. 톨스토이는 '비폭력 무저항'의 사도가 됐고 많은 사람들이 순례차 시골에 묻혀사는 그를 찾았다.

그의 만년의 작품들인 농민극 〈어둠의 힘〉, 소설 〈이반 일리치의 죽음〉 〈하지 무라트〉 〈부활〉 등에는 악에 대한 폭력 저항을 부정하고 청결한 기독교 정신에 입각하여 자기완성을 지향하라는 그의 메시지가 강하게 담겨 있다. 그러나 그와 더불어, 지구 국가, 러시아 교회, 재판소, 제국주의 전쟁, 민중들의 경제적 예속에 대한 질타와 고발 또한 강도 높게 펼쳐진다. 깊은 통찰력을 지닌 관찰자였던 톨스토이의 눈에 각종 부르주아 제도의 악폐와 농민들의 항의와 절망이 선연하게 비친 것은 당연한 일이다.

톨스토이 이후로도 러시아 문학에서는 체호프와 고리키 등 기라성 같은 작가들이 나와 후세의 러시아인과 온 인류에게 값진 유산을 남겼다. 20세기 초 고골리 탄생 100주년 기념행사에서 영국작가들은 한목소리로 말했다.

"러시아 문학은 러시아 국민생활의 가장 어두운 구석에서 가장 밝게 빛났다. 그리고 이 빛은 러시아의 국경을 넘어 온 유럽을 비추었다."

러시아의 대지를 적시는 음악:
러시아 국민음악과 차이코프스키
(19세기 후반)

19세기의 러시아는 음악에서도 대가와 대작들을 낳았다. 민족주의와 민주주의의 새로운 기운이 러시아를 감싸는 가운데, 음악가들 역시 변화하는 상황 속에서 자신이 할 수 있는 일이 무엇인지를 진지하게 고민했고, 그러한 고민이 창작과정에 반영되어 위대한 작품들을 탄생시킨 것이다.

19세기 전반기에 러시아는 글린카라는 위대한 음악가를 맞았다. 그는 민족적 리얼리즘에 바탕을 둔 새로운 음악언어를 만들어내면서 러시아 음악을 세계적인 수준으로 끌어올렸다. 그 뒤를 이어 다르고 미슈스키가 나와 푸시킨의 시에 곡을 붙이고, 사회적으로 중요한 의미를 지닌 주제를 음악으로 표현하면서 19세기 후반의 러시아 대작곡가들이 나아갈 길을 예비했다.

19세기 들어 비록 귀족가문에 국한된 것일지언정 자녀들의 음악교육이 보편화된 것도 러시아 음악의 발전에 큰 기여를 했다. 이어 1859년에는 피아니스트 안톤 루빈슈테인의 주도로 러시아 음악협회가 만들어지고, 1862년에는 러시아 최초의 직업 음악가 양성기관인 페테르부르크 음악원이 개설됐으며, 1866년에는 그의 동생 니콜라이 루빈슈테인이 모스크바 음악원을 창립했다.

러시아 국민음악파가 형성된 것은 이 무렵이고, 이들을 사상적으로 도운

러시아의 음악가들. 왼쪽부터 박수 치는 사람이 무소르크스키이고, 그 옆부터 차례대로 보로딘, 발라카례프, 차이코프스키, 림스키코르사코프(안경 쓴 사람)

것은 음악 · 미술 평론가 스타소프였다. 스타소프는 민족성 · 민중성을 강조하면서 러시아의 리얼리즘 예술 형성에 크게 기여했다. 그는 음악에서는 '러시아 5인조'의 정신적 지도자였고, 미술에서는 민중과 함께 하는 미술을 주창하던 '이동전시파'의 적극적인 지지자였다.

스타소프가 '강력한 패거리'라고 부른 '러시아 5인조'는 "러시아 민중 속에서 음악의 출발점을 찾는다"는 모토로 하여 출범했다. 전문 음악가였던 발라키레프의 주도하에 5명의 멤버가 일정한 틀을 갖춘 것은 1850년대 말엽이다. 발라키레프가 음악지도를 맡았고, 큐이는 선전가 · 비평가로서 자신들이 추구하는 방향을 널리 알렸으며, 관리였던 무소르크스키, 해군장교였던 림스키코르사코프, 화학자였던 보로딘의 세 아마추어가 활발하게 작품활동을 펼쳤다.

'러시아 5인조'는 서유럽의 낭만파 작곡가들, 특히 베토벤, 슈만, 리스트, 베를리오즈를 깊이 존경하여 이들에게서 많은 것을 받아들이면서, 자신들의 음악에 민족성과 민중성을 담아내고자 노력했다.

이들은 러시아의 민중생활, 역사, 서사시, 민요와 민화, 고대신앙, 농경의례 등에서 작품의 소재를 찾았다. 그중에서도 특히 민요는 러시아 국민악파의 음악어법의 출발점이었다. 발라키레프와 림스키코르사코프는 많은 러시아 민요를 피아노곡으로 편곡하여, 러시아 민요의 전통양식을 예술음악에 도입, 소화하는 전범을 만들어냈다.

'러시아 5인조'는 여러 음악 장르 중에서도 오페라와 가곡에 심혈을 기울였다. 그 속에서 자신들의 뜻을 가장 잘 표현할 수 있었기 때문이다. 보리스 고두노프의 차르 즉위를 소재로 삼은 무소르크스키의 〈보리스 고두노프〉, 서사시 〈이고리 공 원정기〉를 오페라화한 보로딘의 〈이고리 공〉, 러시아 민화와 서사시를 소재로 한 림스키의 〈눈아가씨〉 〈사트코〉 등의 오페라는 지금까지도 세계 각지의 극장에서 즐겨 무대에 오르고 있다. 이들 오페라에서는 민중이 등장하는 장면이 중요하게 부각되는 등, 독특한 극작법을 볼 수 있다. 회화성과 풍속 묘사가 돋보이는 이들의 관현악 작품 중에서는 무소르크스키의 〈전람회의 그림〉, 보로딘의 〈중앙아시아의 초원에서〉, 림스키의 〈스페인 카프리치오〉 〈세헤라자데〉 등이 대표곡으로 꼽힌다.

러시아 음악을 대표하는 차이코프스키는 5인조와 같은 시대를 살았으나 이들과 달리 일찍부터 직업 음악가의 길을 선택했다. 1862년 페테르부르크에 음악원이 개설되자 그 1회생으로 들어가 아카데믹한 훈련을 받고, 1866년 졸업과 동시에 새로 개설된 모스크바 음악원의 교수로 초빙되어, 모스크바에서 니콜라이 루빈슈테인을 비롯한 많은 문학예술계 인사들과 친교를 맺었다.

초기의 차이코프스키는 5인조의 발라키레프, 림스키 등과도 친하게 지내면서 민족주의 성향이 강하게 드러나는 작품들을 많이 썼다. 그는 마음속으로부터 조국 러시아와 민중들을 깊이 생각하고 글린카를 존경하여 그의 작업을 계승할 것을 다짐하는 등, 5인조와 여러 면에서 공감대를 가졌다. 그러나, 창작방법과 경향, 서유럽 예술가들에 대한 호오 면에서는 많은 차이를 보였다. 차이코프스키의 초기 작품 중에서는 환상 서곡 〈로미오와 줄리에트〉, 제1악장의 웅장한 도입부로 유명한 〈피아노 협주곡 제1번〉이 최고봉으로 꼽힌다.

1870년대 중반부터 차이코프스키는 주관적인 서정세계에 깊이 빠져든다. 동성애자로서의 죄의식이 깊어지고, 불행한 결혼으로 낙담하여, 부유한 미망인 폰 메크 부인과의 숙명적인 '교제'가 시작된 것도 이 무렵이다. 절망한 그는 자살까지 기도하나 목숨을 건진다. 이런 고통 가운데에서 그의 안식처는 음악이었다. 그는 자신의 고통을 애끓는 선율로 승화시켜 불멸의 대작들을 만들어낸다.

중기 이후의 차이코프스키를 대표하는 작품으로는, 러시아의 발레음악을 세계 최고의 수준으로 끌어올린 세 편의 발레음악 〈백조의 호수〉〈잠자는 숲속의 미녀〉〈호두까기 인형〉, 푸시킨의 작품을 소재로 하여 만든 오페라 〈예브게니 오네긴〉〈스페이드의 여왕〉, 러시아 풍의 선율이 심금을 울리는 〈바이올린 협주곡 D장조〉, 인간의 고뇌와 슬픔을 극명하게 표현한 〈교향곡 제6번(비창)〉등이 있다.

혁명운동이 고조되던 1860~1870년대와 그 뒤의 반동기를 살다 간 차이코프스키는 그 시대만큼이나 절망과 환희 속에서 크게 동요하면서, 아름다운 선율로 인간 혼의 움직임을 힘있게 표현했다. 인간의 운명을 생각하고 그 슬픔과 고뇌에 공감하며 인간의 행복을 꿈꾸는 것, 이것이 그의 창작의 출발점이자 종착지였다.

차이코프스키가 죽은 후에도 러시아 음악계는 많은 거장들을 배출했다. 피아노의 대가로 러시아의 애수가 넘쳐흐르는 선율을 쏟아낸 라흐마니노프, 화성어법의 창시자로 유명한 스크랴빈, 전통적인 가락과 박자에서 벗어난 자유로운 리듬으로 현대음악을 창도한 사람의 하나로 꼽히는 스트라빈스키 등이 차이코프스키의 뒤를 이으면서 러시아 음악은 제2의 황금기를 맞는다.

오페라, 발레, 연극:
러시아의 무대예술(19세기 후반)

19세기 러시아의 찬란한 문화는 문학과 음악에만 그치지 않았다. 진보적인 문학의 기초를 이루고 있던 리얼리즘·민중성·휴머니즘 등의 원칙이 모든 분야로 확산되면서, 오페라·발레·연극 등의 무대예술과 회화·조각 등의 미술분야에서도 시대와 국경을 뛰어넘은 걸작들을 탄생시켰다. 실로 '시대정신'의 폭발이라고나 할 거대한 흐름이었다. 그 배경에는 러시아의 고통에 찬 역사와 사회, 새로운 러시아를 세우고자 하는 고민과 정열이 있었다.

오페라의 본고장은 이탈리아다. 거기에 프랑스가 가세하여 이탈리아와 쌍벽을 이루며 오페라를 융성시킨다. 러시아에서도 18세기 초엽 이래 약 1세기 동안 이탈리아 오페라가 무대를 주름잡고 있었다.

그러나 19세기 들어 민족문화에 대한 사회의 관심이 높아지면서 러시아의 작곡가들이 오페라 창작에 정열을 쏟고 연기자들의 기량이 향상됨에 따라 러시아의 오페라 무대는 큰 변화를 겪는다. 1825년에는 모스크바의 볼쇼이 극장, 1860년에는 페테르부르크의 마린스키 극장 등, 오페라와 발레를 상연하는 대형극장이 들어서서 많은 사람들이 오페라를 접할 수 있게 됐다.

19세기 전반에 글린카의 〈이반 수사닌〉 〈루슬란과 류드밀라〉, 다르고미슈스키의 〈루살카〉 등에서 민족성과 민중성, 이국 정서가 가미된 독특한 오페라를 개척한 러시아의 오페라계는 19세기 후반에 들어 '5인조'의 음악가들과 차이코프스키가 등장하면서 세계적인 수준의 작품들을 만들어낸다.

그러나 러시아 작곡가의 오페라들은 정부와 관영극장의 무관심 또는 노골적인 악의, 일부 가수와 관객의 고전 취향으로 인해 공연에 많은 어려움을 겪었다. 예를 들어 혁신성이 두드러진 무소르크스키의 〈보리스 고두노프〉는 19세기 말, 〈호반시치나〉는 20세기 초에 와서야 황실극장의 무대에 오른다.

그에 반발하여 1880년대에 연극계의 후원자 마몬토프의 지원하에 사영 '마몬토프 오페라'가 등장한다. 젊은 가수와 화가들이 적극 참여한 이 그룹은 관영극장의 보수적인 운영을 비난하고 오페라의 혁신을 주장하면서 뛰어난 러시아 오페라들을 적극적으로 무대에 올렸다. 그와 더불어, 키예프, 오데사, 하리코프, 티플리스, 빌나, 리가, 카잔, 사라토프 등지에 훌륭한 오페라 극장이 들어서고 뛰어난 가수와 연출자들이 활약하면서 지방의 오페라도 크게 발전했다.

러시아 오페라가 그 독특한 성격으로 세계 오페라계의 한 자리를 차지하고 있다면, 러시아 발레는 19세기 말 이후 세계의 선두에 서서 발레를 발전시켜왔다고 할 수 있다. 지금까지도 러시아의 볼쇼이 발레단이나 레닌그라드 발레단은 우아하고도 힘찬 동작과 아름다운 구성으로 전 세계의 애호가들을 매혹시키고 있다.

오페라와 마찬가지고 발레의 본고장 역시 이탈리아와 프랑스다. 18세기 초에 서유럽 문화가 도입되면서 이탈리아와 프랑스 출신의 대가들이 러시아에 초빙되어 발레가 상류사회의 고급 취미생활로 자리잡아갔다.

외면적인 효과와 명인의 기예 감상에 치중해 있던 러시아의 발레에 새시대가 열린 것은 19세기 중엽에 이르러서다. 당시 러시아의 진보적인 미학은, 발레는 무용극으로서 등장인물의 성격 · 사상 · 감정을 표현해야 하며, 진실과 단순함을 지향해야 한다고 주장했다.

그에 호응하여 러시아의 많은 작곡가들이 오페라 가운데에 발레 장면을 삽입하여 발레가 가미된 오페라의 전범을 만들어내면서 발레의 발전을 촉진했다. 차이코프스키와 글라주노프는 오로지 발레를 위한 음악인 걸출한 발레음악을 여러 편 작곡하여 러시아 발레의 도약대를 마련했다.

발레에서는 작곡가 못지않게 중요한 것이 음악에 맞추어 춤을 고안해내는 안무가다. 안무가의 머리에서 음악이 아름다운 춤으로 만들어지는 것이다. 19세기 중엽의 러시아에 걸출한 안무가가 나타나니, 이가 곧 프랑스에서 귀화한 페티파다.

1847년 무용가로 러시아에 건너온 페티파는 1869년 최고의 발레마스터에 오르고, 이후 30년간 러시아의 발레계를 이끌면서 러시아 발레를 세계 최고 수준으로 끌어올린다. 그는 조수 이바노프와 함께 아당의 〈지젤〉 등 서유럽의 많은 명작을 새로이 안무하여 원판을 능가하는 러시아 판을 만들고, 차이코프스키의 3대 발레음악을 비롯한 러시아 작곡가들의 작품을 안무하여 무대에 올렸다. 그는 또한 러시아의 특성을 가미한 독특한 춤 기법을 개발하여 이탈리아나 프랑스와는 다른 러시아 유파를 확립했다.

페티파는 이탈리아의 빼어난 무용수들을 데려와 공연을 하면서 러시아 무용가들의 교육에도 힘을 쏟았다. 곧, 러시아 무용가들이 도전을 시작했다. 얼마 안 있어, 레베데바, 프레오브라젠스카야, 크세신스카야 등의 명발레리나와 소콜로프 등의 뛰어난 남성 무용수들이 세계수준에 손색이 없는 기량을 뽐냈다.

그러는 사이에, 이탈리아 무용가들을 보조하던 러시아의 발레단은 훌륭한 발레단으로 성장해 있었다. 마린스키 극장의 발레단은 고전 발레에서 민속 춤까지를 두루 소화한 후 이제 세계무대로 눈을 돌린다. 이것이 20세기 초에 전 유럽을 풍미하는 발레 뤼스(러시아 발레단)의 뿌리이다. 유럽의 한 후미진 구석에서 발레는 그 꽃을 활짝 피우고 이제 그 빛을 세계에 되돌려주기에 이른 것이다.

오랜 역사를 지닌 연극 분야에서도 19세기의 러시아는 괄목할 만한 진전을 보였다. 서유럽의 희곡을 감상적으로 연출하여 무대에 올리고 있던 연극계에도 러시아의 현실을 사실적으로 표현하고자 하는 리얼리즘의 열풍이 몰아닥친 것이다. 1820년대에 그리보예도프의 〈지혜의 슬픔〉, 1830년대에 고골리의 〈검찰관〉 등의 뛰어난 희곡작품이 나와 무대에 오르면서 러시아 연극계에 새 바람이 일기 시작했고, 농노 출신의 명배우 시체프킨은 사실적이고 자연스러운 연기와 앙상블을 강조하는 러시아 연극의 전통을 확립했다.

1824년에 모스크바의 마리 극장, 1836년에 페테르부르크의 알렉산드린스키 극장(후에 '푸시킨 기념극장'이 됨) 등 연극 전용극장이 세워진 것을 시작으로, 여러 도시에 대중극장이 서고 대지주의 영지에 많은 사설극장이 들어선 것도 연극의 발전을 도왔다.

그러나 가혹한 검열 때문에 러시아의 극장들은 거의 사회성이 없는 외국 작품만을 공연하고 있었다. 푸시킨의 〈보리스 고두노프〉나 레르몬토프의 〈가면 무도회〉 같은 작품도 몇십 년이 지나서야 무대에 오른다.

19세기 후반에 접어들면서 러시아 연극계는 위대한 연극인 한 사람을 맞는다. 러시아 연극의 발전에 그 크기를 알 수 없을 만큼 지대한 공헌을 한 알렉산드르 오스트로프스키는 마리 극장의 문예부장과 부속 연극학교장으로 일하면서 50여 편의 희곡작품을 써서, 러시아 연극의 리얼리즘 전통을 확립했다.

그는 러시아의 현실을 넓게 그리고 정확하게 포착하여 전제와 농노제, 새롭게 형성되기 시작한 자본가와 모리배들의 '어둠의 왕국'을 날카롭게 묘사했다. 그러는 한편, 인간에 대한 억압과 온갖 폭력에 가능한 방법으로 맞서 싸우는 평범하고도 성실하며 정직한 사람들을, '어둠의 왕국을 비추는 한 줄기 빛'으로 묘사했다.

〈뇌우〉〈지참금 없는 처녀〉〈수지 맞는 관리〉〈삼림〉〈눈 아가씨〉 등으로 대표되는 그의 희곡들은 민중의 세태 풍속과 러시아인의 민족성·지방색을 그려낸 민속학적 리얼리즘의 다양한 표현이며, 제목이나 대사가 그대로 속담이 되는 간결하고 정확하며 음영이 풍부한 무대언어로도 이름 높다.

러시아의 대작가들도 뛰어난 희곡을 써서 러시아 연극의 발전에 기여했다. 투르게네프의 〈마을의 한 달〉, 피셈스키의 〈비운〉, 알렉세이 톨스토이의 〈이반 뇌제의 죽음〉 등 3부작, 레프 톨스토이의 〈어둠의 힘〉 등이 유명하다.

모스크바의 마리 극장은 '시체프킨의 집', '오스트로프스키의 집'으로 불리면서 러시아 연극 발전의 주무대가 됐다. 마리 극장은 극심했던 검열의 압박을 교묘히 피해가면서 어둠의 힘에 반대하는 목소리를 높여갔다. 사도프스키, 페도토바, 예르몰로바, 렌스키 등이 마리 극장의 명배우로 이름을 날렸고, 알렉산드린스키 극장에서는 마르티노프, 사비나, 다비도프 등이 활약했다.

1881년 황실극장의 독점이 폐지되고 각지에 민간극장이 들어서기 시작했다. 대상인 마몬토프 같은 사람들이 극장의 설립과 운영을 도우면서 연극과 오페라와 발레는 시민들의 생활 속에 깊이 뿌리를 내려갔다. 이어 1890년대에는 배우이자 연출가인 스타니슬라프스키와 극작가 단첸코가 모스크바 예술극장을 만들어 활동을 시작하면서 러시아의 연극은 새로운 도약의 시기를 맞는다.

19세기의 러시아인이 이루어낸 위대한 문화는 러시아를 뒤진 나라로만 생각하고 있던 당대의 서유럽인들에게는 커다란 충격이었다. 19세기 말 프랑스의 한 민요 연구가는 이렇게 말했다.

"러시아인은 우리에게 대단히 새로운 길을 보여주었다. 그들은 민중 속으로 파고들어가 거기에서 새로운 생명의 원천을 찾아냈다."

멘델레예프와 파블로프:
러시아의 과학자들(19세기 후반)

깨어나는 정신은 과학의 발전에도 크게 기여했다. 러시아는 이미 18세기 중엽에 로모노소프라는 위대한 학자를 배출한 바 있었다. 모스크바 대학의 설립자로 초대 학장을 지낸 로모노소프는 자연과학과 인문과학 모두에 통달한 만능 학자로서 '걸어다니는 백과사전'이었으며, 시인이자 작가로서도 이름을 떨쳤다. 그는 라부아지에보다도 앞서 '질량보존의 법칙'을 발견하여 열역학을 개척했고, 고성능 망원경을 발명하여 금성의 대기를 발견했으며, 번개와 오로라 등을 과학적으로 설명하는 등, 다방면에 걸친 연구로 러시아 과학의 발전에 지대한 공헌을 했다.

19세기 들어 고등교육이 확대되고 비판정신이 고개를 들면서 러시아의 과학은 시대의 제약을 풀어헤치면서 눈부신 업적을 쏟아내기 시작했다. 19세기 전반의 러시아는 로바체프스키라는 뛰어난 수학자를 낳았다. '한 평면에서 주어진 선 위에 있지 않은 한 점을 지나면서 주어진 선에 평행한 선은 오직 하나뿐'이라는 유클리드의 오랜 공리를 증명하고 다른 가설들의 설 자리를 없애려던 그의 끈질긴 노력은 거꾸로 자신의 의도가 크게 잘못됐음을 깨닫게 해주었다. 그는 이 발견을 토대로 비유클리드 기하학을 발전시켜 당대의 수학을 한 차원 끌어올렸다.

1839년 페테르부르크에 유명한 풀코보 천문대가 세워지면서 천문학에서도 커다란 진보가 이루어졌다. 초대 소장인 스트루베는 세계 최대의 망원경과 최신시설을 이용하여 3,000여 개의 이중성을 관찰하고 별들의 무게를 계산했으며, 별의 분포도와 은하의 모습을 그려내고, 우주에서의 빛의 흡수를 깊이 연구했다.

물리학자 페트로프는 전기와 전류의 여러 가지 성질을 발견했으

위대한 생리학자 이반 파블로프(1849~1936). 개의 조건반사를 확인하고 연구를 진행시켜 생리학 이론과 실험에 큰 공헌을 했다.

며, 렌츠는 전자 유도의 방향을 결정하는 '렌츠의 법칙'을 발견하고 전류의 열작용을 입증해보였다. 화학자 지닌은 벤젠에서 아닐린을 합성하는 방법을 발견하여 염료공업 발전에 크게 기여했다.

생물학에서는 판젤과 룰리예가 진화론을 연구했고, 벨은 발생학과 비교해부학에서 큰 업적을 남겼으며, 피로고프는 러시아의 외과의학을 세계수준으로 끌어올렸다.

반동 학자와 성직자들은 차르 정부의 지지를 받으며 갖은 수단을 다 동원하여 철학과 인문과학은 물론 자연과학에까지 집요하게 방해의 손길을 뻗쳤다. 과학의 발전을 가장 앞장서서 가로막은 것은 정교회였다. 19세기의 교회는 예컨대, 인체해부는 신을 거역하는 행위라고 하며 의학의 발전을 저해하였다. 그러나 그 어떤 박해도 시대의 흐름을 거역할 수는 없었다.

19세기 후반에 들어 고등교육기관이 늘어나고 새로운 공업이 일어나며 기술이 급격히 발달하면서 러시아 과학의 진보에 가속도가 붙었다. 세계 최고 수준에 이른 문학과 예술, 사상의 개화, 유물론 철학의 발달도 과학자들을 크게 자극했다. 그리하여 과학의 모든 분야에서 러시아는 서유럽과 어깨를 나

란히 하며 그 영향을 주고받기에 이르렀다.

수학에서는 체비셰프와 코발레프스카야 등의 위대한 수학자가 배출됐다. 체비셰프는 해석학·수리학·확률론을 연구하여 수학과 역학 분야에 큰 업적을 남겼고, 수학을 자연과학과 기술에 접목시키고자 끊임없이 노력했다. 코발레프스카야는 당시 여자라는 이유로 러시아의 대학에 들어가지 못해 독일로 나가 공부하고, 본국에서 받아들여주지 않아 스웨덴의 스톡홀름 대학에서 교수 생활을 하는 역경 속에서도 해석학·역학·천문학에서 큰 업적을 쌓았다.

물리학과 전기공학에서도 커다란 성과가 나왔다. 스톨레토프는 자기와 광전자 현상을 집중연구하여 뛰어난 업적을 남겼다. 야블로츠코프는 에디슨보다도 앞서 전깃불을 연구하여 전기 양초를 발명했고 로디긴은 백열전구를 발명했으며, 레베데프는 빛의 성질에 관한 많은 연구를 했다.

포포프는 마르코니보다도 앞서 1895년에 라디오를 발명하고 1896년 세계 최초로 무선전신을 보내는 데 성공했으나, 두 가지 다 당시 러시아로서는 너무나 앞선 발명이었던 까닭에 실용화되지 못했다.

화학분야에서는 러시아 과학자들 중 보기 드물게 세계적으로 그 업적을 인정받고 있는 멘델레예프가 배출됐다. 물질의 분류와 원소에 관한 권위자였던 멘델레예프는 1869년 화학 교과서 〈화학 원리〉를 집필하는 과정에서 치밀한 연구와 숙고 끝에 원소의 주기율표를 만들었다. 그는 원자량과 원소의 성질을 고려하여 이미 알려진 원소들을 하나의 체계로 통합하면서, 주기율표의 어떤 자리에 마땅한 원소가 없을 때에는 그곳을 빈칸으로 남겨두었다. 그리고는 그곳에 들어갈 원소의 성질을 자세하게 예언했다. 멘델레예프에게는 행운도 따랐다. 그의 생애 중에 갈륨·스칸듐·게르마늄의 세 원소가 발견되어 그의 예언이 적중하면서 그는 세계적인 화학자가 됐다.

생물학에서는 동물학과 발생학의 권위자 메츠니코프가 나와 특별한 식세포가 미생물과 다른 물질들을 먹어치우는 능력이 있음을 발견하고, 현대 세균학의 기초를 닦았으며, 생물계의 단일발생설을 논증했다. 훌륭한 생물학자였던 알렉산드르 코발레프스키와 고생물학자였던 그의 동생 블라디미르 역시 일찍부터 진화론을 믿고 그 연구에 몰두했다. 특히 블라디미르 코발레스키는 유제류의 발달을 연구, '코발레프스키의 법칙'을 발견하여 다윈의 높은 평가를 받았다.

생리학에서는 파블로프가 나왔다. 1880년대에 유명한 실험을 시작한 파블로프는 19세기 말에서 20세기 초에 음식에 대한 개의 반응을 연구하여 조건반사의 존재를 확인하고 그 본질을 규명했으며, 연구를 발전시켜 생리학 이론과 실험, 나아가 행동심리학에까지 큰 공헌을 했다.

19세기 러시아 과학자들은 이처럼 위대한 업적을 남겼으나 극소수 예외를 제외하고는 합당한 평가를 받지 못했다. 당시 서유럽에 러시아의 과학과 러시아어가 잘 알려져 있지 않았던 까닭에 이들의 연구성과가 제대로 전파되지 못했고, 국내적으로는 기술이 낙후되어 실용화되기가 어려웠던 탓이다.

게다가, 당시 러시아의 정부는 진보적인 학문을 두려워하여 자연과학자들에게까지 감시와 탄압의 손길을 늦추지 않았다. 그런 가운데에서도 많은 과학자들은 연구에 정진하여 많은 위업을 이루어냈고, 이들의 과학정신은 어둠을 밝히고 거짓을 사르는 횃불이 되어 러시아를 진리의 길로 인도해갔다.

체르니셰프스키와 라브로프:
잡계급 인텔리겐치아의 활약(1860년대)

19세기 중엽 농노제가 무너지고 사회구성이 복잡해지면서 러시아의 사회 계급에 중대한 변화가 일기 시작했다. 귀족들이 힘을 잃고 상인과 자본가, 각 종 전문가들의 영향력이 확대되면서 하급관리 · 기술자 · 교사 · 교수 · 문 인 · 예술가 · 언론인 · 의사 · 법률가 등, 귀족과 농민의 어느 신분에도 속하 지 않는 중간계급이 크게 늘어난 것이다. 이들을 통칭하여 잡계급인(라즈노친 치)이라고 한다.

이들 사이에서 이전의 귀족 출신과는 다른 새로운 부류의 인텔리겐치아들 이 나타났다. 이들은 독일의 관념론 철학과 낭만주의에 뿌리를 두고 있던 전 세대의 인텔리겐치아들과는 달리, 실용주의와 실증주의, 유물론, 비판적 리 얼리즘의 기치를 내걸었다. 그리고, 기존의 권위와 가치기준을 근본적으로 부정하면서 과학지식과 이성의 힘을 바탕으로 모든 허위와 허식을 타파하고 진실을 밝히고자 했다. 정치 사회적으로 더 급진적인 주장을 내걸었음을 두 말할 나위도 없다.

러시아의 인텔리겐치아가 명확한 집단의식을 가지고 반정부 세력의 중추 를 이루게 된 것은 이들 잡계급 출신이 대거 진출하고서부터다. 이들은 공공연히 사회혁명을 주창하면서 구질서의 완전한 타도를 외쳤다. 전제왕정을 의회제도로 대체하는 것은 이미 이들의 관심사가 아니었다. 러시아는 자본주의와 의회제도를 거치지 않고도 사회주의로 이행할 수 있다고 믿었기 때문이다.

이들의 선두에 선 사람은 뛰어난 사상가이며 평론가인 체르니셰프스키였다. 1828년 성직자의 아들로 태어난 그는 사라토프에서 신학교를 다니다가 1846년에 페테르부르크 대학에 들어갔다. 서유럽에서 혁명이 일어나고 러시아에서는 니콜라이 1세가 반동의 칼을 휘두르고 있던 시절에, 그는 포이에르바흐에 기울면서 유물론 철학을 자신의 세계관으로 받아들였다. 루이 블랑과 푸리에의 사회주의에도 심취했다. 그와 더불어, 러시아의 차르는 귀족 우위의 사회질서를 깨뜨릴 수 없다고 믿고, 전제의 파괴, 곧 러시아의 혁명을 주장하기에 이르렀다.

대학 졸업 후 체르니셰프스키는 중학교의 문학교사가 됐으나 2년만에 학생들에게 불온사상을 전염시킨다는 이유로 교직에서 쫓겨나 페테르부르크에 돌아왔다. 1853년부터 그는 네크라소프가 편집을 맡고 있던 〈현대인〉 지에 기고를 시작했고, 1856년에는 〈현대인〉의 편집책임자가 되어 날카로운 필봉을 휘두르며 전제와 농노제를 비판하고 러시아의 지성계에 혁명정신을 불어넣었다.

문학·정치·경제·철학 등 다방면에 걸친 그의 평론은 당시 러시아에 큰 영향을 미쳤다. 그는 러시아에서 농민혁명이 성공하는 날 사회주의가 승리를 거둘 것이며, 러시아 사회주의의 토대를 이루는 것은 농민공동체라고 생각했다. 1861년 농노해방령이 공포됐을 때에도 그는 그 기만성을 갈파하고 토지분배 문제를 둘러싼 불만의 목소리들에 분명한 방향을 잡아주었다.

그는 또한 〈현대인〉을 통한 합법적인 활동에 머무르지 않고 초창기의 지하 혁명운동을 고무하고 지도했다. 차르 정부는 그를 가장 위험한 적으로 보았다. 1862년 체르니셰프스키는 체포되어 페트로파블로프스크 요새에 감금됐다.

옥중에서도 그의 활동은 그치지 않았다. 그는 정치소설 〈무엇을 할 것인가)를 집필하여 자신의 사상을 널리 전파했다. 검열을 피해 은유와 완곡한 표현으로 씌어진 이 소설에서, 그는 위대한 혁명가의 상과 여성해방 사상, 사회주의적 공동체, 혁명 후의 미래사회 등을 펼쳐보였다. 이 작품은 이후 러시아 인테리겐치아들의 성서가 됐다. 레닌도 이 책을 수차례 숙독했다고 한다.

1864년 체르니셰프스키는 시베리아 유형에 처해져 실천활동과 결별하나, 만년에 고향에 돌아와 죽을 때까지도 자신의 신념을 꺾지 않고 꿋꿋하게 지조를 지켰다.

체르니셰프스키의 가장 가까운 동지였던 도브롤류보프는 1861년 25살의 아까운 나이로 죽었으나, 러시아의 사회사상·문예 및 사회 비평에 커다란 발자취를 남겼다. 특히 개량주의에 빠져 전제정부와 거래한 자유주의자들에 대한 통렬한 비판, 서유럽의 부르주아 제도에 대한 비판은 유명하다.

그 뒤를 이어 러시아 니힐리스트(유물론을 믿는 반체제 지식인)의 전형이라고 일컬어지는 피사레프가 나타났다. 그는 〈러시아의 말〉 지를 중심으로 활동하면서 청년들에게 기성의 권위와 도덕을 타파하고 진정한 에고이즘에 눈을 뜨라고 설파했다. 그에 따르면 '이상주의자들이란 자신이 얻은 결론을 위해서라면 무엇이든지 파괴할 준비가 돼 있는 사람'이었다. 1862년 전제정부를 비판하는 격문을 써서 체포된 그는 옥살이를 하면서도 많은 평론을 발표했고, 출옥한 지 얼마 안 돼 해변에서 수영을 하다가 28살의 젊은 나이에 익사했다.

1861년에서 1862년 사이에 페테르부르크에 본부를 두고 몇몇 지방도시에 지부를 둔 제1차 '토지와 자유'단이 결성됐다. 망명자들인 게르첸, 오가료프, 바쿠닌과 국내의 체르니셰프스키가 이 비밀결사에 관계했고, 솔로비요비치 형제와 오브루체프, 슬레프초프, 쿠로츠킨 등이 중앙위원으로 활동했다.

1863년 비합법 기관지 〈자유(스보보다)〉에서 그들은 혁명의 필연성을 주창하면서 "만약 식자층의 태반을 이루고 있는 양심적이고 유능한 사람들이 인민의 편에 서지 않는다면, 혁명은 우둔한 정부로 인해 유혈 드라마로 끝나게 될 것"이라고 경고했다. '토지와 자유'단은 1863년의 폴란드 반란을 지지했고, 각지에서 일어나는 혁명운동과 연대하고 혁명 인자들을 조직해내는 것을 자신의 임무로 생각했다. 1864년 혁명정세가 퇴조하면서 이 단체는 소멸했다.

포병대 대령 출신으로 철학에 조예가 깊던 라브로프는 1860년대에 자연과학을 '숭배'하는 체르니셰프스키와 피사레프에 맞서 철학논쟁을 벌이며 활동하다가, 1866년 황제 암살 기도에 연루되어 유형을 당한다. 1868~1869년에 그는 유형지에서 유명한 〈역사 서한〉을 발표한다. 〈역사 서한〉은 사회혁명에는 오랜 준비가 필요하고 교육받은 사람들은 인민에게 봉사할 의무가 있다면서 '비판적으로 사고하는 개인'의 창조력을 강조하여 젊은이들에게 깊은 영향을 주었다. 그는 이후 나로드니키의 이론가로서 70년대 '브나로드' 운동의 정신적 지주가 된다.

그밖에 1860년대의 러시아에는, 전투적 당조직에 의한 제정 타도와 사회주의의 수립을 주장하며 러시아 자코뱅주의의 지도자가 되는 트카초프, 1869년 〈혁명가의 교리문답〉이라는 저서에서 "목적을 위해서는 수단을 가리지 않는다"고 주장한 네차예프 등, 많은 사상가들이 활약하면서 혁명의 씨앗을 뿌리고 다녔다. 한편, 게르첸과 바쿠닌도 해외에서 러시아의 청년들에게 강렬한 메시지를 전하고 있었다.

이들 1860년대의 혁명가들은 하나의 집단을 이루어 활동한 것도 아니고 여러 면에서 서로 견해가 달랐지만, 이들의 활동은 1870년대의 나로드니키와 '인민의 의지'에 사상적 기반을 제공하면서 이후 러시아 혁명운동에 큰 영향을 미친다.

인민 속으로…:
브나로드 운동(1873 ~ 1875년)

1873년부터 1875년에 사이에 많은 청년들이 '브나로드(인민 속으로)'의 기치를 들고 농촌으로 갔다. 인민들의 노동과 그들이 겪는 고통에 빚을 지고 있다고 느끼던 수천의 학생과 인텔리겐치아가 이 운동에 동참하여 자신의 열정을 살랐다. 그러나 농민들은 그들의 뜨거운 선전에 침묵으로 답했다. 열풍이 한 바탕 휩쓸고 지나간 뒤, 청년들은 치밀한 준비와 조직의 중요성을 깨닫고 새로운 방향을 모색한다.

'브나로드' 운동의 사상적 토대가 된 인민주의는 게르첸의 이념에서 비롯됐다. 자유와 정의를 몹시도 사랑한 게르첸은 유럽 혁명의 붕괴와 프랑스와 영국 자본주의의 비인간성에 비애와 적개심을 갖고, 러시아는 서유럽의 전철을 밟지 않아야 한다고 생각했다. 그는 원초적으로 사회주의적인 러시아의 농촌에서 정의사회로 나아가는 길을 발견했다. 그러나 러시아 농민들은 무지하므로 굳은 신념과 의지를 가진 사람들이 그들을 일깨우고 훈련시켜야 한다고 생각했다.

러시아가 농민공동체의 전통을 살려 자본주의를 거치지 않고 바로 사회주의로 나아갈 수 있다는 믿음은 체르니셰프스키에 의해 더 구체화됐다. 그는 자유란 그것을 즐길 여건이 갖추어지지 않으면 무의미하기 때문에 자유보다 사회주의가 더 먼저 실현되어야 한다고 믿었다.

1860년대 후반부터 러시아가 특수한 경로로 사회주의의 길을 갈 수 있다는 믿음이 인텔리겐치아와 학생들 사이에 폭넓게 확산됐다. 이런 믿음을 가진 사람들을 후에 '나로드니키'라 불렀고, 그들의 사상을 인민주의(나로드니체스트보)라 했다.

나로드니키에는 크게 세 부류가 있었다. 첫째는 라브로프의 영향을 받은 선전주의자들로서, 끈기 있게 인민에게 교육과 선전을 베풀어 인민들의 의식을 일깨운 후에 혁명을 추진해야 한다고 주장했다. 이들은 인민 전체의 의식을 고양시키면서 인민들 사이에서 혁명의 지도자를 만들고자 했다.

둘째는 바쿠닌의 영향을 받아 선동을 통해 인민봉기를 이끌어내려는 부류다. 이들 봉기주의자는 인민은 본디 사회주의적이고 항상 사회혁명에 대한 준비가 되어 있으므로 인텔리겐치아의 임무는 그러한 불만과 항의들을 거대한 흐름으로 엮어내는 것뿐이라고 생각했다.

셋째는 트카초프의 영향을 받아 혁명적 소수의 역할을 중시하는 사람들로서, 인민들의 세상을 만들기 위해서는 하루빨리 혁명적 엘리트들을 조직, 전제체제를 타도하는 게 우선이라고 주장했다.

1870년대 들어 인민주의자들의 조직이 만들어지기 시작했다. 가장 유명한 것이 나탄손이 조직한 차이코프스키 단이다. 여기서 향후 러시아 사회운동이 지도자들이 다수 배출됐다. 나탄손의 체포 후 중심 인물이 되는 차이코프스키는 이후 신비종교에 빠져 운동에서 이탈하지만, 크라프친스키, 크로포트킨, 페로프스카야, 신네구프, 클레멘츠, 로파친, 티호미로프, 크릴로프, 코발스카야, 코르닐로바 등이 70년대 러시아 혁명운동사에서 큼직한 발자취를 남긴다.

1871년에 조직의 틀을 갖춘 이들은 스스로도 학습과 연구에 정진하면서 다량의 국내외 서적과 논문을 확보하여 학생들 사이에 배포하는 운동을 시작했다. 자신들이 직접 소책자를 써서 만들기도 했다. 1872년 여름 이들은 노동자들에 눈을 돌렸다. 이들은 주로, 농촌과의 유대가 강하게 남아 있던 방

〈농노해방선언을 읽는 사람들〉미야소예드프작, 1873년. 1873년 후반부터 많은 학생과 청년
지식인들이 "인민에게 진 빚을 갚자"며 농촌에 뛰어들었다.

직공장 노동자들에게 접근하여 선전작업을 수행했다. 농민들 속으로 파고들
어 활동할 인자들을 찾아내려 한 것이다. 그러나 1873년 말까지 핵심단원들
이 모두 체포되고 만다.

지방에서도 여러 조직이 활동을 시작했다. 돌구신이 이끄는 조직은 페테
르부르크에서 모스크바로 활동무대를 옮겨가며 소책자를 비밀 출판하고 학
생과 노동자들 사이에 선전을 행했다. 1873년에는 남부의 오데사에 자슬라
프스키가 지도하는 남러시아 노동자동맹이 생겨났다. 그와 더불어, 학생과
청년 지식인들 사이에 농민들 속으로 들어가 선전활동을 벌이자는 거대한
흐름이 형성돼갔다.

1873년 6월 알렉산드르 2세는 스위스에 유학 가 있던 청년 남녀들에게 학
업을 중지하고 즉시 귀국하라는 칙령을 발동했다. 유학생들이 망명 지식인
들과 교류하며 혁명사상에 깊이 빠져들고 있다는 정보가 제국의 정보기관을
통해 차르의 귀에까지 들어갔던 것이다. 서유럽 사회의 진보된 모습을 관찰
하고 혁명사상에 깊이 공감하고 있던 유학생들의 귀국은 당시 러시아의 지
식인들 사이에 급속히 퍼져가고 있던 '인민 속으로' 주장에 불을 지폈다.

1873년 후반부터 많은 학생과 청년 지식인이 "인민들에게 진 빚을 갚자"는
주장에 공감하여 농촌에 뛰어들었다. '브나로드' 운동이 절정에 이른 1874년

여름에는 줄잡아 4,000명 이상의 청년이 인부나 제화공·목수·방물 장수로 가장하고 발이 부르터지도록 마을 마을을 돌아다니며 러시아의 현실을 말하고 사회주의와 혁명을 선전했다. 일부는 다소 안정된 일거리를 찾아 농민들과 더불어 생활하면서 농민들의 계몽과 교육에 힘을 쏟으며 차리즘에 대한 저항을 고취했다.

바쿠닌을 따르는 다수의 청년은 농민들에게 즉각 봉기를 호소했고, 라브로프를 따르는 청년들을 농민들과 농민공동체에 속한 도시 노동자들 사이에서 교육과 선전을 통해 미래의 혁명 지도자들을 만들어내고자 힘을 기울였다.

그러나 그들에게 돌아온 것은 농민들의 무관심과 냉대, 불신과 의구심이었다. 때로는 적대감을 가지고 당국에 고발까지 했다. 정부는 무조건 체포로 이에 대응했다. 체포를 면한 청년 남녀들은 가슴에 깊은 상처를 안고 도시로 돌아온다.

1876년까지 모두 4,000명의 청년이 체포되면서 '브나로드'의 열풍은 가라앉았다. 이중 770명이 약식재판에 부쳐져 265명이 구금됐고, 1~4년간의 미결수 생활에서 다시 70여 명이 병에 걸려 죽거나, 미쳐서 자살했으며, 마지막 남은 193명이 1877년에 정식재판에 부쳐져 유죄판결을 받는다.

러시아 역사상 가장 감동적인 한 장면인 '브나로드' 운동은 결국 실패로 끝나고 말았으나, 대의에 몸을 던지는 그들의 놀라운 용기와 헌신성, 그리고 그들의 범한 오류까지도 이후의 운동에 귀중한 밑거름이 됐다. '러시아 혁명운동의 요람'이었던 '브나로드' 운동을 거치며 러시아의 운동은 새로운 단계로 접어든다.

사회혁명이냐, 정치혁명이냐:
'토지와 자유'(1876년)와
'인민의 의지'(1879년)

'브나로드' 운동이 실패로 끝나면서 인민주의자들은 혁명운동을 이끌 강고한 조직이 필요함을 절감했다. 1875년 초 모스크바에서 먼저 결실이 맺어졌다. 취리히 유학생들이 중심이 되어 조직한 '전러시아 사회혁명조직'은 기관지 〈노동자〉를 매월 발간하며 노동자들 사이에서 활발하게 선전활동을 펼쳤다. 조직원이었던 무정부주의자 랄리는 〈배부른 자와 굶주린 자〉라는 책을 써서 노동자들에게 큰 영향을 주었다.

1876년에는 페테르부르크에서 러시아 최초의 혁명정당 '토지와 자유'(제2차)가 결성됐다. 나탄손과 미하일로프가 창립을 주도했고, 혁명적 나로드니키들이 대거 참여했다. '토지와 자유'는 인민들에게 추상적인 사회주의를 설득하는 대신, 인민이 이미 자각하고 있는 구체적인 요구, 즉 '토지와 자유'를 전면에 내세웠다. 이들의 핵심강령은 다음 세 가지였다.

1. 모든 토지를 농민들에게 이양하여 평등하게 분배한다.
2. 러시아 제국을 각 지방의 요망대로 분할한다.
3. 모든 사회적 기능을 농민공동체에 이양한다.

'러시아노동자 북부동맹'의 조직자와 참자가. (왼쪽부터) 스테판 할투린, 빅토르 오브노르스키, 드미트리 스미르 노프, 아르벨트 페체르손

'토지와 자유'는 인텔리겐치아와 노동자들 사이에서 조직작업을 벌여나가면서, 혁명의 주력이라고 생각한 농민들과의 결합도 더 튼튼하게 다져나가고자 했다. 농민들에 대한 선전은 스쳐지나가는 일회성 활동이 아니라 의사, 의사의 조수, 조산원 등 안정된 신분으로 농촌에 정주하며 행하는 '정주' 운동으로 바뀌었다.

1870년대 말엽에 이르러 다시 정세가 고양되기 시작했다. 1877~1878년의 러시아–투르크 전쟁은 러시아의 승리로 끝나긴 했으나 전제체제의 심각한 부패와 결함을 다시 한 번 드러내었다. 무능한 정부에 대한 비판의 소리가 높아갔다.

오데사, 페테르부르크, 키예프, 모스크바에 지식인과 노동자가 결합한 대규모 노동자 조직이 만들어져 위력적으로 활동했다. 그중에서도 1878년 오브노르스키, 할투린 등이 만든 페테르부르크의 '북부동맹', 1879년 악셀로드, 스테파노비치 등이 만든 키예프의 '남부동맹'은 각각 수백 명의 조직원을 이끌고 노동쟁의, 때로는 시위와 경제테러까지 지도했다. 이들은 '토지와 자유' 또는 그 분파와 직간접으로 협력하며 활동을 전개했다.

1877년에 있었던 두 건의 큰 재판, 즉 모스크바의 '전러시아 혁명조직' 가담자에 대한 '50인 재판'과 '브나로드' 운동 가담자에 대한 '193인 재판'의 탈법적인 진행과 가혹한 판결은 러시아의 깨어 있는 사람들에게 공분을 일으켰다.

1878년 1월 혁명적 나로드니키, 베라 자술리치가 페테르부르크 시장 트레포프를 저격했다. 당시 '193인 재판'의 죄수 하나가 시장 앞에서 모자를 벗지 않았다고 태형을 가한 데 대한 보복으로 시장을 저격하여 부상을 입힌 것이다. 베라는 지식인들 사이에서 '정의의 화신'으로 환영받았고, 그해 4월에 열린 법정에서 배심원들은 결정적인 증거에도 불구하고 그녀에게 무죄를 선고했다.

무죄 방면된 베라는 급진주의자들 사이에서 테러리스트의 귀감이 됐다. '가공할 악에 맞선 고귀하고 순결한 잔 다르크'가 돼버린 것이다. 그 후로 전제 타도의 불을 댕기고자 하는 인민주의자들의 바람이 테러 쪽으로 급선회했다.

1878년 8월 헌병대장 메젠체프, 1879년 2월 하리코프 지사 크로포트킨이 테러리스트에 의해 암살됐고, 1879년 4월에는 급기야 솔로비요프가 차르 알렉산드르 2세의 암살을 기도했다.

테러리즘의 기운이 만연하면서 '토지와 자유'에도 변화가 일어났다. 급진파들이 당내에 '자유냐 죽음이냐' 단을 조직했다. 테러를 혁명투쟁의 가장 유용한 수단이라고 생각한 당내의 정치투쟁파는 1879년 6월 마침내 따로 모임을 갖고 집행위원회를 발족시켰다. 그해 8월 당은 결국 정치투쟁과 테러, 제헌의회의 채택 문제를 둘러싸고 '인민의 의지'파와 '토지 총재분배'파로 분열했다.

'인민의 의지'파는 정치투쟁과 테러를 통해 권력을 장악한 후 제헌의회를 구성하여 일련의 프로그램을 추진해야 한다고 주장했고, 반면에 '토지 총재분배'파는 테러 투쟁은 오히려 혁명을 지연시킬 뿐이며 농촌에서의 선전선동을 통해 사회혁명을 일으켜야 한다고 주장했다. 미하일로프, 티호미로프, 젤랴보프, 크뱌토프스키, 페로프스카야, 피그네르, 니콜라이 모로조프 등, 당의 주류가 '인민의 의지'에 가담했고, 플레하노프, 자술리치, 데이치, 악셀로드, 스테파노비치 등이 '토지 총재분배'를 이끌었다. 이후 '토지 총재분배'파는 농민과 노동자들 사이에서 선전활동을 하다가, 1880년 핵심 지도자들이 경찰의 추적을 피해 망명하면서 혁명조직으로서의 생명을 잃는다. 망명 지도자들은 이후 마르크스주의자로 전향해 '노동자해방'단을 결성하고 러시아에 마르크시즘을 전파하는 데 힘을 쏟는다.

한편, 중앙집권 조직을 갖춘 '인민의 의지' 당 실행위원회는 1879년 8월 알렉산드르 2세에게 사형을 선고했다. 당 기관지 〈인민의 의지〉에 테러에 대한 그들의 견해가 잘 나타나 있다.

> "테러는 정부 내의 가장 위험한 인물을 제거하고 당을 스파이로부터 보호하며 정부의 탄압과 야수성에 징벌을 가하는 것이다. 그 목표는 정부의 전능을 파괴하고 대 정부 투쟁의 가능성을 끊임없이 보여줌으로써, 인민들의 혁명열을 고양시키고 운동의 승리에 대한 신념을 고취하며 투쟁세력을 튼튼히 세우는 데 있다."

그들이 보기에 이제 '가장 위험한 인물'은 차르였다. 차르의 암살은 사회혁명의 불을 댕길 것이다. '인민의 의지'당은 '황제 사냥'에 나섰다. 1879년 11월에는 차르의 기차가 지나가는 철도에 지뢰를 매설했다. 1880년 2월에는 할투린이 차르의 겨울 궁전 식당에 대형 폭파장치를 설치했다. 그러나 신은 그들을 버린 듯했다. 조금씩 오차가 나서 그들은 6번이나 거듭 실패했다. 실패할 때마다 당원과 자금은 계속 고갈돼갔고 남은 당원들은 체포를 피해 지하고 더 깊숙이 들어가야 했다.

땅도 사람도 온통 얼어붙었다. 그들은 잠시 테러를 접어두고 군대 조직과 노동자들 사이에서 열성당원들을 만들어내고자 했다. 그러나 당국이 그들을 내버려둘 리 없었다. 더 많은 당원들이 체포되어 당은 빈사상태에 빠졌다. 질식할 듯한 공포와 긴장이 얼마 남지 않은 당원들을 최후의 선택으로 몰고갔다.

전제의 상징, 쓰러지다:
알렉산드르 2세 암살(1881년)

"그럴싸한 논의에 현혹되지 마십시오. 러시아에는 단 하나의 이론이 있을 뿐입니다. 그것은 토지를 동반하는 자유를 얻는 것입니다. 그리고, 그것을 이루는 방법도 단 하나, 중심에 발포하는 것입니다."

1880년 11월 말에 체포된 '인민의 의지'의 지도자 미하일로프는 동지들에게 보내는 옥중서한에서 다시 '황제 사냥'에 나설 것을 촉구했다.

젤랴보프가 이끄는 6명의 당원은 이제 정말로 마지막이라는 비장한 각오 하에 치밀하게 차르의 암살을 준비했다. 그들은 2단계 계획을 세웠다. 차르가 지나갈 길에 지뢰를 매설하여 폭파하고, 그것이 실패할 경우 두 명이 연이어 폭탄을 던진다는 계획이었다.

거사 날짜가 잡혔다. 1881년 3월 1일 차르가 기병학교 열병식에 참가했다가 궁으로 돌아갈 거라는 정보를 얻은 것이다. 그들은 현장을 점검하고 폭탄을 운반해왔다. 그런데, 거사 이틀 전 책임자인 젤랴보프가 체포되고 말았다. 나아가도 죽고 물러서도 죽는 막다른 골목에서 남은 대원들은 암살을 강행키로 했다. 27세의 여성당원 페로프스카야가 거사 책임을 이어받았다.

가장 위험한 테러리스트 지도
자를 체포한 데 안심한 알렉산
드르 2세는 주위의 반대를 무릅
쓰고 3월 1일 예정대로 열병식
에 참석했다. 그리고는 곧장 궁
으로 돌아가지 않고 대황후의
궁전으로 가 커피를 마시기로
했다. 그로 인해 지뢰 폭파 계획
은 수포로 돌아갔다. 남은 것은
폭탄투척뿐이었다.

잔설이 녹아 진흙탕으로 변하
고 있던 거리의 풍경은 황량하
기 이를 데 없었다. 1시 45분, 빠

형장의 '인민의 의지' 당원들. 젤랴보프, 페로프스카야, 리
사코프, 키발리티티 , 미하일로프 등 5명이 처형되었다. 사
형수들의 가슴에 '황제 살해'라는 팻말이 달렸다.

른 속도로 달려나가던 차르의 행렬이 운하 옆길에서 오른쪽으로 방향을 틀
고 있을 때, 차르가 탄 마차 바로 밑에서 폭탄이 터졌다. 카자흐 호위병 하나
가 즉사하고 행인 몇 명이 부상을 입었다. 마부가 급히 마차를 몰아 앞으로
나아가려는 순간, 차르가 마차를 세웠다. 병사들이 폭탄투척자를 체포하고
행인들이 폭발현장에 몰려들어 비명을 질러대고 있었다.

현장이 보고 싶어진 차르가 마차에서 내려 걸어나왔다. 그때, 한 청년이 차
르 앞으로 다가오더니 차르의 발 밑에 두 번째 폭탄을 던졌다. 포연이 자욱
한 가운데에 차르와 폭탄을 던진 청년이 그 자리에 함께 쓰러졌다. 차르는
급히 왕궁으로 실려갔으나 2시간 만에 절명했다.

전능의 전제군주 차르가 마침내 쓰러진 것이다. 터질 것 같은 긴장과 초조
속에 날을 지새고 있던 '인민의 의지'의 남은 당원들은 이제 전제정치의 악
몽은 끝났다고 생각하고, 안도의 숨을 내쉬었다. 인민들이 자유를 위해, 자
신들이 주인이 되는 사회주의 사회를 세우기 위해 들고 일어설 것이다. 아니
적어도, 혁명의 진전을 돕는 광범한 자유주의적 개혁이 뒤따를 것이다.

그러나 인민들은 아무런 움직임을 보이지 않았다. 오히려 차르의 죽음을

애도하는 분위기가 지배적이었다. 테러리스트들에게 내심으로 찬사를 보내던 자유주의자들도 침묵으로 사태의 추이를 관망할 뿐이었다.

3월 10일, 남은 '인민의 의지'의 지도자 티호미로프는 작은 수확이라도 거둘 수 있기를 기대하면서 실행위원회의 이름으로 새로운 차르 알렉산드르 3세에게 사려 깊은 공개서한을 띄웠다. 거기서 그는 테러리즘의 원인을 이렇게 설명했다.

"혁명가는 상황의 소산이다. 인민들 전반에 걸친 불만, 새로운 사회제도를 도입하려는 러시아인의 열망의 반영인 것이다. 전 인민을 몰살하거나 또는 억압을 강화하여 불만을 더욱 조장할 뿐이다. 곧, 처형된 대원들보다 더 많은 사람들이 인민들 속에서 일어설 것이다."

그러면서 정부에 정치범을 모두 석방하고 러시아 전 국민 대표자 회의를 소집하라고 요구했다. 단, 대표자의 선거는 언론·출판·집회·선거 강령의 완전한 자유가 보장되는 속에서 치러져야 하고, 그와 더불어, 그렇게 선출된 의회에 '인민의 의지'는 무조건 복종할 것이며, 의회가 승인한 정부에 대해서는 장차 어떠한 무력저항도 하지 않겠노라고 전국민과 세계 앞에 엄숙히 서약했다.

실행위원회의 공개서한은 그 온건한 내용으로 전 러시아에 공명을 불러일으켰음은 물론, 서유럽의 보수적인 신문들까지도 그 합리적인 요구를 지지했다.

그러나 새로운 차르 알렉산드르 3세는 이러한 요구를 묵살하고 전제체제를 계속 수호하겠다는 의지를 분명히 했다. 차르는 곧, 극우보수주의자인 종무원 총재 포베도노스체프를 고문으로 임명하고 자유주의자 로리스 멜리코프를 파면했다. 전 황제가 암살되기 직전에 로리스 멜리코프가 작성한 극히 제한적인 개혁안(인텔리겐치아와 부르주아 일부를 체제 내로 흡수해 들이려는 안)도 폐기됐다.

이어, 반동의 바람이 불어닥쳤다. 경찰력이 강화되고, 스파이가 크게 늘고,

자유주의적인 신문조차도 금지되고, 도서관의 장서가 정비되고, 대학의 자치가 삭감되는 등, 압제와 속박의 족쇄가 더욱 강화됐다. 3년간의 잠정조치로 제정된 치안유지법(헌병과 경찰에게 정치범의 체포 및 추방, 군사재판, 대학 폐쇄, 신문·잡지의 발행정지 등을 명할 수 있는 권한을 준 임시법)은 1917년 혁명 때까지 폐지되지 않고 모든 반정부 활동 탄압에 악용된다.

젤랴보프, 페로프스카야 등 5명의 젊은 혁명가는 신속한 재판을 거친 후 4월 3일 세묘노프스키 연병장에서 교수대에 매달려 죽었다. 당시 뱃속에 아이를 갖고 있던 다른 한 명은 감옥에서 아이를 낳은 후 얼마 안 있어 옥사했다.

결국, 수년간에 걸친 '인민의 의지'와 정부 간의 혈투는 수백 명의 당원들을 차르 한 명의 목숨과 바꾼 채 그 1막을 내렸다. 러시아 혁명운동사에서 가장 치열했던 장면 중 하나인 '인민의 의지'의 황제 암살이 가져온 것은 사회혁명도, 입헌정부의 수립도 아닌 극심한 반동정치였다.

과거로의 회귀:
알렉산드르 3세의 반동정치(1881~1894년)

　1881년 알렉산드르 3세는 충격 속에 차르로 즉위했다. 세자 때부터 보수적인 교육을 받고 자란 새 차르는 부왕의 암살에 직면하여 자신의 신념을 더욱 굳혔다. 신성한 황제의 주권에 대한 모든 도전은 가차 없이 격퇴, 진압돼야 한다.

　새 차르는 자신의 신민들에게 보내는 선언문에서 '어떠한 위협에도 굴하지 않고 전제왕정을 수호하고 강화할 것'임을 선포했다. 알렉산드르 3세 정부는 초지일관 반동정책을 폈고, 아들 니콜라이 2세에까지도 그 전통을 그대로 물려주었다.

　알렉산드르 3세의 반동정책을 착상하고 구현한 것은 포베도노스체프였다. 그는 차르의 소년시절부터 국사로서 알렉산드르를 가르쳐온 인물로서, 이제 종무원 총재이자 황제의 고문이라는 실권까지 장악하고 있었다.

　반동적인 정치가였을 뿐만 아니라 반동정치의 이론가이기도 한 그는 의회민주주의, 언론자유, 교회와 국가의 분리, 심지어는 보편 교육까지도 생기 있고 건전한 국민생활을 파괴하는 커다란 오류들이라고 지적했다. 이러한 악들로부터 러시아는 구제돼야만 했다. 그의 영향 아래서 '정교, 전제정치, 국

알렉산드르 2세가 암살된 장소에서 거행된 추모식(3월 13일), 암살된 부왕의 뒤를 이어 차르가 된 알렉산드르 3세는 철저한 반동정치로 일관했다.

민성'의 3두마차가 다시 새롭게 제기됐다.

적어도 한동안은 혁명분자들의 활동이 근절된 듯했고, 온건한 자유주의자들까지도 엄하게 문책 받고 묵살 당했다. 검열이 다시 강화됐고 행정추방 및 유형제도가 간소화됐다. 전제체제에 대한 반대자들은 대중들의 시야로부터 조용히 사라졌다.

1884년의 대학령으로 대학의 자치는 사실상 폐지됐으며, 학생들은 학교의 단순한 '방문객'으로 간주됐다. 고전어 교육이 강조되고 여성의 고등교육 기회가 축소됐으며, 초등교육에서 교회의 역할이 확대됐다.

1889년에는 지방관리관 제도를 두어 농민 지배를 강화하고 농민들에 대한 감시를 상설화했다. 지주귀족 중에서 임명된 지방관리관은 행정권 외에 어느 정도의 사법권까지도 보유하여 농민들 스스로가 선출해온 치안판사의 권한을 무력화시켰다.

1890년에는 젬스트보 법을 개정하여 농민들의 대표 선출권을 사실상 박탈하고 젬스트보를 정부의 엄중한 감시하에 두었다. 1892년에는 시 자치체에서도 유권자의 최저 재산 한계를 높여 유사한 반개혁을 실시했다.

지방제도의 반개혁으로 농민들에 대한 제재가 강화되는 대신, 귀족들의 권한은 대폭 확대됐다. 전제체제의 기둥인 귀족들이 그에 상응하는 역할을 수행케 하기 위해서는 상실한 그들의 지위를 회복시켜주어야 한다는 생각에서였다.

정교에 대한 지지는 분리파 정교도와 이교도들에 대한 박해로 표출됐다. 분리파 정교도와 일부 신교도, 이색 종파는 법으로 인정받지 못하고 지하로 들어갔으며, 카톨릭교도와 루터교 신자도 차별대우를 받았다.

정교의 우선권을 지지하는 시책은 소수민족에 대한 차별대우로도 연결됐다. 표어는 '진정한 러시아인을 위한 러시아'였다. 우크라이나인과 벨로루시인까지도 대러시아인보다 좋지 않은 대우를 받았으니, 다른 이민족의 경우에는 더 말할 것도 없다. 변방지역에서는 강력한 '러시아화 정책'이 펼쳐졌다. 소수민족들로 하여금 그들 고유의 전통을 포기하고 러시아 문화의 우월성을 인정케 하고자 갖은 노력이 다 기울여졌다. 1863년 반란의 실패 후 약간의 자치권마저 상실한 폴란드 민족에게 특히 심한 압력이 가해졌다.

그러나 가장 큰 고난을 겪은 것은 유태인이었다. 유태인이 살도록 허용한 '유태인 거주구역'의 범위를 더욱 좁혔고, 타지역 거주를 금하는 법령을 엄격히 시행했다. 토지를 취득하고 고등교육을 받을 권리도 크게 제한했다. 게다가 유태인들을 살육하고 재산을 빼앗는 반유태인 폭동, 즉 포그롬까지도 방조했다. 심각한 위기가 빚어질 때마다 정치적으로 이용되곤 하던 포그롬의 시작이었다. 러시아의 유태인들 가운데서 많은 혁명가들이 배출된 데는 이런 배경이 있다.

알렉산드르 3세의 반동정책은 형편없는 시대착오였다. 그것은 재활의 가능성도 없는 과거를 회복하려는 무모한 시도였다. 전제왕정과 귀족계급의 동맹을 기반으로 삼는다는 발상은 러시아 사회의 발전을 전적으로 도외시하는 것이었다. 농노제의 폐지와 함께 귀족 권력의 기반은 다시 회복할 수 없을 정도로 파괴돼버렸던 것이다.

다양한 민족들의 정치적 결속체로서의 제국이라는 포괄적인 개념대신, 편협한 민족주의와 국수주의를 채택한 것도 장래의 불행을 자초하는 것이었다. 러시아의 전제왕정이 몰락의 과정에 접어들면서 제국 관념마저도 상실해버린 것이다.

알렉산드르 3세는 결국, 급속도로 전진해도 모자랄 시점에 과거로 돌아가 안주하려는 정책을 취함으로써 제국의 몰락을 재촉했다. 다행히도 그의 13년 치세는 평온을 유지한 채 지나갔으나, 그의 아들이 그의 몫까지 더해 가혹한 고통을 겪는다. 매서운 반동의 칼날 아래, 가장된 평온하에서 혁명의 기운이 용틀임을 하면서 때를 기다리고 있었던 것이다.

혹독한 고난을 겪고 새롭게 태어난 '인민의 의지'는 알렉산드르 3세 치세에도 한 손에 총과 폭탄을 들고 한 손에 선전책자를 들고 잊을 만하면 한 번씩 뛰쳐나와 정치투쟁의 깃발을 쳐들었고, 이제 강력한 세를 형성한 노동자 계급은 자신들의 임무를 조금씩 자각해가면서 서서히 그 위용을 드러내고 있었다. 토지에 굶주리고 생활이 더욱 피폐해진 농민들 역시 계속 위기를 확대 재생산하고 있었다.

그리고 그 사이에서 아직은 미약하지만 장차 엄청난 폭발력을 발휘할 무서운 힘이 자라나고 있었다. 그것은 사회민주주의 세력이었다.

노동운동의 성장과 마르크스주의의 보급 :
노동자 해방단 결성(1883년)

19세기 중엽 이후 러시아의 자본주의는 빠른 속도로 발전했다.

19세기의 마지막 40년간 공업 생산고는 7배 이상 늘어났다. 그중에서도 대규모 공장제 공업과 중공업의 비중이 눈에 띄게 커졌다. 19세기 말엽 러시아는 광물연료 채굴, 주철 및 철강 생산, 운송기관, 제조 면에서 서유럽에 뒤지지 않는 수준에 도달했다. 1875년 현재 39개에 이르는 주식은행이 설립되는 등, 신용제도도 정비됐다.

공업의 발달과 더불어 노동자의 수도 크게 증가했다. 1865년에는 제조업·광업·철도에 근무하는 노동자가 70만이었으나, 70년대 말에는 100만 이상, 20세기 초두에는 200만 이상으로 늘어났다. 70년대 후반에는 오데사와 키예프의 남부동맹, 페테르부르크의 북부동맹 등, 노동자들 사이에 최초의 정치조직도 만들어졌다.

기업주에 대한 노동자의 투쟁은 해가 갈수록 조직적으로 변해갔다. 60년대의 노동운동은 해고를 둘러싼 항의와 소요가 지배적이었으나, 70년대부터는 파업이 속출했다. 노동자들은 집단으로 작업을 거부하고 당당하게 자신들의 요구를 내걸었다.

마르크스의 〈자본론〉 러시아어 초판(1892년)과 마르크스의 이론을 러시아의 현실에 접목시킨 플레하노프(1818~1883년). 그는 노동자해방단을 결성하기도 했다.

오레호보 주예보에서 일어난 유명한 1885년 파업에서는 1만여 섬유노동자가 임금수준과 고용조건, 임금의 1/3을 넘는 과다한 벌금 등에 대한 국가의 감독을 요구했다. 정부는 결국 노동자들의 요구를 받아들여 그에 관한 규칙을 제정했다.

노동자 투쟁의 결과로 노동자 보호입법도 마련되기 시작했다. 여자와 소년의 노동이 보호되고 노동시간이 다소 줄어들었으며, 공장감독관의 수가 늘어났다. 그러나 기업주들이 갖은 방법으로 탈법을 저지르고 임금수준과 작업환경도 저열하기 그지없어, 노동자들은 여전히 인간 이하의 생활을 강요당했다. 90년대 전반에 이르면 몇 개 기업의 노동자들이 함께 행동하는 집단파업이 운동의 중심을 형성한다. 그와 더불어, 러시아 혁명운동의 주도권도 나로드니키의 농민사회주의에서 마르크시스트의 사회민주주의로 옮겨가기 시작한다.

마르크스주의가 러시아에 알려지기 시작한 것은 일찍이 1840년대였다. 게르첸이나 벨린스키도 마르크스를 알고 있었고, 체르니셰프스키가 주관하던 〈현대인〉 지 역시 엥겔스의 논문을 소개한 적이 있다. 1869년에는 제1인터내셔널에 관계하던 바쿠닌이 〈공산당 선언〉을 러시아어로 번역했고, 1872년에는 나로드니키인 다니엘손이 〈자본론〉 제1권을 러시아어로 번역, 간행했다. 이어 경제학자 노베르가 자본주의를 분석하는 유용한 경제이론으로써 마르크스주의를 소개하면서 마르크시즘이 러시아의 인텔리겐치아에 확산되기 시작했다.

이와 같이 초기의 마르크시즘은 러시아의 독특한 사회주의인 인민주의와 연계되어 알려지기 시작했고, 또 자유주의자들에 의해 경제이론으로 소개되기도 했다. 엄격한 검열을 행하고 있던 당국은 마르크스의 이론이 러시아의 현실과는 관계없는 추상적인 사변이라고 단정 짓고 출판을 승인했으며, 이후로도 한동안 '인민의 의지'에 비해 비교적 온건한 탄압정책을 폈다.

마르크시즘이 혁명이론과 결부되어 러시아 노동자들의 강력한 무기로 등장하는 것은 '러시아 마르크시즘의 아버지' 플레하노프를 통해서다. 1880년 '토지 총재분배'파의 지도자들과 함께 스위스로 망명한 플레하노프는 망명지에서 인민주의를 버리고 마르크시즘으로 전향했다. 마르크스-엥겔스의 이론과 유럽의 노동운동을 깊이 연구하고 러시아 혁명운동의 경험을 분석한 결과, 노동자 계급의 성장 속에서 사회주의의 미래를 찾는 마르크시즘이 진실로 올바른 이론이라는 결론에 이르게 된 것이다.

1883년 플레하노프는 제네바에서 악셀로드, 자술리치, 데이치, 이그나토프 등의 동지와 함께 러시아 최초의 마르크스주의 혁명조직, '노동자해방'단을 결성했다. 이들은 나로드니키의 사회주의 직접 이행론에 반대하고, 자본주의 사회를 거친 후 사회주의를 실현한다는 2단계 혁명론을 주장하면서, 마르크스와 엥겔스의 여러 저작을 러시아어로 번역, 보급했다.

저명한 마르크스주의 이론가가 된 플레하노프는 마르크스의 이론을 러시아의 현실에 접목시키는 일에 착수했다. 그는 1883년 〈사회주의와 정치투쟁〉, 1885년 〈우리 의견의 차이〉라는 저술에서 러시아 마르크스주의 이론을 확립하고 러시아 자본주의를 분석했다. 여기서 그는 나로드니키의 주장과 달리 러시아 자본주의는 몰락하지 않고 발달하고 있으며, 자본주의하 러시아의 당면과제는 부르주아 혁명이고, 혁명의 주체인 노동자 계급은 부르주아지와 힘을 합쳐 부르주아 혁명을 완수한 이후 프롤레타리아 혁명을 이루어야 한다고 주장했다. 노동자 해방단과 플레하노프의 주장은 당시 나로드니키들로부터 엄중한 비판을 받았으나, 러시아 자본주의가 눈에 띄게 성장하면서 마르크스주의를 지지하는 청년들이 급속도로 늘어갔다. 그와 함께,

초기 사회민주주의자(러시아의 마르크시스트들은 스스로를 '사회민주주의자'라고 불렀다)들의 노력에 힘입어 노동자들 사이에서도 마르크스주의 활동가들이 많이 생겨났다.

해외의 노동자 해방단과 별도로 국내에서도 사회민주주의 조직이 결성됐다. 1883년에는 '블라고예프단'(스스로는 '사회민주당'이라 부름)이 페테르부르크에서 활동을 시작했고, 1885년에는 노동자들의 조직인 '토치스키 그룹'이 생겨났으며, 1889년에는 '브루스네프단'(노동자 동맹)이 결성됐다. 이들은 소규모의 노동자 서클들을 만들어 노동자들의 자기발전을 도우면서 마르크스주의를 선전했다. 브루스네프단은 1891년 페테르부르크에서 노동자 최초의 정치적 시위를 조직하기도 했다.

한편, 모스크바, 하리코프, 키예프, 오데사, 로스토프 나 도누, 카잔, 블라디미르, 리가, 민스크, 빌나, 티플리스 등지에서도 페도세예프, 아브라모비치 등 많은 사회민주주의자들이 정력적으로 활동하면서 러시아 노동자들의 완전한 해방을 위한 장기적인 투쟁을 지도하고 있었다. 이들 국내 사회민주주의자들의 조직과 활동은 노동자 해방단과 전혀 별개로 진행됐으나, 노동자 해방단이 발간한 출판물들을 받아보고 플레하노프가 쌓은 이념의 토대를 받아들이면서 차츰 간접적인 유대관계를 맺어나간다.

50만 이상의 희생자를 낸 1891~1892년의 대기근과 역병은 러시아의 사회운동을 크게 활성화시켰다. 그후 1890년대 중엽에 이르면 전 러시아에 사회민주주의자들의 소규모 조직이 폭넓게 확산되면서, 당시 여러 갈래로 갈라져 있던 나로드니키를 능가하는 영향력을 갖게 된다. 그와 더불어 러시아 혁명운동의 새로운 단계가 펼쳐진다.

깨어나는 시베리아:
시베리아 철도 착공(1891년)

오늘날 모스크바에서 급행열차에 몸을 싣고 7일 밤낮을 동으로 달리면 태평양 연안의 블라디보스토크에 이른다. 시베리아 철도의 종주 코스다.

모스크바를 출발, 꼬박 하루 동안 드넓은 러시아 평원을 달린 기차는 유럽과 아시아의 경계, 우랄산맥을 넘고 서시베리아의 광막한 벌판을 지나 최첨단의 과학도시 노보시비르스크에 이른다. 기차는 이어 낮은 대지와 구릉지대를 끝없이 달려 유서 깊은 도시 이르쿠츠크에 닿고, 거기서 세계에서 가장 깊고 아름답다는 호수, 바이칼 호를 남쪽으로 우회한 후, 이제 고원과 산맥지대를 지나 아무르 강변에 이른다. 그리고는 아무르강을 따라 동남쪽으로 달리다가 하바로프스크에서 방향을 꺾어 우수리강을 따라 남으로 내려오면, 종착역 블라디보스토크와 태평양이 여로에 지친 기차를 맞는다.

철도의 길이가 무려 9,300km. 4시간 남짓의 서울-부산 간 450km 기차 여행이 고작인 우리로서는 상상하기 힘든 거리다. 물론 모스크바부터 태평양까지 줄곧 기차로 달리는 사람은 매우 드물다. 장거리 승객은 이제 비행기를 이용하기 때문이다.

17세기까지 모피 수집이 주산업이었고 18~19세기에야 군데군데 금광·

러시아의 극동진출의 동맥이 된 시베리아 철도. 프랑스의 금융자본으로 1891년에 착공, 25년만인 1916년에 전 구간이 완공되었다.

은광이 발견되면서 광산 개발이 시작된 곳, 유형수들이 가슴에 맺힌 한을 땅속에 묻으며 죽어간 곳, 19세기 중엽까지 원주민을 포함해 총주민이 200만에 불과했고, 살을 에는 혹한과 거친 대지와 울창한 원시림 속에 늑대 울음소리만이 적막을 깨뜨리던 그 불모의 시베리아 땅에 철도부설의 대역사가 시작된 것은 1891년의 일이다.

당시 러시아가 열악한 기술과 자본에도 불구하고 시베리아 횡단철도의 건설을 추진하게 된 데에는 여러 가지 요인이 복합적으로 작용했다.

먼저, 러시아는 급속도로 늘어나는 농촌인구를 감당할 수가 없었다. 농민들의 1인당 경작지는 줄어만 갔고, 그에 따른 농민들의 불만을 해소해줄 탈출구가 필요했다. 당시의 활발한 공업화 추세도 농촌의 유휴 노동력을 흡수하기에는 역부족이었다. 시베리아 개발은 인구분산에 큰 효과를 가져올 게 틀림없었다.

공업화의 추진에도 시베리아의 철과 석탄 · 목재 등의 풍부한 자원이 필요했다. 또한, 철도부설 자체가 러시아의 자본주의화 · 공업화의 중심축이기도 했다.

시베리아 철도는 동아시아 정책의 생명선이기도 했다. 1860년 연해주까지 얻고 블라디보스토크에 해군기지를 건설한 후, 러시아는 이제 만주에서 세력권을 넓혀가기 시작했다. 경쟁국인 영국은 해상을 장악, 동아시아에 진출하고 있었다. 그와 경쟁하는 방법은 철도를 부설, 육지를 통해 진출하는 것이었다.

시베리아 횡단철도는 당시 러시아가 당면해 있던 정치·경제·사회의 제반문제를 한꺼번에 해결해줄 묘책으로 보였다.

1890년경, 청사진 속에만 머물러 있던 시베리아 철도 건설을 추진할 계기가 왔다. 1888년 프랑스로부터 대규모 차관도입이 성사된데다가 영국이 만주에 철도부설을 기도한다는 소식이 들려온 것이다. 러시아 정부는 1891년 초 마침내 황제의 칙령으로 시베리아 횡단철도의 부설을 공표했다.

시베리아 철도 건설의 제일 주역은 비테였다. 1889년 철도국장, 1892년 2월 운수장관을 거쳐 그해 8월에 재무장관이 된 비테는 알렉산드르 3세와 니콜라이 2세의 절대 신임하에 철도건설과 공업화의 추진에 심혈을 쏟았다.

시베리아 횡단철도는 다음 6구간으로 나뉘어 건설됐다. 모스크바에서 우랄산맥까지는 1880년대에 이미 철도부설이 완료돼 있었다.

1. 서부 시베리아 구간: 첼랴빈스크—노보시비르스크
2. 중부 시베리아 구간: 노보시비르스크—이르쿠츠크
3. 환바이칼 구간: 바이칼 호 남쪽을 우회하는 구간
4. 자바이칼 구간: 바이칼 호 동쪽—스트레텐스크
5. 아무르강 구간: 스트레텐스크—하바로프스크
6. 우수리강 구간: 하바로프스크—블라디보스토크

공사는 비교적 순조롭게 진행됐다. 그러나 근 2,000km의 아무르강 구간은 난공구가 많아 1895년이 되도록 별 진척을 보지 못하고 있었다. 그에 따라 바이칼 호 동쪽의 치타로부터 북만주를 거쳐 블라디보스토크에 이르는 철도의 건설을 검토하게 됐다. 이 노선은 또한 거리를 500km 가까이 단축시키는 이점도 있었다.

기회를 엿보던 비테는 청일전쟁에 패하여 위기감에 빠져 있던 청국정부에 접근하면서, 프랑스와 독일을 움직여 이른바 3국 간섭으로 일본이 차지한 요동반도를 청에 반환하게 만든다. 또한 청이 일본에 지불하기로 한 전쟁배상금을 빌려주면서 청을 구슬려, 1896년에 러청조약을 체결하고 북만주 경유 철도의 부설권을 얻는다. 이것이 바로 동청東淸철도다.

러시아는 새로 설립한 러청은행에 철도부설을 관장케 하고 1897년부터 공사에 착수했다. 또한 1898년에는 동청철도 중간지점인 하얼빈에서 요동반도의 여순에 이르는 남만지선의 부설권까지 얻어 만주에서 세력권을 크게 확장한다.

이 즈음이 동아시아에서 러시아의 영향력이 가장 컸던 때다. 우리나라에서 명성황후가 일본인들에게 살해된(을미사변) 지 1년 후인 1896년에 고종이 러시아 공사관으로 피신하여(아관파천), 1년 동안 러시아의 보호하에 정무를 관장한 것도 바로 이 무렵이다. 1897년에는 재정고문 알렉세예프를 시켜 조선의 재정을 장악케 하고 한러은행도 설립한다.

그러나 러시아의 팽창은 역시 조선과 만주를 넘보고 있던 일본의 팽창욕과 충돌하여 1904년 마침내 러일전쟁이 일어난다. 러시아는 시베리아 철도로 육군병력과 전쟁물자를 수송했다. 그러나 환바이칼 구간이 아직 완성되지 않아 시베리아 철도는 전략상 큰 역할은 하지 못했다. 러시아는 전쟁 중에 환바이칼 구간의 마무리 공사를 서둘러 마침내 북만주를 경유하는 시베리아 철도를 완공했다. 그러나 러시아는 결국 일본에 참패의 굴욕을 당한다.

러일전쟁의 패배로 만주에서 힘을 잃은 러시아는 곧 러시아 영내를 통과하는 아무르강 구간의 공사를 재개하여 1916년 시베리아 철도의 전구간을 완성한다.

완공된 시베리아 철도는 기대만큼 큰 역할을 하지는 못했다. 20세기 초엽 시베리아 지역에서 생산된 공업제품은 전 러시아 생산량의 3%에도 미치지 못했다. 동아시아 정책도 결국 실패로 끝나고 말았다.

그러나 장기적인 측면에서 보면, 시베리아 철도가 러시아 경제에 미친 영향을 과소평가할 수는 없다. 직접적으로는 공사 중에 대규모 금광이 발견되어, 시베리아의 광업이 활기를 띠고 1897년 금본위제채택의 토대를 마련하기도 했다.

철도건설과 함께 시베리아 이주민의 수는 급속도로 늘어갔다. 1880년대에 연간 10만 명 정도이던 이주민이 1890년대 후반 이후 연간 20만 이상으로 늘었고, 시베리아의 총인구는 1897년에 490만을 기록했다. 그와 더불어 서시베리아로부터 점점 동쪽으로 개발의 손길이 뻗쳐나갔다.

그러나 치밀한 계획하에 시베리아 개발이 본격화된 것은 소련 성립 후인 1928년에 제1차 5개년계획이 시행되면서부터다. 그 뒤 2차대전 후 노보시비르스크에 소련 과학 아카데미 시베리아 총지부가 세워지고, 과학도시 아카뎀고로도크가 건설되면서 시베리아 개발에 박차가 가해졌으며, 1980년대 후반에는 외국자본까지 끌어들이면서 시베리아 개발의 제3단계가 시작됐다.

시베리아는 오늘날 석탄·석유·천연가스·각종 광물 등 지하자원의 보고이며, 울창한 냉대림에서 나오는 질 좋은 목재로도 이름 높다. 더욱이 시베리아에 매장된 자원 중 지금까지 확인된 것은 20%정도밖에 안된다고 한다. 일찍이 1960년대에 미국의 케네디 대통령은 시베리아의 무한한 가능성을 이렇게 표현했다.

"시베리아의 자원은 소련이 미래와 우주를 정복할 비밀병기다."

오늘날 질곡에 빠져 허우적거리고 있는 러시아를 무시 못하는 요인들 중에 시베리아의 이 무한한 잠재력도 당당히 한 자리를 차지한다.

비테와 공업화:
뒤늦은 산업혁명(1890년대)

1830년대에 방적공업에서부터 시작된 러시아의 산업혁명은 1860년대의 개혁 이후 본궤도에 올라 1890년대에 세계 자본주의와의 연관하에서 완수된다. 그리하여 농노제와 자본제가 공존하던 러시아는 1890년대를 거치며 자본제 사회로 전환된다.

대개혁 이전에 러시아 자본주의를 선도한 분야는 섬유공업, 그중에서도 면공업이었다. 1830~1840년대에 면공업은 먼저 방적부문에서 기계화를 선도하며 양모공업과 아마공업을 따돌리고 섬유공업에서 가장 중요한 위치를 차지했다. 이어 1840~1850년대에 날염공정에서도 기계화가 진척됐고, 1850~1860년대에는 직포공정에서도 공장제 기계공업이 정착하여 자본주의 생산체계를 갖춘다.

1860년대 이후의 자본주의 발전은 철도업과 관련 산업으로부터 시작됐다. 1860년까지 1,600km에 불과했던 철도는 1870년 전후의 철도 붐으로 연평균 2,000km가 개통되면서 1875년에 전장 19,000km에 이른다.

철도는 정부의 적극 지원하에 주로 민간기업에 의해 건설됐다. 설립이 완화, 장려된 주식회사의 대부분은 철도회사와 은행이었으며, 정부는 주식과 사채구입에 안전판을 제공해주고 국립은행의 정관외대부를 통해 주식회사를 지원해줌으로써 철도업의 자본축적을 적극 도왔다. 그 결과, 철도업이 자본주의 발전의 중심축으로 자리 잡을 수 있었다.

철도업의 발전은 관련 용재업의 성장을 촉진했다. 거의 수입에 의존하던 기관차 · 차량 · 레일 등의 국내생산이 추진되어 1860년대 말부터 푸틸로프, 콜로멘스키, 네프스키 등 대형공장이 들어서기 시작했다. 이 부문 역시 정부의 많은 지원을 받았다. 80년대 초에 이들 기업이 생산한 기관차는 국내수요의 4/5, 차량은 5/6를 충당하기에 이르렀고, 레일은 1870년에 자급을 달성했다.

그와 더불어 석탄 · 철강 등 관련산업도 크게 발전했다. 석탄업의 경우 1880년에 국내수요의 약 60%를 충당할 수 있게 됐고, 18세기에 한때 세계 제일의 생산고를 자랑하던 제철업도 1880년대 후반 이후 자본제적 산업으로 다시 일어서기 시작했다.

일찍 산업혁명이 시작된 방직공업의 경우, 1870년대 이후 방적 · 직포 · 날염의 일관 제조 시스템이 갖추어지면서 기계화가 더욱 진전됐다.

이와 같이 러시아 자본주의는 1860년대 이후 철도업을 중심축으로 정부의 막대한 지원하에 빠른 속도로 발전해갔다. 근대적인 은행과 신용대출 기구가 다수 세워져 자본제적 발전을 지원했다.

1890년대에 이르면 세계 자본주의의 제국주의화 추세와 연관하여 러시아에도 큰 변화가 일면서 러시아 자본주의가 비약적인 성장을 기록한다.

1894년 러불동맹이 체결되면서 프랑스 자본이 러시아에 대거 유입됐다. 1897년에 금본위제가 채택되어 상거래가 안정되고 러시아 화폐의 교환성이 확립되면서 외국자본의 유입속도가 빨라졌다.

1892년에는 비테가 재무장관으로 취임하여 러시아의 산업화를 강력히 추진했다. 이렇다 할 정치적 신념은 없었으나 두뇌회전이 빠른 현실주의자였던 비테는 뛰어난 기획력과 추진력으로 러시아의 산업화 정책을 진두지휘했다. 그는 후발 자본주의 국가에서는 국가 주도로 산업화를 추진해야 한다는 독일 경제학자 리스트의 주장에 공감하고 이를 러시아에 적용코자 했다.

비테는 철도건설과 외자도입에 힘을 쏟는 한편으로 러시아의 공업발전을 위해 많은 조처를 취했다. 곡물 등의 수출을 강력히 장려하고 소비상품에 간접세를 부과하며 주위의 반대를 물리치고 금본위제를 확립하여 중공업 지원에 필요한 토대를 구축했다. 또한 보호주의에 입각한 관세정책, 정부의 보증과 보조 등 모든 방법을 동원하여 러시아의 공업을 지원하는 한편, 175개에 달하는 상공업 학교를 설립하는 등, 기술교육에도 힘을 기울였다.

이러한 조처들에 힘입어 러시아는 1890년대에 공업부문에서 연평균 8~9%의 높은 성장률을 기록하며 공업국의 기반을 다졌다. 같은 기간에 프랑스는 1.6%, 영국은 2.4%, 미국은 3.3%, 독일은 4.9%의 성장률을 보였다.

1890년대의 10년 동안 철로의 총 연장은 두 배로 늘었고, 관련산업도 크게 촉진되어 선철·철강·석탄 생산량이 모두 두 배 이상으로 늘었다. 면방직 공업도 영국에 버금가는 수준으로 성장했다.

프랑스·벨기에·독일·영국 등 유럽의 자본가들은 고율의 이윤에 매료되어 러시아에 속속 자본을 투자했다. 러시아 산업에 투자된 외국자본은 1890년 2억 루블에서 1900년 9억 루블 이상으로 늘어났다. 20세기 초 러시아의 총자본 중 외국자본은 30%를 넘었고, 공업부문에서는 무려 45%에 이르렀다. 프랑스와 벨기에는 금속, 독일은 화학과 전기, 영국은 석유분야를 독점했다.

외국자본과 국가 주도하에 산업화가 추진된 결과, 러시아 자본주의는 해외자본과 국가에 대한 종속이 심화되는 한편으로 고도의 기업집중 현상을 보였다. 종업원 100명 이하의 소기업이 전기업의 1/5에도 못 미친 반면, 1,000명 이상의 대기업이 무려 2/5에 달했다.

산업 간 불균형도 극심했다. 철도와 관련산업이 크게 성장한 반면에 일반 기계 제조업은 보잘것없었고, 식료품 등의 소비재 산업도 매우 취약했다.

가장 심각한 것은 농업이었다. 농업의 희생을 기반으로 공업화를 추진한 결과, 그렇지 않아도 빈사상태였던 러시아의 농촌은 이제 위기상황으로 치달아갔다. 인구가 늘면서 토지는 갈수록 부족해졌고, 과중한 토지상환금과 세금은 농민들의 어깨를 계속 짓눌렀으며, 무리 한 곡물수출은 농촌에 기근을 만연시켰다.

그러나 산업혁명은 어쨌든 러시아를 자본주의 사회로 변모시켰고, 그 결과로 자본가와 노동자가 새로운 사회계급으로 대두됐다.

러시아의 자본가 계급은 형성 초기부터 독립적인 성격을 갖지 못하고 차리즘에 끌려다녔다. 생산품의 상당 부분을 정부의 주문에 의존하고 국가의 보호관세·보조금 등 각종 지원을 받으며 성장한 탓에, 러시아의 부르주아지는 차리즘과 투쟁하며 자신의 입지를 넓히기보다는 정부에 시종 굴종하는 자세를 취했다.

그에 반해, 1900년 현재 300만에 육박한 러시아의 노동자들은 점점 혁명성을 띠어갔다. 생계유지조차 힘든 저임금, 1897년에야 하루 11시간 반 노동법이 제정될 만큼 열악한 노동조건, 위험하기 짝이 없는 작업환경, 게다가 노동조합도 허용되지 않고 순수한 경제파업까지도 총칼로 무자비하게 탄압받는 속에서, 노동자들은 차리즘 타도의 깃발 아래로 속속 모여들 수밖에 없었다. 기업집중의 심화로 절반 이상의 기업에 500명 이상의 노동자가 모여 일하는 상황도 노동자들의 단결에 좋은 조건을 제공해주었다.

거의 대부분 농노 출신이거나 그 아들딸인 러시아의 노동자들은 새로운 환경에서 자신들의 어깨에 드리워진 임무를 자각해갔다. 혁명가들 역시 노동자의 조직과 투쟁에 큰 힘을 기울였다. 이제 러시아 역사의 주무대는 차리즘과 노동자의 대결장으로 옮겨간다.

마지막 황제와 혁명가들:
러시아 사회민주노동당 창립(1898년)

1894년 10월, 알렉산드르 3세가 죽고 아들 니콜라이가 제위를 계승했다. 러시아 제국의 마지막 황제, 니콜라이 2세다. 아버지와 마찬가지로 극우 보수주의자 포베도노스체프에게 교육받으며 자란 그는 전제체제의 수호를 자신의 신성한 사명으로 여겼다. 그러나 니콜라이 2세는 무능하고 소심하여, 상황이 전혀 다른 국면으로 치달아갈 때에도 새로운 방책을 내지 못했고, 그렇다고 강력한 수단을 써서 겉으로나마 평온을 가장할 수도 없었다.

그의 무소신과 짧은 생각, 무감각은 그의 대관식 사건에서부터 분명하게 드러났다. 1896년 5월 대관식이 끝나고 모스크바 근교의 들판에서 축하행사가 열렸다. 50만 가까운 그의 백성이 관례적으로 행해지는 선물배급을 받고자 모여들었다. 그런데 통제가 졸렬하여 사람들이 뒤엉키면서 대혼란이 벌어지는 바람에 무려 1,300여 명이 죽고 더 많은 사람이 다쳤다. 그날 저녁, 황제와 황후는 아무 일도 없었다는 듯이 프랑스 대사관에서 열린 무도회에 참석했다. 간단한 조사 후, 단 한 명의 경찰관이 해임되는 것으로 사건은 끝났다.

점점 심화되는 사회적 위기와는 철저히 유리된 채 황실은 극심한 사치 속에 세월을 보냈다. 니콜라이 2세와 독일인 황후 알렉산드라는 흔히 프랑스의 루이 16세와 황후 마리 앙투아네트에 비유된다. 자기를 도운 사람을 버리는 배은망덕과 표리부동, 완고한 고집 등 니콜라이는 루이 16세를 많이 닮았고, 알렉산드라는 앙투아네트를 빼다 박은 것 같았다고 한다. 두 부부는 모두 혁명이라는 천벌을 받아 스스로를 파멸시키고 국민들에게 많은 피를 흘리게 했다.

니콜라이 2세는 아버지의 뒤를 이어 시대착오적인 반동정치를 계속 펼쳤다. 1881년의 '임시법'을 계속 적용, 확대하여 언론과 사상을 엄격히 통제했고, 교육에도 많은 제한을 가했다. 젬스트보와 시 정부의 권한은 더욱 축소됐다. 젬스트보의 과세대상도 줄였고, 젬스트보 위원과 고용인의 임명비준을 거부하여 정권에 충성하는 사람만이 공적인 지위를 얻을 수 있음을 보여주기도 했다.

종교박해도 더욱 심해졌다. 분리파 정교도가 심한 탄압을 받았고, 아르메니아 교회와 그밖의 종파들에도 많은 제약이 가해졌다. 유태인의 지위도 더 악화됐다. 유태인의 토지매입을 더 엄격히 규제했고, 1903년 베사라비야의 키시뇨프에서 시작돼 우크라이나 일대로 확대된 대규모의 유태인 약탈 · 학살을 방조했다.

1809년 러시아에 합병된 이래 상당한 자치권을 부여받고 있던 핀란드에도 강력한 러시아화 정책을 추진하여 많은 권리를 박탈했다. 반대운동이 격화되면서 핀란드는 혁명세력의 주요 근거지가 됐다.

경제 면에서는 1900년대 초엽까지 비테를 계속 중용, 강력한 산업화 정책으로 큰 성과를 낳았으나, 균형 잃은 산업화는 한편으로 위기를 가져왔다. 1903년 동아시아 정책을 둘러싸고 의견대립이 일어나자 니콜라이 2세는 비테를 버리고 모험주의자들의 손을 들어주었다. 그와 함께 러시아는 전쟁과 혁명의 소용돌이 속으로 빠져들어간다.

알렉산드르 3세의 혹독한 탄압 아래에서도 지하활동을 계속하며 세력을 확장해온 혁명가들은 산업화의 진전을 배경으로 힘찬 발걸음을 내딛기 시작했다.

페테르부르크 '노동자계급 해방투쟁동맹'의 지도자. 앞줄 왼쪽에서 세 번째가 블라디미르 울리야노프(레닌)이다.

당이 소멸한 후에도 노동자와 청년·학생·군부 내에서 꾸준히 활동을 계속해온 '인민의 의지' 그룹 일파는, 노장 나탄손의 지도하에 1893년 말 정치적 자유와 입헌체제 쟁취를 목표로 하는 '인민의 권리'당을 결성했다. 1894년 봄의 일제검속으로 당은 단명으로 끝났으나, 이 흐름은 계속 이어져 1900년대 초에 사회혁명당과 카데츠로 계승된다. 한편, 인민주의자의 다수가 이 무렵 마르크시즘에 귀의하면서 혁명운동의 중심이 사회민주주의자들에게로 옮겨갔다.

1895년에는 페테르부르크에 '노동자계급 해방투쟁동맹'이 결성됐다. 레닌의 제창으로 여러 개의 마르크시스트 서클이 하나의 조직으로 뭉친 것이다. '투쟁동맹'은 중앙집권, 엄격한 규율, 대중과의 긴밀한 유대를 조직원칙으로 채택했고, 17명으로 조직의 핵심을 꾸렸다. 레닌 외에도 크르지자노프스키, 마르토프, 포트레소프, 크루프스카야, 라드첸코 등 미래의 러시아 혁명운동 지도자들이 핵심 멤버로 참여했다. '동맹'의 기초는 노동자 서클이었다. 1895년 12월 40여 명의 지도자가 체포되고 이후 몇 차례에 걸쳐 간부들이 계속 검거됐음에도, 이들은 노동자들 사이에서 유인물 배포, 선동, 파업지도 등, 이전의 소그룹으로는 상상도 할 수 없는 규모로 활동을 펼쳤다.

1896년 '투쟁동맹'의 지도하에 페테르부르크 섬유노동자 총파업이 일어났다. 니콜라이 2세의 대관식 날인 임시휴일에 고용주들이 임금지불을 거부한 데서 발단한 파업은 페테르부르크의 모든 섬유공장을 비롯해, 기계공장과 고무·제지·제당공장으로 급속하게 번져나갔다. 3만이 넘는 파업 노동자들의 요구는 10시간 반 노동, 임금 인상으로 압축됐다. '동맹'은 노동자들에게 굳건히 일어서서 자신들의 권리를 지켜나가자고 호소하는 유인물과 성명서들을 인쇄, 배포했다. 노동자들의 요구사항도 널리 전파했다.

파업소식은 러시아의 전 노동자들을 흥분시켰고 나아가 해외에까지도 커다란 반향을 일으켰다. 서유럽 각국의 노동조합들이 지지 편지와 파업기금을 보내왔고, 1896년의 제2인터내셔널 런던 대회는 '유럽 반동세력의 마지막 보루와 싸우고 있는' 러시아 노동자들에게 경의를 표하는 특별 결의문을 채택했다.

1897년 정부는 노동자들의 강력한 투쟁에 놀라 하루 11시간 반 노동을 규정한 노동법을 제정했다. 1896년 페테르부르크의 파업은 노동자들의 경제적 요구가 정치적 요구로 발전하고 사회주의와 노동운동이 결합한 투쟁으로 이름 높다. 페테르부르크의 '투쟁동맹'을 표본으로 하여 모스크바, 이바노보 보즈네센스크, 블라디미르 등등, 여러 도시에 같은 이름의 그룹이 조직됐다. 서부에서도 사회민주주의자들의 대규모 조직이 만들어졌다. 1893년에 폴란드 사회민주당이 창설됐고, 1896년에는 리투아니아 사회민주당과 리투아니아 노동자동맹, 1897년에는 유태인노동자 총동맹(분트)이 생겨났다.

곳곳에서 사회민주주의 운동은 눈부신 성과를 거두고 있었다. 이제 마르크스주의자들은 전국적인 당의 건설이라는 과제에 직면했다. 1898년 3월 초에는 민스크에서 9명의 대표자가 모여 러시아 사회민주노동당을 창립했다. 9명의 대표는 페테르부르크, 모스크바, 키예프, 예카테리노슬라프의 각 '투쟁동맹', '분트', 키예프의 〈라보차야 가제타(노동자 신문)〉 그룹을 대표했다. 대회는 러시아 사회민주노동당 결성을 결의하고 라드첸코, 에이델만, 크레메르를 중앙위원으로 선출했으며, 〈라보차야 가제타〉를 당 기관지로 선포하고 유형중인 레닌을 팜플렛 편집자로, 제네바의 플레하노프 그룹을 해외대표로 임명했다. 그리고 대회의 이름으로 전제 타도와 프롤레타리아의 정치적 자유 획득을 주장하는 선언이 발표됐다. 당시 걸출한 사회민주주의자들이 모두 유형 또는 망명 중에 있던 까닭에, 선언문은 합법적 마르크스주의자인 스트루베에게 의뢰해 작성했다. 선언문 중 널리 알려진 한 구절을 보자.

> "유럽의 동쪽으로 갈수록 부르주아지는 정치감각이 뒤떨어지고 나약해진다. 그에 따라 프롤레타리아트에게 부과되는 문화적 · 정치적 임무는 더욱 막중해진다. 러시아의 노동자 계급은 정치적 자유의 획득이라는 임무를 그 굳은 어깨에 짊어지고 수행해야만 하며, 또 수행해낼 것이다. 이것은 프롤레타리아트의 위대한 역사적 사명을 실현하고, 그 어디에도 인간에 의한 인간의 착취가 남아 있지 않은 사회를 건설하기 위해 반드시 거쳐야 할 단계이며, 그 첫걸음이다."

대회 직후 중앙위원 2명을 포함해 핵심 조직자들이 체포되고 〈라보차야 가제타〉도 압수되어, 러시아 사회민주당 중앙은 사실상 창립선언만 한 채 괴멸되고 말았다. 그러나 선언 그 자체가 정치적으로 혁명적인 의미를 지니고 있었다. 당 창립 소식은 전국 각지의 활동가들을 크게 고무했다. 이후 각지의 사회민주주의 조직은 당의 지역위원회로 자리를 잡고 노동자들 사이에 영향력을 확대해갔다. 그와 더불어 운동은 거대한 진전을 보이며 러시아 전역으로 퍼져갔고, 간접적으로는 전 국민들 사이에 민주주의 정신을 확산시켰다. 그러나 아직 당은 치밀한 조직체계를 못 갖추고, 강령과 규약 · 전술도 통일을 보지 못하고 있었다. 그에 따라 사상적 동요가 심해지면서 경제주의와 노동조합주의의 영향이 커져갔다. 온갖 기회주의적 요소를 청산하고 당을 굳건히 세우는 것이 시급한 과제로 대두됐다.

레닌과 러시아 혁명운동:
〈이스크라〉와 사상투쟁(1900년경)

　러시아 혁명운동의 발전과 레닌의 발자취는 불가분의 관계에 있다. 1890년대 중엽 이후 레닌은 러시아 혁명의 격류 가운데로 뛰어들어 탁월한 능력으로 러시아의 운동을 이끌었다. 아무도 걷지 않은 정글 속에서 올바른 길을 찾아가기 위한 치열한 이론투쟁 사상투쟁의 중심에는 항상 레닌이 있었고, 레닌의 지도하에 러시아 볼셰비키는 전제체제를 뒤엎고 세계 최초로 사회주의 국가를 세웠다. 러시아 혁명의 불이 붙는 20세기 초 역사에 들어가기 전에 레닌의 발자취를 더듬어보는 것은 러시아 혁명사의 윤곽을 잡는 데 큰 도움이 될 것이다.

　블라디미르 일리치 울리야노프('레닌'은 그의 필명)는 1870년 4월 볼가 강변의 심비르스크에서 태어났다. 아버지는 성실한 교육관료였고, 어머니는 교양 있고 자상한 부인이었다. 진보적이고 민주적인 가정환경하에서 여섯 형제자매는 모두 혁명가로 자라났다. 1887년 '인민의 의지' 그룹의 일원이던 형 알렉산드르는 차르의 암살모의에 가담, 체포되어 슐리셀부르크 요새에서 교수형을 당했다. 레닌은 매우 좋아하던 형의 죽음에 깊은 충격을 받고 진지하게 혁명을 생각했다.

그해 가을 카잔 대학에 입학하자마자 그는 학생운동에 가담했다가 그해 12월에 퇴학당했다. 그 후 마르크스주의 연구에 몰두하는 한편, 1890년 여름부터 독학으로 법률을 공부하여 1891년 가을에 페테르부르크 법과대학의 졸업 검정시험에 합격했다. 1892년 초 레닌은 사마라의 법률사무소에 취직하여 변호사로 일하면서 마르크스주의 서클을 이끌었다.

1893년 레닌은 확고한 마르크스주의자가 되어 페테르부르크로 진출했다. 그는 학생과 노동자 서클에서 마르크스주의를 강의하고 당면과제들에 대한 팜플렛들을 써내면서 페테르부르크 활동을 시작했다. 1894년에는 나로드니키의 반인민적 본질을 폭로한 〈'인민의 벗'이란 무엇인가, 그리고 그들은 사회민주주의자와 어떻게 싸우는가〉를 젤라틴판으로 지하출판하여 큰 명성을 얻었다.

1895년 여름 레닌은 해외로 나가 독일과 스위스를 돌아보고 플레하노프 등을 만나고 온 후, 동지들과 함께 '노동자계급 해방투쟁동맹'을 결성했다. '투쟁동맹'은 종래의 서클 단위의 소규모 선전활동을 대규모 선전 · 선동 · 투쟁지도 활동으로 한 차원 끌어올렸다. 이때부터 레닌은 이론 · 조직 · 실천적 정치활동을 결합하면서 진정한 혁명가의 길을 걷기 시작했다.

그러나 1895년 12월 레닌은 '투쟁동맹'의 다른 지도자들과 함께 체포되어 미결수로 14개월 동안 독방에 감금됐다가, 동시베리아 예니세이 현의 슈센스코에로 유형당했다. 레닌이 유배돼 있던 1898년에 민스크에서 러시아 사회민주노동당이 결성됐고, 레닌은 1899년 유형지에서 〈러시아 자본주의의 발달〉을 저술했다.

1900년 형기를 마칠 레닌은 해외로 망명하여 플레하노프, 마르토프 등과 함께 혁명적 마르크스주의 신문 〈이스크라(불꽃)〉를 창간했다. 레닌은 〈이스크라〉를 기반으로 마르크스주의에 입각한 전국적인 노동자당의 창립을 준비했다. 〈이스크라〉의 모토였던 '불꽃에서 큰불이'는 실질적인 창당대회였던 1903년 러시아 사회민주노동당 제2차 대회로 결실을 맺었다. 그러나 이 대회에서 사회민주당은 볼셰비키와 멘셰비키의 두 파로 갈라졌다.

이 즈음 레닌은 온갖 형태의 기회주의와 치열하게 싸우면서 볼셰비키 당

울리야노프(레닌)가. 뒷줄 왼쪽부터 올가(누이), 알렉산드르(형), 안나(누이), 앞줄 왼쪽부터 마리야(누이)를 안은 마이야 알렉산드로브나(어머니), 드미트리(동생), 일리야 니콜라예비치(아버지), 블라디미르(레닌)

의 전술을 발전시켰다. 부르주아 민주주의 혁명을 완전한 승리로 이끎과 동시에 사회주의 혁명으로의 이행을 꾀하는 전술이었다. 그 주된 내용은, 부르주아 민주주의 혁명은 노동자 계급의 주도하에 추진해야 하며, 노동자 계급의 제일 동맹자는 부르주아지나 도시의 소시민이 아닌 농민이라는 것이었다. 레닌은 오로지 근로인민의 무장봉기, 그리고 노동자와 농민의 혁명적 민주주의 독재의 확립을 통해서만 차리즘을 타도할 수 있다고 강조했다.

〈무엇을 할 것인가-우리 운동의 긴급한 과제 (1902)〉, 〈일보 전진, 일보 후퇴(1904)〉, 〈사회민주주의자의 두 가지 전술(1905)〉 등의 저작에서 그는 경제주의와 노동조합주의, 합법적 마르크스주의, 멘셰비키 등 온갖 기회주의 요소들을 가차없이 비판하면서 무엇이 진정 혁명에 이르는 길인지를 보여주고자 했다.

그 후 1차혁명이 최고조에 이른 1905년 11월 레닌은 페테르부르크로 돌아와 1907년까지 당 중앙위원회의 작업을 직접 지도했다. 1907년 혁명이 퇴조기에 접어들면서 그는 다시 해외로 망명했다.

레닌은 1912년 프라하 대회에서 멘셰비키와 완전히 결별하고 볼셰비키 당을 독립된 당으로 만들었다. 혁명의 기운이 다시 일자 러시아에 좀더 가까이 있기 위해 레닌은 1912년 폴란드 지방의 크라코프로 이주했고, 거기서 볼셰비키 신문 〈프라브다〉의 작업을 지도했다.

1914년 이전부터 일체의 제국주의 전쟁에 반대한 레닌은 1차대전 동안 스위스에서 전쟁과 평화, 그리고 혁명의 문제에 대한 당의 이론과 전술을 마련했다. 그는 모든 색깔의 사회국수주의자, 조국방위론자들에 단호하게 반대하면서, 제국주의 전쟁을 자국 내 착취자에 맞서는 내전으로 변화시킬 것을 요구했다. 1915년 짐머발트, 1916년 키엔탈에서 열린 국제 사회주의자 총회에서 레닌은 혁명적 국제주의자들을 짐머발트 좌익으로 한데 모았다. 이 시기의 제국주의 연구는 〈자본주의 최고단계로서의 제국주의 (1916)〉로 결실을 보았다.

1917년 2월혁명으로 차리즘이 붕괴한 뒤, 레닌은 '밀봉 열차'를 타고 4월에 러시아로 돌아왔다. 그가 보기에, 당시 러시아에 프롤레타리아 독재를 실현할 수 있는 형태는 소비에트였다. 귀국 직후 발표한 〈4월 테제〉에서 그는 '모든 권력을 소비에트로'라는 슬로건을 내걸고 노동자와 빈농에 의한 혁명의 접수를 주장했다.

7월 사건 이후 레닌은 잠시 핀란드로 몸을 숨겼다. 은신처에서 〈국가와 혁명 (1917)〉을 집필하면서 그는 치밀하게 무장봉기를 준비했다. 그의 직접 지도하에 무장봉기가 일어나 마침내 10월 사회주의혁명이 성취됐다. 10월혁명 직후에 열린 제3차 전 러시아 소비에트대회에서 레닌은 인민위원회 의장(정부의 수반)으로 선출됐다. 신생소비에트 공화국을 살리기 위해 1918년 3월 레닌은 강력한 반대를 물리치고 독일과의 브레스트-리토프스크 강화조약 체결을 관철시켜 전쟁을 끝냈다. 내전기에 볼셰비키는 그의 지도하에 국내외의 반혁명 세력에 맞서 싸워 소비에트 국가를 지켜냈다.

소비에트 정부와 당은 국외 간섭군과 백위군에 승리한 후 그의 지도하에 인민경제의 회복을 위해 노력했다. 레닌은 전국 전기화 계획(고엘로)을 발기했고 신경제정책(네프)의 토대를 마련했다.

그의 창도로 1922년 12월 소비에트 사회주의 공화국 연방이 세워졌다. 그 무렵 그는 1918년 8월의 총상 후유증과 누적된 과로로 인해 몸져 누웠으나,

죽을 때까지 사회주의 국가의 건설을 계획했다. 〈협동조합에 관하여(1923)〉
를 비롯해 그가 병상에서 집필한 마지막 저술들에 그러한 노력이 잘 드러나
있다.

레닌은 1924년 1월 21일 소비에트 국가가 단단한 토대 위에 서는 것을 보
지 못하고 눈을 감았다. 그러나 레닌은 위대한 혁명가로서 역사에 커다란 발
자취를 남겼고, 또한 빼어난 사상가로서 마르크스주의를 창조적으로 발전시
켜 마르크스-레닌주의를 탄생시켰다. 1월 22일 긴급 소집된 당 중앙위원회
긴급총회에서 채택한 호소문은 레닌을 이렇게 말했다.

"프롤레타리아트가 그 안에 갖고 있는 진실로 위대하고 영웅적인 모든 것, 즉 비할 데 없
는 지혜, 어떤 것도 극복하는 강철 같은 의지, 예속과 억압에 대한 성스러운 증오, 태산
도 움직이는 혁명에의 정열, 대중의 창조력에 대한 무한한 신뢰, 조직의 천재, 이 모든
것이 그의 한 몸에 체현돼 있다. 그의 이름은 서에서 동으로, 남에서 북으로, 새로운 세
계의 상징이 됐다….
그는 작은 일이건 큰 일이건, 누구보다도 먼저 앞을 내다볼 줄 알았다. 역사적 대전환을
예언함과 동시에 극히 미세한 것도 일일이 고려해 넣었고, 또 그것을 이용할 줄 알았다.
그는 필요한 경우 맹렬히 공격할 줄도 알았고, 또 필요한 경우 새로운 공격을 준비하기
위해 퇴각할 줄도 알았다. 그는 얼어붙은 공식이라는 것을 몰랐다. 모든 것을 투시하는
그의 형안은 그 어느 것에도 가려지지 않았다."

사회민주당, 사회혁명당, 해방동맹:
혁명정당의 결성과 분립(1901~1904년)

20세기에 접어들면서 러시아에는 혁명의 기운이 감돌기 시작했다. 1900~1903년의 세계경제공황은 자립적 기반이 약한 러시아의 경제를 뿌리째 흔들었다. 주요공업 부문의 생산고가 적게는 20%에서 많게는 70%까지 격감했고, 수많은 실업자가 농촌으로 귀향했으며, 농촌도 황폐와 기근 속에서 허덕였다.

노동자는 정치파업과 시위를 벌이기 시작했다. 1900년 하리코프의 메이데이 때는 1만여 명의 노동자가 파업하고 그 절반이 거리로 몰려나와 시위에 참여했다. 이 시위를 시작으로 전국 각지에서 잇따라 시위가 일어났다. 1901년 2~3월에는 페테르부르크, 모스크바, 하리코프, 키예프 등지에서 수만의 시위대가 '전제 타도'의 기치를 내걸고 가두로 진출했다.

1902년, 1903년으로 넘어가면서 노동자들의 파업과 시위가 더욱 빈발하는 속에 정치적 요구가 거세어졌다. 1903년 7~8월의 남러시아 노동자 총파업에는 20만 명의 노동자가 참여, 차르 권력에 정면으로 도전했다.

노동운동의 고양에 놀란 차르 정부는 총칼과 채찍, 투옥과 유형으로 운동의 불길을 막으려 했다. 1903년 3월에는 제철소 노동자들의 경제파업에 발포를 하여 69명의 사망자를 냈다. 정부는 탄압과 병행하여 노동자들을 혁명투쟁으로부터 분리시키는 정책도 썼다. 밀정을 투입하고, 관제 노동조합을 만들어 노동자들을 경찰의 감시하에 두는, 이른바 '경찰사회주의' 정책을 써서 운동을 교란했다. 그러나 운동의 발전은 이러한 기도들을 일소해버렸다.

처절한 빈곤에 직면한 농민들도 그간의 침묵을 깨고 투쟁의 대열에 참여했다. 1902년 폴타바와 하리코프의 대규모 반란에서 농민들은 지주의 집에 불을 지르고 토지를 몰수했으며, 경찰과 군대에 강력하게 저항했다.

학생운동도 활발하게 일어났다. 1899년 전제권력에 도전한 학생들의 전국적인 동맹휴업에 정부가 제적학생의 강제징집으로 대응한 것이 기폭제가 되어 1900~1902년에 학생운동이 격화됐다. 학생들은 대규모 동맹휴업과 시위를 조직했고, 문교장관을 암살했다. 1901년 3월 페테르부르크의 네프스키 대로에서 있은 학생과 시민들의 시위에 카자흐병이 발포하여 여러 명이 죽기도 했다.

핀란드에서는 자치권의 침해와 새로운 병역법에 대항하여 핀란드 총인구의 1/5이 서명하는 등, 거센 저항운동이 일었다.

자유주의적 부르주아지도 동요했다. 젬스트보를 중심으로 활동하던 자유주의자들은 개혁을 주장하고 정부에 청원서를 제출했다. 가까운 장래에 혁명이 도래할 것 같은 분위기가 곳곳에서 감지됐다. "불어라, 더 세차게!" 고리키는 〈바다제비의 노래〉에서 임박한 폭풍을 예고했다.

그러는 가운데 사회민주주의 운동은 눈부신 발전을 이룩했다. 1900년에 발간된 〈이스크라〉는 '노동자는 경제투쟁, 자유주의자는 정치투쟁'을 기조로 하는 경제주의자들을 날카롭게 비판하면서 정치투쟁과 노동운동의 결합을 강력히 주창하는 한편, 고립 분산된 사회민주주의 서클들을 결집하고 그 활동을 지원하면서 견고한 당의 건설을 준비했다. 레닌은 〈무엇을 할 것인가〉에서 혁명적 마르크스주의 당의 이론과 모델을 제시하여 당 조직에 관한 논의에 불을 붙였다.

1903년 7~8월 브뤼셀과 런던에서 사실상의 창립대회인 러시아 사회민주노동당 제2차 대회가 열렸다. 대회에는 전국의 26개 조직을 대표하여 51표의 의결권을 가진 43명의 대의원이 참석했다. 강력해진 '이스크라' 파는 소수로 전락한 경제주의자와 유태민족 대표성을 주장하는 '분트'를 물리치고 대회를 이끌어나갔다.

대회는 '이스크라' 파의 강령을 승인했다. 최대 강령은 당의 궁극적인 목표, 즉 자본주의를 사회주의로 대체하며, 이를 위해 사회주의혁명을 완수하고 프롤레타리아트 독재를 확립할 것을 못박았다. 최소 강령은 당의 당면한 임무, 즉 차리즘 타도, 부르주아 민주주의 혁명, 민주공화국 수립, 8시간 노동제 확립, 모든 민족의 완전한 평등과 자결, 농촌에서의 농노제 잔재 일소 등을 규정했다.

그런데 당 규약 제1조, 당원자격에 관한 조항을 둘러싸고 '이스크라' 파 내에서 격한 대립이 일어났다. 레닌의 안에 따르면 '당원은 반드시 당 조직의 하나에 참여해야' 했고, 마르토프의 안에 따르면 '당 조직의 지도하에 정규적으로 협력하는' 사람은 당원이 될 수 있었다. 논쟁 끝에 벌어진 표결에서 경제주의자와 '분트'의 지지를 받은 마르토프의 안이 채택됐다. 레닌의 '잘 조직되고 훈련된 직업혁명가들의 당'이라는 개념이 패배한 것이다.

그러나 '이스크라' 그룹을 유일한 해외조직으로 승인하고 '분트'의 요구가 부결되면서 경제주의자와 '분트'의 7표가 탈퇴하는 바람에 전세가 역전됐다. 그에 따라 중앙기관지 〈이스크라〉의 편집진과 당 중앙위원회가 레닌의 뜻대로 구성됐다. 이때부터 레닌을 지지하는 '강경 이스크라 파'가 볼셰비키(다수파), 마르토프를 지지하는 '온건 이스크라 파'가 멘셰비키(소수파)로 불리게 됐다. 플레하노프는 대회 당시에는 레닌을 지지했으나 폐회 후에 멘셰비키로 돌아섰고, 저명한 해외 망명자들이 거의 멘셰비키에 가담한 반면에, 국내의 전투적인 활동가들의 다수는 볼셰비키에 가담했다.

이후 볼셰비키와 멘셰비키는 1905년 1차혁명 후 잠시 통합이 모색되기도 하지만, 사실상 독립된 조직으로써 독자적인 활동을 펼쳐나갔다. 갈수록 틈이 벌어진 초기 볼셰비키와 멘셰비키의 주된 차이는 부르주아 혁명 단계에서의 주도권 문제와 농민에 대한 태도, 당 조직의 성격 등에 관한 견해 차였다.

서유럽 사회주의 정당과 맥을 같이하던 멘셰비키는, 혁명 제1단계의 주도 권은 자유주의적 부르주아지에게 있고 노동자 계급의 역할은 그들을 도와 혁명을 성공시키는 것이라고 주장했으며, 대중적인 노동자당의 개념을 선호 하고 농민을 경시했다. 반면에, 마르크스주의의 혁명성과 러시아 혁명운동 의 전통을 계승한 볼셰비키는 러시아 자유주의자들의 허약함과 비겁함을 공 격하면서 혁명의 제1단계부터 직업혁명가들로 구성된 전투적 당의 지도하 에 노동자 계급이 농민과 동맹을 맺고 혁명을 이끌어야 한다고 주장했다.

플레하노프가 멘셰비키에 가담하고 1904년 〈이스크라〉와 중앙위원회마저 멘셰비키의 손으로 넘어가자, 레닌은 볼셰비키를 지지하는 지역위원회를 중 심으로 '다수파 위원회 국'을 세우고 기관지 〈전진〉을 발간했다. 이리하여 사 회민주당은 실질적인 창립과 동시에 볼셰비키와 멘셰비키로 갈라진 상태에 서 1905년을 맞는다.

한편, 혁명적 나로드니키의 전통을 재생시키려는 사람들을 중심으로 1901년에 사회혁명당(SR)이 결성됐다. 당 기관지 〈혁명 러시아〉는 체르노프 와 고츠 등이 편집했다. 당은 전제에 대한 철저한 투쟁을 열망하나 정치적으 로 충분히 자각되지 않은 사람들 사이에서 큰 영향력을 발휘했다.

사회혁명당은 테러를 통해 전제와 투쟁할 것을 주장하여 열혈청년들의 공 감을 얻었다. 게르슈니가 조직한 당 전투단은 1902년에 시퍄긴 내무장관, 1904년에 플레베 내무장관 등 반동적인 관료들을 암살하여 차리즘을 크게 동요시켰다.

'토지의 사회화'를 주장한 사회혁명당의 농업강령은 많은 농민들의 관심 을 끌었다. 19세기 후반의 인민주의자들이 주장한 '농민공동체는 사회주의 의 모체'라는 슬로건에다 서유럽의 '소경영자론'을 보완한 것이었다. 노동자 의 일부도 그들을 지지했다. '노동자·농민·사회주의 인텔리겐치아의 3자 동맹'에 의한 사회주의 주장이 나름대로 호소력을 가졌기 때문이다. 사회혁 명당은 토지소유 농민과 도시소부르주아의 관점을 대변하는 정당으로 발전 해갔다.

다른 한켠에서는 자유주의자의 세도 점점 불어났다. 체제의 혁명적 파괴에는 찬성하지 않으나 전제권력의 횡포와 탄압, 지나친 검열에 불만을 품은 지식인들 사이에 자유주의적 견해가 확산돼갔다. 혁명의 기운이 일면서 자유주의 경향의 변호사·의사·기술자·교수 등 전문 직업인과 차르 정부에 반대하는 지방 젬스트보 의원들이 자신들의 당을 준비하기 시작했다.

1902년 해외에서 잡지 〈해방〉이 발간됐고, 1903년 말에는 〈해방〉이 확대 개편되어 자유주의자의 비밀결사인 해방동맹이 발족됐다. 젬스트보의 입헌파 의원들도 '젬스트보 입헌주의자 동맹'을 결성했다. 이들의 핵심주장은 입헌의회군주제의 확립, 지주토지의 유상 수용 등이었다. 두 단체에 모인 사람들이 1905년에 결성되는 카데츠(입헌민주당)의 주축을 이룬다. 지도자는 역사학자 밀류코프, 합법적 마르크스주의자 스트루베 등이었다.

많은 지식인이 참여한 자유주의 운동은 반정부 분위기를 확산시키는 데 기여했으나, 자유주의자들은 막상 혁명이 고조되자 혁명의 불길을 두려워하면서 인민대중의 이익에 등을 돌린다.

우여곡절을 겪으면서도 이제 당당한 혁명세력으로 자라난 사회민주당과 사회혁명당, 그리고 자유주의자들은 노동자와 농민·지식인들의 지지하에 전제권력의 폭압에 맞서서 결전의 태세를 갖추어간다.

추락하는 러시아 제국:
러일전쟁(1904~1905년)

혁명이 눈앞에 다가오고 있음이 피부로 느껴지던 때에 러시아 제국의 파탄을 앞당기는 한 사건이 일어났다. 러시아의 동아시아 팽창정책이 마침내 동양의 신흥강국 일본과의 충돌을 가져온 것이다.

서양문물을 재빨리 흡수하여 근대화에 성공한 일본은 이제 대륙으로 제국주의의 마수를 뻗치기 시작했다. 일본은 1894년 청일전쟁에서 '종이호랑이' 중국을 꺾고 조선과 요동반도에 대륙진출의 교두보를 마련했다. 그러나, 역시 만주진출을 노리고 있던 러시아가 프랑스·독일과 손잡고 간섭을 해오는 바람에 일본은 분함을 삼켜야 했다. 요동반도를 다시 내놓은 일본은 절치부심하며 기회를 엿보았다.

기세가 오른 러시아는 승승장구하며 만주와 조선에서 세력을 크게 확장했다. 조선에서는 아관파천 후 압록강·두만강 유역의 벌목권 등 많은 이권을 따내고, 조선에 군사·재정 고문단을 파견하여 영향력을 행사했다. 만주에서는 질곡에 빠져 있던 청을 구슬려 북만주를 관통하는 동청철도와 남만지선의 부설권을 따내고, 뤼순을 조차하여 요새로 만들었다.

1900년 청에서 부청멸양(扶淸滅洋)의 기치를 내건 의화단 운동이 일어나 중

러일전쟁이 일어나자 재빨리 조선을 장악한 일본군이 평북 의주 부근에서 압록강을 건너고 있다. 러시아는 이 전쟁에서 패배, 차르 정부의 약체성을 여지없이 드러냈다.

국 전역에 회오리바람을 일으켰다. 동청철도와 남만지선도 많이 파괴됐다. 철도보호를 구실로 만주에 출병한 러시아군은 여세를 몰아 만주를 점령해버렸다.

긴장한 일본은 1902년 영국과 동맹을 맺고 러시아에 압력을 넣었다. 러시아는 이에 세 차례로 나누어 만주에서 철병할 것을 약속했다. 그러나 2차 철수를 눈앞에 둔 때에 러시아 정부 내에 변화가 일어났다. 온건파 비테의 강력한 정적인 플레베가 내무장관에 취임하는 등, 무모한 강경론자들이 득세하여 평화적인 방법으로 만주지배를 관철하려는 비테의 주장이 밀려난 것이다. 1903년 중엽에는 강경파 베조브라조프가 실권을 장악하고 알렉세예프가 극동총독이 되면서 문제의 해결이 더욱 복잡해졌고, 이어 국제적인 안목이 있는 비테가 해임됐다.

1903년 7월 일본의 제의로 만주와 조선에서 세력권을 가르려는 러일 교섭이 시작됐으나, 두 제국주의 세력의 야욕이 지나쳐 끝내 합의에 실패했다.

일본은 러일전쟁의 승리를 낙관하지는 못했으나, 당시 마무리 단계에 있던 시베리아 철도가 완공된 후에는 승산이 더 희박해진다는 판단 아래 전쟁을 적극 추진했다. 1903년 말 일본정부는 러시아와의 전쟁을 결정했다.

상황이 전쟁으로 치달아가자 러시아의 차르 정부는 임박한 혁명의 불길을 전쟁으로 끄려는 생각에서 모험의 길을 택했다. 차리즘의 계산으로는 일본에 손쉽게 승리를 거둬들여 새로운 식민지와 시장을 손에 넣음과 동시에, 전제권력의 위엄을 높여 혁명세력을 분쇄할 수 있을 것 같았다.

1904년 1월 26일 일본해군이 랴오둥(遼東)반도의 뤼순(旅順)항에 정박해 있던 러시아 함대를 기습 공격하면서 러일전쟁이 시작됐다. 개전 초부터 일본군은 연전연승하면서 바다와 육지, 양쪽에서 러시아군을 계속 밀어붙였다. 세계는 일본군의 뛰어난 전투능력에 크게 놀랐다.

니콜라이 2세는 선전포고도 없이 공격해온 일본군을 맹비난하면서 국민들에게 적극적인 전쟁 참여를 호소했다. 그러나 먼 극동, 러시아 령 밖에서의 전쟁은 설득력이 약했다. 차르 정부는 국민들의 지지를 얻는 데 실패했다.

극동지방의 전쟁에 대비를 못한 채 전쟁에 돌입한 러시아는 후퇴하면서 시간을 벌다가 유럽 쪽에서 증원군이 도착한 후 반격을 개시한다는 전략을 세웠다. 크로파트킨 육군장관이 총사령관이 되어 극동으로 향했고, 시베리아 철도로 병력과 물자를 계속 실어날랐다. 아직 완공되지 않은 환바이칼 구간은 여름에는 배로, 겨울에는 얼음판위로 건넜다. 그로 인해 수송에 오랜 시일이 걸렸다.

그러나 유럽 러시아에서 온 증원군도 전세를 바꿔놓지는 못했다. 1904년 8~9월에 벌어진 랴오양(遼陽) 회전에서 러시아군은 일본에 패퇴했고, 포위 속에 진지를 사수하던 뤼순 요새마저도 157일 만인 12월 20일에 무너지고 말았다.

러시아군의 잇따른 패배는 국내의 불만을 더욱 증폭시켰다. 1905년 1월 9일 '피의 일요일' 사건 이후 민심은 완전히 이반됐다. 1, 2월에는 러시아 전역에서 대규모 철도파업이 일어나 시베리아 철도의 군용물자 수송도 큰 차질을 빚었다. 각지에서 반정부 시위와 반란이 줄을 잇고 소수민족 거주지에서 반러시아 운동이 고조되어, 이들 지역에도 믿을 만한 부대를 보내 치안을 유지해야 했다. 개전 당시부터 전쟁에 반대해온 사회주의자들의 영향력이 점점 커져갔다.

안팎으로 곤경에 처한 가운데 러시아군은 1905년 2~3월의 봉천 회전에서 또다시 패퇴했다. 러시아의 패색이 짙어갔다. 러시아는 발트해를 떠나 블라디보스토크로 항진해가던 발트해 함대에 마지막 희망을 걸었다. 그러나 발트해 함대마저도 5월의 쓰시마 해전에서 일본함대에 의해 궤멸했다.

국내에서는 혁명이 더욱 고조되어, 이제 농촌에서까지 반란이 일고 군대마저도 동요하기 시작했다. 위기에 처한 차르 정부는 국내치안의 회복이 더 중요하다는 판단하에 전쟁종결을 결정지었다.

국제정치의 주도권을 노리던 루스벨트 대통령의 주선으로 미국 북동부의 포츠머스에서 강화회담이 열렸다. 일본이 배상금과 사할린 북부의 할양 요구를 철회하면서 8월 23일 강화가 맺어졌다. 포츠머스 조약으로, 러·일의 각축 속에 가까스로 독립을 유지하고 있던 조선은 사실상 일본의 식민지로 전락했다. 일본은 또한 랴오둥반도와 남만 지선 철도를 차지하면서 남만주를 세력권 안에 넣고 사할린 남부도 얻었다.

러시아 제국은 대수롭지 않게 여기던 동방의 작은 나라에게 치욕적인 패배를 당했다. 전제체제하 러시아의 후진성과 취약성, 권력의 부패상을 다시 한번 드러내준 전쟁이었다. 그러나 차르 정부에게 전쟁의 패배는 오히려 부차적인 것이었다. 불붙은 혁명이 온 러시아를 뒤흔들며 권력의 목을 죄어오고 있었던 것이다.

차르의 환상은 깨어지고:
'피의 일요일' 사건(1905년)

러일전쟁은 러시아 제국의 허약함과 차리즘의 반민중적 본질을 명백히 드러내었다. 물가의 급등, 지나친 군대동원으로 근로대중의 생활은 말할 수 없이 부풀어올랐다. 그러나 국민들의 마음 한구석에는 아직도 차르 주변에 있는 사람들이 빛을 가리고 있을 뿐, 차르는 진실하다는 생각이 깊이 뿌리박혀 있었다.

1904년 7월 내무장관 플레베가 암살당한 후 차르 정부는 자유주의자 미르스키를 후임으로 앉히고 탄압정책을 약간 완화했다. 젬스트보 의원이 중심이 된 자유주의자들은 적극적인 자세를 취해 일련의 정치집회를 열고 헌법제정과 의회개설을 요구하는 캠페인을 벌였다. 여러 개의 전문 직업인 조합은 '조합의 조합'을 결성하고 밀류코프의 지도 아래 적극적인 주장을 펼쳤다. 사회혁명당은 반동관료들을 차례로 암살하는 한편, 농민들을 선동하는 데 주력했다.

사회민주당은 도시 노동자들에게 역량을 집중시켜 혁명 프로그램을 전파했다. 전국에서 파업과 시위가 빈발하는 속에 1904년 12월 카스피해 연안의 석유산업 도시 바쿠에서 정치, 경제적 요구를 함께 내건 강력한 파업이 일어

1905년 1월 9일, 동궁 광장에서 노동자들의 평화시위에 발포함으로써 '피의 일요일'이 시작되었다. 러시아는 이후 혁명의 불길에 휩싸여 들어간다.

났다. 5만여 명의 노동자가 참여한 바쿠 파업은 9시간 노동, 임금인상, 파업 기간 중 임금지불, 노동자대표의 승인 등을 포함하는 러시아 노동운동사상 최초의 단체협약을 얻어냈다. 이 무렵 노동자와 학생들의 연대가 강화되어 노동자의 파업과 시위에 학생들이 적극 가담하는 전통이 세워졌다.

차르 정부는 혁명운동을 저지하기 위해 노동자들을 혁명세력으로부터 분리하는 정책을 폈다. 주바토프의 관제 노동자 조직은 1903년 조직의 일부가 파업에 가담하는 바람에 실패로 끝나고 주바토프는 해임됐다. 1904년에는 정교회의 사제 가폰이 경찰의 협력을 얻어 만든 '페테르부르크 공장노동자 모임'이 빠른 속도로 성장해갔다. 통칭 '가폰 조합'은 경찰 감시하에 가폰 신부의 지도를 받으며 강연회·음악회 등의 계몽사업을 펼치는 어용조직이었다. 그러나 그해 말 1만 명에 이른 '가폰 조합' 노동자들의 요구가 서서히 경찰의 통제를 벗어나기 시작했다.

12월 말, 12,000명의 노동자를 가진 페테르부르크 최대의 금속기계 공장 푸틸로프 공장에서 작은 항의가 일어 가폰 조합원 4명을 포함한 노동자들이 해고됐다. 12월 27일부터 가폰 조합 노동자들이 연일 집회를 열어 해고노동자의 복직을 요구했다. 집회에 참석한 사회민주당원들이 노동자들의 요구를 발전시켜갔다.

1905년 1월 3일 푸틸로프 공장의 전 노동자가 파업에 돌입했다. 노동자들은 8시간 노동, 초과근무 폐지, 임금인상, 노동자대표 인정, 해고는 노동자대표들과의 협의를 거칠 것 등을 공장주에게 요구했다. 공장주는 요구를 거부했다.

1월 4일에는 프랑스-러시아 조선소, 5일에는 네바 조선 · 기계공장이 8시간 노동과 임금인상을 요구하며 동조파업에 들어갔다. 6일까지는 파업이 전시로 확대되어 450여 공장 11만 명 이상의 노동자가 파업했다.

가폰은 대중들의 소박한 차르 숭배심을 기반으로 차르에게 직접 경제적 요구를 탄원하는 방법을 택했다. 그러나 노동자들의 심의과정에서 정치적 요구가 전면에 내세워졌다.

1월 8일 아침, 가폰은 차르에게 편지를 써보냈다. 차르의 신성 불가침을 약속하면서 내일 아침 인민 앞에 나서서 차르를 믿고 있는 백성들의 청원을 들어달라는 내용이었다.

1905년 1월 9일 일요일, 사제 가폰이 이끄는 노동자와 그 가족 15만 명이 차르에게 청원서를 전하고자 성상과 차르의 초상화를 앞세우고 겨울궁전으로 평화행진을 시작했다. 이들이 들고 가는 청원서는 이런 문구로 시작됐다.

"폐하! 저희 페테르부르크의 노동자와 주민들, 저희 처자식과 늙은 부모들은 정의와 보호를 구하여 당신께 갑니다. 저희는 가난 속에 억눌리고 힘든 노동 속에 모욕당하면서도 비참한 운명을 묵묵히 참아내며 노예와 같은 삶을 살아왔습니다. 저희의 인내는 이제 고갈됐습니다. 고통을 견뎌내기보다는 차라리 죽는 게 나은 시점에 이른 것입니다. 저희는 일을 멈추고 고용주에게 최소한의 생존권만이라도 보장해달라고 간절히 요구했습니다. 그러나 요구는 거절됐습니다."

청원서는 이어, 제헌의회 소집, 정치 · 종교시범 대사면, 보통교육실시, 언론 · 출판 · 집회 · 종교의 자유, 농민에게의 단계적인 토지이전, 합당한 표준임금 제정, 8시간 노동제, 노동조합 설립 및 노동쟁의의 자유 등을 요구한 후 다음과 같은 말로 끝을 맺었다.

"폐하, 인민들을 저버리지 마시옵소서. 당신과 당신의 신민을 가르는 벽을 깨부수십시오. 저희 요구를 들어주겠다고 약속하시면 러시아는 행복해질 것입니다. 만약 저희들의 요구를 들어주지 않으면 저희는 바로 이 자리, 궁전 앞 광장에서 죽어버리겠습니다. 저희에게는 오로지 두 갈래 길밖에 없습니다. 자유와 행복으로 가는 길이냐, 무덤으로 가는 길이냐."

시내 곳곳에서 시작된 행렬은 겨울궁전 앞 광장으로 속속 모여들었다. 그러나 광장에서 그들을 기다리고 있는 것은 차르가 아니라, 바리케이드와 무장한 군대였다. 행렬은 멈추지 않고 앞으로 나아갔다. 갑자기 총성이 광장을 뒤덮었다. 노동자들의 피가 새하얀 눈을 붉게 물들였다. 기마대가 노동자와 시민들을 뒤쫓으며 무자비하게 총칼을 휘둘렀다.

1월 9일 하루 동안 페테르부르크에서 1,000여 명이 죽고, 3,000여 명이 부상을 입었다. 이후 이날은 '피의 일요일'로 불리게 된다.

"우리에게 이제 차르는 없다!"
"전제를 타도하자!"

분노의 함성이 온 나라를 진동시켰다. 차르에 대한 신뢰는 죽었다. 노동자들은 피로써 차르 권력의 실체를 확인했다. 다음날 페테르부르크에서 노동자와 군대의 무력충돌이 벌어졌고, 모스크바에서 총파업이 시작됐다. 13일 리가에서 벌어진 파업과 시위에서 또 70여 명이 죽었다. 항의파업과 시위가 전국에 소용돌이쳤다. 혁명이 시작된 것이다.

혁명의 불길은 타오르고:
제1차 러시아 혁명의 확산(1905년)

'피의 일요일' 사건은 전국의 노동자들을 혁명의 길에 올려놓았다. 페테르부르크, 모스크바, 리가에 이어 바르샤바와 티플리스에서도 총파업이 일어났다. 1905년 1월 한 달 동안에만 무려 44만 명의 노동자가 파업에 참가했다. 이는 지난 10년간의 총파업 노동자 수와 맞먹는 것이었다. 파업의 성격도 일변했다. 경제적 요구에 정치적 요구가 긴밀하게 결합됐고, 노동자들의 주장이 차리즘의 타도로 발전했다.

메이데이에는 전국 200여 도시에서 '전제 타도!'의 슬로건을 내건 동시파업이 일어났다. 폴란드와 바쿠에서는 총파업과 시위가 몇 주 동안 이어졌다.

5월에 시작된 이바노보 보즈네센스크의 파업은 무려 72일간이나 계속됐다. 이 파업은 노동자들의 굳은 결의를 안팎에 과시함과 아울러, 파업 중에 노동자들의 정치의식이 어떻게 성장해 가는지를 생생하게 보여주었다. 파업지도를 위해 노동자 전권대표자 소비에트가 선출됐다. 10~12월에 전국 70여 개 도시에서 인민의 권력기관으로 발전해간 노동자대표 소비에트의 효시였다. 이바노보의 파업노동자에 대한 발포는 러시아 전역에 항의를 불러일으켰다.

6월에는 폴란드 로지의 노동자가 3일 동안 바리케이드를 치고 군대·경찰과 싸웠다. 총파업이 최초로 무장봉기로 이어진 새로운 투쟁양태였다.

우랄 지방의 여러 공업 중심지에서 생겨난 파업 지도부는 혁명의 진전과 함께 혁명투쟁 기관으로 변해갔다. 6월에서 8월 사이에 우크라이나와 카프카스 지방 여러 도시에서 발생한 총파업도 군대와의 무력충돌로 이어졌다. 전국의 노동자 계급은 이제 차리즘과의 일대 결전을 준비해갔다.

노동자의 투쟁은 농민들에게도 깊은 영향을 주었다. 2월에 오룔, 보로네슈, 크루스크 세 현에서 농민소요가 일어났다. 농민소요는 군에서 군으로, 현에서 현으로 차례차례 확대됐다. 봄이 되면서 농민들은 지주의 농지를 빼앗고 지주의 목초지에 가축을 방목하기 시작했다. 볼가 연안, 발트 연안, 우크라이나, 카프카스, 폴란드 지방에서 농민들의 세력이 특히 강했다. 농촌에서도 집회와 시위가 일어나기 시작했고, 각지에서 농업노동자 파업이 일어났다.

여름까지 농민들은 전 러시아의 1/5을 석권했고, 가을에는 절반의 지역을 장악했다. 8월 1일에는 모스크바에서 22개 현의 대표가 모여 전 러시아 농민 동맹을 결성했다. 운동의 과정에서 자연스럽게 노동자와 농민의 동맹이 구현됐다.

노동자와 농민의 투쟁은 전제의 지주였던 군대까지도 흔들었다. 러일전쟁의 연이은 패전과 혁명세력의 군부 공작이 군대의 동요를 가속시켰다.

6월, 흑해에 정박 중인 전함 포템킨에서 수병들이 반란을 일으켰다. 군함의 전 승무원이 혁명의 깃발을 내걸고 차리즘과의 투쟁에 돌입했다. 반란을 일으킨 군함이 오데사에 입항했다. 그러나 오데사의 혁명조직이 준비를 갖추지 못해 노동자와의 조직적인 연대투쟁은 이루어지지 못했다. 수병들의 반란은 결국 수포로 돌아갔으나 노동자와 군대의 결합이 가시권에 이르렀음을 보여주었다.

포템킨 호의 반란 후 볼셰비키는 군대 내 공작을 강화했다. 여름부터 가을에 걸쳐 병사·수병들의 혁명적 행동이 수십 건을 기록했다.

차르 정부는 작은 양보를 통해 인민들을 혁명투쟁으로부터 끌어내려 했

전함 포템킨 호. 1905년 6월 흑해에 정박 중이던 포템킨 호의 수병들이
군 최초의 혁명적 반란을 일으켜 차리즘에 일대 타격을 가했다.

다. 8월 6일 입법권이 없는 자문국회(기초자인 장관의 이름을 따서 '불리긴 두마'라 불렸다)를 소집한다는 칙서가 발표됐다. 전쟁의 종결도 서둘러, 8월 말에 일본과의 강화가 조인됐다.

불리긴 두마의 소집은 입헌군주제를 가장하여 혁명열기를 가라앉히려는 차리즘의 술책이었다. 노동자는 투표권이 없고 농민도 선거권이 크게 제한됐다. 기회주의 세력은 한때 이 조치에 솔깃했으나, 사회민주당을 비롯해 선진적인 노동자와 농민·지식인들의 강력한 보이콧 운동으로 '두마'는 결국 소집되지 못했다.

8월 말에는 대학과 고등교육기관의 자치권이 인정됐다. 이 조치로 노동자와 시민·정당들이 대학구내에서 자유로이 정치집회를 열 수 있게 돼 대학이 혁명의 메카가 됐다.

투쟁이 다소 주춤해진 사이, 물밑에서는 정치 총파업의 기운이 무르익어 갔다. 9월 19일에 시작된 모스크바 인쇄공 파업은 대중집회와 시위로 이어졌다. 거리에서 노동자와 군경간의 무장충돌이 빚어졌다. 이제 대중집회·시위·무장충돌을 동반한 정치파업이 보편적인 투쟁방법이 됐다. 투쟁과정에서 인쇄공·금속공·연초제조 노동자·지물공·철도노동자의 5개 직종 노동자 평의회가 만들어졌다.

10월 6일 사회민주당 모스크바 위원회는 모스크바 정치 총파업을 결의했다. 모스크바 총파업은 즉각·모든 공업 중심지로 파급되어 전국 총파업으로 발전했다.

파업의 전국 확산을 주도한 것은 4월에 이미 전국단위의 조합을 만들어

긴밀히 협력해온 철도노동자였다. 10월 6일 카잔 행 열차가 멎은 것을 시작으로 8일까지 모스크바 철도 분기점의 모든 노동자들이 파업에 돌입했다. 10일 다른 철도노선에서도 파업이 확산되기 시작했다. 12일에는 페테르부르크 분기점에서도 조업을 완전 중단했다. 16일 핀란드 행 열차가 멎은 것을 끝으로 모든 철도가 마비됐다. 정 거장마다 파업위원회가 조직되어 열차왕래를 중단시켰다.

10월 12일까지는 모스크바와 페테르부르크에서 대부분의 공장노동자와 우편 · 전신 · 전화 노동자, 전문 직종 종사자, 각종 고용인들까지 파업에 들어갔다. 양수도가 주도한 파업은 빠른 속도로 전국에 확산됐다. 전국적으로 기차가 멎고, 공장이 서고, 통신이 마비됐다. 8월의 유화정책과 전쟁종결로 한동안 뜸했던 파업과 시위가 다시 전국을 강타한 것이다.

10월 총파업의 열기와 노동자들의 요구는 1월과도 사뭇 달랐다. 제국의 기반이 송두리째 무너져 내리고 있었다.

소비에트와 무장봉기:
제1차 러시아 혁명의 절정(1905년 말)

　10월 총파업은 급속히 전국으로 확대됐다. 10월 한 달 동안 러시아 전역에서 50만 명의 공업노동자 외에 공공기관과 다른 산업 종사자들을 포함하여 무려 200만 명이 총파업에 가담했다. 세계 역사상 유례를 찾아볼 수 없는 대규모 파업이었다.

　총파업의 슬로건은 전제 타도, '불리긴 두마' 보이콧, 보통 · 평등 · 직접 · 비밀투표에 의한 제헌의회 소집, 민주공화제 수립, 8시간 노동제 등이었다. 학생들과 사무원 · 변호사 · 의사 · 기술자들이 노동자들의 파업에 동참했다.

　러시아 제국 내의 소수 민족들도 총파업에 적극 호응했다. 폴란드인, 핀란드인, 발트 3국인, 카프카스와 중앙아시아의 여러 민족, 유태인과 타타르인 등이 러시아의 노동자들과 손잡고 공동의 적인 차르 전제정부에 대항했다.

　노동자들의 총파업으로 정부의 힘은 마비됐다. 혁명은 점점 더 큰 규모로 발전해갔다. 수도에서 4일 동안 무정부 상태가 계속됐다.

　급박한 정세하에서 정부는 마침내 '굴복'했다. 10월 17일 차르는 입법권을 가진 국회의 개설을 약속하는 선언에 서명했다. 언론 · 집회 · 결사 · 조합결성의 자유, 인권보장이 선언됐다. 헌법제정, 투표권의 확대도 약속했다.

온 러시아에 승리감이 팽배
했다. 자유주의적 부르주아지
는 반혁명 측으로 옮겨가기 시
작했다. '10월선언'에 만족한
대지주와 대자본가들은 10월
당(10월 17일 동맹)을 결성했다.
젬스트보 동맹과 해방동맹의
다수 자유주의자들은 카데츠
(입헌민주당)를 결성하고, '선언'
에 찬사를 보내면서 정부에 더
많은 양보를 요구했다.

러시아 국민동맹 등, 전제를
옹호하는 반동적인 집단도 생

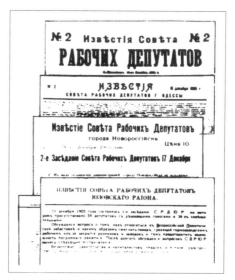

페테르부르크의 노동자 대표들이 소비에트를 조직, 발행하기 시작한 〈노동자대표 소비에트 소식(이즈베스티야)〉

겨났다. 차르에 충성을 맹세한 '검은 100인조'는 혁명가와 선진적인 노동자
들을 폭행·살해했다. 2, 3주 사이에 수백 개 도시에서 2만여 명이 살상당했
다. 가장 많은 피해를 본 것은 유태인이었다. 한동안 잠잠했던 포그롬의 열풍
이 다시 러시아를 휩쓸었다.

노동자들은 이에 굴하거나 현혹되지 않고 투쟁을 계속했다. 총파업 기간
중인 10월 13일 페테르부르크에서 노동자 500명당 1명 꼴로 선출된 노동자
대표 40여 명이 파업 지도부를 구성하고 첫 회합을 가졌다. 10월 15일에는
노동자대표 226명과 볼셰비키, 멘셰비키, 사회혁명당의 대표 3명씩이 모여
좌익계 변호사 노사르를 상임의장으로 선출했다. 10월 17일 대표들은 '노동
자대표 소비에트'를 공식 출범시키고 임시 집행위원회를 선출했으며, 〈노동
자대표 소비에트 소식(이즈베스티야)〉이라는 신문을 발행키로 했다 그 시간에
차르는 '10월 선언'을 발표했다.

다음날, 소비에트는 러시아인의 정치적 권리가 확고한 발판 위에 설 때까
지, 민주공화국이 수립될 때까지 무장을 풀지 않겠다는 결의문을 채택하고,
시내에서의 군대와 경찰의 철수, 러시아 전역에서의 계엄상태 해제, 정치범

의 완전사면, 보통 · 평등 · 직접 · 비밀투표에 의한 제헌의회의 소집 등을 정부에 촉구했다.

파업지도를 위해 조직된 페테르부르크 노동자 대표 소비에트는 시간이 흐르면서 혁명운동을 대표하는 정치기구로 변해갔다. 파업이 끝난 후에도 소비에트는 일종의 노동자 의회로서, 혁명권력으로서 계속 존속하며 혁명을 이끌어갔다.

저명한 혁명가들 중에서는 트로츠키의 활약이 돋보였다. 소비에트의 결성 때부터 탁월한 연설과 필력으로 두각을 나타낸 트로츠키는 11월 말 노사르의 체포 후 페테르부르크 소비에트의 공동의장이 되어 투쟁을 이끌었다.

10~12월 사이에 전국 50여 개 도시에서 유사한 성격의 소비에트가 만들어졌다. 혁명의 절정기에 각지의 소비에트는 차르 권력을 무시하고, 독자적인 법령을 제정하고 명령을 내렸으며, 자체 결정으로 8시간 노동제를 실시하고 민주주의와 자유를 확립했다. 몇몇 소비에트는 봉기의 지도부가 되어 무장투쟁을 이끌었다.

농민들의 투쟁도 점점 더 격화됐다. 11월 모스크바에서 열린 전 러시아 농민동맹 제2차 대회는 제헌의회의 소집과 완전한 자유, 모든 토지의 농민 이양을 결의했다. 11월 중순부터 한달 사이에 농민동맹의 향 · 촌 단위 조직이 200여 개 결성됐고, 농민들이 사실상 권력을 장악한 지역이 절반을 넘어섰다.

군대에서도 소요가 잦아졌다. 하리코프, 키예프, 타슈켄트, 바르샤뱌 등지에서 병사소요가 일어났고, 크론슈타트, 블라디보스토크, 세바스토폴에서 수병반란이 일어났다. 11월의 세바스토폴 봉기는 노동자 · 수병 · 병사대표 소비에트가 지도했다. 12월 초에는 모스크바에서 로스토프 연대가 반란을 일으켰으나 다른 부대를 규합하는 데 실패해 진압되고 말았다.

10월 총파업과 그 후의 투쟁으로 러시아인들은 사상 유례없는 자유를 얻었다. 짧은 기간이지만 언론 · 출판의 완전한 자유를 누렸고, 가혹한 검열제도는 간단히 무시됐다. 당국은 이에 대해 어떠한 조치도 취하지 못했다. 러시아 역사상 처음으로 혁명을 주창하는 신문들이 자유롭게 거리에 나돌았다.

12월 2일 페테르부르크 소비에트와 농민동맹·사회주의 정당들의 연명으로 발표된 '재정 선언'은 그렇잖아도 재정난에 허덕이고 있던 차르 정부를 궁지로 몰아넣었다. 선언은 국민들에게 일체의 세금을 내지 말 것, 급료를 금으로 달라고 할 것, 은행에서 모든 예금을 금으로 인출할 것을 제안하고, 차르 정부가 인민들을 상대로 전쟁을 벌이고 있는 한 정부가 진 일체의 외채를 인정할 수 없음을 천명했다. 사람들이 은행에 몰려가 아우성을 쳤고 외국과의 차관제공 협상에 제동이 걸렸다.

다음날, 정부는 소비에트 회의장을 덮쳐 트로츠키 등 267명의 대표를 체포하여 페테르부르크 소비에트를 무너뜨리고 농민동맹도 해체시켰다.

혁명세력과 차르 정부 간의 대결전이 시작됐다. 12월 6일 모스크바 소비에트는 즉각 총파업과 무장봉기를 결의했다. 새로 구성된 페테르부르크 소비에트 집행부도 총파업을 결의했다. 8일부터 시작된 페테르부르크의 총파업은 10일에 9만 명이 참가하여 절정에 이르렀으나, 새 지도부가 미숙하고 철도파업에 대한 정부의 엄포에 굴복, 철도노동자들이 파업에 가담하지 않음으로써 세가 점점 약화됐다. 혁명의 중심은 볼셰비키가 강한 모스크바로 이전됐다.

12월 7일 모스크바 총파업이 시작됐다. 8일에는 가담자가 15만 명으로 불어났다. 시내 곳곳에서 대중집회와 시위, 군경과의 충돌이 벌어졌고, 요소요소에 바리케이드가 쳐졌다. 12월 10일 파업과 시위는 무장봉기로 발전했다. 격렬한 전투가 시작됐다. 봉기의 중심지는 모스크바 최대의 노동자 지구인 프레스냐였다. 무장한 노동자 부대는 정규군의 공격을 잘 버텨냈다. 로스토프 연대의 반란 이후 로스크바 수비대 내에는 다소 불온한 기운마저 감돌았다.

모스크바 사령관은 페테르부르크에 지원을 요청했다. 파업에 가담하지 않은 페테르부르크-모스크바 간 철도로 새로운 군대가 도착했다. 군대는 노동자들의 거점을 포위하고 연일 포격을 퍼부어댔다. 고립된 싸움에서 사상자가 계속 늘어가자, 12월 19일 모스크바 소비에트는 마침내 무장투쟁을 중지했다. 천여 명이 혁명의 불꽃으로 산화했다.

다른 지역에서도 봉기의 횃불이 올랐다. 돈바스 탄전의 광부와 하리코프의 노동자가 무기를 들었다. 로스토프 나 도누에서는 8일간, 노보로시스크에서는 2주간 반란이 계속됐다. 니주니 노브고로트, 우랄 지방의 페름과 우파에서 노동자들이 바리케이드를 치고 시가전을 벌였다. 시베리아의 크라스노야르스크와 치타에서는 노동자 · 병사 소비에트가 결성되어 한동안 도시의 권력을 장악했다. 페테르부르크에서도 전투가 벌어졌으나 산발적인 충돌로 끝났다.

폴란드, 발트 연안, 카프카스, 크림반도, 핀란드 등지에서도 대규모 봉기가 일어났다 차르 정부는 잔인하게 봉기를 진압했다. 고립 분산된 형태로 진행된 각지의 봉기는 정부군에게 무참하게 각개격파 당했다.

12월 모스크바 봉기를 정점으로 하여 제1차 혁명은 내리막길로 접어들었다. 혁명의 파고는 1906년을 지나 1907년 중엽까지 이어지다가 반동기를 맞아 동면 속으로 빠져든다.

차르 전제의 타도와 민주공화제 수립을 목표로 한 러시아의 1905년 혁명은 제국주의 단계의 자본주의 체제에 대항한 세계 최초의 민중혁명이기도 했다. 민중들의 세 가지 핵심요구, 즉 전제타도, 8시간 노동제, 지주토지 몰수는 체제의 완전한 변혁 없이는 해결될 수 없는 것이었다.

혁명을 주도한 것도 자본가가 아니라 노동자 계급이었다. 자본가와 자유주의자들은 시종 이중적인 자세를 취하다가 혁명이 절정에 이르자 반혁명으로 돌아섰고, 노동자들이 농민과 함께 전제의 기반을 계속 강타했다. 초기의 일상적이고 개별적인 요구는 점차 체제 전반을 뒤흔드는 경제적 정치적 요구로 발전해갔고, 탄원이나 청원 등의 미온적인 방법은 파업 · 시위 · 무장봉기로 이어지는 노동자 계급의 투쟁방법으로 발전했다. 또, 노동자 대표 소비에트와 농민동맹의 새로운 민중권력이 등장하여 정부기관을 제치고 러시아의 상당부분을 장악했다.

혁명은 비록 실패로 끝났으나 러시아의 혁명세력과 노동자 · 농민들은 1905년에서 큰 교훈을 얻었다. 혁명은 또한 여러 사회계급과 집단들의 속성을 극명하게 밝혀주었다. 12년 후인 1917년에 노동자와 농민들은 1905년의 경험을 살려 지체없이 소비에트를 만들고 무장봉기를 준비한다.

　1905년 한 해 동안 280만 노동자를 포함하여 무려 500만 명의 러시아 인민이 파업에 가담하여 혁명을 선도했다. 노동자 계급은 자신들이 새 시대의 주역임을 만방에 선포했고, 러시아는 세계혁명의 새로운 중심으로 부상했다.

입헌군주제의 시도:
두마의 개설과 스톨리핀의 반동개혁
(1906~1907년)

DIGEST
62
RUSSIA

12월봉기 후 혁명은 점차 퇴조했으나, 러시아 인민은 한동안 혁명의 희망을 버리지 않고 차리즘에 줄기차게 저항했다. 노동자들은 끈질기게 파업투쟁을 계속했고 노동조합의 합법성도 쟁취했다. 1907년 중엽까지 650여 개의 노동조합이 결성됐다. 농민운동은 1906년 여름에 절정에 이르러, 215개 군에 농민소요가 휩쓸고 지나갔다.

차리즘은 혁명을 가혹하게 탄압했다. 폭동 진압대와 '검은 100인조'가 발트 연안, 폴란드, 카프카스, 모스크바 카잔 철도, 시베리아 등, 러시아 전역을 헤집고 다니며, 혁명투쟁에 가담했다고 의심되는 사람은 모조리 잡아들여 문초하고 투옥했다. 재판도 거치지 않은 총살과 교수형이 다반사로 집행됐다.

기세가 오른 자본가들도 '기업가 동맹'을 맺고 노동자와의 전투에 나섰다. 공장주들은 공장폐쇄를 단행하고 노동자들을 대량 해고했으며, 노동운동가들의 '블랙 리스트'를 작성하여 취업을 막았다. 혁명으로 얻은 공장규칙, 노동시간 단축, 임금인상이 모두 수포로 돌아가고, 벌금이 강화됐다. 자본가들은 "이제야말로 우리 시대가 왔다"고 외쳤다.

그러나 러시아는 이제 1905년 이전으로 돌아갈 수는 없었다. 차르정부는 '10월선언'을 없던 일로 할 수는 없었고, 1905년을 통해 많은 교훈을 얻은 러시아의 인민들도 이제 어제의 인민이 아니었다.

자유주의자들의 지지하에 입헌군주제의 시도가 행해졌다. 1905년 12월 11일 모스크바 봉기 중에 두마 선거법이 공포됐다. 차리즘과 자유주의자들의 선전은 대중들에게 의회를 통해 요구를 실현할 수 있을 것 같은 환상을 심어주었다.

공포된 선거법은 많은 국민들에게 선거권 자체를 주지 않았다. 여성 전체는 물론, 25세 미만, 군인, 학생, 종업원 50인 미만의 소기업 노동자, 일용 노동자, 소규모 수공업자, 농업노동자에게는 선거권이 없었다. 선거권이 주어진 사람들도 불평등이 심했다. 주민 전체를 지주·도시민·농민·노동자의 네 등급으로 나누어 등급별로 선거인을 선출했는데, 선거인 1명을 선출하는 사람 수가 각각 달랐다. 지주의 1표는 도시민의 2표, 농민의 15표, 노동자의 45표에 해당했다.

사회주의 정당들은 선거를 보이콧했다. 그러나 농민들 사이에 강하게 남아 있던 의회에 대한 환상과 카데츠의 선전으로 말미암아 보이콧 전술은 실패했다.

1906년 3월의 선거는 정부에 고분고분하지만은 않은 자유주의 정당 카데츠의 대승으로 끝났다. 정부를 전폭적으로 지지한 10월당은 참패했고, 사회주의 정당들이 보이콧한 가운데 농민동맹, 사회주의 성향의 명망가들, 카데츠 좌파 등 잡다한 사람들이 많은 농민의 지지를 얻어 다수 당선됐다. 의회 구성 후 이들은 '근로인민 계급 모두를 통합한다'는 모토 아래 트루도비키(근로파)를 결성했다.

1906년 4월 23일 헌법이 공포되고, 전제군주가 두마(하원)와 국가평의회(상원)의 협조를 얻어 입법권을 행사하는 입헌군주제가 선언됐다. 차르가 여전히 전제군주로서 행정·군사외교 등의 실권은 물론, 법률 거부권·비상시 입법권·두마 해산권까지 장악한 '사이비' 입헌군주제였다. 또한 두마에서 통과된 법안은 차르에게 충성하는 국가평의회의 인준을 받아야 했다. 상

제정 러시아의 의회 두마. 1905년 니콜라이 2세의 '10월선언'에 의해 이듬해 설치되었으나 중요
권한은 거의 황제에게 유보되거나 크게 제한되었다.

원인 국가평의회는 황제가 임명하던 종래의 칙선 의원 절반, 젬스트보·귀
족·상인 등이 선출하는 대표 절반으로 구성하도록 했고, 하원인 두마는 이
미 선거가 끝나 개회를 기다리고 있었다.

4월 27일, 제1두마가 열렸다. 의석 분포는 카데츠 184명, 트루도비키
107명, 10월당 13명 등등이었다. 카데츠와 트루도비키가 주도하는 의회는
정부의 뜻대로 움직이지 않았다. 트루도비키는 당시 한창 타오르던 농민운
동에 힘입어 '모든 토지의 토지기금으로의 이양, 경작자들에게 토지 균등분
배'를 골자로 하는 법안을 제출했다. 카데츠는 이에 맞서 '지주토지의 일부
수용'을 제안하는 법안을 냈다. 정부는 두마에서의 토지문제 심의 자체를 달
가워하지 않았다. 발족 2개월 만에 두마는 해산됐다.

해산된 두마 의원들은 핀란드 만의 비보르크에 모여 투쟁선언을 내고 국
민들에게 납세거부 및 징병거부를 호소했으나, 상황을 변화시키지는 못했
다. 정부는 호소문의 서명자들을 체포, 투옥했다.

다시 선거를 치른 후 1907년 2월에 제2두마가 열렸다. 불리한 선거법과 비
상사태하 선거에도 불구하고 사회민주당이 65석을 얻었고 사회혁명당도 다
수 진출하여, 두마는 한층 더 반정부적이 됐다. 토지문제를 둘러싸고 두마와
정부가 다시 대립했다.

1907년 6월 3일, 수상 스톨리핀은 두마를 다시 해산하고 개악된 새 선거법

을 공포했다. 6·3 반동 쿠데타였다. 두마의 사회민주당 의원들이 정부전복 음모 혐의로 체포되어 시베리아로 추방당했다.

새 선거법에서는 이제 선거인단의 2/3를 지주와 자본가들이 뽑았다. 지주의 1표는 대자본가 4표, 중간 계급 65표, 농민 260표, 노동자 540표와 맞먹었다. 소수민족의 대표권도 크게 줄었다.

11월에 열린 제3두마에서 차르 정부는 바라던 의회를 얻었다. 지주·관료·성직자들이 의석의 2/3를 차지하여 두마는 보수화됐다. 제3두마는 차르 정부와 밀월을 누리며 5년의 임기를 채웠다. 제1당이 된 10월당과 그 밖의 우익정당들은 이제 다수 여당을 형성하여 스톨리핀의 정책을 지지했고, 제1야당으로 밀려난 카데츠는 간혹 차르정부의 정책을 조목조목 비판하기도 했으나, 예산과 농업정책, 혁명세력 탄압 등 중요사안에서는 차르 정부를 지지했다.

두마를 통제하에 둔 정부는 이제 자신의 뜻을 마음껏 펼칠 수 있었다. 수상 스톨리핀은 '평화'와 '개혁'의 두 가지 목표를 추구했다. 그는 1905년에 농민폭동이 극심했던 볼가 유역의 사라토프 현 지사를 지내며 자신의 구상을 다듬었다. 스톨리핀의 '평화'란 혁명가들과의 전면전을 뜻했다. 200여 종의 진보적 신문이 폐간됐고, 반란 혐의자들이 즉결 군법회의에 회부됐으며, 혁명조직에 비밀경찰요원이 들끓었다. 1907년부터 3년 사이에 정치활동을 이유로 2만 6천 명이 투옥됐고, 5천여 명이 처형됐으며, 1909년 현재 무려 17만 명이 감옥에 수감돼 있었다. 또 1910년까지 500여 개 노동조합이 해체됐다. 사람들은 교수대를 '스톨리핀의 넥타이'라 불렀다.

그의 '개혁'은 자영농을 육성하여 안정된 체제지지 세력을 확보하는 것이었다. 1906년 11월의 행정명령과 1910년 6월의 법령으로 농민공동체를 해체하여 농민이 공동체 내 자신의 분여지를 사유화하고, 흩어져 있는 토지를 한 곳으로 모아 단지를 만들도록 장려하는 정책이 추진됐다. 농민이 공동체에 내던 토지상환금도 폐지됐다. 물론, 체제의 충실한 버팀대인 지주의 토지는 전혀 건드리지 않았다.

1914년까지 농가 전체의 24%가 공동체를 나와 사유지를 갖게 됐고, 약

10%가 단지화에까지 성공했다. 부농들은 농민은행의 융자를 받아 빈농의 분여지를 헐값에 사들였다. 농민공동체는 해체됐고 비옥한 토지는 지주와 부농의 손에 장악됐다. 농촌에 남은 농민대중은 더 혹독한 궁핍에 시달렸다.

스톨리핀의 농업정책을 통해 차르 정부는 도시의 대자본가와 함께 농촌에서 대지주와 부농이라는 동맹자를 얻었다. 그러나 토지의 절대부족과 농민들의 반발로 자영농의 비율은 기대만큼 늘지 않았다. 토지개혁과 함께 보통교육 제도가 수립되고 농민의 시민권이 인정되며 지방재판소의 관할권이 농촌까지 확장되는 등, 몇 가지 개혁조치가 이루어졌다. 그러나 지방행정 개혁, 노동자 보험법 등, 더 많은 그의 구상들은 안팎의 반대로 실행에 옮겨지지 못했다. 스톨리핀의 법안은 종종, 하원인 두마에서는 보수적이라고 지탄받았고, 국가평의회에서는 급진적이라고 수정 또는 폐기되곤 했다.

스톨리핀은 헌법 제87조, 비상시 입법권을 써서 두마를 일시 휴회시키고 황제의 칙령으로 법률을 공포하는 방법을 취했다. 이는 두마와 국가평의회를 허수아비로 만들 뿐 아니라 차르의 권한까지를 도구로 사용한 것으로서, 모든 사람들에게 반발을 샀다. 스톨리핀의 정치생명은 끝나가고 있었다. 1911년 9월 혁명단체의 일원으로 경찰스파이였던 한 유태인 청년이 스톨리핀을 암살했다.

스톨리핀의 반동개혁하에서 노동운동의 물결은 급격히 잦아들었다. 1907년 74만이던 파업자 수가 1910년에는 5만 이하로 줄어들었다. 농촌의 격렬했던 투쟁도 일거에 평정됐다. 그러나 노동자와 농민이 혁명을 잊은 것은 아니었다. 스톨리핀이 죽을 즈음, 한동안 잠잠했던 혁명운동이 다시 불붙기 시작했다.

민중의 아들, 고리키:
혁명 전야의 문학과 예술(1910년경)

1913년 5월 파리의 샹젤리제 극장. 스트라빈스키가 작곡하고 무용가 니 진스키가 안무한 발레 〈봄의 제전〉이 첫 선을 보이고 있었다. 청중의 대부분은 아름다운 음악과 우아한 발레를 기대하고 온 사람들이었다. 바순이 연주하는 높은 톤의 도입부가 불길한 무엇을 예고했고, 이어 귀에 거슬리는 소리가 계속됐다. 객석에서 야유가 터져나왔다. 막이 오르고 머리를 길게 딿은 안 짱다리의 소녀들이 무대를 껑충껑충 뛰어다니기 시작했다. 청중들 사이에서 그야말로 '폭동'이 벌어졌다

"그들이 보기에 이것은 예술로써의 음악을 파괴하려는 불경스런 행동이었다. 그들은 휘파람을 불고 고래고래 소리를 지르며 이게 무슨 음악이냐, 의사를 불러와라, 발레는 이러이러해야 한다고 외쳤다. 음악을 진심으로 좋아하고, 표현의 자유가 위기에 처했다고 느낀 사람들이 맞고함을 치며 이의를 제기했다.

그것은 저녁의 휴식을 위한 예술에 대한 반란이었다. 오케스트라의 연주는 소동이 잠시 뜸해질 때를 제외하고는 거의 들리지 않았다. 무희들은 그들이 들었다고 상상하는 음악에 맞추어 춤을 추었다. 운율에는 다소 벗어났지만 춤은 아름다웠다.

내 뒷자리에는 젊은 신사가 있었다. 그는 발레를 더 잘 보려고 자리에서 일어서 있었다. 음악의 강렬한 힘에 취해 몹시 흥분한 그가 주먹으로 내 머리를 치기 시작했다. 나 또한 음악에 심취해 있어 얼마 동안 그 타격을 느끼지 못했다. 남은 청중들은 이제 음악과 혼연일체가 되어 있었다. 나는 불현듯 머리에 통증을 느끼고 뒤를 돌아보았다. 그는 진심으로 사과했다. 둘 다 제정신을 잃고 있었던 것이다."

현대음악이 탄생하는 한 장면에 대한 묘사다. 유럽 세계에 충격을 던진 러시아의 작곡가 스트라빈스키는 새 시대의 다이내믹한 감각을 자유롭고 참신한 소리로 담아내어 현대음악을 창시한 사람 중 하나로 꼽힌다. 중년 이후 그는 러시아를 떠나 해외로 나갔지만, 그는 죽을 때까지 한순간도 러시아를 잊은 적이 없는 '러시아인'이었다. 그의 청년기 작품에서는 시대의 불안한 공기, 혁명 전야 러시아의 긴박한 공기가 서유럽의 새로운 사조와 결합되어 혁신적인 음악을 창출해내는 것을 볼 수 있다.

19세기 말, 20세기 초에 러시아 사회는 크나큰 변화를 겪었다. 자본주의가 발달하면서 자본가 계급과 시민사회가 형성되기 시작했고, 서유럽과의 교류가 늘면서 사회와 문화도 유럽에 발걸음을 맞추게 됐다. 1905년의 혁명으로 형식상의 입헌체제가 갖춰짐과 함께, 부르주아지의 영향력이 전보다 훨씬 커지고 서유럽과의 연관도 더욱 긴밀해졌다. 그와 더불어 노동자 계급이 늘고 혁명운동이 고조되면서 진보진영과 노동자 · 농민의 자기 주장도 더 강렬해졌다.

문학과 예술은 그 시대를 거울처럼 반영한다. 당시 어느 나라보다도 변화의 템포가 빨랐던 러시아에서 문학예술은 실로 복잡하고 다양한 양상을 보였다. 세기말의 각종 시대사조가 물밀듯이 밀려와 사람들을 혼미케 하는 한편, 전통적인 러시아 리얼리즘도 격동하는 시대의 흐름을 타고 다양한 변종들을 발생시켰다.

그 와중에서 러시아의 작가와 예술가들은 다시 한 번 세계에 강렬한 빛을 던졌다. 블로크, 마야코프스키, 아흐마토바를 필두로 한 거대한 시인 군단은 당대 세계의 시단을 풍미했고, 체호프와 고리키의 소설은 러시아의 현실을 작품 속에 농축시켜 담아냄으로써 국내에 큰 영향을 미침은 물론 세계적으로도 큰 파장을 일으켰다.

라흐마니노프와 스크랴빈과 스트라빈스키와 프로코피예프의 음악, 세로프와 베누아와 샤갈과 칸딘스키의 그림, 스타니슬라프와 모스크바 예술극장의 연극도 국내외에 많은 감동을 불러일으키면서 새로운 경지를 개척했다. 또한, 댜길레프가 창단한 발레 뤼스(러시아 발레단), 파블로바와 니진스키 등의

막심 고리키. 어려서 부모를 여의고 가난하게 살면서 온갖 밑바닥 인생을 두루 경험한 후, 러시아의 문호가 되었다.

명무용수들은 눈부시도록 아름다운 러시아 발레를 온 세계에 선보였다.

이들은 온갖 것들이 뒤섞인 진흙탕 속에서 러시아 혼의 정수를 뽑아 찬란한 보석을 만들어내서는 러시아 인민과 세계 앞에 바쳤다.

혁명 전야의 러시아 문화는, 전제의 지배하에 있던 당시 러시아사회가 부르주아 사회와 인민대중의 사회의 둘로 갈라져 있었듯이, 크게 두 진영으로 나뉘어 서로 충돌하며 발전했다. 한편에는 '예술을 위한 예술'과 '형식주의'를 표방하는 모더니즘과 데카당스의 사조가 풍미했고, 한편에는 비판적 리얼리즘의 전통을 새로운 러시아 현실에 접합시키며 민중의 정서를 고양시키는 사람들이 있었다. 그리고 그 중간지점에 두 진영 사이에서 고민하는 다양한 흐름들이 있었다. 두 가지 조류가 가장 극명한 대비를 보인 분야는 역시 문학이었다.

세기가 바뀔 즈음, 19세기 러시아 문학의 전통을 잇는 두 거장이 나타났다. 체호프와 고리키가 바로 그들이다. 뛰어난 극작가였던 체호프는 모스크바 예술극장과 함께 호흡하며 〈갈매기〉〈바냐 아저씨〉〈세 자매〉〈벚꽃 동산〉 등 불멸의 희곡작품을 남겼다. 그는 또한 단편소설이라는 새로운 장르를 선택해 러시아의 비틀린 현실을 응축된 표현으로 명쾌하게 묘사해냄으로써 근

대 단편소설의 창시자라는 평가를 얻었다.

사회주의 리얼리즘의 창시자로 꼽히는 '민중의 아들' 고리키는 혁명에 직접 참여하여 큰 고초를 겪었고, 혁명의 전 과정에서 줄곧 사회의 부정과 부조리를 매섭게 공격하며 러시아 인민의 삶을 옹호했다. 그는 러시아의 비판적 리얼리즘을 발전시켜 문학을 민중의 것으로 만들었다.

1907년에 발표된 그의 대표작 〈어머니〉는 혁명적 노동자와 노동자계급 운동의 발전모습을 생생하게 묘사함으로써 운동의 발전에 큰 역할을 했다. 노동자들은 〈어머니〉를 자신들의 문학적 선언으로 받아들이고 책장이 다 해어지도록 돌려 읽었으며, 거기서 자신들의 현재와 미래를 발견했다.

1901년에 발표한 그의 산문시 〈바다제비의 노래〉는 혁명의 횃불이 됐고, 희곡 〈소시민〉과 〈적〉은 혁명의 승리에 대한 확신을 심어주었다. 그의 자전 3부작 〈유년 시절〉 〈세상 속으로〉 〈나의 대학〉 속에 그의 삶의 궤적이 상세히 묘사되어 있다. 오스트리아의 한 작가는 러시아 민중과 고리키의 관계에 대해 이렇게 말했다.

> "러시아의 민중은 자신들의 삶, 학대당하고 억압받고 추방당하는 러시아 민중들의 삶을 전인류에게 알리기 위해 '자신들의 살'로 고리키의 '입'을 만들었다."

19세기 전반에 '황금시대'를 구가한 바 있는 시 분야에서도 세기가 바뀔 즈음 '은의 시대'가 펼쳐졌다. '은의 시대'는 데카당스의 분위기를 짙게 풍기던 상징주의 시인 군단들로부터 비롯됐다. 민스키, 메레슈코프스키, 브류소프, 발몬트 등 전기 상징파 시인들은 리얼리즘과 혁명적 민주주의에 저항하면서 극단적인 형식미와 유아론, 악마성에 탐닉했다. 그러나 그 뒤를 이은 블로크, 벨리, 이바노프 등 후기 상징파 시인들은 '생의 창조'를 중대한 과제로 삼아 극단적인 관념성을 극복하고 민중문화의 발견을 모색하기 시작했다.

부르주아 문화의 위기의식에서 탄생한 모더니즘 경향의 아크메이즘(구밀료프, 만델슈탐, 아흐마토바 등), 미래파(홀레브니코프, 마야코프스키, 파스테르나크 등)도 한 시대를 풍미했다. 아크메이즘 시인들은 구체적인 언어로 사물을 정확히 표현하고자 애썼으나 사회에는 별 관심이 없었고, 미래파 시인들은 기존의 언어에 대해 증오를 내쏟으며 '저절로 쏟아지는, 가치 그 자체로서의 언어 만세!'를 외쳤다. 아흐마토바가 쓴 주옥 같은 서정시는 러시아 인들 사이에 널리 애송됐고, 조국에 대한 애정이 절절이 배어나오는 예세닌의 농민시도 유명하다.

청년시절 한때 모더니즘에 푹 빠져 있던 블로크와 마야코프스키는 혁명의 파고가 높아지면서 아름다움과 공리성의 조화에 눈을 돌려 목놓아 혁명을 외치는 혁명시인이 됐다. 다가오는 혁명의 세찬 고동소리가 위대한 시인의 귀에 천둥처럼 들려왔던 것이다. 마야코프스키는 제국주의의 대학살을 고발한 서사시 〈전쟁과 평화〉를 높은 톤으로 마무리한다.

그리고 그는
내가 부르고 있는 자유로운 인간은…
온다
나를 믿으라
믿으라!

침체의 늪을 건너서:
다시 불붙는 혁명운동(1912~1914년)

스톨리핀의 반동개혁이 진행되는 동안, 러시아는 겉보기에 평온을 유지했다. 노동자들의 파업도 수그러들었고 농민폭동도 한풀 꺾였다. 온 러시아에 반동의 칼날이 번득이는 사이로, 부르주아 입헌체제에 대한 환상이 싸움에 지친 민중들 속을 파고들어와 혁명의지를 갉아먹어갔다.

혁명가들도 침체의 늪에서 허덕였다. 많은 활동가들이 곤욕을 치르고 투옥되고 유형지로 쫓겨났다. 남은 사람들도 질식할 듯한 분위기에서 괴로운 나날을 보냈다. 소시민적 지식인과 분명한 의식을 갖지 못한 노동자들이 혁명의 대열에서 이탈해갔다. 사회주의 정당들의 지방조직은 거의 괴멸됐다.

사상적인 혼돈도 심해졌다. 사회민주당의 두 파, 볼셰비키와 멘셰비키의 알력이 심해지고, 사회혁명당도 좌파와 우파로 분리되면서 사실상 해체돼버렸다.

혁명의 퇴조기를 맞아 멘셰비키는 완전히 사기를 잃었다. 조직이 붕괴하면서 여러 파로 갈라진 그들은 혁명강령과 슬로건을 방기하고 노동자들을 향해 지배계급과의 협정과 화해를 호소했다. 세는 비록 줄었으나 조직을 유지하는 데 성공한 볼셰비키만이 혁명 강령을 그대로 견지해나갈 수 있었다.

볼셰비키는 지하당을 청산하고 합법적인 조직을 건설하자고 주장하는 멘셰비키 내 청산주의자나, 반동의회로부터 사회민주당 의원을 불러들이자고 주장하는 볼셰비키 내 소환주의자들을 물리치고 당을 굳건히 지켜 다가올 혁명에 대비했다.

스톨리핀은 자신의 '개혁'을 실현하기 위해서는 20년간의 평온기가 필요하다고 말했다. 20년간 인민대중이 투쟁을 포기하고 얌전하게 앉아 있어야 '개혁'을 이룰 수 있다는 것이었다. 그러나 혁명의 영광과 시련을 겪은 인민대중이 갖은 고통을 감내하며 차르 정부에게 '20년간의 평온기'를 갖다줄 리 없었다.

1910년 중반부터 러시아에 새로운 정세가 펼쳐지기 시작했다. 한동안 정체됐던 산업이 다시 고양되기 시작한 것이다. 매년 석탄과 철의 채굴량이 증가하고 선철과 철강의 생산량이 늘어났으며 직물과 설탕의 생산도 점차 늘었다. 노동자의 수도 점점 늘어, 1913년에는 공업 노동자의 숫자만 350만이 넘었다.

그와 함께 생산과 자본과 노동의 집중이 더욱 심화됐다. 거의 모든 산업이 자본가나 자본가 연합의 독점하에 놓였고, 노동자의 절반 이상이 종업원 500명 이상의 기업에 고용되어 세계 최고의 집적도를 보였다. 은행의 힘도 막강해져 금융 과두제가 국가경제를 지배했다. 외국자본의 유입도 크게 늘어, 주식회사와 주요 은행 고정자본의 30~40%, 그리고 석탄·석유·금속 등의 주요산업이 유럽 자본가들에게 장악됐다.

러시아와 유럽의 극소수 대자본가는 부유해지고 러시아 민중은 궁핍해졌다. 국민소득의 3/4은 얼마 안되는 지주·자본가·부농이 차지했고, 국내에서 먹고 살기 힘든 근로인민들은 일자리를 찾아 외국으로 떠났다.

물가가 폭등하고 노동자들의 상태는 악화됐다. 노동자들은 하루의 절반 이상을 자본가를 위해 일했다. 농민대중도 파탄지경을 헤맸다. 스톨리핀 농업정책의 결과로, 소수의 지주와 부농은 부유해진 반면에 농민대중의 삶은 영락했다. 빈농과 부농 사이의 갈등도 심해졌다. 농민들을 유럽 러시아로부터 시베리아로 이주시켜 농촌의 모순을 해결하려는 시도도 실패로 돌아갔

레나 금광 발포사건의 희생자들. 군대가 파업노동자에게 무차별 사격, 500여명이 죽거나 다치는 사건이 터져 전국의 노동자들이 시위에 나섰다.

다.

러시아는 자본주의의 길을 따라 발전하고 있었지만, 해가 갈수록 선진국과의 격차는 점점 더 벌어졌다. 농노제의 유산, 인민대중의 빈곤과 억압이 생산력의 발달을 저해했다. 1905년 혁명으로 크게 고양된 대중들의 의식도 낡은 체제와 양립하기 힘들었다.

대중들이 다시 기운을 내기 시작했다. 1910년 여름부터 노동자들의 파업이 다시 고개를 들었다. 노동자와 학생들의 정치집회와 시위가 늘어갔다. 지주와 부농에 대한 농민들의 투쟁도 다시 시작됐다.

1912년 1월 프라하에서 열린 러시아 사회민주당 협의회는 대중들의 혁명적 분위기가 솟구쳐 오름을 확인하고, 민주공화제, 8시간 노동제, 지주토지 몰수의 슬로건을 내걸고 대중들 사이에서의 활동을 강화하기로 결의했다. 볼셰비키와 소수 '당 유지파' 멘셰비키만이 모인 이 협의회에서는 또, 1907년 이후 사실상 소멸한 당 중앙위원회를 볼셰비키만으로 재구성했다. 이로써 볼셰비키는 당내의 다른 분파들과 완전히 갈라져 독립된 당을 이루었다.

1912년 4월 4일, 새로운 혁명을 재촉하는 사건이 일어났다. 시베리아 밀림 속 레나 금광에서 군대가 파업노동자들에게 발포하여 500여명이 죽고 부상당하는 사태가 일어난 것이다. 소식은 순식간에 전국으로 퍼져서 노동자들의 가슴에 분노의 불을 지폈다. 대규모 파업과 집회와 시위가 시작됐다.

30만 명의 노동자가 항의파업에 가담했고, 이어 메이데이 파업 때에는 40만 명의 노동자가 참여했다.

운동과정에서 노동자 대중을 상대로 하는 합법 일간지의 필요성이 절실해졌다. 4월 22일 볼셰비키는 페테르부르크에서 〈프라브다〉 제1호를 발간했다. 〈프라브다〉는 이후 당의 합법 기관지가 되어 노동자계급의 생활에 매우 커다란 역할을 했다. 매일 4만 부를 발행한 〈프라브다〉는 창간 후 2년 3개월 간 8차례 폐쇄처분을 받았으나, 그때마다 노동자들의 성원 속에 새로운 명칭으로 복간하여 노동자 거리에 혁명의 노래를 퍼뜨렸다. 〈프라브다〉는 1차대전 직전에 전쟁반대 정책을 취해 폐간당했다가 1917년 2월혁명 후 복간된다.

1912년 가을, 제4두마의 선거가 치러졌다. 이번 선거에서도 10월당이 제1당이 되고 다른 우익정당들의 의석도 늘어 우익세력이 절대 과반수를 차지했으나, 10월당원 중 절반 이상인 150명이 좌익 10월당을 결성하여 온건 반대세력인 카데츠와 제휴함으로써 정부의 운신폭은 제3두마 때보다 좁아졌다.

한편, 극심한 탄압 속에서도 노동자 등급이 따로이 자기네 대표를 선출할 수 있었던 6개 공업 현에서는 모두 볼셰비키 후보가 당선됐다. 멘셰비키는 비공업 현에서 7명의 의원을 냈다. 제4두마에서 사회민주당 의원들은 의원단을 구성하여 예리한 질문으로 각종 사건들을 사회문제화하고, 차리즘과 지주와 자본가의 착취실태를 폭로하여 대중들의 의식을 일깨우는 한편, 소시민들과 일부 자유주의 세력을 민주투쟁의 대열로 끌어들이는 데 일조했다.

노동운동은 계속 발전했다. 1912년에는 100만 명 이상, 1913년에는 127만 명, 1914년 전반기에는 150만 명의 노동자가 파업에 참여했다. 노동자 계급은 다시 차리즘과 자본가들에 대해 적극공세를 취했다.

농민들의 움직임도 격화됐다. 1910년부터 1914년 사이에 1만 3천건 이상의 농민폭동이 일어났다. 군대도 다시 동요했다. 1912년 7월 투르케스탄에서 공병대의 무장반란이 일어났고, 발트 함대와 흑해 함대에서도 반란의 기운이 무르익어갔다.

1914년에 들어서면서 노동운동이 물결이 러시아를 뒤덮기 시작했다. 1월 9일 1차혁명 기념일 파업이 끝나자, 그 뒤로 곧 여성 노동자 대량중독 사건에 대한 항의파업이 이어졌다. 새로이 제정된 노동자 보험법에 따라 3월에 치러진 노동자위원 선거는 혁명파의 완승으로 끝났다. 전국에서 50여 만의 노동자가 참여한 메이데이 파업이 끝나자, 바쿠 노동자의 총파업과 동정파업이 다시 전국을 휩쓸었다.

7월 3일 푸틸로프 공장 노동자 집회에 경찰이 발포를 했다. 전국에 유혈 제재에 대한 분노가 들끓었다. 7월 4일에는 9만 명, 7일에는 13만 명, 11일에는 20만 명의 노동자가 파업에 참가했고, 마침내 대규모 시위가 시작됐다. 노동자들은 당국의 탄압과 전쟁준비에 항의했다. 모스크바 등지에서도 파업이 시작됐고, 페테르부르크와 로지에 바리케이드가 나타났다. 페테르부르크는 이제 군대의 야영장으로 변해갔다.

타오르는 혁명의 불길을 끈 것은 군대와 경찰의 힘이 아니었다. 러시아 정부는 혁명의 위협을 뒤로 하고 1차 세계대전의 소용돌이 속으로 몸을 내던졌다.

제국주의 전쟁을 내전으로!:
1차 세계대전 발발(1914년)

1914년 7월 15일(신력 7월 28일) 1차 세계대전이 시작됐다. 더 많은 식민지와 시장을 확보하려는 제국주의 열강간의 충돌이 급기야 세계규모의 전쟁을 불러온 것이다. 열강 중에서도 독일의 제국주의자들이 가장 호전적이었다. 독일은 19세기 종반 이래 고속성장을 계속하여 몇몇 분야에서 이미 최강국이던 영국을 앞질렀으나, 뒤늦게 경쟁에 뛰어든 탓에 식민지를 많이 확보하지 못하고 있었다. 소외감을 느낀 독일은 세계 재분할의 의지를 굳혀갔다.

각국의 이해관계가 복잡하게 얽히는 가운데에 열강간의 합종연횡이 진행됐다. 1880년경 독일은 오스트리아·헝가리·이탈리아와 3국동맹을 맺었다. 이에 맞서 러시아와 프랑스, 프랑스와 영국이 각각 접근하여, 20세기 초 3국협상으로 발전했다. 이리하여 유럽에 서로 적대하는 두 제국주의 진영이 형성됐다.

혁명운동의 위협도 전쟁의 한 원인으로 작용했다. 1905년 러시아혁명 후 혁명의 확산을 두려워한 강대국의 정부들, 특히 러시아의 차르 정부는 인민대중의 관심을 혁명에서 전쟁으로 돌리고자 했다.

세계대전의 직접적인 발단은 보스니아의 사라예보에서 울린 두 발의 총성

훈시하는 차르. 니콜라이 2세는 총사령관으로서 물자와 장비가 부족한 상태로 수백만 국민을 1차 세계대전으로 몰아넣었다.

이었다. 오스트리아의 황태자 부부가 세르비아 계 청년이 쏜 총에 맞아 죽은 것이다.

당시 발칸반도는 독일 중심의 범게르만주의와 러시아 중심의 범슬라브주의, 투르크와 발칸의 여러 나라, 불가리아와 발칸의 다른 나라들, 오스트리아·헝가리와 세르비아 등의 대립이 복잡하게 얽히고 설킨, 말 그대로 '유럽의 화약고'였다. '사라예보 사건'은 화약고에 불을 붙인 격이었다. 한 달 후, 발칸에 이해관계를 가진 모든 나라와 그 동맹국들이 싸움에 휘말려 들어갔다.

7월 15일 오스트리아가 세르비아에 선전포고를 했다. 이에 세르비아의 보호국을 자처하던 러시아가 총동원령을 내렸다. 이어 독일이 7월 19일 러시아에, 7월 21일 벨기에와 프랑스에 전쟁을 선언했다. 이에 맞서, 영국과 그 동맹국 일본이 독일에 선전포고를 했다. 바야흐로 세계전쟁이 시작됐다.

전투는 독일과 오스트리아·헝가리를 축으로 하는 중부 유럽의 동쪽과 서쪽, 발칸반도, 그리고 각지의 독일 식민지에서 벌어졌다. 이탈리아는 전쟁 발발 후 3국동맹에서 탈퇴하고 연합국에 가담했다. 대신, 연합국 내 몇몇 나라와 이해관계가 충돌하던 투르크와 불가리아가 전쟁의 와중에서 추축국에 가담했다.

서부전선은 독일군이 전격전으로 벨기에와 프랑스 북동부를 손에 넣은 후 교착상태에 빠졌다. 그 후 3년 동안 많은 사상자를 내며 참호전을 계속했으나 전선의 이동거리는 20km를 넘지 못했다.

동부전선에서는 한동안 독일과 러시아가 일진일퇴를 거듭하다가, 1914년 말 심각한 군수물자 부족을 겪던 러시아의 열세가 뚜렷해지기 시작했다. 군화가 없어 동상에 걸리고 외투와 내의가 부족하여 감기에 걸린 병사들이 부지기수였다. 1915년 초여름, 갈리치아와 폴란드가 독일군에게 넘어갔고, 이어 벨로루시와 발트 연안 일부에까지 독일군이 진주하면서 전선이 교착됐다.

모든 국가의 부르주아 정당은 국민들에게 전쟁 지지와 조국방위를 호소했다. 독일에서는 러시아의 전제군주가 독일인민의 민주적 성과를 일소하려 한다고 비난했고, 프랑스에서는 독일 제국주의가 프랑스 민주주의를 유린하려 한다고 선전했으며, 러시아에서는 독일인이 러시아를 식민지로 삼으려 한다고 했다. 그들은 하나같이 국민들에게 전쟁의 목적이 국민을 구하는 데 있다고 거짓 선전했다.

제2인터내셔널에 속한 사회주의 정당들도 거의 모두가 노동자의 이익을 저버리고 조국방위라는 미명하에 전쟁을 지지했다. 제2인터내셔널의 리더를 자임하던 독일 사회민주당은 정부의 전시 기채에 찬성표를 던졌다. 프랑스·영국 벨기에의 사회주의자는 나아가 반동적인 부르주아 정부에 참여까지 했다.

러시아에서는 멘셰비키 의원단까지도 전시 기채에 반대했다. 그만큼 러시아 노동자 계급의 반전 감정은 강렬했다 그러나 멘셰비키의 주류는 그 후 조국방위전쟁 지지로 돌아섰다. 사회혁명당도 좌파 일부를 빼고는 전쟁을 지지했다.

그리하여 전쟁 발발 전까지 제국주의 전쟁 반대 결의를 해온 제2인터내셔널은 스스로의 결의를 백지화하고 붕괴해버렸다. 혁명투쟁을 거부하고 계급협조 정책을 펴오던 각국의 사회주의 정당은, 전선이 날카롭게 대치하는 상황에서 그 기회주의적 속성을 여실히 드러냈던 것이다. 그들은 결국 부르주아 정부의 약탈전쟁을 지지하여 국민들을 전쟁의 참화 속으로 밀어넣고, 자기 나라 인민들에게 다른 나라 인민들을 살육하도록 부추겼다.

그 와중에서도 러시아의 볼셰비키는 일관되게 반전 입장을 취했다. 두마의 볼셰비키 의원단은 전쟁에 극구 반대하여 시베리아 유형에 처해졌다. 볼셰비키는 나아가, 인민의 이익에 배치되는 부정한 전쟁에서 자국 정부의 패배를 유도하여 제국주의 전쟁을 혁명 내전으로 전화하자고 주장했다. 불가리아와 세르비아의 사회민주당, 독일의 일부 사회주의자도 줄곧 전쟁에 반대했으나 내전으로의 전화 슬로건까지는 내걸지 않았다. 이들 반전 사회주의자들이 모여 1915년 짐머발트 국제사회주의자 회의에서 '짐머발트 좌파'를 이룬다.

전쟁은 전투에 직접 참여한 병사들은 물론 근로인민 전체에게 기아와 추위와 많은 희생을 강요했다. 러시아의 국민경제는 붕괴됐고 주민의 필요는 충족되지 못했다. 빵이 절대적으로 부족했고, 물가는 급등한 데 반해 임금은 제자리를 맴돌았다. 그러나 적지 않은 자본가는 전쟁에서 막대한 이윤을 얻었고, 전쟁으로 인한 온갖 재난은 인민대중이 송두리째 짊어졌다. 독일군 점령지를 탈출한 수백만 난민의 경우에는 어려움이 극에 달했다. 인민들 사이에서 전쟁과 차르 전제에 대한 불만이 점점 격화됐다. 이번에도 노동자들이 선두에 나섰다. 1915년에는 전시의 가혹한 탄압에도 불구하고 50만여 노동자가 파업에 가담했다. 군대 내에도 많은 혁명조직이 만들어지고, 항명과 소요와 반란, 적병과의 교류가 시작됐다.

레닌은 이 시기에 〈제국주의론〉을 집필하고 〈국가와 혁명〉을 구상하면서 자본주의의 현단계를 분석하고 혁명이론을 발전시켰다. 그는 혁명적 정세의 주요 징후를 다음과 같이 보았다.

1. 지배계급이 이전과 같은 방식으로는 지배를 계속할 수 없게 되는 것
2. 근로대중의 결핍과 빈곤이 평상시보다 더 격화되는 것
3. 지배계급에 대한 대중의 불만이 매우 높아지는 것
4. 지배계급 타도를 위해 일어설 능력있고 결의에 찬 전위계급과 당의 존재

전쟁은 러시아에서 혁명적 정세를 만들어냈다. 전쟁은 엄청난 인명과 물

자를 소진하고 있었다. 1916년 말까지 500만 명이 넘는 병사가 죽거나 다쳤고, 막대한 동원으로 국민경제는 파탄났다. 거의 전 국민이 지긋지긋한 전쟁을 혐오했고, 반전감정은 차르 정부에 대한 반발로 이어졌다.

노동운동은 급속히 고양되어 1916년에는 100만 이상의 노동자가 파업에 참여했다. 병사들의 탈영과 항명과 소요도 빈번해지고 광범해졌다. 농민들의 소요도 잦아지고 과격해졌다. 1916년 중엽에는 후방근무 동원령에 반발하여 중앙아시아 민족들 사이에서 수백만 명이 가담하는 거대한 봉기가 일어났다.

지배계급 내에서도 갈등이 격화됐다. 1915년 8월, 카데츠·10월당·진보동맹 등이 결집하여 두마 내에 절대 다수 세력을 형성한 '진보 블록'이 국민의 신임을 얻을 수 있는 '신임내각'의 구성과 온건개혁을 요구하는 목소리를 높였으나, 차르는 이를 무시했다. 젬스트보 연합과 도시 두마 연합도 '책임내각'을 요구했다. 정부는 분해상태에 빠져들었고, 그 틈을 타고 황후와 요승 라스푸틴이 정치를 좌지우지했다. 1916년 12월 라스푸틴은 황족과 우익세력에게 암살당했고, 지배층 내에서조차 황실의 권위가 급전직하하면서 쿠데타 모의가 몇 갈래로 진행됐다.

그러나 노동자들의 움직임이 한걸음 빨랐다. 1917년에 들어 하루하루 파업의 물결이 높아갔다. 1월에는 25만 노동자가 파업을 벌였고, 2월에는 40만여 명이 파업에 가담했다. 병사들도 노동자들의 파업에 호의적인 눈길을 보냈다. 수도(전쟁 발발 후 독일식 이름 '페테르부르크'를 버리고 '페트로그라드'로 개칭)는 점점 무정부 상태로 변해갔고 정부는 수습능력을 잃어버렸다. 정세는 이제 혁명의 외길로 치달아갔다.

로마노프 왕조 몰락의 에피소드:
요승 라스푸틴의 전횡(1915~1916년)

　왕조가 망할 때에는 여러 가지 조짐이 나타난다. 경제가 파탄나면서 민심이 이반되고 충신이 제왕의 곁을 떠나며, 어리석은 신하들 사이에 권력을 둘러싼 암투가 횡행한다. 우유부단한 왕은 다가오는 위기를 보지 못하고 간신들에게 정사를 맡긴 채 부질없는 일에 탐닉한다. 백성들 사이에는 온갖 풍문이 꼬리를 물고, 뜻 있는 사람들은 백성들과 함께 하면서 후일을 도모한다.

　1차대전이 진행되는 동안 러시아에서는, 그렇지 않아도 허약하기 짝이 없던 로마노프 왕조를 붕괴일로로 몰고가는 요인들이 착실하게 성숙해갔다. 많은 병사와 민간인이 목숨을 잃었고, 엄청난 인원과 물자가 전쟁에 동원되면서 경제는 파탄나고 국민들은 큰 괴로움을 겪었다. 그 와중에서도 막대한 이윤을 챙긴 자본가와 그에 미혹된 정치가들은 '조국방위의 성전'으로 국민들을 계속 내몰았다. 대중들 사이에 반전 분위기가 고조되고 정부와 황제에 대한 불만이 높아갔다.

　당시 황실을 지배한 사람은 차르 니콜라이 2세가 아니었다. 무능하고 심약했던 차르 뒤에는 드세고 편협한 황후 알렉산드라가 있었고, 황후 뒤에는 그녀가 신처럼 떠받드는 요승 라스푸틴이 있었다.

패전이 계속되던 1915년 여름, 황후와 라스푸틴은 자신들을 견제해온 총사령관 니콜라이 니콜라예비치 대공을 제거하기로 했다. 그들은 패전의 책임을 물어 니콜라이 대공을 해임하라고 차르에게 간언했다. 8월 23일, 많은 각료들이 극구 반대했음에도 차르는 니콜라이 대공을 해임하고 스스로 총사령관에 올랐다.

이틀 뒤인 8월 25일, 온건 자유주의자들의 '진보 블록'이 차르에게 신임내각의 구성과 온건한 개혁을 요구해왔다. 차르는 '진보 블록'과의 협조를 진언하는 몇몇 각료의 말을 무시하고 이 요구를 거절했다. 자유주의자들과 협조할 수 있는 기회도 팽개쳐버리고 충언을 하는 신하들까지도 내쳐버린 차르는 이후 황후와 라스푸틴에게 점점 더 의지해갔다. 총사령관이 된 차르는 수도를 비우고 전선을 이리저리 돌아다녔다. 라스푸틴은 충실하기 그지없는 여신도인 황후를 등에 업고 전권을 휘두르기 시작했다. 차르의 결정이 필요한 사안은 황후를 시켜 차르에게 편지 한 장만 띄우면 그만이었다. 1916년 12월 말 암살될 때까지 라스푸틴은 사실상 러시아의 황제나 다름없었다.

라스푸틴은 본디 시베리아의 농민 출신으로 말을 훔치다가 마을에서 쫓겨난 후 수도원을 전전하는 '돌중'이 됐다. 그의 종파는 최면술을 중요한 수단으로 사용하는 신흥종교였다. 그는 1904년에 페테르부르크로 와 점잔 빼는 귀부인들 사이에서 많은 신도를 얻었고, 마침내 황후 알렉산드라까지도 사로잡았다.

니콜라이 2세와 황후 사이에는 뒤늦게 얻은 알렉세이라는 아들이 있었다. 황후는 알렉세이를 끔찍이도 아꼈다. 알렉세이는 황후의 권력을 유지시켜주는 버팀목이기도 했다. 어머니 쪽에서 독일 왕가의 피를 물려받은 황태자는 많은 유럽 왕실을 괴롭히던 혈우병에 걸려있었다. 황제와 황후는 조그만 상처가 종창으로 발전할 때마다 알렉세이가 몹시 괴로워하는 모습을 안타까워하며 바라볼 뿐이었다.

당대의 유명한 의사들도 혈우병체는 속수무책이었다. 그런데 라스푸틴이 최면술을 걸어 알렉세이의 병을 '치유'했다. 라스푸틴의 '처방'이 어떻게 먹혀들었는지는 알 길이 없다. 어쨌든 알렉세이는 그 후 크게 괴로워하는 일이

없었고, 라스푸틴은 황후에게 살아 있는 성자가 됐다.

황후의 절대적인 신임을 얻은 라스푸틴은 이제 막강한 권세를 얻었다. 심약한 니콜라이 2세는 매사를 대가 센 아내의 뜻에 따랐고, 황후는 매사 라스푸틴에게 자문을 구했다. 라스푸틴은 황후와 황제에게 '우리의 친구'가 됐다.

1910년경 라스푸틴에 관한 얘기가 신문에까지 보도되면서 그를 질타하는 소리

그레고리 라스푸틴이 궁전에서 두 귀부인 사이에 앉아있다. 그는 '성자'로 불리며 알렉산드라 황후의 마음을 사로잡아 엄청난 영향력을 행사했다.

가 높아갔다. 라스푸틴은 궁정에서는 매우 정중하게 행동하고 농민의 꾸밈없는 소박함을 보여주었으나, 밖에만 나오면 '개'였다. 그는 어리숙한 귀부인들에게 '육체의 속죄'를 통해 구원받을 수 있다고 설교하며 숱한 여성들을 농락했다. 수상 스톨리핀은 라스푸틴을 시베리아로 유배 보내려 했으나, 황후에게 밀려 실패하고 얼마 안 있어 암살당했다.

라스푸틴의 권세는 이제 하늘을 찔렀다. 모두들 황후와 라스푸틴에 대해서 뒤에서만 수근거릴 뿐, 앞에서는 아무 말도 못했다. 그러나 이때까지만 해도 라스푸틴은 정치에는 깊이 관여하지 않았다.

전쟁이 터지고, 1915년 초가을 차르가 총사령관이 되어 전선으로 출동하면서 러시아는 이제 라스푸틴의 것이 됐다. 내무장관과 전쟁장관이 라스푸틴과 교분이 두터운 사람에게 돌아갔고, 며칠이 멀다하고 내각이 해산되고 개각이 이어졌다. 장관들의 목숨과 주요정책의 방향은 이제 라스푸틴의 손아귀에 쥐여 있었다. 라스푸틴은 또한 꿈에 계시를 받았다며 황후를 통해 전선의 차르에게 '명령'을 내렸다. 황후는 차르에게 매일같이 편지를 써서 '성

자'의 조언을 전했다.

"우리의 친구가 식량공급은 걱정 말랍니다. 다 잘될 거라는군요."
"우리의 친구가 너무 고집세게 진격하지 말라고 합니다. 손해가 더 클 거래요."

수도의 거리에 황후와 라스푸틴의 관계를 조롱하는 벽보가 나붙고, 둘이 동침하고 있다는 유언비어가 나돌았다. 두 사람이 독일과 결탁하여 단독강화를 획책하고 있다는 소문도 횡행했다(라스푸틴 일파는 실제로 독일과 강화하여 왕조를 유지하고자 공작을 폈다). 마침내 대황후가 전장으로 달려가 차르에게 수도 귀환을 청했으나, 차르는 라스푸틴이 '신께서 보낸 성자'라면서 어머니의 말을 따르지 않았다. 일반대중은 물론, 귀족들 사이에서도 비난여론이 들끓었다.

1916년 가을, 위기가 깊어지면서 대중들의 시위가 날로 격해지고 병사들의 동요도 뚜렷해졌다. 자본가들 사이에 쿠데타 움직임이 싹트고, 황실과 귀족사회 한구석에서까지 황제를 퇴위시키고 니콜라이 대공을 옹립하려는 움직임이 일었다. 위기를 느낀 황실 측근들은 라스푸틴을 죽여 황실을 구하고자 했다.

암살 주모자는 황제의 조카인 이리나 공주의 남편으로 당시 러시아 최대의 유산 상속자였던 유스포프 공과, '검은 100인조'의 창설자 푸리슈케비치였다. 그들은 평소 라스푸틴이 아리따운 이리나 공주에게 흑심을 품고 있던 것을 이용하여 그를 암살하기로 했다. 12월 말, 그들은 공주를 딴 곳으로 빼돌리고 공주의 초대장으로 라스푸틴을 유스포프의 저택으로 불러냈다. 1층의 '암살실'은 호화롭게 꾸몄고 식탁 위에는 청산가리를 넣은 과자와 독이 든 포도주를 올려놓았다.

라스푸틴은 유스포프가 친히 모셔왔다. 유스포프는 공주가 2층에서 손님들을 접대하고 있는데 곧 내려올 거라면서 그에게 계속 술과 과자를 권했다. 독이 퍼진 라스푸틴은 연신 거친 숨을 몰아쉬면서도 기타를 잘 치는 유스포프에게 집시 노래를 들려달라고 했다. '겁에 질린 암살자'는 기타를 치고 '시체'는 술 마시며 노래 부르는 기이한 광경이 몇 시간이나 계속됐다.

견디다 못한 유스포프가 마침내 권총을 꺼내 라스푸틴을 쏘았다. 라스푸틴이 고꾸라지고 2층에 있던 공모자들이 뛰어내려왔다. 그때 갑자기 '시체'가 벌떡 일어서서 유스포프의 어깨를 움켜잡더니 견장을 북 뜯어내고는 비틀비틀 옆문 쪽으로 걸어갔다.

푸리슈케비치가 연신 몇 발을 쏘아 라스푸틴을 쓰러뜨렸다. 공모자들은 밧줄로 시체의 양손을 묶어, 얼음을 깨고 강물 속으로 던져넣었다.

사흘 뒤 라스푸틴의 시체가 발견됐다. 손을 묶은 밧줄은 풀려 있었고, 폐에는 물이 가득 차 있었다. 그의 사인은 독에 중독돼 죽은 것도 아니고 총 맞아 죽은 것도 아닌, 익사였다. 어쨌든 라스푸틴은 죽었고, 살인자들은 동정적인 여론에 힘입어 관대한 처분을 받았다.

그러나 라스푸틴을 제거해 황실을 구하려는 암살자들의 기도는 무위로 돌아갔다. 니콜라이 2세는 이제 가족들과 함께 차르스코예 셀로 별궁에 묻혀 혁명의 전조를 외면했다. 어느 정도 사태를 꿰뚫어보는 눈을 가지고 있던 라스푸틴은 차르에게 보낸 편지에서 이렇게 예언한 바 있었다.

"나는 내년 1월 1일이 되기 전에 죽을 것 같습니다.…만일 내가 귀족들에게 살해된다면, 그들의 손은 나의 피로 젖을 것이며 25년 동안 그 피는 지워지지 않을 것입니다.…만일 나의 죽음을 가져온 자가 폐하와 친척 관계인 사람이라면, 폐하의 자녀와 친척 어느 누구도 2년 후까지 살아남지 못할 것입니다."

1917년에 접어들면서 페트로그라드에서는 연일 파업과 시위가 계속됐다. 니콜라이 2세는 라스푸틴이 암살된 지 두 달 남짓 후 제위에서 쫓겨났고, 그로부터 1년 남짓 후 온 가족과 함께 살해당했다.

제정 러시아의 붕괴:
2월혁명(1917년)

2월 23일(신력 3월 8일). '세계 여성의 날'을 맞아 비보르크 지구의 여성 노동자들이 총파업에 돌입. 시위대, 다리 건너 시내 중심부 진입 시도. 다리에서 경찰에 저지됐으나 일부는 얼어붙은 네바강을 건너 시 중심부 진출. 오후 5시, 본대도 다리 돌파하여 네프스키 대로 행진. 푸틸로프 공장 노동자들도 합류. 슬로건은 주로 '빵을 달라'. 파업 참가자는 약 13만 명.

2월 24일. 파업이 다른 구역으로 확대. 21만여 명이 파업에 가담하고 학생들도 개별 참가. 카자흐병이 출동했음에도 네프스키 대로에서 시위 관철. 슬로건은 '빵'으로 시작하며 '전쟁 반대' '전제 타도'까지 나타남.

2월 25일. 파업이 전 도시로 확대되어 총파업 시작. 30만여 명이 파업 참가. 신문도 안 나오고 전차도 운휴. 대학과 전문학교가 수업 거부 돌입. 시위대와 군경의 충돌 격화. 노동자들도 권총과 폭탄까지 사용. 카자흐 병사가 시위대와 함께 경찰을 습격하여 경찰서장 살해. 군대의 발포로 시위대 4명 사망. 슬로건은 '전제 타도'와 '전쟁 반대'였고 '노동자 소비에트 만세!'도 등장. 저녁때 비보르크 지구의 전 경찰서가 파괴되고 경찰관 모두 도망. 26일 새벽까지 활동가 100여 명 체포.

2월 26일(일요일). 오전은 평온했고 낮부터 시위가 시작됨. 오후에 군경이 시위대에 사격 개시하여 다수 사상. 부상 귀환병으로 구성된 파블로프스키 연대 4중대가 이에 격분, 시위대에 대한 발포를 저지하기 위해 네프스키 대로로 향함. 병영으로 돌아와 반란을 선언했으나 다른 연대의 병사들에게 무장해제 당함.

2월 27일. 볼린스키 연대의 교도대, 하사관 지휘하에 출동명령 거부하고 장교를 살해한 후 반란 선언, 근위보병 2개 연대와 공병 제6예비대대도 반란 가담. 병사들이 노동자와 함께 감옥과 구치소를 해방시키고 정치범 3,358명 석방, 재판소 불타고, 시위대가 무기고에서 소총 4만 정, 권총 3만 정 탈취. 오후 3시경 비보르크 지구의 모스크바 연대, 저녁때 장갑차 부대, 밤에 시 남부의 3개 연대가 반란에 가담. 이날 총 66,700명의 병사가 혁명 편에 섬. 페트로그라드 군관구사령관 하바로프, 진압부대를 편성하여 출동했으나 도중에 해체됨. 수도 혁명 승리.

2월 28일. 총 126,700명의 병사가 혁명 편에 가담. 하바로프의 부대는 오전까지 해군 본부를 지켰으나 혁명 편으로부터 완전히 무시됨. 오후 2시 반, 병사들이 무기를 버리고 귀영하면서 수도의 정부군 최종 붕괴.

2월혁명 6일간의 일지다. 2월 14일 두마 개회일에 맞춘 노동자의 파업과 학생들의 시위, 2월 18일 푸틸로프 공장의 파업에 이어, 2월 23일에 비보르크 지구의 방직공업 노동자들과 푸틸로프 공장 노동자들의 시가행진이 시작됐고, 빵을 사기 위해 줄을 서 있던 여성들이 시위대에 합류했다. 날이 갈수록 시위대는 늘어갔고, 슬로건도 '빵을 달라'에서 '전쟁 반대' '전제 타도'로 바뀌었다.

2월 25일 파업이 총파업으로 발전하고 시위대와 군경간의 충돌이 본격화됐으며, 26일부터 시위대에 공감하는 병사들의 이반이 시작됐다. 27일과 28일 양일에 걸쳐 수도의 거의 모든 병사들이 혁명 편에 가담하면서 제정 러시아는 마침내 무너졌다. 대중봉기에 병사들이 가담하여 2월혁명을 성공시킨 것이다.

끓어오르는 대중들의 열기를 수렴하여 혁명을 진전시킬 기구가 시급히 조직돼야 했다. 노동자와 병사들이 수도를 장악한 2월 27일 저녁, 타브리다 궁전에서 공장과 군대에서 선출된 대표들이 모여 '페트로그라드 노동자 · 병사대표 소비에트'를 결성했다. 거리와 광장에서 탄생한 노동자와 병사들의 전투적인 동맹이 1905년의 경험을 살려 즉각 민중의 권력기관을 구성한 것이다. 1905년과 달리 혁명투쟁에 적극 가담한 병사들이 노동자와 함께 혁명의 양대 지주로서 처음부터 소비에트에 참여했다. 3월 1일, 수도의 병사들은 소비에트에 충성할 것을 맹세하고, 이를 소비에트의 '명령 제1호'라는 문서로 정리, 발표했다.

3월 초에 구성이 완료된 소비에트는 사회혁명당과 멘셰비키가 다수를 차지했다. 병사들 사이에서는 사회혁명당이, 노동자들 사이에서는 멘셰비키가 대표로 많이 선출됐다. 대부분 농촌출신인 병사들은 사회혁명당의 오랜 뿌리와 포괄적인 주장에 친근감을 느꼈다. 혁명투쟁에 처음 가담한 많은 노동자들은 볼셰비키의 치열한 전투성보다는 다소 느슨하고 부담없는 멘셰비키가 편했다.

페트로그라드 봉기의 승리 소식은 바람을 타고 전국으로 퍼졌다. 한 달도 못돼 전국의 모든 현과 대부분의 군에 노동자 · 병사대표 소비에트가 조직됐다. 공업지역에서 소비에트는 8시간 노동제를 실시하고, 혁명 수호를 위해 적위대를 조직했으며, 차르 정부의 판사를 파면하고 새로운 인민판사를 뽑았다. 수비대는 소비에트에 복종했고, 농민들도 뒤따라 농민위원회와 소비에트를 조직했다.

소비에트와 더불어 자본가와 지주 세력을 기반으로 하는 임시정부가 탄생했다. 수도에서 혁명이 승리하고 노 · 병 소비에트가 조직된 2월 27일 밤, 두마는 임시위원회를 선출하고 위원회에 시내의 '질서확립'을 위임했다.

위원회는 전선의 니콜라이 2세에게 대표단을 파견했다. 차르는 수도가 위기에 빠진 줄 알면서도 철도노동자들의 봉기로 수도에 접근도 못하고 있었다. 위원회의 대표는 차르에게 황태자에게 제위를 물려주고 퇴위하라고 설득했다. 전선의 사령관들도 이 요구를 지지했다. 아들의 건강을 염려한 차르는 3월 2일, 동생 미하일 대공에게 양위한다는 서류에 서명했다. 다음날 미하일은 사태를 파악하고 제위 계승을 거부했다. 3월 4일 니콜라이 2세의 퇴위 칙서와 미하일의 제위 거부 칙서가 동시에 공표됐다. 이로써 로마노프 왕조와 제정 러시아는 종말을 고했다.

두마 임시위원회는 혁명을 더 이상 심각한 상태로 몰고가지 않으려면 자신들이 정권을 장악해야 한다고 생각하고, 페트로그라드 노 · 병 소비에트와 교섭을 벌였다. 소비에트의 다수파였던 사회혁명당과 멘셰비키는 자신들의 2단계 혁명원칙에 따라, 두마 임시위원회의 부르주아 임시정부 수립 구상을 지지했다. 그러나 혁명의 승리로 사기충천해 있던 대중의 신뢰를 잃지 않기 위해 정부에 입각은 않기로 했다.

두마 임시위원회와 소비에트의 협정하에 3월 2일 임시정부가 수립됐다. 입헌민주주의자로서 젬스트보의 지도자였던 리보프 공이 수상이 됐고, 카데츠와 10월당에서 대부분의 각료가 선출됐다. 사회주의자로서는 트루도비키의 케렌스키가 유일하게 개인자격으로 입각했다.

이리하여 러시아에는 임시정부와 노 · 병 소비에트의 '이중권력'이 탄생했다. 소비에트에서 다수를 차지하고 있던 타협파 사회주의자들은 부르주아지에게 자발적으로 권력을 양도했고, 임시정부도 소비에트의 승인 없이는 중요한 정책을 결정하거나 실행할 수 없었다. 이 이중권력 구조는 빠른 시일 안에 참다운 민주주의를 실현할 수 있는 방향으로 해소돼야 했다.

그러나 러시아 민중들에게 그것은 차후의 문제였다. 분명히 전제는 타도됐고 혁명은 성공했다. 새 하늘과 새 땅이 열리고 엄청난 변화가 밀려오기 시작했다.

불과 2, 3주 사이에 차르와, 전제정부의 법률가 · 경찰 · 사제 · 지주 · 관료 · 장교 · 고용주 등, 차르 시대의 지배자들이 역사의 무대에서 사라졌다. 사람들은 완전한 자유를 맛보았다. 사람들은 누구나 자기 나름대로 자신이 조국의 쇄신을 위해 '무엇을 할 것인가'를 진지하게 생각했다. 그것은 정녕 새로운 시대의 개막이었다.

러시아의 저 낮은 곳에서는 뜨거운 외침이 터져나왔다. 그것은 가난하고 짓밟힌 자들의 목소리, 그네들의 고통과 희망, 꿈의 응어리였다. 그들은 정녕 꿈 같은 사태에 접한 것이다. 노동자들이 고용주에게 노동자의 기본권리를 가르쳤고, 학생들이 교수에게 새로운 역사강의를 주문했다. 배우들이 극장을 인수하여 다음 대본을 직접 선택했고, 병사들이 성직자를 자기네 회합에 참석시켜 삶의 진정한 의미를 배우게 했다.

세상이 완전히 뒤집힌 것이다. 능력이나 지식으로 사람의 품위를 판정하던 기준도 바뀌었고, 케케묵은 왕권신수설 따위는 까마득한 옛날 얘기가 됐다. 이런 혁명이 일어날 줄은 아무도 예상하지 못했다. 평생을 운동에 몸바쳐온 혁명가들조차도 사태가 이렇게 전개되리라고는 생각지 못했고, 사태의 흐름을 좌우할 힘도 없었다.

"2월에서 10월 사이에 혁명은 밀물이 되어 우리는 그것을 중지시킬 수도, 통제할 수도
없었다."

케렌스키는 훗날 이렇게 말했다. 다만 사태의 흐름을 올바로 인식하여 물줄기를 놓치지 않고 따라가면서 막힌 곳을 뚫어주는 것, 이것이 혁명가의 일이었다.

DIGEST 68 RUSSIA

모든 권력을 소비에트로!:
레닌 귀국과 4월 테제(1917년)

혁명이 승리하고 차르가 물러났다고 해서 문제가 해결된 것은 아니었다. 진짜 혁명은 이제부터 시작이었다. 아래로부터 막혀있던 민중들의 에너지가 화산처럼 폭발하기 시작했다. 임시정부와 소비에트의 지도자들은 사태전개에 놀라 민중들을 체제 속에 다시 가둬넣고자 안간힘을 썼다. 그러나 깨어난 민중들은 옛날처럼 권위에 무조건 복종하지는 않았다. 민중들은 자신이 옳다고 믿는 한에서만 새로운 권위를 인정하고 그에 따랐다.

민중들이 보기에, 차르가 사라지고 새 세상이 열렸음에도 상황은 근본적으로 달라진 게 없었다. 피비린내 나는 전쟁은 지겹게도 계속되고, 굶주림이 온 나라를 휩쓸고 있었다. 생산현장에서 노동자는 여전히 착취당했고, 토지는 농민들에게 돌아오지 않았으며, 소수민족들도 피압박 상태에서 벗어나지 못하고 있었다. 대중들은 '평화'와 '빵'과 '토지'와 '자유'를 갈구했다.

자본가와 자유주의자들의 임시정부는 이것들을 하나도 해결해줄 수 없었다. 아니, 정확히 말하면 해결할 의사가 없었다. 그들 생각에, 전쟁은 계속돼야 했다. 전쟁의 직접적인 피해자는 민중일 뿐 다수의 자본가는 오히려 이득을 보고 있었고, 전쟁을 계속함으로써 군의 위계질서를 유지할 수 있었으며,

러시아로 들어가기 위해 스톡홀름을 지나는 레닌 일행(우산을 든 사람이 레닌). 레닌은 4월 3일 저녁 페트로그라드에 도착, 볼셰비키와 러시아 인민들로부터 뜨거운 환영을 받았다.

향후 세계질서의 재편을 고려해도 서유럽과 연대하여 전쟁을 승리로 이끄는 것이 훨씬 유리했다. 연합국의 제국주의자들도 임시정부를 지지하면서 전쟁 계속수행을 종용했다. 임시정부는 결국 차르가 연합국과 맺은 모든 조약을 확인하고 '최후의 승리까지 전쟁을!'이라는 슬로건을 내걸었다.

임시정부는 대중에게 빵도 줄 수 없었다. 지금 상태에서 대중들에게 빵을 준다는 것은 곧 자기들의 이윤감소를 의미했다. 그것은 전쟁이 승리하고 자본주의 경제가 재건되는 먼 훗날에나 다소 고려해볼 수 있는 것이었다. 토지도 물론 줄 수 없었다. 농민에게 토지를 분배한다는 것은 권력 지지기반의 하나인 지주의 파산, 나아가 자본제적 소유의 파괴를 뜻했다. 토지의 대부분이 은행에 저당 잡혀 있었기 때문이다. 임시정부는 토지문제의 해결을 제헌의회 구성 뒤로 미루고, 제헌의회 선거는 되도록 늦추려 했다.

자유도 줄 수 없었다. 전제가 타도되고 '민주정부'가 들어선 이 마당에 대중들에게 더 이상의 자유와 권리를 준다는 것은 자기네 무덤을 파는 것임을 잘 알고 있었기 때문이다. 오히려 소비에트를 무력화시켜 임시정부의 권력을 강화할 길을 끊임없이 모색했다. 임시정부는 또한 차르 정부의 제국주의 성격을 그대로 이어받아 소수민족 억압정책을 계속 고수했다. 지방에는 차르 정부의 기구가 그대로 유지됐다.

대중들의 열망을 실현할 수 있는 것은 오로지 민중의 권력기관인 소비에트뿐이었다. 그러나 사회혁명당과 멘셰비키가 주축을 이룬 소비에트의 지도부는 자신의 임무를 저버리고 임시정부의 정책을 사실상 지지했다. 지금은 부르주아지를 도와 부르주아 민주주의의 기반을 튼튼히 할 때이고 인민이 권력을 잡는 사회주의 혁명은 먼 훗날의 일이라는 게 그들의 생각이었다. 타협파 사회주의자의 두 정당은 '시시비비주의'를 표방하고, 임시정부의 활동을 감시하면서 잘하는 일은 지지하고 과거로 역행하려는 시도는 비판, 견제하는 것을 주된 임무로 삼았다. 그들은 나약한 임시정부에게 소비에트의 막강한 권력을 실어주는, 부르주아지의 후견인 역할을 했다.

그들은 전쟁문제에서도 임시정부의 전쟁 계속 정책을 사실상 지지했다. 일각에서는 '혁명적 조국방위론'을 주창하면서 제국주의에 맞서 혁명을 수호하자고 인민들에게 호소했고, 일각에서는 '무배상 무병합' 원칙에 따른 강화추진을 제안했으나 아무도 귀를 기울이지 않았다.

민중들은 스스로 이 족쇄를 풀어나갔다. 전국 각지에 노동자와 병사와 농민의 소비에트가 만들어져 목소리를 높여갔다. 소비에트와 별개로, 병사들은 부대마다 군위원회를, 노동자들은 공장위원회와 노동조합을, 농민들은 농민위원회를 만들었다. 병사들과 민중들 사이에 반전기운이 더욱 높아갔고, 노동자와 농민들은 공장과 토지의 접수를 시작했다.

3개 사회주의 정당 중 당시 가장 소수였던 볼셰비키만이 이 흐름을 읽었다. 그들은 임시정부와의 협력에 반대하고, 전쟁반대와 즉각 평화 실현, 혁명의 계속 수행을 외쳤다. 그러나 3월 중순 이후 유형지에서 돌아온 카메네프와 스탈린이 당을 이끌면서 볼셰비키 내에서도 임시정부가 차르 체제의 잔재를 근절하는 동안은 임시정부를 지지하면서 계속 압력을 넣어야 한다는 주장이 대세를 이루기 시작했다.

스위스에 있던 레닌은 당 중앙에 혁명 2단계로의 전화와 임시정부 반대를 요구하는 편지를 띄우고 귀국을 서둘렀다. 독일 당국이 일관되게 반전을 주장한 레닌의 귀국에 협조했다. 러시아의 후방전선이 교란되는 것은 곧 독일의 이익이었기 때문이다. 레닌은 30여 명의 동지와 함께 독일 당국이 제공한 열차를 타고 러시아에 돌아왔다.

4월 3일 레닌은 페트로그라드의 핀란드 역에 도착하여 대중들의 열광적인 환영을 받았다. 환영 나온 인파를 앞에 두고 레닌은 장갑차 위에 올라 열변을 토했다.

> "사랑하는 동지, 병사, 노동자 여러분! 러시아 혁명을 승리로 이끈 여러분을 보니 무척
> 기쁩니다. 여러분은 전 세계 프롤레타리아 군대의 전위입니다. …강도들의 제국주의 전
> 쟁은 전 유럽 내전의 시작입니다. …머지않아 유럽 자본주의는 깡그리 무너질 것입니다.
> 러시아 혁명은 그 시작입니다. 전 세계의 사회주의 혁명 만세!"

레닌의 일성은 '부르주아 혁명'이나 그냥 '러시아 혁명'이 아니라 '사회주의 혁명' 만세였다. 4월 4일 레닌은 볼셰비키 집회와 사회민주당 연합집회에서 연이어 〈당면 혁명에서의 프롤레타리아트의 임무〉를 발표했다. 세칭 '4월 테제'로, 3일 후 〈프라브다〉 지에 그 전문이 실렸다. 골자는 다음과 같다.

1. 계속되고 있는 제국주의 전쟁에 단호히 반대하고 즉각 평화를 실현해야 한다.
2. 부르주아지에게 권력을 넘긴 혁명 1단계에서 프롤레타리아트와 빈농이 권력을 장악하는 혁명 2단계로 이행해가야 한다.
3. 임시정부를 지지해서는 안된다.
4. 소비에트의 권력을 확대해야 한다.
5. 의회제 공화국에 반대하고 소비에트 공화국을 수립해야 한다.
6. 지주의 토지를 몰수하여 국유화해야 한다.
7. 모든 은행을 소비에트의 통제를 받는 국립은행으로 통합해야 한다.
8. 생산과 분배를 소비에트가 통제해야 한다.
9. 당대회를 소집하여 강령을 바꾸고 당명을 공산당으로 바꿔야 한다.
10. 새로운 국제혁명조직으로 제3인터내셔널을 창설해야 한다.

테제를 요약하면, 모든 권력을 소비에트로 이전시켜 이중권력을 해소하고, 부르주아 혁명을 사회주의 혁명으로 발전시켜가야 한다는 것이었다.

'4월 테제'는 러시아를 발칵 뒤집어놓았다. 그때까지는 어느 누구도 분명

하게 사회주의 혁명으로의 전화를 외친 사람이 없었기 때문이다. 부르주아
지는 레닌을 독일의 첩자라고 중상모략했고, 멘셰비키는 레닌이 '반동에 봉
사하고 있다'고 비난했다. 플레하노프는 '4월 테제'를 '잠꼬대 같은 소리'라고
일축했다.

볼셰비키 내에서도 큰 혼란이 초래됐다. 카메네프 등 당의 많은 지도자들
이 러시아는 아직 사회주의의 토대가 갖추어지지 않았고, '소비에트로의 권
력 이전' 주장이 '임시정부 타도'로 해석되어 미처 준비가 덜 된 대중들의 반
발을 일으키지 않을까 우려된다면서 반발했다. 레닌이 당원들을 설득하는
데 3주일이 걸렸다. 4월 말, 볼셰비키 협의회는 레닌의 '4월 테제'를 공식입
장으로 채택했다.

그 후의 상황전개는 레닌의 견해가 옳았음을 입증해주었다. 러시아 민중
들의 움직임은 지도자들의 의식이나 혁명의 교과서를 훨씬 앞지르고 있었
고, 레닌은 예리한 통찰력으로 그 흐름을 읽어냈던 것이다.

이중권력의 틈바구니에서:
연립정부와 7월시위(1917년)

임시정부와 민중간의 갈등은 곧 폭발했다. 도화선이 된 것은 당시 대중들의 최대 관심사였던 전쟁문제였다. 4월 18일(신력 5월 1일), 노동자들은 즉시 강화의 슬로건을 내걸고 대규모 메이데이 행사를 벌였다. 바로 그날, 임시정부의 외무장관 밀류코프는 연합국들에 보낸 각서에서 차르 정부가 체결한 모든 조약을 지킬 것이며 최종 승리의 날까지 전쟁을 계속할 것을 다짐했다.

4월 20일, 노동자와 병사들에게 그 사실이 알려졌다. 그날 오후, 페트로그라드 수비대 병사들이 임시정부 청사로 행진하면서 '모든 권력을 소비에트로' '전쟁 중지' '임시정부 타도' '밀류코프 타도'를 외쳤다. 노동자가 합세하여 격렬한 대중집회가 열렸고, 모스크바와 지방 여러 도시에서도 규탄시위가 벌어졌다.

위기를 느낀 임시정부는 타협파 사회주의 정당에 도움을 요청했다. 5월 5일, 사회혁명당의 체르노프, 멘셰비키의 체레텔리, 스코벨레프 등 소비에트의 실력자들이 입각했다. 자유주의자와 사회주의자의 제1차 연립정부가 구성된 것이다. 카데츠를 주축으로 한 자유주의자 장관 10명, 사회주의자 장관 6명의 진용이었다.

연립정부는 뒤에 6월의 제1차 전 러시아 노·병 소비에트 대회와 5월의 제1차 전 러시아 농민대표자 대회에서 지지를 받긴 했으나, 위기의 원인을 제거하지는 못했다(노·병 소비에트 대회에서는 사회혁명당과 멘셰비키가 주축이 된 집행위원회가 구성되고, 농민대표자 대회에서는 사회혁명당이 주축이 된 집행위원회가 구성되어, 향후 긴밀한 협력을 펼쳐나간다).

노동자·농민·병사들이 임시정부와 소비에트 중앙의 통제를 벗어나 독자행동을 하는 사례가 늘어갔고, 상대적으로 볼셰비키의 영향력이 커져갔다. 5월 16일 크론슈타트 노병 소비에트는 '시의 유일한 권력은 노병 소비에트'라고 선언하고 중앙정부의 권력을 부인하여 파문을 일으켰다.

연립정부는 한 가지 돌파구를 마련했다. 전선에서 하계 공세를 취하기로 한 것이다. 물론 연합국의 요청도 있었고 장교의 지배력을 회복하고자 하는 군부의 요청도 있긴 했으나, 연립정부와 그를 주도하던 부르주아지의 뜻은 더 깊었다. 즉, 하계 공세를 성공시킴으로써 정부를 중심으로 국민을 결집시킨 뒤에 이중권력을 소멸시켜 부르주아 권력을 수립하고, 군도 확실히 장악한다는 속셈이었다.

그러나 병사들의 반전 분위기가 워낙 심해 정부는 어려움을 겪었다. 오랜 준비 후 6월 18일에야 겨우 서남 방면군에서 하계 공세가 시작되어, 처음에는 다소 성공을 거두는 듯했다. 그러나 7월 6일 독일군의 역공에 러시아군은 다시 퇴각하고 말았다. 하계 공세는 결국 4만 명의 사상자만 낸 채 실패로 끝났다.

무리한 하계 공세 추진과 그 실패는 오히려 대중과 병사의 혁명화를 촉진했다. 페트로그라드 공장위원회 소비에트, 발트 함대의 주력부대, 리가, 민스크, 톰스크 등, 임시정부와 중앙 소비에트에 따르지 않는 혁명파의 거점이 크게 늘었다. 기업주의 공장폐쇄에 대응한 노동자의 기업접수, 기업통제, 파업이 갈수록 늘어갔다. 우크라이나의 의회인 '라다'와 핀란드의 의회인 '세임'이 자치 움직임을 보이는 등, 민족문제도 첨예화됐다. 지주와 부농의 입지를 약화시키지 않으려는 정부의 농업정책에 반발하여 농민운동도 급증했다. 병사들의 혁명의지는 갈수록 높아갔다. 대중의 혁명화는 시위에서 눈에 띄게 드러났다.

남서부 전선에서 공세가 시작된 날인 6월 18일, 페트로그라드에서 소비에트 대회의 승인을 얻은 대중시위가 전개됐다(하계 공세 개시에 인민의 관심을 돌리고자 정부에서 그날로 시위 날짜를 잡았다). 50만 명의 시위대는 거의 전부가 '모든 권력을 소비에트로'라는 볼셰비키의 슬로건을 내세우고 행진했다. 페트로그라드의 노동자와 병사들은 이제 임시정부는 물론, 부르주아지와 협조하는 사회혁명당과 멘셰비키에 대해서까지 공공연한 불신을 나타내기 시작한 것이다.

7월 3일, 연대의 일부를 전선으로 파견하라는 정부의 명령에 저항하고 있던 페트로그라드 제1기관총 연대가 총회에서 무장시위를 결정했다. 목표는 소비에트 중앙에 압력을 가해 소비에트 권력을 수립하는 것이었다. 연대 총회는 이를 위해 볼셰비키 당원을 위원장으로 하는 임시혁명위원회를 구성하고 다른 부대와 공장에 대표를 파견해 함께 행동할 것을 제안했다. 많은 부대와 공장이 적극 지지했다.

볼셰비키는 대중의 뜻을 지지했으나 즉각 행동에 옮기는 것은 반대했다. 페트로그라드에서는 분명히 노동자와 병사들이 임시정부를 타도하고 권력을 장악할 힘을 갖고 있었으나, 전국의 인민 다수가 아직 사회혁명당과 멘셰비키를 따르고 있어 권력을 유지하기가 불가능하다고 판단했던 것이다. 당 중앙위는 시위 자제를 결정했다. 그러나 대중들은 이미 볼셰비키의 통제범위를 벗어나 있었다.

3일 저녁 7시, 기관총연대를 선두로 대규모 무장시위가 시작됐다. 수도의 각 부대와 노동자들이 대거 시위에 가담했다. 시위대가 볼셰비키 본부인 크세신스카야 저택에 도착했다. 스베르들로프 등 볼셰비키 지도자들이 나서서 지금은 때가 아니라고 자제를 호소했다. '물러가라!' 이것이 시위대의 답변이었다. 볼셰비키 지도부는 부득이 방침을 전환했다. '타브리다 궁전까지 평화행진하여 대표를 통해 우리의 요구를 전달하자'는 볼셰비키의 수정제안이 시위대에 전달됐다 시위대는 환호했고, 〈라 마르세예즈〉가 거리를 뒤덮었다. 같은 시간, 페트로그라드 소비에트의 노동자평의회도 평화시위에 지지 의사를 밝혔다.

밤 10시경 시위대가 소비에트 본부인 타브리다 궁전에 도착했다. 푸틸로프 공장 노동자 등이 합세하여 시위대는 엄청난 규모로 불어났다. 선출된 대표가 소비에트 집행위원회에 소비에트가 권력을 인수하라고 요구했다. 밤 12시경 노·병 소비에트 집행위와 농민 소비에트 집행위의 합동회의가 열렸다. 5시간 이상 계속된 회의는 자신들에 대한 압력행사에 거부의사를 밝히면서 '소비에트 권력 반대' 결의를 채택했다. 한편, 다른 방에서 열린 볼셰비키 중앙위, 페트로그라드 소비에트 노동자평의회 등의 혁명파 합동회의는 4일 다시 시위를 전개하기로 결정했다.

7월 4일 아침, 정부와 소비에트 중앙은 무장시위 금지를 발표했다. 페트로그라드 군관구 사령관은 휘하의 모든 부대에 질서회복에 착수하라고 명령했다. 그러나 페트로그라드 관내에서 정부를 지지하는 부대는 카자흐병 연대, 사관학교 생도 등 극소수에 불과했다. 정부와 소비에트 중앙은 전선 사령부에 파병을 요청했다.

금지령에도 불구하고 4일에는 더 대규모의 무장시위가 벌어졌다. 크론슈타트에서 1만여 명이 배를 타고 도착하는 등, 수도 근교로부터도 수병·병사·노동자가 밀어닥쳐 시위대는 50만 명을 넘었다. 몇몇 곳에서 정부 지지군이 시위대에 발포했다. 분노한 시위대와 소비에트 지도자·정부군 사이에 일촉즉발의 위험이 감돌았으나, 소규모 충돌로 그쳤다. 저녁 9시경, "우리의 목적은 달성됐으니 이제 물러가 우리의 힘을 키우자"는 볼셰비키와 혁명파의 설득이 주효하여 시위대는 해산했다.

수도에 호응하여 전국 곳곳에서 궐기가 일어났다. 발트해 함대, 핀란드, 리가, 이바노보 등지의 많은 소비에트가 '소비에트 권력'을 공식 요구했고, 여러 곳에서 시위와 반란이 일어났다. 그러나 아직까지도 전체적으로는 혁명파보다는 타협파가 우세했다. 대부분의 지방 소비에트에서 정부와 소비에트 중앙을 지지하고 수도의 시위를 비난하는 결의를 채택했다.

이러한 힘을 바탕으로 정부와 타협파가 대반격을 시작했다. 임시정부의 법무장관은 레닌이 독일 첩자임을 '입증'하는 날조된 문서를 제시했다. 중립

입장을 취하던 몇몇 부대가 이 문서에 자극받아 정부와 소비에트 중앙에 대한 전폭적인 지지를 표명했다. 전선에서 정부에 충성하는 군대가 속속 도착했다.

5일부터 시작된 정부의 탄압은 볼셰비키에 집중됐다. 볼셰비키 본부가 점령되고 〈프라브다〉 지가 발행금지됐으며 당의 인쇄소가 파괴됐다. 시위에 적극 가담한 노동자의 집이 수색당했고, '무장반란'에 가담한 부대의 무장해제가 시작됐다. 볼셰비키와 혁명파 지도자들의 체포령이 내려졌다. 레닌과 지노비에프는 지하로 잠적했고, 카메네프, 트로츠키 등이 체포됐다.

그러나 지하활동으로 단련된 당 조직은 거의 파괴되지 않았다. 7월 말에 열린 볼셰비키 제6차 당대회는 혁명파의 중핵이 건재함을 보여주었다. 4월에 8만 명의 당원을 가지고 있던 볼셰비키는 24만 명의 당원을 가진 정당으로 성장해 있었다.

7월 시위와 그후의 탄압은 러시아의 세력관계를 크게 바꿔놓았다. 사회혁명당과 멘셰비키의 주류는 이제 자유주의자들과 더 굳게 결속하여 혁명파를 탄압하는 정당으로 변했다. 사회주의자들의 느슨한 연대가 확실히 깨어지고, 자유주의자와 타협파 사회주의자의 연합이 혁명파와 날카롭게 대치하는 양상을 띠게 된 것이다. 불법화된 볼셰비키는 이제 지하에서 결정적인 시기를 준비했다.

정부의 탄압은 대중을 잠시 주춤거리게 했으나, 혁명열기를 꺾을 수는 없었다. 발동이 걸린 대중은 화려한 이론이나 지도자 없이도 계속 혁명을 수행해갔고, 그 과정에서 자신들과 입장을 같이하는 지도자와 정파를 선택했다.

볼셰비키, 세를 얻다:
케렌스키 내각과 코르닐로프의 반란
(1917년)

7월 위기의 대응, 농업문제 등에 관한 노선의 차이로 제1차 연립정부는 깨지고, 7월 24일 제2차 연립정부가 수립됐다. 전 트루도비키 의원으로 사회혁명당 극우파의 리더이던 케렌스키가 새로이 수상이 됐고, 사회주의자 7명, 자유주의자 8명이 각료로 취임했다. 신임수상 케렌스키에게는 비상대권이 주어졌고, 카데츠의 강력한 요청에 따라 내각은 소비에트의 통제로부터 자유로워졌다. 마침내 혁명적 대중과 관계를 끊은 케렌스키는 이제 부르주아지의 항로를 고분고분히 따라갔다.

내각 내에서 사회주의자 각료와 부르주아지 각료는 각기 다른 정강과 조건을 제시했으나, 행동 면에서는 사실 별차이가 없었다 이들은 모두 자기네 권력체제가 숭앙받기를 원했다. 서유럽 민주정치에 심취된 각료들은 몸놀림과 스타일까지도 서유럽 정치가들을 모방했고, 권위에 대한 복종을 내세우며 대중들의 혁명적 요구를 묵살했다. 대중들의 긴급한 요구와 갈망의 충족은 제헌의회 구성 뒤로 미뤄졌고, 제헌의회 구성 시기에 대해서는 합의를 보지 못했다. 제헌의회 구성을 마냥 늦추려는 부르주아지에 대해, 타협파 사회주의자 각료들은 아무런 수단도 동원할 수 없었다. 대중들의 움직임은 점점 더 혁명적으로 변해갔다.

이제 상황은 두 가지 결말 중 하나의 선택을 강요하고 있었다. 혁명의 물결을 누르고 부르주아지의 편에 서는 군사독재를 확립할 것인가, 대중봉기를 통해 부르주아지 권력을 무너뜨리고 인민의 권력을 수립할 것인가?

새로운 상황에 처한 볼셰비키는 7월 26일부터 열린 제6차 당대회에서 '모든 권력을 소비에트로!'라는 슬로건을 철회하고 무장봉기를 준비하기로 결정했다. 우경화한 소비에트의 지도부가 인민에 대해 총부리를 겨냥하기에 이른 지금, 소비에트를 통해 평화적으로 권력을 장악한다는 계획은 이제 물 건너갔고, 오로지 대중의 무장봉기를 통해서만 권력을 쟁취할 수 있다는 판단이었다. 그러나 즉각 행동하지는 말고 대중들의 저 깊은 곳에서 혁명의 기운이 세차게 일어날 때를 기다리며 준비하기로 했다.

대회는 또한 트로츠키, 루나차르스키 등의 중앙파 사회민주주의자 4천여 명을 당원으로 받아들였다. 1단계 혁명이 성공하고 2단계 혁명으로 나아가는 이 시점에서 레닌과 트로츠키의 견해 차는 무시해도 좋을 정도로 좁혀져 있었다. 트로츠키는 이후 레닌의 한 팔이 되어 혁명과정에서 혁혁한 공을 세운다.

한편, 혁명파와 부르주아지-타협파 사회주의자 연합의 대립이 격화되고 혁명파에 대한 정부의 공세가 강화되는 속에서, 이 공세의 첨병으로 코르닐로프가 크게 부상했다. 코르닐로프는 하계 공세 실패 후인 7월 18일 최고 사령관에 오르며, 군사독재를 향한 발걸음을 본격화했다. 군사령관과 자본가·자유주의자들 대다수가 그를 지지했다. 8월에 들어 코르닐로프는 군사동원을 개시하며 군대의 일부를 수도 주변으로 집결시키고 자파의 주력부대를 다졌다.

우파의 공세에 잠시 멈칫했던 혁명파는 곧 기운을 회복하고 세력을 계속 확장해갔다. 7월 말에서 8월 사이에 '소비에트 권력'또는 '노동자와 병사와 빈농의 권력'을 요구하는 소비에트가 더 늘어났고, 권력문제에서는 정부와 타협파에 동조해도 정부의 탄압에 대해서는 반기를 드는 반정부적 소비에트도 크게 늘었다. 소비에트와 함께 대중들 사이에 큰 영향력을 갖고 있던 공

1917년 7월 4일 시위대에 대한 발포사건. 페트로그라드에서 50만여 명의 시위대가 몰려
들자 정부 지지군이 발포, 일촉즉발의 위기를 빚어냈다.

장위원회 · 지역위원회 · 노동조합 등에서도 혁명파의 힘이 크게 증가했다.
8월 12일 정부가 소집한 부르주아지의 '모스크바 국민회의'에 대한 반발은
매우 커서, 모스크바의 40만을 비롯해 많은 지역에서 대규모 노동자 파업이
일어났다. 수상한 움직임을 보이는 코르닐로프와 군 수뇌부, 정부에 대한 반
발도 있었다.

케렌스키도 코르닐로프와 호흡을 맞춰 혁명파에 대한 탄압을 강화해갔다.
8월 11일의 각료회의는 '후방에서의 사형 부활', '지휘관의 권한 회복', '병사
위원회의 권한 제한' 등을 포함하는 코르닐로프의 요구를 원칙적으로 승인
했다. 8월 19일에는 수도에서의 계엄령 선포, 기병군단의 수도 진입에도 동
의했다. 그러나 코르닐로프는 케렌스키를 무시하고 독자행동을 구상하고 있
었다.

8월 25일 코르닐로프는 기병 제3군단을 전선에서 페트로그라드로 이동시
켰다. 군단장은 수도와 그 인근에 계엄령을 선포했다. 8월 26일, 코르닐로프
는 케렌스키에게 즉시 물러나 모든 권력을 최고사령관에게 넘기라는 최후통
첩을 띄웠다.

케렌스키는 자신도 참여한 음모가 그렇게 결말이 나리라고는 전혀 예상치
못했다. 권력이 자기 손에서 빠져나가고 있다고 느낀 케렌스키는 즉각 코르
닐로프군을 반란군으로 선언하고는 소비에트와, 심지어 조금 전까지만 해도

상종조차 않던 볼셰비키에까지 도움을 청했다. 카데츠 각료들은 코르닐로프가 새 정부를 구성하는 데 도움을 주기 위해 일괄사퇴했다.

코르닐로프의 부대는 수도를 향해 진격해왔다. 소비에트 지도부, 그리고 사회혁명당과 멘셰비키는 국민들에게 임시정부의 방위를 호소했다. 볼셰비키는 대중들에게 반혁명 분쇄 투쟁에 일어서자고 호소했다. 그러나 그 투쟁은 결코 코르닐로프의 공범자인 임시정부를 지키기 위한 것이 아니고, 그 임시정부의 조력자인 사회혁명당과 멘셰비키를 위한 것도 아님을 설명하는 것을 잊지 않았다.

군사독재에 대한 저항의 호소는 수백만 대중을 움직였다. 수도의 노동자들이 무기를 들었고, 새로운 적위대가 만들어졌다. 일반민중들도 투쟁을 적극 지원했다. 코르닐로프가 보낸 전신은 그의 부대에 도착되지도 못했고, 반란군이 탄 기차에는 물 한방울 공급되지 않았다. 코르닐로프의 반란은 노동자와 병사와 수병들에 의해서 간단히 진압됐다. 9월 1일 코르닐로프와 그 공범자들이 체포됐다.

코르닐로프의 반란은 국내정세를 크게 변화시켰다. 노동자들은 부르주아지와 지주세력을 지지해온 타협파 사회주의자의 본질을 이제 확실히 깨달았다. 농민들은 반란장군들의 배후에 자신의 토지를 지키려는 지주들이 있음을 확인했다. 병사들은 정부가 자신들에게 참호 속에서 네 번째 겨울을 지내게 하리라는 점을 확신하게 됐다. 민중들 사이에 혁명적 투쟁을 계속해온 볼셰비키의 인기가 급상승했다.

노동자들은 소비에트에서 타협파 대의원들을 소환하고 볼셰비키 대의원으로 대체했다. 8월 31일, 창설 이래 처음으로 볼셰비키가 다수를 이룬 페트로그라드 소비에트는 즉시 강화, 지주토지의 몰수, 노동자에 의한 생산통제, 권력의 소비에트 이양 등을 주장하는 볼셰비키의 결의를 채택했다. 9월 5일에는 모스크바 소비에트도 같은 결의를 채택했다. 그밖의 많은 도시에서 소비에트의 볼셰비키화, 혁명화가 급속히 진행됐다.

볼셰비키는 소비에트와 민중들 사이에 혁명의 기운이 치솟음을 깨닫고 '모든 권력을 소비에트로!'라는 슬로건을 다시 내걸었다. 그러나 이 슬로건은 이제 무장봉기와 깊숙이 결합돼 있었다.

그 무렵 러시아 경제는 전면적인 위기로 빠져들고 있었다. 연료난과 원료 부족으로 가동이 중단되는 공장이 늘어갔고, 식량난도 극심해졌다. 정부와 지배계급은 파국을 막을 길이 없었다. 민중은 이제부르주아지와 지주의 지배를 전면 거부하기 시작했다.

노동자들이 공장을 장악하여 직접 관리를 하는 경우가 일반화되기 시작했고, 모든 형태의 노동운동이 권력장악 문제를 제기했다. 뒤늦게 행동을 시작한 농민들도 전투적으로 변해 지주를 추방하고 스스로 토지를 재분배했다. 유럽 러시아의 절반 이상 지역에서 농민봉기가 일어났다. 병사들도 지휘관을 추방하고 신뢰할 수 있는 지휘관을 새로 선출했으며, 공공연히 전쟁을 거부했다. 각 도시의 수비대와 북부·서부전선의 병사들은 사실상 볼셰비키의 부대가 됐다.

민중의 혁명화로 인해 멘셰비키와 사회혁명당의 분열상은 더 극심해졌다. 마르토프 등의 멘셰비키 국제주의자는 볼셰비키에 가까워졌고, 7월에 계급투쟁과 국제주의 원칙의 고수를 천명하며 독자행동을 선언한 사회혁명당 좌파는 이제 당의 타협노선을 신랄하게 비판하면서 완전독립을 선언했다.

민중들은 소리 높여 소비에트에게 권력을 장악하라고 외쳤다. 문제는 어떻게 장악하느냐는 것이었다.

세계최초의 사회주의 혁명:
10월혁명(1917년)

코르닐로프 반란의 와중에서 제2차 연립정부는 와해됐다. 케렌스키는 9월 1일 5명의 각료로 총재정부를 구성하여 사태를 수습하고자 했다. 군대의 최고사령관은 케렌스키가 겸임했다. 총재정부는 '러시아 공화국'을 선언하고 두마를 공식 해산하는 등 형식적인 양보를 하는 한편으로, 반혁명 분쇄 투쟁위원회의 해산, 군대 내의 정치투쟁 중지 등을 명령하여 고양된 대중투쟁을 억압하려 했다. 그러나 대중들은 이제 정부의 통제에서 멀리 벗어나 있었다.

대중의 혁명화가 급속하게 진행되자, 사회혁명당과 멘셰비키의 지도자는 대중의 신뢰를 잃어버리지 않기 위해 카데츠가 참가하는 새 정부에는 입각하지 않겠다고 발표했다. 권력이

겨울궁전으로! 1917년 10월 26일 오전 2시경. 임시정부 청사인 겨울궁전을 점령하기 위해 돌진하는 노동자 적위대와 혁명파 병사들. 이로써 수도의 봉기는 완료되고 정권은 소비에트와 볼셰비키에게 넘어왔다.

평화적으로 소비에트에 넘어올 가능성이 다시 생겨났다. 볼셰비키는 두 정당의 지도자들에게 부르주아지와의 연대를 끊고 소비에트에 책임을 지는 정부를 즉각 구성하자고 제안했다. 레닌은 이렇게 말했다.

"혁명의 평화적 발전, 노동자 계급이 평화적으로 권력을 장악한다는 것은 불가능할까? 아마도 그럴 것이다. 그러나 백에 하나라도 그 가능성이 비친다면, 마땅히 시도를 해보아야 한다."

그러나 사회혁명당과 멘셰비키는 이 제안을 거부하고 '모든 세력의 통일'을 주장했다. 그들은 여전히 '모든 권력을 소비에트로 이전한다는 것은 혁명에 대한 범죄'라는 주장을 되풀이하며, 이제 자신들의 영향권을 벗어난 소비에트에 공격을 개시했다. 그들은 소비에트를 대신하여 '전 러시아 민주세력 협의회'를 소집했다. 그들은 여러 이유를 들어가며 소비에트 · 공장위원회 · 군위원회 · 노동조합의 의석 수를 삭감하고, 부르주아지와 지주의 조직인 젬스트보와 시 두마의 대표권을 늘렸다.

9월 25일 케렌스키는 다시 카데츠와 타협파 사회주의 정당들의 협조를 얻어내 제3차 연립정부를 수립했다. 그러나 연립정부의 기반은 몹시 허약했다. 정부와 '민주협의회'는 소비에트와 볼셰비키의 강력한 반대를 무릅쓰고 부르주아지가 대거 참여하는 '공화국 임시의회'('예비의회'라고도 부름)를 선출하여 러시아에 의회제도가 시행되고 있는 것 같은 환상을 심으려 했다. 타협파 사회주의 정당들은 이제 소비에트를 아예 내쳐버린 것이다. 반코르닐로프 투쟁에서 고양된 대중들의 열기는 자연히 혁명적 소비에트와 볼셰비키로 집중됐다.

병사 · 농민 · 노동자들의 불만 · 분노, 지배자들에 대한 적의는 갈수록 높아갔다. 모든 것을 약속하면서도 아무것도 실행하지 않는 사회혁명당과 멘셰비키와 부르주아지의 '연립'은 대중들을 초조하게 만들고 그들의 눈을 뜨게 했다. 민중들은 이제 볼셰비키를 중심으로 단결하여 소비에트 권력 수립의 길로 치달아갔다. 그 방법으로 무장봉기가 진지하게 받아들여졌다.

10월 초, 레닌은 핀란드의 은신처에서 페트로그라드로 돌아와 무장봉기의 준비를 직접 장악했다. 10월 10일과 16일에 열린 볼셰비키 중앙위와 확대중앙위는 카메네프와 지노비예프의 반대에도 불구하고 무장봉기를 통한 권력 장악, 소비에트 대회를 통한 소비에트 권력의 수립을 재차 확인했다. 카메네프 등이 볼셰비키의 힘은 아직 미약하고 봉기는 당의 고립을 자초할 뿐이라는 우려를 강력하게 표명했으나, 레닌은 그를 일축하며 '우리가 지금 권력을 잡지 않는다면 역사가 우리를 용서치 않을 것'이라며 무장봉기의 철저한 준비를 촉구했다. 봉기시점은 제2차 전 러시아 소비에트 대회 개최일에 맞추기로 의견이 모아졌다.

10월 12일, 페트로그라드 소비에트는 신임 의장 트로츠키의 주도하에 독일의 위협으로부터 수도와 혁명을 방위한다는 목적을 내걸고 군사혁명위원회를 구성했다. 이어 볼셰비키의 봉기 지도부인 군사혁명중앙이 구성되어 당 군사조직과 함께 군사혁명위원회에 힘을 합쳤다. 이로써 무장봉기의 실행주체가 형성됐다.

임시정부는 무장봉기를 눈앞에 두고 정예부대를 전선과 수도 외곽에서 수도로 집결시키기 시작했다. 다른 주요도시에도 정부 지지군의 압력이 증강됐다. 군사혁명위원회는 상황을 확실하게 장악하기 위해 군부대와 주요 전략목표에 전권대표를 파견했다. 10월 21일, 군사혁명위의 승인을 받지 않고 수비대에 내려지는 명령은 무효로 선언됐다.

반혁명파의 거점은 페트로그라드의 중심부에 있었다. 임시정부는 겨울궁전에 있었고, 그 바로 옆에 페트로그라드 군관구 총사령부와 해군성이 있었다. 혁명파의 사령부는 시의 동쪽 변두리 스몰니 학원이었다. 이곳에 군사혁명위원회, 페트로그라드 노·병 소비에트, 볼셰비키 당중앙이 있었다.

혁명파의 주력부대는 셋이었다. 무장 노동자의 적위대는 북쪽과 동쪽과 남쪽에서 시의 중심부를 포위했다. 페트로그라드 수비대의 혁명파 부대는 그 안쪽에서 제2의 반원을 형성했다. 서쪽에서는 군사혁명위의 요청에 따라 발트 해 함대의 군함이 네바강 하구를 장악했다. 혁명파의 노동자와 육군과 해군은 3자 합동으로 페트로그라드 중심부를 포위, 차단하고 있다가 일시에 공격, 점령할 계획이었다.

상황은 급박하게 돌아갔다. 임시정부가 봉기를 막기 위해 선제공격을 개시했다. 10월 24일 아침, 볼셰비키의 인쇄소가 점령됐고, 정부청사와 역에 군대가 진주했으며, 네바강의 도개교가 들어올려졌다. 케렌스키는 특별성명서를 들고 예비의회의 연단에 올라 상황을 폭동으로 정의하고 무조건 지지를 요청했다.

노동자 적위대와 혁명파 병사와 수병들은 일전을 치를 태세를 갖추고 명령이 떨어지기만을 기다렸다. 소비에트에서 볼셰비키에게 던져진 질문 "행동할 준비는 됐는가?"에 대해 트로츠키는 다음과 같이 대답했다.

"우리 앞에는 진정한 인민의 정부에게 자리를 양보하기 위해 역사가 빗자루로 쓸어내주기를 기다리고 있는 가엾고 무력한 정부가 있다. 그러나 우리는 충돌을 피하려고 노력하고 있다. 소비에트 대회가 권력을 조직하여 전국에서 행해진 작업을 마무리지을 것이다. 만약 정부가 등 뒤에 칼을 꽂으려 한다면, 우리는 반격으로 대응할 것이다. 타격에는 타격으로, 철에는 강철로!"

10월 24일 오후, 레닌은 볼셰비키 중앙위에 긴급 편지를 보내 "행동의 연기는 곧 죽음"이라면서 오늘밤에 일을 해결할 것을 요구했다. 25일 봉기를 예상하고 있는 적을 뛰어넘어야 봉기를 확실한 승리로 이끌 수 있다는 주장이었다. 당 중앙위와 군사혁명위는 레닌의 제안을 받아들였다.

그날 밤, 즉각 행동이 개시됐다. 중앙전신국, 우체국, 전화국, 주요 역이 혁명군에 장악되고, 도개교가 다시 연결됐다. 25일 저녁때까지 임시정부 청사인 겨울궁전을 제외한 반혁명파의 모든 거점이 분쇄됐다. 26일 새벽 2시, 겨울궁전이 점령되면서 수도의 봉기는 완료됐다.

10월 25일 밤, 스몰니 학원에서 열린 제2차 전 러시아 소비에트 대회는 임시정부가 타도되고 소비에트가 권력을 장악했음을 선포했다. 볼셰비키의 슬로건 '모든 권력을 소비에트로!'가 마침내 실현된 것이다. 대의원의 구성은 볼셰비키의 완전한 승리를 확인해주었다. 60% 조금 넘는 수가 볼셰비키였고, 약 15%가 볼셰비키 쪽으로 많이 기운 좌파 사회혁명당원이었다.

10월 26일, 대회는 즉각 〈평화에 대한 포고〉를 발했다. '포고'는 전쟁을 '인류에 대한 최대의 범죄'라고 선언하고, 러시아와 전세계 인민에게 모든 나라와 무병합·무배상의 공평한 조건으로 즉시 강화할 용의가 있음을 천명했다.

대회는 이어 〈토지에 관한 포고〉를 발했다. 지주의 모든 토지가 몰수되어 무상으로 농민들에게 주어졌다. 오래전에 성안됐으나 실행에 옮겨지지 않고 있던 사회혁명당의 안이 이제야 빛을 보게 된 것이다. 농민들은 이미 절반이 넘는 지역에서 스스로 토지를 장악하고 있었다.

대회는 전 러시아 중앙 집행위원회를 새로 선출하고, 최초의 소비에트 정부인 인민위원회를 창설했다. 다른 당파가 참여를 거부해 인민위원회는 볼셰비키만으로 구성됐고, 레닌이 인민위원회 의장이 됐고, 트로츠키는 외무, 스탈린은 민족 인민위원직을 맡았다. 중앙집행위 의장에는 카메네프가 선출됐으나, 며칠 뒤 스베르들로프로 교체됐다.

페트로그라드의 봉기는 희생자를 거의 내지 않고 완료됐다. 그러나 반혁명파가 상당한 전투력을 갖고 있던 모스크바에서는 7일간의 치열한 전투 끝에 11월 3일에야 소비에트 권력이 확립됐다.

전국에서 사회주의 혁명 승리의 행진이 시작됐다. 러시아의 각 도시에서 노동자와 병사가 권력을 장악했다는 전보가 스몰니 학원으로 속속 날아들었다.

소비에트 대회가 파한 후, 대표들은 전국 각지로 돌아가 대회에서 채택한 포고를 널리 알리고 실행에 옮기기 시작했다. 많은 어려움과 지역적 차이에도 불구하고 비교적 짧은 기간에 러시아 영토 거의 전역에 소비에트 권력이 수립됐다. 세계 최초로 사회주의 혁명이 성공을 거두고 그 실체를 만천하에 드러낸 것이다.

인민의 권력 탄생:
소비에트 정부와 제헌의회 해산
(1917~1918년)

10월혁명의 성공으로 러시아에 마르크스주의에 입각한 세계최초의 소비에트 정부가 탄생했다. 신생 소비에트 정부는 국내외의 위협을 물리치며 국가를 탄탄한 토대 위에 올려놓고 사회주의 사회를 건설해야 하는 막중한 임무를 떠맡았다.

그러나 소비에트 정부의 기반은 아직 취약했다. 농촌에서는 농민들 대다수가 아직도 사회혁명당을 따랐다. 도시에서는 혁명파 노동자와 병사들의 힘이 강하여 정부의 버팀대가 되긴 했으나, 적지 않은 대중들에게 소비에트가 정부 역할까지 떠맡는다는 것은 아직 생소한 개념이었다.

도망친 임시정부 수반 케렌스키와 하루아침에 실권을 잃은 타협파 정당들은 즉각 반격을 개시했다. 케렌스키는 반혁명파 카자흐 부대를 이끌고 수도로 진격해왔다. 사회혁명당 우파와 멘셰비키는 사관생도들을 선동, 반란을 일으켰다. 그러나 혁명을 승리로 이끈 노동자와 병사들의 사기는 드높았다. 11월 초까지 최초의 반혁명 기도들이 일소됐고, 11월 말에는 카데츠의 반혁명 음모도 분쇄됐다.

레닌과 볼셰비키는 혁명을 수호하고 소비에트 국가를 건설하는 데 인민대중의 넘치는 힘과 열정에 크게 의존했다. 억압에서 해방된 대중들에게서는 엄청난 에너지와 창조력이 샘솟았다. 수많은 집회에서 대중들의 목소리가 메아리쳤고, 크고 작은 모든 기구에서 대중들이 스스로 일을 결정하고 집행했다. 노동자들이 직접 공장을 관리, 운영했고, 농민들이 스스로 토지를 재분배했으며 병사들이 각급 지휘관을 직접 선출했다. 이 과정에서 대중들은 자신이 새로운 사회의 주역임을 자각해갔고, 중앙과 지방의 각급 노동자 · 병사 · 농민 소비에트는 전권을 가진 유일한 국가기관으로 자리잡아갔다.

노동자와 빈농과 병사들의 지지를 받으며 소비에트 정부는 사회의 사회주의적 개조에 착수했다. 사회주의적 생산과 국민경제를 관리하기 위해 인민위원회 산하에 최고국민경제회의가 창설됐고, 지방에도 각급 국민경제회의가 만들어졌다. 노동자와 농민이 이전 지배자들을 대신하여 공장과 각종 기관 · 단체의 관리자 · 조직자로 부상했다.

봉건제의 유물도 과감하게 일소했다. 지주의 토지소유가 사라졌으며, 신분과 호칭이 완전히 폐지되고 모든 국민이 러시아 '시민'이 됐다. 학교는 교회에서, 교회는 국가에서 분리됐다. 여성은 사회활동에서 남성과 동등한 권리를 획득했다. 11월 2일 공포된 〈러시아 내 모든 민족의 권리선언〉은 러시아 안에 있는 모든 민족의 평등권을 법령으로 확립했다.

소비에트 정부는 또한 인민의 절실한 경제적 · 문화적 욕구를 충족시키는 데 힘을 쏟았다. 노동자와 그 가족에게 식량이 우선 지급됐고, 노동자 가족들은 음침한 지하실과 가건물에서 나와 자본가와 지주의 소유였던 좋은 집으로 몇 가족씩 합쳐 이주했다. 8시간 노동제가 확립되고 노동조건도 개선됐으며, 산업재해와 질병 · 실업에 대한 보험법도 발표됐다. 노동자 · 농민과 그 아이들도 교육을 받을 수 있게 됐다. 학교 교육과 의료 서비스는 무료로 제공됐다. 차르의 궁전과 부호의 대저택은 인민의 집회장 · 요양소 · 박물관이 됐다.

혁명으로 토지를 얻은 농민들은 점점 노동자와의 유대를 강화하면서 소비에트 권력의 중요한 버팀대가 되어갔다. 각급 농민 소비에트에서 좌파 사회혁명당의 세력이 크게 신장됐다. 1917년 11월부터 12월 초에 연이어 열린

소비에트 정부 수립. 1917년 10월 25일 임시정부가 무너지고 노동자 · 병사 대표 소비에트의
권력이 확립됐으며, 레닌이 초대 인민위원회 의장으로 취임했다.

농민 소비에트 임시대회와 제2차 전 러시아 농민 소비에트 대회는 사회혁명
당 우파의 기도를 물리치고, 정부의 포고와 정책들을 승인하고 노 · 병 소비
에트와의 통합을 결정했다.

　대회의 요구로 12월에 좌파 사회혁명당원들이 정부에 입각했다. 이로써
소비에트 정부는 강화되고 볼셰비키는 농민층에 깊숙이 뿌리를 내릴 기회를
갖게 됐다.

　그러나 소비에트 정부에게는 부담스러운 문제가 하나 있었다. 혁명운동
초기부터 큰 공감대를 형성했고 2월혁명 직후에 입안됐으나 임시정부가 계
속 미뤄온 제헌의회 소집 건이었다.

　10월혁명 직전에 임시정부는 제헌의회 선거를 11월에 실시하겠다고 공고
했다. 의원선출방식은 정당별로 후보자 명부를 작성한 후 득표수에 비례해
당선자를 확정하는 정당별 비례대표제였다. 그때까지 완전히 갈라서지는 않
았던 사회혁명당은 좌파와 우파가 함께 단일 후보자 명부를 작성했고, 전국
적으로 이름난 우파당원들이 상위번호를 차지했다.

　10월혁명 성공 후에도 제헌의회의 이념은 대중, 특히 농민들에게 인기가
높았다. 이제 막 권력을 장악한 소비에트 정부는 대중들의 뜻을 존중하여 예
정대로 선거를 실시하기로 결정했다. 정부의 입장에서는 이미 제헌의회보다
훨씬 민주적인 소비에트가 구성됐고 부르주아지 공화국보다 더 높은 형태의

소비에트 공화국이 건설되고 있는 지금, 새삼스럽게 제헌의회를 구성한다는 것은 시대를 역행하는 조치였다. 그러나 대중들은 직접 경험을 통해 부르주아 의회제도의 실상을 확인할 필요가 있었다.

11월 12일, 20세 이상의 모든 남녀가 자유로운 분위기에서 보통 · 평등 · 직접 · 비밀 원칙에 입각하여 제헌의회 선거에 참여했다. 개표 결과, 사회혁명당이 40% 득표로 제1당, 볼셰비키가 24%로 제2당이 됐고, 나머지 표는 여러 정당이 나누어 가졌다. 볼셰비키는 대도시, 공업 중심지, 군 주둔지에서 절대적인 지지를 얻었고, 사회혁명당은 농촌지역에서 폭넓은 지지를 얻었다.

반혁명 세력은 제헌의회의 다수파를 등에 업고 설욕전을 준비했다. 사회혁명당 우파의 체르노프를 우두머리로 하는 제헌의회 지도자들은 제헌의회를 소비에트 권력과 대치시켜 '모든 권력을 제헌의회로!'라는 슬로건을 내놓았다. 소비에트 권력에 공개적으로 반기를 든 것이다. 이에 대해 소비에트는 의원의 소환권을 도입하고, 제헌의회에 소비에트 권력을 인정할 것을 강력히 요구했다.

제헌의회 문제를 둘러싸고 볼셰비키 내에서도 이견이 표출됐다. 카메네프와 지노비예프는 볼셰비키가 지배하는 소비에트를 혁명의 지주로 삼아 제헌의회를 견인하면서 혁명과업을 이루어갈 수 있다고 생각했다. 이에 대해 레닌은 "소비에트가 제헌의회보다 백배 천배 더 민주적인 제도"라면서 제헌의회를 중시하는 태도에 쐐기를 박았다. 그러나 소집도 하지 말고 의회를 즉각 해산하자는 주장에 대해서는, 그럴 경우 반혁명파들에게 대중선동의 빌미를 제공할 뿐이며 인민들에게 겉치레 민주주의의 실상을 눈으로 확인케 하는 것도 의미 있는 일이라고 말했다.

제헌의회 소집 전야인 1918년 1월 4일, 전러시아 노 · 농 · 병 소비에트 중앙집행위는 〈피착취 근로인민의 권리선언〉을 채택했다. 〈선언〉은 '러시아는 노동자 · 병사 · 농민의 소비에트 공화국'이라는 것, 러시아 소비에트 공화국은 자유로운 민족의 자유로운 연합의 토대 위에 세워지리라는 것, 소비에트 국가의 기본과제는 인간에 의한 인간의 착취 폐지와 사회주의 건설이라는 것, 평화와 토지와 민족해방에 관한 대중들의 열망을 즉시 실현하리라는 것 등을 확인했다.

1918년 1월 5일, 제헌의회가 소집됐다. 중앙집행위 의장 스베르들로프가 〈피착취 근로인민의 권리선언〉을 심의·인준할 것을 제안했다. 그것은 제헌의회가 혁명적 민주주의의 경로를 선택하여 사회주의로 나아가야 한다는 제안이었다.

제헌의회의 다수파인 우익 사회주의자들은 이를 최후통첩으로 간주했다. 제헌의회는 '소비에트의 부속물'이 되기를 거부하고는 사회혁명당 우파가 마련한 별도 법안의 심의에 들어갔다. 볼셰비키와 좌파 사회혁명당은 퇴장했다. 17시간의 지루한 토론이 있은 후 의회는 휴회했다. 그러나 의회는 다시 열리지 못했다. 중앙집행위가 소비에트의 이름으로 제헌의회의 해산을 명한 것이다.

대중들은 제헌의회의 해산에 무덤덤한 반응을 보였다. 소비에트 권력과 사회주의의 전진을 가로막는 장애물은 가볍게 길에서 치워졌다. 그러나 그 여파는 작지 않았다. 제헌의회의 역할을 기대한 소시민 대중과 일부 지식인은 그 조치를 수긍할 수 없었다. 좌파 사회혁명당 외의 다른 사회주의 정당들은 볼셰비키에 완전히 등을 돌렸다. 내전기에 이들 중 일부는 소비에트 정부에 총부리를 들이댄다.

볼셰비키와 소비에트 정부는 마침내 부르주아 민주주의 제도의 꽃이랄 수 있는 의회를 내쳐버리고 세계 역사 초유의 소비에트 권력을 다져나갔다.

제헌의회 해산 직후에 열린 제3차 노병 소비에트·농민 소비에트 통합대회는 제헌의회에 대한 정부의 정책을 승인하고 〈피착취 근로인민의 권리선언〉을 채택하여 노동자와 농민의 권력, 소비에트 체제를 정착시켰다.

전쟁에서 빠져나오다:
브레스트 강화와 소비에트 권력의 확립
(1918년)

전쟁의 종결은 혁명의 아킬레스건이었다. 2월혁명이 성공한 것도 전쟁에 염증을 느낀 병사들이 노동자들을 지지하고 나온 데 큰 힘을 입었고, 2월과 10월 사이에도 병사들은 '전쟁 반대'를 외치며 노동자들과 함께 선두에 서서 혁명을 이끌었다. 10월에도 임시정부의 전쟁 계속 정책에 분노를 느낀 병사들이 일관되게 전쟁을 반대해온 볼셰비키를 지지하여 '무혈' 혁명을 이뤄냈다. 혁명이 성공한 지금, 어떤 어려움이 있더라도 무익한 제국주의 전쟁은 하루빨리 끝내야 했다.

소비에트는 혁명 직후 발표한 〈평화에 관한 포고〉에서 평화 의지를 천명하면서 모든 교전국에게 무병합·무배상의 전면강화를 제안했다. 11월 8일 소비에트 정부는 영국·프랑스·미국정부에 특사를 보내 강화교섭을 시작하자고 호소했으나, 아무런 회답이 없었다. 그러나 유럽과 미국에서도 평화 요구는 거세어, 영국·프랑스·미국·독일의 여러 도시에서 반전집회와 시위가 일어났다.

독일이 최초로 반응을 나타냈다. 후방과 전선에서 반전 분위기가 높아지는 데 자극받은 독일정부가 교섭의사를 표명해온 것이다. 인민위원회는 이를 연합국 정부에 전했으나 아무런 회답이 없었다.

소비에트 정부는 독일-오스트리아와의 단독교섭에 착수했다. 교섭은 11월 20일 브레스트 리토프스크에서 시작됐다. 강화교섭의 조건으로, 전투 중지, 독일군의 서부전선으로의 이동금지가 합의됐다.

독일측이 제시한 강화조건은 가혹했다. 독일정부는 배상금 지불, 독일이 점령한 러시아 영토의 할양을 요구했다. 이에 인민위원회는 연합국의 교섭 참여를 재차 촉구했으나 다시 묵살됐다. 영국·프랑스·미국 등에게 소비에트 러시아는 더 이상 형제국이 아니었고, 어떤 면에서는 독일보다도 더 위험한 존재였던 것이다.

1918년 1월, 독일은 연합국의 반응을 보고 마침내 러시아에 최후통첩을 보내 독일측이 제시한 강화조건의 수락을 요구해왔다. 소비에트 정부는 숙고 끝에 독일의 요구를 수락하기로 결정했다.

그러나 소비에트측 교섭 전권위원이던 트로츠키는 정부의 명령을 따르지 않았다. 그의 생각에 독일과의 굴욕적인 강화체결은 독일정부의 입지를 강화시켜 독일혁명과 세계혁명에 해를 끼치는 것이었다. 1월 28일(신력 2월 10일), 그는 "소비에트 러시아는 전쟁도, 강화도 하지 않는다. 군 동원을 해제한다"는 희한한 성명을 내고 교섭을 결렬시켰다.

2월 18일(1918년 2월 14일 구력 2월 1일 부터 그레고리력 신력 을 채택했다 이하 신력을 쓴다) 독일은 모든 전선에서 전투를 재개했다. 러시아군은 삽시간에 수십 킬로미터 뒤로 밀렸고, 러시아는 치명적인 위험에 빠졌다.

소비에트 정부는 인민들에게 전력을 다해 사회주의 조국을 지켜내자고 호소했다. 이에 정규 적군(붉은군대)이 만들어지기 시작했다. 붉은군대는 프스코프, 나르바, 레베리에서 적위대와 협력하여 페트로그라드로 진격하려는 독일군에 맞서 격렬하게 싸웠다. 우크라이나와 벨로루시에서는 노동자와 농민이 점령군과 집요하게 싸웠다. 소비에트 러시아를 단기간에 무너뜨리려는 독일의 계획은 실패했다.

볼셰비키 중앙위, 인민위원회, 전러시아 중앙집행위는 혁명전쟁의 계속을 주장하는 소수 강경론자들의 저항을 물리치고 독일의 강화조건 수락에 동의

했다. 3월 3일, 강화조약이 조인됐다.

3월 14일 전 러시아 소비에트 임시대회는 브레스트 강화조약을 비준했다. 그러나 대회에서 좌파 사회혁명당은 비준에 반대했고 인민위원회에서도 철수했다. 이로써 정부는 다시 볼셰비키만으로 구성됐다. 그러나 이제 볼셰비키는 크게 강화되어, 농민들 사이에서도 사회혁명당 좌우파를 합친 것보다 더 많은 지지를 받고 있었다. 이후 많은 문제에서 정부와 대립하던 사회혁명당 좌파는 7월 6일 독일대사를 살해하고 반소비에트 폭동을 일으키나 곧 진압되고 소비에트에서 축출당한다.

브레스트 강화의 조건은 굴욕스러울 만큼 가혹했으나, 국가와 대중에게 긴급하게 요청되고 있던 '휴식'을 가져다주었다. 소비에트 정부는 이 시기를 이용하여 사회주의적 개조의 실시에 착수했다. 소비에트 권력은 재빨리 은행, 대공업, 철도, 운송 체신업, 외국 무역의 국유화에 착수했고, 차르 정부와 임시정부의 국채와 해외차관을 무효화했다. 생산과 생산물 분배에 대한 통제, '일하지 않는 자는 먹지도 말라', '능력에 따라 일하고 노동에 따라 분배한다'는 사회주의적 보수의 원칙이 도입됐다. 한편, 3월 6일에 열린 제7차 당대회에서 볼셰비키는 궁극목표를 '공산주의 사회의 건설'로 설정하고, 당명을 '러시아 사회민주노동당'에서 '러시아 공산당'으로 바꾸었다. 3월 12일에는 수도가 페트로그라드에서 러시아의 중심인 모스크바로 옮겨져 다시 '모스크바 시대'가 시작됐다.

1918년 봄, 소비에트 권력은 독일군에 점령된 서부지역과 카프카스를 제외하고는 이전의 러시아 제국 거의 전역에서 입지를 굳혔다. 7월에 열린 제5차 소비에트 대회는 '러시아 사회주의연방 소비에트 공화국 헌법'을 채택했다. 여기서 혁명의 승리, 프롤레타리아 독재형태로써의 소비에트 권력, 모든 민족의 동등한 권리, 토지와 기본적 생산수단의 인민 소유 등이 명확하게 규정됐다.

'혁명의 조국을 지키자':
내전과 외국간섭(1918~1920년)

어렵게 얻은 평화는 오래 가지 못했다. 국내외의 적이 소비에트 권력의 타도를 외치며 혁명의 발전을 방해해온 것이다. 국내에서는 옛 정부의 장성과 장교들, 타도된 자본가와 지주계급, 설 땅을 잃어버린 타협파 사회주의자들이 반혁명군의 핵을 형성했고, 부농과 일부 중농층이 그에 가담했다. 국외에서는 노동자와 농민의 권력 수립에 위협을 느낀 영국·미국·프랑스·독일·일본 제국주의자들이 반혁명군을 지원하면서 노골적으로 혁명을 간섭해왔다.

1918년 3월, 영국해군이 무르만스크에 상륙했다. 일본군과 미 해병대도 블라디보스토크에 진출했다. 영국군은 중앙 아시아와 카프카스 지방에도 침입해들어왔다. 우크라이나, 벨로루시, 발트해 연안은 이미 독일군에게 점령돼 있었다. 연합국은 전쟁중에 러시아군에 포로가 되거나 투항한 체코슬로바키아인 군단을 부추겨 반혁명 투쟁의 선봉에 서게 했다. 5월 말, 체코슬로바키아 군단이 서시베리아에서 반란을 일으켰고, 옛 러시아군의 장교, 상층 카자흐 부대로 구성된 백위군이 이에 합류했다. 이들의 행동은 숨죽여 지내던 반혁명파를 움직여 반혁명전선에 나서게 했다.

1918년 여름, 러시아는 전면적인 내전에 휘말려 들어갔다. 러시아 반혁명파의 주력은 동부에 결집하여, 첼랴빈스크, 카잔, 펜자, 심비르스크, 사마라를 장악했다. 시베리아와 우랄 지방, 볼가 유역이 반혁명군의 수중에 들어간 것이다. 옴스크에 반혁

시베리아의 소읍 토볼스크에 유폐된 니콜라이 2세와 그 가족들. 이들은 내전의 와중에 지방 소비에트 당국에 의해, 묵고 있던 집 지하실에서 모두 처형되었다.

명파 '시베리아 정부', 사마라에 '제헌의회 의원위원회'가 수립됐다.

카프카스와 중앙아시아 일대에서도 영국군의 침입으로 소비에트 권력이 무너지고 반혁명정부가 수립됐다. 독일군도 러시아의 내정에 간섭하지 않는다는 강화조약을 위반하고 핀란드에 침입하여 노동자권력을 무너뜨렸고, 발트 연안, 벨로루시, 우크라이나를 더 깊숙이 밀고들어와 친독 정권을 세웠으며, 돈강 연안의 로스토프와 그루지야까지 점령했다. 독일 점령지의 옛 지배자들은 독일군을 열렬히 환영했다. 가진 자에게는 자기 재산과 자본을 지켜주는 쪽이 곧 그들의 조국이었던 것이다. 극동과 시베리아 지방에서는 일본군과 미국군이 점령지를 넓혀가면서 반혁명파들에게 무기를 대주어 권력을 장악케 했다.

소비에트 공화국은 매우 어려운 지경에 처했다. 중요 공업지대를 가진 소비에트 러시아의 중앙부는 주변의 연료·원료·식량 생산지로부터 격리됐다. 공장의 기계가 섰고, 도시의 밤은 암흑천지로 변했으며, 교통기관도 멎었다. 도시민들은 1일 50g의 빵 배급으로 연명했고, 간섭군과 백위군의 손이 미친 곳에서는 폭동과 학살과 음모가 일상적으로 행해졌다.

그러나 혁명의 승리감을 만끽한 인민대중은 소비에트 정부의 호소에 응답하여 혁명조국 수호를 위해 일어섰다. 몇 달 사이에 50만 명이 붉은군대에 지원입대했고, 곳곳에 붉은군대가 만들어졌으며, 노동자와 농민과 병사

들 사이에서 많은 지휘관이 육성됐다. 옛 군대의 고위장교 중 상당수도 혁명의 대의에 공감하여 붉은군대에 가담했다. 1919년 4월에는 국민개병 원칙이 도입되어 붉은군대는 수백만으로 증강됐다. 많은 시인과 작가가 인민들에게 혁명의 수호를 높이 외쳤다. 프롤레타리아 시인 페드누이는 당시 상황을 이렇게 묘사했다.

> 동지여! 우리를 둘러싼 포화를 직시하라!
> 뭇짐승들이 우리를 노려보고 있다.
> 우리의 대지에는 폭압자들이 버티고 있다.
> 우리에게 남겨진 운명은 오직 둘 중 하나,
> 승리하라, 아니면 떳떳이 산화하라!

1918년 가을, 강화된 붉은군대는 동부전선에서 공세로 전환하여 적을 우랄산맥 동쪽으로 몰아냈다. 1차 세계대전은 11월 독일측의 항복으로 끝났다. 소비에트 정부는 굴욕적인 브레스트 강화조약의 폐기를 선언했다. 독일은 곧 러시아에서 자국 군대를 철수시켰으나, 이제 소비에트 러시아를 적으로 삼은 연합국은 오히려 더 많은 군대를 러시아에 들여보냈다.

연합국의 도움으로 반혁명파 제독 콜차크의 지휘하에 40만의 반혁명군, 즉 콜차크군이 조직됐다. 1919년 초, 콜차크군은 시베리아와 우랄의 넓은 지역을 점령하고 3월에 볼가 유역으로 공격해들어왔다. 4월 붉은군대의 반격이 시작되어, 여름에 서시베리아의 이르티슈강 유역에서 콜차크군은 격파됐다.

이 무렵, 연합국의 지원을 받은 또 한 명의 반혁명파 장군 데니킨의 군대가 남쪽에서 모스크바로 진격해왔다. 10월 데니킨군은 모스크바 남쪽 수일 거리에 도달했다. 또 다른 반혁명파 장군 유데니치의 군대는 발트해 연안에서 페트로그라드로 진격해왔다. 붉은군대는 많은 대가를 치르며 적을 저지하여, 1919년 11월 중순 두 방면의 적을 완전히 격파했다.

내전이 진행되는 사이에 중농층의 대다수는 소비에트 권력 지지로 돌아섰다. 반혁명의 참화를 직접 겪으면서, 적이 승리하면 지주가 복귀하여 토지를 다시 빼앗고 국가권력도 옛 지배자들이 다시 장악하며 국가의 대외적인 독립도 보장받지 못하리라는 것을 확인한 것이다. 반혁명군의 근거지였던 외곽지역의 소수민족들도 반혁명파 장군들이 예전의 민족억압정책을 부활시키는 것을 직접 목격하면서 소비에트 지지로 돌아서기 시작했다.

국제정세도 점차 소비에트 러시아에 유리하게 돌아갔다. 1919년 3월 코민테른(공산주의자 인터내셔널) 창립 이후 국제 프롤레타리아 혁명운동이 활기를 띠면서, 연합국의 노동자들이 대소 간섭전쟁을 반대하고 나선 것이다. 연합국의 노동자들은 '소비에트 러시아에서 손을 떼라!'는 슬로건하에 러시아 노동자 지원활동을 활발히 전개하면서, 파업을 벌이고 폴란드 행 병기의 선적을 거부했다. 독일과 헝가리에서의 혁명 발발에 놀란 연합국 정부들은 자국 노동자들의 소요를 진압하고자 대소 간섭의 손길을 늦추었다.

1920년 봄, 외국간섭군과 백위군은 소비에트 러시아에 대한 세 번째 합동공격을 준비했다. 부르주아 정권하의 폴란드군이 서쪽에서, 브란겔 남작의 백위군이 남쪽에서 동시에 모스크바를 향해 진격해왔다. 붉은군대는 이제 잘 단련된데다가 사기도 높았다. 폴란드군은 여름에 격파됐고, 10월 말에는 붉은군대가 흑해까지 적을 추격해들어가 크림반도를 해방했다.

이후 붉은군대는 카프카스와 중앙아시아의 민중들을 도와 소비에트 정권을 수립하고, 1922년에는 극동지방까지 백위군과 점령군의 지배로부터 해방시켰다. 산산조각 난 채 파괴가 극에 달했던 소비에트 러시아는 이제야 평화를 얻게 됐다. 그러나 그 대가는 엄청났다. 1차 세계대전과 그 뒤를 이은 내전으로 무려 1,300만 명의 병사와 인민이 희생됐고 국토는 처참할 정도로 피폐해졌다.

국가경제도 완전히 바닥을 드러냈다. 1920년의 공업생산고는 전쟁 전인 1913년의 14%에 지나지 않았다. 도네츠 탄전은 붕괴됐고 우랄의 용광로도 정지됐다. 철도 위를 움직이는 얼마 안되는 기차도 기관차나 객차 어딘가가 부서져 있었다. 기아와 질병이 맹위를 떨쳤고, 백위군과 간섭군 앞에 위기에 처한 소비에트 국가만큼이나 경제상황도 위태로웠다.

어떻게든 빨리 이 위기에서 벗어나야 했다. 위기상황에서 국가의 전기화 계획이 수립되고, 추진체로서 '고엘로(GOELRO; 러시아 전기화 국가위원회)'가 창설됐다. 고엘로는 붕괴한 경제를 부흥시키고 새로운 기술의 토대 위에서 국민경제를 재생시키고자 했다. 대형 발전소 건설, 간선철도의 전기화, 공업시설의 구조개선, 드네프르강의 수로화, 근로조건과 교육·문화시설 개선 등의 방향이 설정됐다.

내전이 거의 진정된 1920년 12월, 제8차 소비에트 대회에서 고엘로 의장 크르지자노프스키가 확정 발표한 계획은 이후 국가건설의 자극제이자 표어이자 사상이 됐다. 고엘로의 계획에 따라 국민경제의 부흥과 재생이 시작됐다. 그러나 이 원대한 계획의 본격적인 실행에 앞서 소비에트 경제는 크게 휜 우회로를 거쳐야 했다. 먹는 것을 해결하지 못하는 정부는 땅 위에 서 있을 수가 없기 때문이다.

2보 전진을 위한 1보 후퇴:
신경제정책 채택(1921년)

　국가가 존폐의 기로에 서 있던 내전기에 소비에트 정부는 전시비상경제정책을 쓰지 않을 수 없었다. '모든 것을 전선으로!'라는 슬로건하에 전시 동원체제가 확립됐다. 교통과 산업이 국가의 통제하에 놓여졌고, 이미 국유화된 대기업 외에 중소기업의 상당수가 국유화됐으며, 국가가 모든 자원과 산업을 직접 계획, 관리, 분배했다. 전시비상경제에 10월혁명 후 점점 강화돼온 사회주의적 색채가 짙게 가미된 것이다. 이를 전시 공산주의라고 한다.

　전시 공산주의의 가장 큰 특징은 식량징발이었다. 병사와 노동자들에게 필요한 식량을 농민들에게서 징발한 것이다. 농민들은 자기네에게 필요한 만큼만을 빼고 나머지 잉여곡물을 국가에 바쳤다. 내전이 치열하게 전개될 때에는 큰 어려움 없이 식량이 조달됐다. 혁명을 수호하는 것은 대다수 농민에게도 이익이었기 때문이다.

　몇몇 지역을 빼고는 내전이 거의 진정된 1920년 말엽, 문제가 발생했다. 농민들이 식량징발에 저항하기 시작한 것이다. 농민들은 더 이상 잉여곡물을 생산하지 않으려 했고, 개중에는 남는 농산물을 숨기거나 빼돌리는 사람도 있었다. 국토가 황폐해져 그렇지 않아도 충분치 않았던 농업생산이 더욱

러시아에서는 흉년이 잦아 인민의 삶을 더욱 고통스럽게 했다.
1921년에 일어난 크론슈타트 반란도 전 해의 대기근이 한 원인이
되었다.

줄어들었고, 여러 지방에서 부농을 중심으로 농민들의 폭동이 일어났다.

그나마 전쟁 전 생산고의 40%라도 유지한 농업 분야는 그래도 나은 편이었다. 7년간 계속된 전쟁과 내전은 러시아의 모든 산업을 마비시켜버렸다. 연료와 원료 부족으로 공업 생산은 극히 부진했고, 과도한 국유화와 투기 억제책으로 상업은 거의 뿌리가 뽑혀져 있었다.

단기간에 빠른 속도로 강화돼온 국가의 지나친 통제도 여러 면에서 부작용을 일으켰고, 1920년부터 시작된 대기근은 날이 갈수록 더 심해졌다.

식량위기와 생필품 부족, 조업중단에 노동자들이 동요하고 지나친 국가개입에 대한 농민과 상인들의 불만이 표출되면서, 1921년 2월 페트로그라드와 모스크바에서 파업과 시위가 발생했다 시위대의 요구는 상업의 자유, 식량 공급 개선 등이었다.

3월 초에 일어난 크론슈타트 반란에서 이 위기는 절정에 달했다. 오랜 기간 혁명의 메카 역할을 수행해온 크론슈타트의 수병들(혁명기에 활약한 수병들은 대부분 여러 전선으로 투입되고, 당시 수병들의 다수는 새로이 농촌에서 차출된 사람들이었다)은 이제 무정부주의자들의 영향을 받아, 소비에트의 자유선거와 모든 사회주의 정당의 동등권, 소농과 수공업에 대한 제한 철폐 등을 요구했다. 반란은 보름 만에 진압됐으나, 이 사건은 농민을 필두로 하는 소소유자와 소비에트 권력간의 갈등이 심해졌음을 드러내주었다. 그것은 혁명의 축이었던 노동자와 농민의 동맹이 흔들리고 있음을 뜻했다.

다각도로 문제의 해결방법이 강구됐다. 농업부문에서는 소소유자인 농민의 속성을 감안, 이들에게 이윤동기를 부여하여 농업생산력을 높이면서 농

업을 점진적으로 사회화해가자는 방법이 채택됐다. 그럼으로써 소비에트 권력에서 이탈해가는 농민들을 다시 끌어들여 노농동맹도 재구축할 수 있었다. 또한, 사회주의 산업과 소상품생산 농업의 연결고리로써, 생산물을 팔고 사는 상업도 인정했다. 이것이 바로 1921년 3월 제10차 공산당대회에서 채택된 신경제정책(NEP)의 골자이다.

신경제정책은 농업·공업·상업부문에서 사적인 영리추구를 상당 부분 인정하여 자본주의적 요소를 발전시키는 것을 허용했다. 그러나 그 목적은 어디까지나, 국가가 장악한 공업시설·교통설비·은행 등 국민경제의 중추부문에서 사회주의 경제를 발전시켜가는 한편, 나머지 부문에서는 이윤동기를 부여하여 생산력을 끌어올리면서 점차적으로 사회주의 요소를 증진시켜간다는 데 있었다. 즉, '자본주의로 1보 후퇴하여 공산주의로 2보 전진하는 것'이었다. 그런 목적하에 먼저 농업과 소규모 산업을 활성화하고, 다음으로 대규모 산업을 부흥·발전시키며, 농업의 사회주의적 개조를 준비·실현시켜, 사회주의의 물적·기술적 토대를 마련한다는 단계가 설정됐다.

1921년 3월 21일, 그 구체적인 조치로서 농산물 징발이 현물세 납부로 바뀌었다. 농민들은 현물세를 내고 남은 농산물을 자유로 시장에 내다팔 수 있게 됐다. 그 후 1924년에 현물세가 금납제로 대체되면서 농민의 생산의욕은 더욱 증대되고 농산물 거래량이 크게 증가했다.

1921년 5월에는 상품유통을 활성화하고 주민들의 공산품 수요를 충족시킬 목적으로, 소규모 산업의 국유화를 해제하고 기업의 사적소유를 인정하는 법령이 제정됐다. 사적인 거래가 허용되고, 농공간의 직접 상품교환도 시작됐다.

1921년 가을에는 대규모 시장이 부활하고 무역거래소가 문을 열었다. 20인 미만의 노동자를 고용하는 사기업의 신규조직이 허용됐고, 수공업의 발전을 위한 조처가 취해졌다. 농업분야에서도 토지임대와 노동자 고용이 허용됐다.

소상품생산과 자유거래가 늘어나면서 자본주의적 요소가 증가했다. 그와 더불어 상인·사업가·중개인·매점매석인 등의 네프만, 즉 신흥 부르주아지가 성장하기 시작했다. 1926년에는 이들과 그 가족의 수가 약 230만에 이르렀다. 농촌에서도 부농(쿨라크)의 힘이 커졌다.

그에 맞추어 국민경제 관리조직도 재편성됐다 1921년 5월, 최고국민경제회의 내에 산업부문별로 16개의 본부가 창설되어, 각 지역인민위원회를 통해 산업체를 지도했다. 국가산업도 독려채산제로 바뀌었고, 급료도 화폐로 지급됐다. 화폐유통을 국가가 조절하기 위해 국립은행을 창설했고, 농민들에게 저리의 신용대부를 해주기 위해 농업은행도 개설했다.

신경제정책은 서유럽 국가들의 외면 속에서도 빠른 속도로 경제를 회복시켜, 1926년에는 농업과 공업 생산력이 모두 전쟁 전의 수준을 넘어섰다. 소비에트 연방은 이를 기반으로 새로운 사회주의 경제건설에 착수할 수 있게 됐다.

러시아가 소련으로:
소비에트 연방의 탄생(1922년)

　제정시대의 러시아 제국은 겉으로 보아 강력한 통일체를 이루고 있었다. 그러나 그 통일은 서로 다른 언어·관습·문화 등, 여러 민족의 고유한 특성들을 폭력으로 눌러서 유지해온 통일이었다. 제국 내에 있는 각 민족의 자유로운 발전을 저해해온 이러한 '통일'은 마땅히 타파돼야 했다.

　소비에트 정부는 10월혁명을 성공시킨 뒤 2주 후에 〈러시아 내 모든 민족의 권리선언〉을 발표했다. 〈선언〉은 동등권과 자주권, 나아가 분리독립권까지를 포함하는 각 민족의 완전한 자결권을 확립하고, 모든 종류의 민족적·종교적 특권과 제한을 폐지했다. 그 시행의 한 예로, 1979년 12월 인민위원회는 핀란드 정부의 요청에 따라 핀란드 공화국의 독립을 승인해주도록 소비에트 중앙집행위에 제안했고, 중앙집행위는 이를 승인했다. 그루지야가 독자행동을 하는 등 다소 유여곡절을 겪기는 했으나, 공동의 혁명투쟁과 내전 속에서 형성된 여러 민족의 통일감은 곧 국가적 통일로 성장해갔다.

　내전이 종반으로 접어든 1920년경, 옛 러시아 제국의 영토에는 크게 세 가지 범주의 권력이 확립돼 있었다. 독일군이 진주했던 폴란드, 발트 3국, 핀란드와 루마니아 군이 점령한 베사라비야는 소비에트 국가로부터 완전히 떨어

소비에트 연방 결성 성명

져나갔다. 러시아의 중앙부에는 러시아 사회주의연방 소비에트 공화국이 비러시아계 소수민족들을 자치 단위로 끌어안고서 혁명국가의 핵을 형성하고 있었다.

그 주변에는 각기 성격이 조금씩 다른 8개의 공화국이 있었다. 8개 공화국 중 우크라이나, 벨로루시, 아제르바이잔, 아르메니아, 그루지야의 5개 국가에는 사회주의 소비에트 공화국이 수립됐고(당시 유일하게 멘셰비키가 주도하던 그루지야는 연합국과 연대하여 소비에트 정부에 저항했으나, 1921년 2월 민중봉기가 일어난 틈을 타 붉은군대가 진주하여 소비에트 권력을 세운다) 중앙아시아의 호레즘과 부하라에는 인민 소비에트공화국, 시베리아의 치타에는 극동공화국이 수립돼 있었다.

러시아까지 9개 공화국 중 사회주의 소비에트 공화국을 수립한 6개 공화국에서, 힘을 합쳐 간섭군과 싸우고 경제를 부흥시키기 위한 동맹의 기운이 강하게 일기 시작했다. 공동투쟁 속에서 각 공화국의 군사 · 정치동맹이 형성, 강화돼가던 1920년 2월, 외교동맹이 먼저 성립됐다 제노바에서 열린 유럽 경제회의에서 각 소비에트 공화국이 러시아 공화국에 자기네 이름으로 임의의 국가와 조약 또는 협정을 체결할 것을 위임한 것이다. 1922년 4월에는 소비에트 대표단이 6개 형제국의 이름으로 전면 군축, 서로 다른 체제를 가진 국가의 평화 공존 · 호혜평등의 경제협력을 제안했다. 공화국간에 조약이 체결되면서 공동의 행동을 조정 · 통합하고자하는 경향이 더욱 뚜렷해졌다. 조약들은 군대와 몇몇 경제 · 행정기관의 통합을 규정하고 있었다. 1922년 봄, 카프카스산맥 너머 아제르바이잔, 아르메니아, 그루지야의 3국은 자카프카스 사회주의연방소비에트공화국을 창설하는 조약을 맺었다. 뒤이어 자카프카스 연방과 다른 소비에트 공화국들 사이에서 단일 연방국가를 창설하자는 제안이 나왔다.

레닌의 제안에 따라 소비에트 연방의 구성안이 마련됐다. 즉, 모든 공화국이 동등한 권리를 가지고 자유의사로 연방에 가입하며, 중앙에 최고권력기관으로 연방 중앙집행위를 둔다는 안이었다.

1922년 12월 23일, 모스크바의 볼쇼이 극장에서 제10차 전 러시아 소비에트 대회가 열렸다. 대회는 "러시아 연방, 우크라이나, 자카프카스 연방, 벨로루시 공화국이 '소비에트 사회주의 공화국연방'으로 통합하는 데 찬성한다."는 결의를 채택했다. 직전에 열린 우크라이나, 벨로루시, 자카프카스의 각 소비에트 대회도 단일 연방국가의 창설에 찬동했다. 극동공화국은 그보다 조금 앞서 미군과 일본군이 시베리아에서 철수한 후 러시아 연방공화국에 흡수통합 됐다.

12월 30일 네 공화국의 대의원들이 제1차 전 연방 소비에트 대회에 참석했다. 대회에서 소비에트 연방의 결성이 제창되고, 선언과 동맹조약이 채택됐다. 선언문에는 "연방이 여러 민족의 자발적 통합이라는 것, 각 공화국의 자유로운 연방 탈퇴권이 보장되어 있다는 것, 지금 존재하거나 앞으로 세워질 모든 사회주의 소비에트 공화국에게 연방가입의 문호가 열려 있다는 것, 새로운 연방국가는 1917년 10월에 이미 구축된 모든 민족의 평화공존과 협력의 토대를 더욱 확고히 다져 완성했다는 것"이 명시됐다.

1924년 1월, 제2차 연방 소비에트 대회에서 1차 대회의 선언과 조약을 토대로 해서 만든 소련 헌법이 승인됐다. 1920년대 말, 중앙아시아의 3개 공화국이 소련의 연방구성 공화국으로 인정되면서 소비에트 연방은 완성됐다. 소비에트 연방은 새로이 성립되는 소비에트 공화국에 문호를 개방하고 모든 민족의 동등권을 확립한다는 취지하에 종래의 '러시아'라는 역사적·지리적·민족적 호칭을 버렸다. 이후 소비에트 연방은 그냥 '소련'으로 불리고, '러시아'는 연방 최대의 러시아 공화국과 대러시아 민족을 가리키는 말로 쓰인다.

소련은 이후 유라시아 대륙 북부의 드넓은 영토에서 사회주의를 발전시켜가면서 자본주의 체제에 맞서는 강력한 제2의 체제를 수립하여 세계에 커다란 영향을 미친다.

트로츠키와 스탈린:
레닌의 죽음과 스탈린의 대두(1924년)

1924년 1월 21일, 러시아 혁명을 응축시켜 몸 속에 담고 있던 레닌이 죽었다. 혁명운동과 사회주의 건설에 몸을 혹사한데다 1918년 사회혁명당 테러리스트에게 당한 총격의 후유증이 겹쳐, 세 차례나 뇌졸중으로 쓰러졌다가 마침내 파란만장한 삶을 마감한 것이다.

1922년 12월 두 번째로 쓰러져 누운 병상에서 레닌은 여러 편의 논문과 편지를 구술하여 소련이 나아갈 방향을 제시했다. 레닌은 사회주의 건설의 기본명제로서, 공업화의 강력한 추진, 협동조합의 발전을 통한 농업의 사회화, 문화혁명, 모든 민족의 평등우호 관계, 노동자 계급의 지도적 역할과 노농동맹의 강화, 대중의 창조력 중시, 당과 대중의 긴밀한 결합, 집단토론을 통한 의사결정 등을 역설했다. 1923년 3월 사실상 폐인이 될 때까지 그는 마지막 불꽃을 사르며 혁명의 진전과 사회주의 건설에 관한 자신의 생각을 계속 쏟아냈다.

이 시기에 구술한 것 중에 흔히 레닌의 '정치 유언'이라고 불리는 〈대회에 보낸 편지〉가 있다. 편지에서 그는 당 지도자들을 열거하면서 그 성격과 장단점을 묘사하고 그를 기초로 당의 단결과 중앙위원회의 확대강화 등을 제

모스크바 붉은 광장의 크렘린 벽을 지나는 조문 행렬. 레닌은 죽기 직전 '스탈린 후계자'에 불안을 느끼고 다른 선택을 생각했으나, 시간이 없었다.

안한다. 이 편지는 1년 이상 묻혀 있다가 레닌이 죽은 후 중앙위원회에서 낭독되어 큰 파장을 일으켰다. 그러나 편지 공개시의 물의를 우려한 몇몇 지도자들의 뜻에 따라 비밀리에 일부 대의원에게만 회람됐고, 서기장 스탈린을 바꾸자는 레닌의 제안도 반트로츠키 투쟁에 밀려 조용히 거둬들여졌다.

편지에 묘사된 몇몇 지도자의 특징 묘사는 날카롭고도 흥미롭다. 트로츠키에 대해서는, 그의 '비볼셰비즘'을 지적하고 '멘셰비즘' 재발 위험을 경고하면서, "당 중앙위원 중에서 가장 유능하나 자신과잉에 빠져 있고 사업을 순행정적 측면에서 접근하는 인물"이라고 평했다. 지노비예프와 카메네프에 대해서는, 10월혁명 때 무장봉기를 반대한 것을 언급하면서 이것은 물론 우연이 아니나, 트로츠키의 '비볼셰비즘'과 마찬가지로 이를 빌미로 그들을 공격해서는 안 된다고 말했다. 부하린은 '당내 최고의 이론가이나 변증법을 충분히 이해하지 못한 인물'이었다.

스탈린에 대해서는, 당의 뛰어난 활동가임을 인정하는 한편으로 그의 결함을 비판하여 "서기장이 되어 무한한 권력을 손에 쥔 그가 이 권력을 늘 신중하게 행사할 수 있을지 확신하지 못하겠다"고 썼다. 레닌은 며칠 뒤에 편지에 추신을 붙였다. "스탈린을 그 지위에서 해임하고, 다른 모든 점에서 그보다 못하더라도, 더 참을성 있고 신실하며 동지들에게 친절하고 그만큼 흥분하지 않는다는 점에서 그보다 뛰어난 인물을 그 자리에 임명하는 방법을 고려해보자. 이것은 사소한 문제로 보일지 모르지만, 어쩌면 결정적인 중요성을 갖는 사소한 문제일지도 모른다."

레닌이 세 번째로 쓰러진 후 1923년 4월에 열린 제12차 당대회에서 레닌의 우려는 곧 현실로 드러났다. 당 지도자들은 레닌이 말한 특징묘사를 그대로 확인시키려는 듯했다. 레닌이 편지에서 말한 핵심은 대중과 더 긴밀하게 결합하기 위해 당이 변화를 보여야 하며 무엇보다도 당이 단합해야 한다는 것이었다. 그러나 대회에서는 당의 권한이 강화되어 마침내 권력 피라미드의 정상에 올랐고, 당의 단합은 다른 의견을 가진 사람을 배척하는 형태로 이루어졌다.

당시 공산당 내에는 크게 세 가지 조류가 있었다. 트로츠키를 중심으로 한 좌파는 세계혁명의 뒷받침 없이는 러시아에서 사회주의가 성공하기 힘들다는 입장을 견지했다. 신경제정책도 어디까지나 사회주의를 건설하기 위해 한시적으로 자본주의 방법을 이용하는 것일 뿐이므로, 그 추진과정에서 사회주의 건설을 위한 계획화가 중시돼야 했다. 또한 사회주의적 공업화를 추진하기 위해 농업은 어느 정도 희생될 수밖에 없었다. 트로츠키와는 별개로 행동하던 지노비예프와 카메네프도 이와 비슷한 견해를 가지고 있었다.

부하린이 이끄는 우파도 러시아의 사회주의가 세계혁명의 성공 여부에 달려 있다는 데에는 생각을 같이했다. 다만 세계혁명이 눈앞에 다가와 있는 것이 아니므로, 소비에트 정부는 사회주의로 직접 이행하려 하기보다는 신경제정책을 폭넓게 발달시켜 생산력을 높이는 게 급선무라고 주장했다. 부하린은 신경제정책의 최대 이론가가 됐다.

스탈린이 이끄는 중도파는 처음에는 자기 목소리를 갖지 않고 양자의 견해를 조정하는 입장을 취했다. 그러나, 세계혁명의 기운이 점차 수그러들면서 거대한 영토와 인구와 자원을 갖고 있는 소비에트 연방 한 나라에서도 사회주의를 건설할 수 있다는 생각을 굳히게 됐다. 1924년 말, 스탈린의 일국사회주의가 정리된 모습으로 제시된다.

이러한 이론투쟁에, 당과 중앙위원회와 서기국의 권한강화에 대한 반발이 덧붙여졌다. 당내에 심각한 대립이 발생했다.

자신의 강력한 버팀대였던 레닌이 쓰러진 후, 신참 볼셰비키 트로츠키는 당에서 점점 고립돼갔다. 그러나 지지자들 사이에서의 인기는 여전했고, 논쟁시의 매서운 칼날은 상대를 움츠러들게 만들었다. 지노비예프와 카메네프를 포함하여 대부분의 당 지도자들이 트로츠키의 좌익 분파주의를 비판하는 데 힘을 모았다.

트로츠키가 1923년 10월 중앙위원회로 편지를 보냈다. 편지에서 그는 경제정책을 호되게 비판한 후 '서기국 관료주의'를 '당내 민주주의'로 바꿔야 한다고 주장했다. 트로츠키 지지자 '46인의 성명'이 뒤따랐다. 당 중앙위는 곧 분파행동을 비난하는 결의를 채택했다. 1924년 1월 레닌이 죽기 며칠 전, 트로츠키가 요양차 카프카스로 떠난 뒤에 열린 당 협의회는 트로츠키를 맹공격하고 반대파를 탄핵했다. 요양지에서 레닌의 죽음을 맞은 트로츠키는 레닌의 장례식에도 참석하지 못했다.

레닌이 죽은 후 '레닌 입당'으로 노동자들이 대거 공산당에 가입했다. 2년 사이에 당원이 35만에서 60만으로 늘어났다. 그 과정에서 당 기구를 관장하는 서기국의 권한이 강화되고 서기장 스탈린에게 권력이 모아지기 시작했다. 스탈린은 레닌 이후의 지도자를 공공연히 자처하는 지노비예프와 달리, 레닌의 충실한 제자를 자임하며 조용히 처신했다. 1924년 5월 제13차 당대회에서 트로츠키와 그 지지자들이 다시 도마에 올랐다. 지노비예프와 카메네프가 트로츠키를 정치국에서 제명하자고 했으나, 스탈린이 반대하여 제명은 면했다.

궁지에 몰린 트로츠키는 날카로운 필봉을 휘두르며 저항했다. 10월에 발간된 〈10월의 교훈〉은 그의 몰락을 앞당겼다. 거기서 그는 레닌의 당부를 어기고, 카메네프와 '고참 볼셰비키'가 〈4월 테제〉에 저항한 것, 10월에 지노비예프와 카메네프가 무장봉기에 반대한 것을 조소했다. 이것은 즉각 응수를 야기하여, 트로츠키가 레닌과 사사건건 대립하던 옛 시절의 얘기를 포함하여 그의 '멘셰비즘'과 '농민과소평가'가 연일 신문과 집회의 비판대에 올랐다. 1925년 3월 그는 마침내 군사인민위원직에서 해임됐다.

트로츠키 공격의 선봉에 나선 것은 스탈린이 아니라 지노비예프와 카메네프였다. 공방과정에서 트로츠키와 두 사람의 '과거'는 적나라하게 까발려져 대중들에게 회자됐다. 전면에 나서지 않은 스탈린은 어부지리를 얻었다. 이후 몇 년 간의 당 역사는 스탈린의 권력장악 과정을 잘 보여준다. 먼저, 트로츠키 축출에 앞장섰던 지노비예프와 카메네프가 일국사회주의와 신경제정책의 우경화에 반기를 들었다가 우파와 손잡은 스탈린에게 패배했다. 두 사람은 1926년 이제 트로츠키와 손잡고 '좌익 반대파'를 이루어 한목소리를 내지만 시계바늘을 뒤로 돌리기에는 이미 늦었다. 세 사람은 그 후 당에서 축출됐다.

1927년 곡물수매 위기가 빚어지면서, 스탈린은 좌선회하여 이전좌파들의 주장을 대폭 받아들이고 농업의 희생을 토대로 한 급속한 공업화에 착수한다. 1929~1930년 부하린 등의 우파마저 당의 의사결정기구에서 밀려나고 스탈린은 마침내 대적할 자 없는 최고지도자로 부상한다.

스탈린이 최고지도자의 자리에 오른 것은 당 권력의 강화와 당의 대중화, 당내의 그의 지위에 힘입은 바 컸으나, 당시 상황에 가장 적합한 국가건설의 방향을 제시한 측면도 결코 간과할 수 없다. 불투명한 세계혁명에 국가의 장래를 걸거나 흘러가는 물줄기의 방향을 인위적으로 틀려는 시도는 대중들의 지지를 받을 수 없었다. 스탈린은 한 나라에서도 사회주의를 건설할 수 있다는 비전과 그 프로그램을 제시했고, 대중들은 거기에서 매진하여 달성할 목표를 발견했다.

1927년 12월 27일 제15차 당대회는 '당의 일반노선으로부터의 이탈'을 철저하게 비판하면서 스탈린의 권위를 굳혀주었다

'대전환의 해':
공업화와 5개년계획 착수(1928~1929년)

경제정책을 통해 생산력을 회복한 소련의 다음 과제는 공업화였다. 아직도 농업국의 신세를 면치 못하고 있던 당시 상황에서 국민의 생활수준을 향상시키기 위해서도 공업화는 반드시 필요했고, 자본주의에 포위된 상태에서 강력한 사회주의 국가를 건설하는데도 공업생산력의 증대는 필수적이었다. 문제는 공업화에 필요한 재원을 어디서 확보할 것인가, 공업화의 속도는 어느 정도가 적당한 가였다. 이를 두고 많은 논쟁이 벌어졌으나, 공업화가 이제 더 이상 늦출 수 없는 과제라는 데에는 넓은 공감대가 형성돼 있었다.

1925년 12월의 제14차 당대회는 공업화를 당의 일반노선으로 선언하고, 소비에트 연방을 기계와 설비의 수입국에서 그것을 자체생산하는 국가로 변화시키는 것을 주요과제로 공식화했다. 공업화의 재원은 농촌에서 점진적으로 축적되는 부, 국유화된 공업과 교통, 외국무역에서 나오는 이윤 등으로 상정됐다. 인민대중의 절약과 검약, 욕구 규제도 강조됐다. 혁명과 내전을 승리로 이끈 대중들에게 공업화가 다음 목표로 제시됐고, 대중들은 이를 진지하게 받아들였다.

이윽고 '5개년계획'으로 공업화의 방향이 정해졌다. 1927년 12월의 제

15차 당대회에서 제1차 5개년계획의 지침이 마련됐다. 지침은 평등의 원칙 하에 축적과 소비, 공업과 농업, 생산재와 소비재 사이의 균형을 지키며 공업 화를 추진할 것을 분명히 했다. '단기간에 최대한의 축적 속도를 올리기보다 는 국민경제 각 부분의 상관관계에 기반을 두고 장기적인 고도성장을 추구' 한다는 것이었다.

1927년 전반기까지만 해도 소련경제는 균형성장 속의 공업화 계획에 청신 호를 보내고 있었다. 부농과 네프만의 폐단이 나타나기는 했어도, 공업과 농 업 생산력이 모두 전쟁 전의 수준을 뛰어넘었다. 분명히 신경제정책의 발전 선상에서 공업화를 추진할 수 있을 것 같았다.

그런데 가을이 되고 해를 넘기면서 상황이 급변했다. 농업생산이 감소하 고 농촌의 소비재 부족현상이 심화되면서, 부농을 중심으로 한 농민들이 곡 물수매에 저항하고 나서 노동자와 도시민들에 대한 식량공급에 큰 차질이 빚어졌다. 대중들 사이에 부농에 대한 비판이 높아갔다. 1928년 1월 당 정치 국은 비상조치를 내렸다. 농민의 각종 지불금을 기한 전에 징수한다는 조치 가 내려졌고, 수매 목표량을 달성하지 못한 요원에게는 벌금을 부과한다는 명령이 하달됐다. 곡물 징발의 화살은 부농(쿨라크)뿐만 아니라 중농에게까 지 미쳤다.

국제관계도 불안했다. 코민테른을 통한 중국혁명 원조정책이 장개석의 쿠 데타와 혁명 탄압으로 실패했다. 영국은 대소 단교조치를 취했다. 고립감과 전쟁에 대한 공포가 고조돼갔다.

스탈린은 1928년 마침내 신경제정책을 포기하고 이전 좌익 반대파의 공업 화 이론을 대폭 수용하여 농업 집단화를 동반한 강력한 공업화 정책을 채택 했다. 공업화의 주된 재원은 농산물을 시장가격 이하로 수매하는 데서 얻어 졌다. 부하린을 중심으로 한 우파는 이에 반발하여, 급속한 공업화 정책이 농 민에게 주는 압력을 거론하면서 농업발전을 토대로 한 공업화 정책을 관철 시키려 했으나, 이미 대세는 결정돼 있었다.

이윽고 국가계획위원회(고스플란)에서 1928년 10월 1일을 기점으로 하는 제1차 5개년계획을 수립했고, 1929년 5월에 열린 제5차 연방소비에트 대회는 이 안을 사후 승인했다. 5년 동안에 공업생산을 180% 성장시키자는 야심찬 계획이었다. 목표를 달성하려면 5년 내내 연평균 공업 성장률이 20%를 상회해야 했다. 공업 중에서도 중공업의 발전에 우선을 두어 기간 내 총투자액의 80% 이상이 기계설비를 중심으로 한 중공업 부문에 투자됐다.

1929년 11월 스탈린은 〈대전환의 해〉라는 제목의 혁명기념 논문에서 공업화의 청사진을 펼쳐보이며 대단한 의지를 과시했다. 그 결론 부분을 잠깐 보자.

> "우리는 길고도 길었던 러시아의 후진성을 뒤로 하고 전속력으로 사회주의적 공업화의 길로 매진하고 있다. 우리는 금속의 나라, 자동차의 나라, 트랙터의 나라가 돼가고 있다. 우리가 소비에트 연방을 자동차에, 농민을 트랙터에 앉히게 될 때, 그때에는 지금 저들의 '문명'을 내세워 우쭐하고 있는 자본주의자들이 오히려 우리를 추월하려고 힘쓰게 될 것이다. 그때에 어느 나라가 후진국이고 어느 나라가 선진국인지 다시 보아야 할 것이다.…
> 우리는 지금 선진국보다 50~100년 뒤져 있다. 우리는 이 현격한 차이를 10년 내에 좁혀야 한다. 우리가 그것을 이루거나 저들이 우리를 압도하거나, 둘 중 하나다."

계획 1년차에 공업성장이 호조를 보이면서 5개년 계획을 4년 만에 달성하자는 운동이 일어났다. 그 후 경제연도가 변경되어 1차 5개년 계획 기간이 1932년 말까지 4년 3개월간으로 조정됐다.

계획기간 중 1,500개 이상의 새 공장이 건설됐고, 우랄 지방의 마그니토고르스크와 서시베리아의 쿠즈네츠크에 거대한 공업단지가 조성됐다. 강력한 우랄-쿠즈바스 콤비나트에서만 1913년에 러시아의 모든 용광로가 산출해내던 것과 같은 양의 금속을 공급했다. 화학·자동차·트랙터·공작기계·항공·조선·전기 같은 산업분야가 국민경제의 중요부문으로 새롭게 등장했다. 황폐했던 전국의 도시가 활기를 띠기 시작했고 새로운 도시도 많이 건설됐다.

제1차 5개년계획은 대성공을 거두었다. 1933년에 발표된 당국의 통계에

신경제정책 포스터. 1차 5개년계획은 1928년에 시작되어 예정보다 1년 빠른 1932년에 끝났다. 이 포스터의 표어는 'NEP 러시아는 사회주의 러시아가 될 것'이다

따르면, 4년 3개월 동안에 공업부문은 5년 목표의 93.7%를 달성했다. 중공업 부문은 목표를 초과달성해 목표치의 103.4%에 이르렀고, 경공업 부문은 목표의 84.9%에 달했으며, 산업 성장률이 연평균 20%를 기록했다. 통계수치의 과장을 감안하여 대폭 낮춰 잡은 서방측의 추정으로도 연평균 12~14%의 경이적인 성장을 한 것으로 평가됐다.

또한 계획기간 중 1920년에 수립된 '러시아 전기화' 계획이 거의 실현됐다. 거대한 드네프르 수력발전소 등 30개 발전소가 건설되어, 1932년 현재 발전량이 460만㎾에 달했다.

1929년 10월 24일(검은 목요일) 뉴욕 증권시장의 주가 대폭락 이후 대공황의 늪에 빠져 허우적거리던 서방세계는 소련경제의 놀라운 성과를 경이로운 눈으로 쳐다보았다. 1920년대 말, '5개년계획'이라는 말은 세계적인 유행어가 됐다.

이어 1933년부터 시작된 제2차 5개년계획, 1938년부터 시작된 제3차 5개년계획이 실행에 옮겨지면서, 소련은 총생산 규모로 유럽 제일의 공업국, 세계적으로도 미국에 이어 2위의 공업국으로 발전했다. 농촌에서도 집단화를 완성하여 사회주의적 농업의 토대를 다졌고, 시베리아의 방대한 미개척지가 소련 경제권에 편입됐다. 문화혁명도 성공하여 문맹자가 거의 없어지고 노동력의 질이 크게 향상됐다.

그와 더불어 적지 않은 부작용도 노출됐다. 중공업 우선의 불균형성장은 상대적으로 소비재 공업의 부진을 가져와 소비재 부족현상을 만성화시켰다. 무리한 농업 집단화, 지나친 대 쿨라크 투쟁, 농업의 희생을 토대로 한 공업화로 인해, 1930년대 초반에 대기근이 일어나 많은 농민이 목숨을 잃었고, 식량생산 부진 등 소련농업의 고질적인 문제들이 야기됐다. 또, 과도한 중앙집중화와 계획화는 국가 전체를 준 전시동원체제로 몰아갔고 관료주의와 행정 · 명령체제의 폐단을 파생시켰다.

그러나 소련은 5개년계획으로 외국자본의 도움 없이 국내자본만으로 농업국에서 거대한 공업국가로 변모하는 데 성공하여 세계를 깜짝 놀라게 했다. 군수산업도 크게 발전하여 군사적으로도 강대국의 대열에 올라섰다. 국제사회에서 소련의 영향력은 이전의 러시아 제국을 훨씬 능가할 만큼 커졌고, 세계의 많은 지식인들이 새로운 발전 모델로서 소련의 계획경제를 주시하기 시작했다.

소련에서 확립된 새로운 사회질서, 사회주의 체제는 당시 공황으로 반신불수가 돼 있던 선진 자본주의국의 제국주의자들에게는 커다란 위협이었고, 후진국과 갓 독립한 신생국, 독립의지를 불태우고 있던 식민지 민중들에게는 희망의 횃불로 다가왔다.

집단화의 명과 암:
전면적 농업 집단화 착수(1929년)

　농업문제는 소련의 아킬레스건이라고 할 만큼 줄곧 지도자들을 괴롭혀왔다. 소련이 붕괴할 즈음 농업문제에 대한 전반적인 검토 끝에 다각도의 대책이 강구됐으나, 사회주의의 둑이 무너지면서 그러한 노력들은 일거에 무산됐고, 소련이 붕괴하고 난 지금 식량 부족은 커다란 사회문제로 부각돼 있다.

　소련의 농업문제는 유통문제, 생산조직의 문제 등 다양하지만, 그 핵심은 항상 주요 농산물의 절대량 부족이었다. 영토의 대부분이 농사짓기에 곤란한 혹한대나 사막 · 반사막 지대라는 기후조건이 소련의 농업을 어렵게 만드는 것은 사실이지만, 그렇다고 그러한 조건이 농업을 영원한 골칫거리로 만들 만큼 절망적인 것은 아니다. 국토의 상당 부분이 세계에서 가장 비옥하다는 흑토대에 자리 잡고 있고, 발달한 기술로 불모지를 기름진 옥토로 바꾼 사례는 소련 내에서나 다른 나라에서나 많이 찾아볼 수 있기 때문이다.

　문제는 농업의 상대적 경시였다. 급속한 공업화의 필요, 자본주의 세계와 맞서기 위한 군사력 강화의 필요에 농업은 항상 뒷전으로 밀려났고, 농업 위기가 닥칠 때마다 소련의 지도자들은 임시 방편의 대증요법을 강구하기에 급급했던 것이다. 그 연원은 스탈린의 공업화 정책으로까지 거슬러 올라간다. 1930년대에 소련은 눈부신 공업성장률을 기록하며 일약 세계 2위의 공업국으로 떠오르지만, 그 이면에서 실시된 강력한 농업 집단화 정책은 밝은 면과 어두운 면을 함께 드러내면서 소련농업의 구조를 결정지었다.

공업화 정책이 본격 시행된 1927년 당시 소련 농가는 약 2,500만 호였고, 가족을 포함한 농민의 수는 1억 명을 약간 넘어 총인구의 약 70%에 달했다. 혁명으로 지주계급은 없어졌고, 농민의 대부분은 가족노동을 중심으로 소농 경작을 하고 있었다. 경지면적은 평균 잡아 호당 4~5ha였고, 말 1필, 소 1~2마리를 가지고 육체노동을 하는 것이 일반적이었으며, 부농과 일부 중농의 약 15% 농가만이 파종기, 곡물 선별기·탈곡기 등의 농기계를 보유하고 있었다. 당시는 신경제정책이 한창 빛을 볼 때라, 부농들은 잉여 농산물을 시장에 내다팔아 상당한 부를 축적할 수 있었다. 반면에 빈농은 부농의 토지를 소작하거나 부농에게 노동력을 팔았고, 부농에게 가축과 농기계를 빌려 자신의 좁은 토지나 소작지를 경작했다.

당시 소련에서는 소상품 생산방식의 농업을 어떻게 사회주의적 대공업과 조화시켜가면서 사회화하느냐가 초미의 관심사 중 하나였다. 일찍이 레닌은 '협동조합을 통한 농업의 사회화'를 주창했고, 그것은 서서히 농민들 속에 뿌리를 내려가고 있었다. 1927년 현재 신용·판매·소비·생산·농촌 수공업 등 각종 농업협동조합의 적어도 한 가지에 절반 이상의 농민이 가입해 있었고, 이들 협동조합이 도시-농촌 간 상품교환의 2/3 이상을 담당했다. 그에 반해 혁명 직후에 잠시 진행됐던 집단농장화는 신경제정책의 시행으로 점차 퇴조하여 가입자가 전 농민의 1%밖에 되지 않았다.

그런데 1927년 중엽 이후 중대한 변화가 일기 시작했다. 영국이 단교를 선언하고 코민테른의 정책이 실패하는 등, 국제관계에서 위기가 증폭됐다. 가을 들어서는 농업생산이 전년에 비해 오히려 줄어들고 공산품 가격이 비싸 농민들이 소비재를 구입하기 힘들게 되면서, 농민들이 시장가격 이하의 곡물수매에 저항하기 시작했다. 낙후한 기술수준, 경영규모의 영세성, 농민 내에서의 계급분화 등, 소농경영의 폐단이 심각하게 드러난 것이다.

이 과정에서 신경제정책으로 잠시 유보됐던 농업 집단화 정책이 다시 강

소련 농촌에 최초로 등장
한 트랙터. 농업진단화를
촉진하기 위해 기계화가
병행되었다.

력하게 대두했다. 농업 집단화는 경영의 대규모화 · 기계화를 통해 농업생산
력을 높이고, 농촌의 과잉인구를 도시의 공업 노동력으로 제공하며, 농업을
사회주의 계획경제 속에 편입시켜 국가통제를 통해 잉여 농산물을 흡수하고
공업원료를 확보할 수 있게 한다는 주장이 설득력을 얻어갔다.

　위기상황에서 1927년 말, 급속한 공업화 정책과 농업 집단화 정책이 채택
됐다. 농업정책 면에서 보면, 이것은 농민들에게 이윤동기를 부여하여 농업
생산력을 높이면서 농업을 점진적으로 사회화해간다는 정책에서, 농산품을
공산품과 불평등 교환시킴으로써 농업부문을 희생시켜가며 급속한 공업화
에 필요한 재원을 조달하려는 정책으로의 전환을 의미했다.

　1928년 초, 부농에 대한 곡물의 강제수매가 시작됐고, 그에 저항하는 사람
에게는 호된 비판이 가해졌다. 대부분의 지역에서 부농만이 아니라 중농에
게까지 강제수매가 행해졌다. 그와 더불어, 농업 집단화를 촉진하고자 집단
농장에 기계와 기술을 제공하는 기계 · 트랙터스테이션(MTS)이 세워졌다.

　그러나 이때까지만 해도 스탈린은 농업의 점진적인 집단화를 생각하고 있
었다. 1928년에 수립된 제1차 5개년계획은 5년 동안의 집단화 목표를 전농
가의 20%로 상정하고, 대출과 세금 우대정책으로 농민들의 자발적인 호응
을 유도키로 했다.

그런데, 1929년에도 역시 농업생산이 감소하고 국가의 비상비축식량이 동나면서 곡물 강제수매와 집단화 정책에 가속도가 붙었다. 스탈린이 직접 나서서 '농촌에서의 제2의 10월혁명'을 제창하며 '전면적 집단화'를 제기했다. 1929년의 이 '대전환'으로 소련농촌에 유사 이래 최대의 혁명적 변화가 시작됐다. 소농경제가 종말을 고하고 사회주의적 집단농장으로의 재편이 시작된 것이다. 집단화 노선이 일단 공표되자 지방의 간부들이 중앙의 의도를 앞질러나갔다. 모두들 집단화 완료시기를 앞당기려고 발벗고 나섰다. '보다 많은 사람을!'이라는 슬로건은 '집단농장에 가입하지 않는 사람은 소비에트 정부의 적'이라는 슬로건으로 변질됐다. 1929년 말에서 1930년 초까지 불과 석 달 만에 집단화율이 무려 58%에 이르렀다. 강제력에 의한 무리한 집단화는 농민들의 거센 반발을 불러일으켰다. 1930년 초 러시아 전역에서 2,000여 건의 반집단화 농민폭동이 일어났다.

3월 초, 스탈린은 '엄청난 성공에 현기증이 날 지경'이라면서 강제에 의한 집단화를 비판하고 혜택 제공과 설득을 통한 집단화를 강조했다. 강제 편입된 농민들이 이탈하면서 집단화율은 곧 24%로 낮아졌다. 집단농장 이주 농민들에게는 세금 감면, 대출, 기계와 종자 대여의 특혜를 준다는 유인책이 제시됐다. 이후 농민들의 호응도가 높아져, 1931년 중엽에는 집단화율이 다시 53%로 올라섰다.

집단화와 병행하여 1930년 1월에는 농촌의 새로운 부르주아지 계급 쿨라크를 상대로 한 '대 쿨라크 투쟁'이 선포됐다. 집단화와 곡물수매에 적극 저항하는 쿨라크는 시베리아와 중앙아시아 지방으로 추방하고, 그밖의 쿨라크는 치역 내 특별부락으로 분산 이전시키라는 훈령이 내려졌다. 곳곳에서 강제추방이 시작됐다. 지역별로 대상자가 3~5%를 넘지 않도록 엄격히 선별하라는 지시가 내려졌음에도, 곳에 따라서는 중농은 물론 집단화에 저항하는 빈농까지도 대상자에 포함됐다. 2년 동안에 38만 호가 추방되고 40~45만 호가 격리 이주됐으며, 그후 5년 동안에 10만여 호가 더 추방된 후 '대 쿨라크 투쟁'은 종결됐다. 전 농가의 4~5%에 해당하는 100만 호가 고향을 떠난 것이다. 추방당한 쿨라크의 재산은 몰수됐다.

급속한 집단화와 '대 쿨라크 투쟁'의 여파에 기후 불순이 겹쳐, 1931년부터 농업생산이 격감했다. 그 속에서도 국가와 도시민에게 필요한 곡물조달은 강행됐다. 그로 인해 1932~1933년에 심각한 기근이 전국 농촌을 휩쓸었다. 2년 동안 많은 사람들이 굶어 죽었다.

농업생산의 부진은 1934년까지 계속되다가 집단농장이 정상운영 되기 시작한 1935년에야 회복세로 돌아섰다. 그 사이에도 집단화는 비교적 순조롭게 진행되어, 1934년에는 집단화율이 71%를 기록했고, 37년에는 집단농장 24만 3,700개소에 전농가의 93%가 들어왔다.

이로써 농업의 사회주의적 개조가 완료되고, 콜호스(집단농장)는 소프호스(국영농장)와 함께 상품 곡물의 대부분을 국가에 공급하게 됐다. 그와 더불어 농촌에서도 착취계급이 사라지고, 소련은 '계급 없는 사회'를 이루었다. 그러나 그 과정에서 많은 농민이 희생됐고, 집단농장의 자율성은 탈색됐다. 이후로도 농산물은 국가의 통제하에 시장가격에 훨씬 못 미치는 가격으로 공급되어 공업화를 뒷받침해주었다. 소련농업은 공업화의 찬란한 성과와 관계없이 진통을 계속할 수밖에 없었다.

'현실을 혁명의 발전 속에서 진실 되게 묘사하라': 사회주의 리얼리즘 선언(1934년)

혁명은 시인과 작가들을 흥분시켰다. 많은 시인과 작가가 자신의 재능을 한껏 발휘하여 혁명과 내전의 승리를 노래했다. 마야코프스키의 표현대로 '거리는 우리의 붓, 광장은 우리의 팔레트'였다.

혁명의 승리는 장구한 세월 동안 굳게 막혀 있던 둑을 일거에 무너뜨렸다. 종이가 없어 출판도 할 수 없었음에도 다양한 모임들이 만들어져 새 시대에 할 일들을 모색했다. 가장 먼저 움직인 것은 시인들이었다. 12명의 붉은군대 병사들의 신비스런 힘을 그린 블로크의 서사시 〈12〉를 비롯하여 마야코프스키, 예세닌 등의 혁명시가 쏟아져 나왔고, 프롤레타리아 문화단체와 작가단체가 속속 결성됐다.

1921년 신경제정책이 채택되고 예술공간이 확대되면서 다양한 문학집단이 우후죽순처럼 생겨났고 입장이 다른 사람들 간에 열띤 논쟁이 벌어졌다. 왼쪽 편으로는 '대장간파', '10월 그룹' 등의 프롤레트쿨트계 조직과 미래파계의 LEF(예술좌익전선), '세라피온 형제' 등의 동반자 작가군이 있었고, 오른쪽 편으로는 학자 · 비평가들의 형식주의자 그룹이 형성됐다.

형식주의자들은 문학성과 형식을 강조하고 「무엇」이 씌어 있느냐 보다는

'어떻게' 쓰여 있느냐가 문제」라면서 형식주의 비평을 활발히 전개했고, 다른 쪽 극에서는 프롤레트쿨트계 작가들이 '프롤레타리아트 계급문화의 창조'와 '예술과 노동의 결합'을 강조하며 새로운 문화 건설을 주창했다.

당대의 작가들은 내전, 사회주의 건설, 사회주의적 인간상, 신구세대의 갈등에 많은 관심을 기울였다. 내전을 주제로 한 페딘의 〈도시와 세월〉, 바벨의 〈기병대〉, 파데예프의 〈괴멸〉, 사회주의 건설을 주제로 한 세라피모비치의 〈철의 흐름〉, 글라트코프의 〈시멘트〉, 신구세대간의 갈등을 그린 알렉세이 톨스토이의 〈고뇌 속을 가다〉 3부작(1941년 완결) 등이 이 시기의 대표작으로 꼽힌다.

이 시기에는 또한 문학뿐만 아니라 영화·연극·음악 분야에서도 새로운 움직임이 일면서 많은 걸작들이 쏟아져 나왔다. 영화에서 몽타주 이론을 개발하고 실천한 에이젠슈타인 감독의 〈파업〉〈전함 포템킨〉〈10월〉, 푸도프킨의 〈어머니〉 등은 당대 세계 최고의 영화로 꼽힌다. 연극에서는 메이예르홀트와 스타니슬라프 등이 혁신적인 기법을 선보였고, 음악에서는 프로코피예프와 젊은 샛별 쇼스타코비치가 불후의 명작을 써냈다. 발레 역시 소비에트 정부의 후한 지원하에 세계 최고의 기량을 뽐냈다.

문학과 예술이 자유를 만끽하며 훌륭한 작품들을 양산하고 있던 무렵인 1925년 1월, RAPP(러시아 프롤레타리아 작가협회)가 결성됐다. RAPP는 처음에는 '고전에서 배우라'는 등 온건노선을 표방했으나, 동반자 문학 옹호파와 논쟁을 거듭해가는 가운데 정치색이 짙어졌다. 이후 RAPP는 비프롤레타리아계의 모든 작가들에게 '라프의 곤봉'이라 불린 혹독한 비평을 가하면서 점점 창작 활동과 유리돼갔다.

5개년계획이 시작되고 사회주의 건설이 본격화되면서 문학계에도 커다란 변화가 일어났다. 형식주의는 '비마르크스주의적'이라고 비판당하면서 소멸됐고, 프롤레타리아 작가가 아니면서도 10월혁명에 동조했던 동반자 작가들은 노동을 찬미하는 작품을 쓰면서 프롤레타리아 작가에 접근해갔다. 카타예프의 〈시간이여, 전진하라!〉, 레오노프의 〈소치〉, 숄로호프의 〈고요한 돈 강〉(1940년 완결)과 〈열린 처녀지〉(1960년 완결) 등이 이 시기를 대표하는 작품이다.

1932년 9월, 막강한 권력을 행사하던 RAPP가 다른 모든 문학단체와 함께 해산되고, 새로운 단체를 만들기 위한 '작가동맹 결성 준비위원회'가 구성됐다. '작가동맹'은 많은 작가들을 정치적인 적, 노동자 계급의 적으로 선언한 RAPP의 독단에서 벗어나, 새로운 사회주의 문학예술의 방향을 설정하고자 했다. 그 과정에서 '사회주의 리얼리즘'이 제시됐고, 1934년에 열린 소련작가동맹 제1차 회의에서 사회주의 리얼리즘이 기본적인 창작방법으로 채택됐다. 회의에서는 사회주의 리얼리즘을 이렇게 규정했다.

"사회주의 리얼리즘은 예술가들에게 현실을 혁명의 발전과정 속에서 진실되게, 역사적 구체성을 가지고 묘사할 것을 요구한다. 현실묘사의 진실성과 역사적 구체성은 노동자를 사회주의 정신에 따라 사상적으로 개조하고 교육하는 과제와 부합해야 한다."

사회주의 리얼리즘 원칙은 몇몇 뛰어난 작가나 사상가의 머리 속에서 갑자기 솟아난 것이 아니고, 혁명의 격류 속에서 체제에 저항하던 선동적인 자세로부터 삶을 긍정하는 건설적인 자세로 전환할 필요가 있던 당시 소련작가들의 상황에서 비롯된 것이었다. 사회주의 리얼리즘은 레닌이 1905년에 쓴 글 〈당조직과 당문학〉에서, 현실에의 충실성, 원칙에의 충실성, 사상성, 당성의 4원칙을 끌어내어 기본규범으로 삼았다.

러시아 리얼리즘의 전통을 계승하면서 그 속에서 새로운 규범을 창조하려한 사회주의 리얼리즘의 가장 중요한 과제는 사회주의적 인간상을 긍정적인 주인공의 모습으로 전형화 하는 일이었다. 작가들은 새로운 삶의 건설자, 모범적인 인간, 이상적인 지도자상, 어떤 내적 의혹도 가지지 않은 공산주의적 이성의 소유자를 그려내도록 요구받았다.

사회주의 리얼리즘은 또한, 세계적이고 범인류적인 것을 추구하는 한편으로 애국적이고 민족적인 면을 강조했다. 작품 속에서는 한결 같이 소련적인 것, 러시아적인 것이 강조됐다. 내용을 중시하고 형식은 상대적으로 소홀히하며, 작품성보다는 사상성을 강조한 것도 사회주의 리얼리즘의 한 특징이다.

사회주의 리얼리즘은 1934년 이래 소련 예술의 절대원칙이 되어 모든 창작과 비평의 규준이 됐다. 그러나 그 전형은 이전 시기에 창작된 작품에서 이미 마련됐다. 고리키의 〈어머니〉, 마야코프스키의 혁명시, 파데예프의 〈괴멸〉, 알렉세이 톨스토이의 역사소설과 오스트로프스키의 〈강철은 어떻게 단련 되었는가〉 등이 사회주의 리얼리즘의 모델로 평가받았다.

이후 소련 작가들은 사회주의 리얼리즘 원칙에 충실한 작품들을 통해 새로운 사회와 새로운 인간형을 묘사하면서 소련인민들에게 미래의 방향을 제시했다. 그것은 자본주의 세계의 복잡한 갈등구조 속에서 살아가는 사람들에게는 무미건조하게 보일는지 모르지만, 소련인민들에게는 귀중한 양식이자 새로운 문화였다.

한편, 혁명의 발전과 일치하지 않는 현실묘사와 현실 비판적인 태도는 반소 행위로 간주되어 많은 비판을 받았다. 특히 풍자형식을 빌린 시대비판은 호된 제재를 받았다. 그 결과, 소련 문학은 이후 생명력을 잃고 침체의 늪으로 빠져 들어간다. 스탈린의 죽음 이후 사회주의 리얼리즘의 폐단이 지적되면서 반체제 문학이 성행하지만, 이 또한 명백히 한 시대의 산물이었다.

사회주의 건설과 소련 헌법:
스탈린 헌법 제정(1936년)

1941년 독소 개전으로 중단될 때까지 연이어 시행된 1, 2, 3차 5개년계획은 소련의 '기적'을 만들어냈다. 자본주의 선진국들에서 공황과 그 여파로 산업성장이 부진을 면치 못하거나 오히려 후퇴하고 있을 때, 소련의 사회주의 계획경제는 매년 12% 이상의 성장을 이룩한 것이다. 소비재가 부족하고 농업이 진통을 겪는 등 어두운 면이 드러나기도 했으나, 전력생산이나 중공업 같은 부문에서 소련은 겨우 10여년 만에 미국·영국·독일 등의 선진국과 어깨를 나란히 할 수 있게 됐다. 2차대전이 시작될 무렵, 소련의 공업 총생산고는 1차대전 직전인 1913년에 비해 7배로 성장했고, 세계적으로도 미국에 이어 2위를 기록했다.

그와 함께 소련의 사회구성도 크게 달라졌다. 봉건제하의 지주계급이나 자본제하의 부르주아지 계급과 다양한 중간계급이 사라지고, 노동자와 농민의 우호적인 두 계급, 그리고 이들과 이해를 공유하는 소련 인텔리겐치아로 구성된 사회가 등장했다. 소비에트 연방에 가입한 여러 민족 간의 차별도 사라지고 모든 민족이 평등한 상태에서 사회주의 사회를 건설해나갈 수 있는 기반이 마련됐다.

이러한 변화를 반영하여, 1936년 12월 5일 전 연방 소비에트 제8차 대회는 새로운 소비에트 연방헌법을 채택했다. 새 헌법은 소련에서 사회주의가 확실히 승리했음을 선언하고 소련을 '노동자와 농민의 사회주의 국가'라고 규정했다. 소비에트 국가의 경제적 토대는 사회주의 경영제도와 생산수단의 사회적 소유였고, 정치적 토대는 지주와 자본가의 권력이 타도되고 프롤레타리아트 독재가 확립되면서 성장, 강화되어온 근로자대표 소비에트였다.

1936년 헌법은 초창기의 소련 헌법이 혁명수호를 위해 취하고 있던 소비에트 선거에서의 각종 제한조치를 철폐하고 모든 선거에서 보통·평등·직접선거와 비밀투표를 도입했다. 정신병자와 재판으로 선거권을 잃은 자를 제외한 18세 이상의 모든 국민이 성별·인종·민족·신앙·학력·거주기한·출신성분·재산·지위·과거경력에 상관없이 모두 동등한 선거권과 피선거권을 갖게 됐다.

국가의 최고권력기관은 동등한 권리를 가진 2개의 소비에트(연방 소비에트와 민족 소비에트)로 구성된 소비에트 연방최고회의로 규정됐다. 최고회의 휴회 중에는 최고회의가 선출한 간부회가 활동했다. 집행권은 최고회의가 조직한 인민위원회에 위임됐다.

헌법은 모든 국민들에게 당시 서유럽 어느 나라보다도 폭넓은 시민권을 부여했다. 일할 권리, 늙거나 병들거나 다쳤을 때 보호받을 권리, 근로시간 규정과 공공시설을 이용해 휴식을 취할 수 있는 권리, 교육받고 자유롭게 말할 권리, 언론·출판·집회·양심의 자유, 신체와 가정과 통신의 불가침성, 완전한 남녀평등 등을 명시하여 소련시민의 권리를 크게 확대한 것이다. 그와 동시에 시민에게는 법을 준수하고, 노동규율을 지키며, 공공의무를 성실히 이행하고, 사회주의 사회의 규칙을 준수하며, 사회주의 재산을 보호하고, 사회주의 조국을 방위할 의무가 부여됐다. 사회주의 재산을 손상하는 자는 '인민의 적'으로 규정됐고, 반역은 가장 가증스러운 죄악으로 명시됐다.

소비에트 연방의 민족-국가체제도 조금 달라졌다. 카자흐와 키르기스 자치공화국이 연방구성 공화국으로 개편됐다. 역사적 사명을 다한 자카프카스 연방은 폐지되고 아르메니아, 아제르바이잔, 그루지야가 연방구성 공화국이 됐다. 이로써 소련은 동등한 권리를 가진 11개 공화국으로 구성됐다 1936년 헌법은 당대에 '세계에서 가장 민주적인 헌법'으로 평가받았다. 헌법의 진보적인 시민권 규정은 사회주의 계획경제의 성과, 높이 치켜든 반파시즘 깃발, 문맹을 거의 타파한 문화혁명과 더불어 서유럽의 지식인들에게 깊은 인상을 심어주었다. 영국의 페이비언 사회주의자 웨브 부부는 당시 소련사회를 두고 '새로운 문명의 탄생'이라고 말했다.

소비에트 연방 최고회의의 첫 선거는 1937년 12월 12일에 행해졌다. 선거에서는 공산당원 및 공산당과 연계한 비당원의 블록이 98.6%의 지지를 얻어 전원 당선됐다. 최고회의 간부회 의장에는 칼리닌이 선출됐다. 1938년 메이데이 축제의 외국 노동자환영 리셉션에서 그는 다음과 같이 말했다.

> "지금 여기에 있는 나라는 동화 속의 나라가 아닙니다. 그런 것은 없습니다. 우리 나라는
> 근로국가입니다. 이 국가는 찢어지게 가난한 상태에서 일을 시작했습니다. …아마 잘못
> 된 것도 많을 것입니다. 나는 그것을 너그럽게 봅니다. 아마 우리는 필요치 않은 것도 했
> 을지 모릅니다. 나는 그것을 너그럽게 봅니다. …그러나 나는 지금 이곳에 프롤레타리아
> 트의 세계가 건설되고 있다는 것만은 꼭 말해두고 싶습니다."

그러나 칼리닌이 부드럽게 인정했듯이, 1930년대의 소련은 사회주의 건설과정에서 많은 잘못을 범했다. 개중에는 결코 너그럽게 보아 넘길 수 없는 것도 있었고, 그것은 나아가 사회주의의 왜곡으로까지 발전했다. 당으로의 지나친 권력집중과 행정·명령형 경제체제의 고착, 당과 국가기관의 관료화는 민주주의와는 명백히 거리가 있는 결과들을 낳았다. 1930년대 후반, 소련에서는 반대자들을 용납하는 폭이 현저하게 줄어들어갔고, 그 결과 많은 반대자와 잠재적인 반대세력이 사형·구금·추방 집단수용 되는 참화가 일어났다.

'스탈린 동지의 말은 옳다': 대숙청과 개인숭배(1936~1938년)

역사상 스탈린만큼 양극단의 평가를 받은 사람도 드물다. 스탈린은 단기간 내에 사회주의적 공업화를 완수하여 소련을 선진국대열에 끌어올린 위대한 건설자인 동시에, 모든 경쟁자들을 냉혹하게 제거하고 권력을 한 손에 움켜쥔 전제자였다.

1920년대 말 소련의 최고지도자 지위를 굳힌 스탈린은 왕성한 추진력으로 소련의 사회주의적 개조를 실천했다 10년도 채 못돼 소련은 봉건제와 자본제의 유산을 청산하고 사회주의적 재편을 완료했다 레닌이 한 세대, 어쩌면 두 세대가 걸릴지도 모른다고 한 과업을 스탈린은 불과 10년 사이에 해낸 것이다. 스탈린의 '개조'는 대다수 소련인에게 1917년의 두 차례 혁명보다 더 큰 변화를 안겨주었다.

당시 스탈린은 혁명 러시아가 채 요람에서 나오기도 전에 국내외의 반혁명 세력에게 교살 당할지도 모른다는 생각에 깊이 사로잡혀 있었다. 자본주의의 위협으로부터 혁명 러시아를 수호하기 위해서는 하루빨리 공업을 발전시켜 그에 대응할 수 있는 힘을 가져야 했고, 그러기 위해서는 국민들의 힘을 한 방향, 한 곳으로 모아야만 했다. 당연히 반대자들은 제거되어 다른 목소리를 내지 말아야 했고, 정책을 따르지 않는 국민들은 격리돼야 했다.

1920년대 중엽 이후 반대자들이 하나 둘 당의 의사결정기구에서 밀려났다. 스탈린이 당을 확고히 장악한 가운데 분파를 금지하는 결정이 내려졌다. 1932~1933년 류틴과 스미르노프가 밀려나면서 당내 반대 그룹은 완전히 사라졌다.

1930년대 전반, 급속한 농업 집단화의 파장으로 농업생산이 격감하고 대기근이 일어나며 부농을 중심으로 한 농민들이 격한 저항을 보이는 등, 정치 사회적 위기가 심화됐다. 뭔가 돌파구가 필요했다.

그때 한 사건이 일어났다. 1934년 12월, 당원과 대중들의 신뢰를 받으며 차세대 지도자로 떠오르던 키로프가 좌파 성향의 청년당원에게 암살된 것이다. 스탈린이 직접 사건심리에 개입했다. 암살자와 공범들은 지노비예프 · 카메네프 그룹의 일원으로서 요인암살 목적의 '레닌그라드 센터'를 조직하고 암살을 실행한 혐의로 기소되어 사형에 처해졌다. 이어 레닌그라드의 내무인민위원들과 이전에 체포된 '반혁명' 인사들이 테러 예비 음모 및 실행 혐의로 전격 처형됐다. 지노비예프와 카메네프도 체포됐다.

키로프 암살사건은 1936~1938년 '대숙청'의 서막이었다. 숙청이란 본디 프롤레타리아트의 전위당에 부적합한 인물을 당에서 제명하는 것을 뜻했다. 그러나 '대숙청'은 당으로부터의 축출에 그치지 않고 사형, 구금, 그리고 정식재판을 거치지 않은 처형과 집단수용까지를 동반하여 전국을 공포의 도가니로 몰아넣었다.

'숙청'을 직접 관장한 기관은 1918년에 만들어진 체카(반혁명 · 사보타지 · 투기 단속 비상위원회)의 후신인 국가보위부(GPU, OGPU)가 1934년 7월에 확대 개편된 내무인민위원회(NKVD)였다. 내무인민위원회는 국가보위 및 경찰기능을 통합하여 총괄지휘하고 있었다.

1936년 8월, 지노비예프, 카메네프, 스미르노프 등 16인이 당시 해외에 망명해 있던 트로츠키와 연계하여 비밀 테러집단을 조직, 키로프를 암살하고 다른 지도자들의 암살을 예비했다는 혐의로 기소되어 공개재판에 회부됐다. 이른바 '트로츠키 · 지노비예프 합동본부사건'에 대한 제1차 모스크바 재판이었다. 피고들은 검사가 작성한 자신의 범죄사실을 모두 인정한 후 총살당했다.

1936년 9월 그때까지 숙청을 주도해온 내무인민위원 야고다가 실각하고 예조프가 후임자로 취임했다. 그때부터 예조프가 세를 잃을 때까지 약 2년 동안 숙청이 절정에 달했다. 많은 사람들이 숙청의 희생자가 되어 조용히 사라졌다.

가장 극적인 사건은 옛 반대파들에 대한 2차, 3차 모스크바 재판이었다. 1937년 1월에 열린 '17인 재판'의 희생자는 옛 트로츠키 지지자들이었다. 이들은 '반소비에트 트로츠키주의 센터'를 조직, 자본주의의 부활을 기도하고 독일 · 일본과 협력하여 소련정부를 전복하려 했다는 혐의를 받았다. 프랄로프와 퍄타코프 등 13명이 사형, 라데크와 소콜니코프는 10년형을 받았다.

1938년 3월의 '우파 및 트로츠키주의자들의 반소비에트 블록'에 대한 '21인 재판'에서는 옛 우파 지도자들이 스파이 혐의와 요인암살기도 혐의로 기소됐다. 부하린과 리코프 등의 옛 우파 거두와 전 내무인민위원 야고다 등 18명이 사형에 처해졌다.

거세게 일기 시작한 '대숙청'의 파고는 옛 반대자들의 체포와 처형에 그치지 않았다. 당 조직과 정부기관 · 군부가 곧 '대숙청'의 물결에 휩쓸렸다. '대숙청'은 반대세력의 근절에 그치지 않고 스탈린 지지세력까지도 상당 부분 갉아먹었다. 스탈린의 방침에 한번이라도 반대한 적이 있는 사람은 물론, 충실한 스탈린 지지자들까지도 숙청의 소용돌이에 휘말려들어 적잖이 희생됐다.

당과 정부와 군부에 이어, 지방기관, 청년동맹, 노동조합, 농민, 기업, 코민테른, 학계, 문화계로까지 숙청의 물결이 확산됐다. 처형 · 수감 · 강제수용된 사람이 수백만에 이르렀고, 감옥과 수용소가 숙청의 희생자들로 만원을 이루었다.

'대숙청'에 대한 반감이 고조되자 스탈린은 정책을 재고했다. 1938년 1월 당 중앙위는 일부 당조직의 '실수'와 관료주의적 태도를 비판하는 결의안을 채택했다. 수용소 내의 여건과 수사방식이 개선되고, 일부 수감자가 석방, 복직됐다.

1938년 7월 베리야가 부내무인민위원으로 취임하면서 예조프는 추락했다. 이어 숙청자를 숙청하는 '숙청' 3단계가 시작됐다. 많은 내무인민위원회 간부와 수사관이 무고한 인민으로부터 허위자백을 받아냈다는 혐의로 체포됐다. 이어 예조프와 그 측근들이 해임, 체포되면서 숙청은 대단원의 막을 내렸다.

'대숙청'은 공권력을 폭력적으로 사용함으로써 스탈린 체제를, 스탈린 자신이 파시스트 도당이라고 맹비난한 히틀러 체제와 함께 전체주의 체제로 규정하는 빌미가 됐다. 당시 공황에 허덕이던 자본주의 사회와 달리 상대적으로 잘나가고 있던 소련을 비난할 구실을 찾고, 또 당시 소련을 경이로운 눈으로 지켜보고 있던 서방세계의 지식인과 노동자들의 시선을 사회주의부터 떼어낼 빌미를 찾고 있던 서방측 정보원과 선전가들에게 '대숙청'은 더 없는 호재였다.

그럼에도 '대숙청'은 어쩔 수 없이 소련 사회에 공포와 경계심을 만연시켰다. 사기 저하로 인해 경제성장도 다소 둔화됐다. 군부에 대한 대대적인 숙청은 노련한 군 지휘체계의 마비를 가져와 독소 전쟁 초기 소련군의 패주의 한 원인이 되기도 했다. 한편, 스탈린은 '대숙청'을 통해 엘리트의 순환을 가속화시킴으로써, 새로운 청년 엘리트들의 지지를 기반으로 당과 정부에 막강한 권력을 구축할 수 있었다.

스탈린이 죽은 뒤, 1956년의 제20차 당대회에서 흐루시초프는 '대숙청'의 많은 부분이 조작된 혐의에 근거하여 집행됐음을 폭로했다. 1980년대의 페레스트로이카 이후 자료들이 공개되면서 '대숙청'의 실상이 드러났다. 이를 통해 숙청에 일부 무리한 부분이 있기는 했으나, 수백만, 또는 천만 이상의 희생자가 났다는 서방측의 주장은 허황된 날조였음이 확인되었다. 1939년 당시 노동수용소와 이주지, 구치소에 수용된 인원은 900만 또는 1,200만이 아니라 약 200만 명이 었고, 그 중 정치범은 45만여 명이었다. 그리고 1937년에서 1939년 사이에 노동수용소에서 죽어간 사람은 300만이 아니라 16만 명이었으며, 그 기간 법정에서 사형선고를 받은 사람도 수백만이 아니라 약 10만 명이었다.

그러나 숙청된 이의 수와 상관없이 '대숙청'의 물결은 소련 사회의 분위기를 바꿔놓았다. 스탈린은 다른 고참 혁명가들을 모두 처형 또는 추방한 뒤, 치안기관과 이데올로기 기관을 움직여 일원적 지배체제를 쌓아올렸다. 지도자에 대한 대중들의 맹목적인 지지가 높아지면서 종교에서와 같은 지도자 숭배 풍조가 생겨났다. 스탈린 개인의 권위가 조직이나 공적 기관보다도 우위에 서는 경향이 두드러지게 나타났다. 국민의 위대한 승리는 모두 그의 이름과 결부 지어졌다. 레닌의 무오류성과 함께 스탈린의 무오류성에 대한 찬양이 생겨났다. 스탈린의 말이라면 무조건 믿고 따르는 분위기가 조성됐다.

'대숙청'은 혁명의 수호를 위해서라는 명분에도 불구하고 사회주의의 본질을 침범하며 억압적인 분위기를 빚어냈다. '대숙청'과 개인숭배는 사회주의 이념을 왜곡시켰고, 소련과 소련인들에게 막대한 손실을 가져다주었다. 그러나, 그로 인해 사회주의 체제의 본질이 바뀌거나 전진 자체가 꺾인 것은 아니었다. 그 와중에서도 인민대중의 헌신적 노동이 성과를 거두어 생활은 점점 향상됐으며, 도시와 촌락도 새 모습으로 정비되어갔다.

평화를 사랑하는 자는
반파쇼 깃발 아래로:
2차 세계대전 발발(1939년)

1930년대 말, 세계는 또 한 차례의 전면전을 향해 치달아갔다. 이번에도 문제의 핵은 독일이었다. 서유럽 열강과 미국은 패전독일의 사회주의화를 막고 독일을 소련에 대한 방파제로 삼고자 독일 경제의 부흥을 도왔다. 그러나 잿더미 위에서 경제를 회복시킨다는 것은 지난한 일이었고, 과중한 전쟁 배상금도 독일의 국민경제를 크게 압박했다. 독일의 노동자 계급은 분열하여 바이마르 공화국의 주도권을 자본가들에게 넘겨주었고, 독일의 자본가들은 반공과 독일제국 재건의 기치를 내걸고 노동자 탄압정책을 가속화했다.

1929년 말 세계를 휩쓴 대공황의 파고는 독일에도 거세게 밀어닥쳤다. 산업생산이 절반으로 줄었고 거리마다 실업자가 들끓었다. 그 틈을 뚫고 히틀러와 파시스트 정당 나치가 크게 부상했다. 나치는 자본가들 중에서도 가장 반동적이고 국수주의적이며 호전적인 세력의 이익을 대변했다. 그러나 게르만 민족의 우월성을 내세우는 선전 전략이 주효하여, 사회안정을 바라는 중산층과 농민들 사이에서도 많은 지지자를 얻었다. 1932년 나치는 의회 내 제1당으로 올라섰고, 1934년에는 히틀러가 대통령과 수상을 겸하는 총통 지위에 올랐다.

소련의 참전 포스터. '적을 무자비하게 쳐부수자'는 포스터는 독일에 침공당한 스탈린의 격분을 잘 나타낸다(왼쪽) '이 떨어지는 칼을 들어 반 파시스트 전선을 강화하자'(오른쪽)

막강한 권력을 장악한 히틀러는 맨 먼저 공산당과 사회민주당을 괴멸시키고 유태인을 희생양으로 삼아 극단적인 민족주의를 증폭시켰다. 그와 동시에, 1차대전의 패전을 앙갚음하자고 국민들을 부추기며 전쟁준비에 박차를 가했다. 나치 독일은 베르사유 조약의 군비제한 규정의 무효를 선언차고 군수산업을 크게 육성했으며, 국민개병제를 도입하여 강력한 방위군을 육성했다.

1935년에는 국제연맹 관리하에 있던 자르 지역을 합병하고 군비강화 4개년계획을 발표하면서 침략정책을 노골화했다.

독일과 함께 이탈리아에서도 무솔리니가 이끄는 파시즘 세력이 극성을 부렸다. 파시스트 이탈리아는 1935년 에티오피아를 침공, 정복했고, 에스파냐 내전에서 독일과 함께 프랑코 휘하의 극우세력을 지원하여 파시스트 독재정권을 탄생시켰다. 오스트리아·헝가리·루마니아·불가리아·핀란드에서도 파시스트의 힘이 점점 커져갔다. 동방에서는 호전적인 일본 제국주의가 만주에 이어 중국을 넘보면서 침략의 마수를 뻗어갔다.

독일·이탈리아·일본을 중심으로 1936년경 '파시스트 블록'이 형성됐고,

뒤에 몇 나라가 더 가담했다. 독일과 이탈리아가 맺은 동맹조약 '베를린-로마 축'에서 이름을 따, 이들 나라를 추축국이라고 한다. 주로 후발 자본주의 국으로서 원료 및 상품시장의 부족을 느끼고 있던 추축국들은 1차대전 때와 마찬가지로 세계의 재분할을 추구했다. 그 방법은 무장담판이었다.

반파시즘의 선봉에 선 것은 소련과 각국의 공산당이었다. 1935년 각국 공산주의자들의 국제연대모임인 코민테른 제7차 대회에서는 파시즘의 대두에 큰 우려를 표하며 '반파쇼 인민전선'을 제창했다. 각국의 모든 노동자와 평화를 사랑하는 모든 세력이 하나로 힘을 모아 파시즘 세력을 분쇄하자는 것이었다. 나라마다 양태는 달랐지만, 반파쇼 민주세력의 연대 움직임이 활발하게 일었다.

영국·프랑스·미국 그밖의 부르주아지 정부들은 파시즘 세력과 소련 주도하의 반파쇼 운동 사이에서 갈등했다. 이들은 독일이 베르사유 조약을 깨뜨리며 노골적으로 침략성을 드러내는 것을 두 눈 멀뚱히 뜨고 쳐다보기만 했다. '불간섭 평화정책'이라는 미명하에 제국주의 서유럽 열강은 독일의 침략정책을 용인하면서 독일의 팽창방향이 사회주의 소련 쪽으로 향하도록 유도했다.

독일은 베르사유 조약에서 비무장 지역으로 지정된 라인란트에 군대를 진주시킨 뒤에, 주변국을 야금야금 먹어 들어갔다. 1938년에는 군사력으로 오스트리아를 합병하고 체코슬로바키아의 국경지역을 무력 점령했다. 소련의 제재조치 제안에도 불구하고 주변 열강은 히틀러 독일의 점령을 용인했다. 힘을 얻은 히틀러는 1939년 초 체코의 나머지 부분을 점령했고, 리투아니아의 영토 일부도 빼앗았다.

전쟁 위험이 고조되자, 소련은 모든 유럽 국가에게 체제를 불문하고 힘을 합쳐 독일의 팽창에 맞서자고 제안했다. 집단안전보장 체제의 구축을 촉구한 것이다. 여론의 압력에 프랑스와 영국정부는 협상 테이블에 나왔으나, 반파시즘보다는 반공의식이 더 뿌리 깊은 영·프 지도자들의 소극적인 태도로 협상은 무산됐다.

협상이 결렬된 후 소련정부는 1939년 8월, 독일의 제의를 받아들여 독소 불가침협정을 체결했다. 전쟁이 눈앞에 다가온 시점에서 일단 독일의 침략을 막아둘 장치가 필요했던 소련과 2개 방면 전선을 피하려는 독일 사이에 극적인 타협이 이루어졌던 것이다.

1939년 9월 1일, 세계를 지배하려는 히틀러의 야망이 불을 뿜었다. 파시스트 독일의 막강 군대가 폴란드 국경을 넘으면서 2차 세계대전이 시작된 것이다. 폴란드와의 조약에 따라 영국과 프랑스 정부가 9월 3일 독일에 선전포고를 했다. 그러나 영·프 정부는 전쟁을 선언해놓고도 독일과의 타협을 추구하면서 독일의 포화를 소련 쪽으로 유도하는 데 더 관심을 쏟았다. 독일의 서부국경이 평온을 유지하는 가운데 폴란드는 온 힘을 다해 파시스트 독일에 저항했으나, 한 달도 못돼 국토와 국민의 태반이 파시스트 군대의 발굽 아래 유린당했다. 9월 17일, 소련은 이에 맞서 폴란드 동부의 옛 우크라이나, 벨로루시 영토에 군대를 진주시켰다.

위기가 고조돼가는 가운데, 소련정부는 레닌그라드를 보호하기 위해 핀란드에 상호원조조약 체결, 핀란드령 카렐리아 지협과 소련령 카렐리아 영토의 일시 교환을 제안했다. 독일측에 더 가까웠던 핀란드 정부는 이를 거부했다. 11월, 소련군이 핀란드 국경을 넘었다. 1940년 3월 조약이 체결되고, 소련국경이 레닌그라드 서쪽으로 150km 이동했다.

1940년 여름에는 에스토니아·라트비아·리투아니아 3국의 인민이 소련의 직접 간접 지원하에 파시스트 성향의 정부를 타도하고 소비에트 연방에 가입했다. 같은 무렵, 베사라비야와 북부 코비나도 몰도바 공화국을 세우고 연방에 가입했다. 이로써 소련의 연방구성 공화국은 11개에서 15개로 늘어났다.

한편, 히틀러는 서유럽 열강의 화해 제스처를 비웃으며 동쪽에서 북쪽과 남쪽·서쪽으로 방향을 돌렸다. 먼저 유럽대륙의 중서부를 모두 장악한 후 소련을 공략한다는 것이 파시스트 독일의 전략이었던 것이다. 소련을 견제하고자 독일과의 화해정책을 추구한 유럽 국가들은 가혹한 대가를 치러야 했다. 1940년 4월부터 두 달 사이에 덴마크와 노르웨이, 유고슬라비아와 그리스가 히틀러의 수중에 떨어졌다. 친독정책을 취하던 헝가리·루마니아·

불가리아는 스스로 독일편에 가담했다. 독일의 전격전은 모든 전장에서 큰 수확을 거두었다.

5월, 독일은 마침내 서부국경을 넘었다. 네덜란드가 5일 만에, 벨기에가 2주 만에 백기를 들었다. 독일군은 마지노선을 넘어 프랑스로 밀고 들어왔다. 6월 14일 파리가 함락되고 프랑스 전역이 독일에 점령당했다. 8월에는 영국 런던이 독일공군의 폭격을 당했다.

6월 10일, 파시스트 이탈리아가 독일측에 가담하여 영국과 프랑스에 선전포고를 함과 동시에, 북아프리카 전투가 시작됐다. 9월에는 독일·이탈리아 일본 사이에 3국동맹이 맺어졌다.

독일은 점령국에 파시스트 체제를 이식시켜 반파쇼 세력을 가혹하게 탄압, 학살했고, 몇몇 나라에는 '협력정부'를 세웠다. 점령지의 산업시설이 군비확장에 활용됐고, 수백만 명이 독일로 끌려가 강제노동에 종사했다. 중서부 유럽을 장악한 독일은 다시 동쪽으로 눈을 돌렸다. 1941년 6월 22일 새벽, 독일과 그 동맹국들의 190개 사단이 일제히 포화를 터뜨리며 소련의 서부국경을 넘었다. 기습당한 소련군은 독일군의 맹위에 눌려 연일 후퇴를 거듭했다. 6개월 만에 레닌그라드, 모스크바가 심각한 위기에 직면하고 유럽 러시아의 절반이 히틀러의 수중에 떨어졌다.

조국이 위기에 처하면서 러시아의 전통적인 민족정신이 되살아났다. 조국을 지켜내자는 목소리가 전국에 메아리치면서 소련인들이 앞다투어 전선 출정을 지원했다. 러시아에서는 19세기 초의 나폴레옹 전쟁을 '조국전쟁', 2차세계대전, 좁게는 2차대전 때의 독소전쟁을 '대조국전쟁'이라고 부른다.

시련을 이기고 승리로:
대조국전쟁(1941~1945년)

소련은 독일로부터 불의의 기습을 받으며 2차 세계대전에 빨려 들어갔다. 일찍부터 전쟁 위험을 감지했으면서도 소련군의 전쟁대비는 허술하기 짝이 없었다. 그로 인해 소련은 2차대전 참전국 중 최대의 피해를 입게 된다.

최근의 연구에 따르면 스탈린의 오판이 참화를 더 크게 한 것으로 밝혀지고 있다. 스탈린은 이상하리만큼 독소 불가침조약을 깊이 신뢰하고 있었다. 아마도 독일이 유럽 중서부의 지배기반을 채 다지기도 전에 여러 위험을 무릅쓰고 소련을 공격해올 가능성은 희박하다고 생각했던 것 같다. 6월 22일의 날짜까지 언급하며 독일의 침공이 임박했음을 알리는 각종 보고들이 쓸데없는 소리라며 일축됐고, 전쟁 전날까지도 전선의 소련군에는 독일에게 침략의 빌미를 제공할 일체의 행동을 하지 말라는 지시가 하달되고 있었다.

게다가 1930년대 말의 '대숙청'으로 군 고위 지휘관이 비교적 경력이 짧은 사람들로 대폭 교체됨으로써 군 전력도 크게 약화됐다. 고위 지휘관을 양성하는 데는 왜 오랜 시간이 필요했다. 스탈린의 말이면 두말 없이 따르는 개인숭배 풍조도 스탈린의 오판을 부추겼다. 국민의 엄청난 생명이 왔다갔다 하는 중차대한 정책이 몇 사람만이 판단으로 결정됐고, 군사 전문가와 각급 지휘관들이 자율적인 판단으로 전쟁에 대비하는 길을 막았던 것이다.

대비를 못한 소련군은 초전에 엄청난 피해를 입었다. 국경지대의 비행장에서 800대의 전투기가 이륙도 못한 채 박살났고, 첫날의 공중전에서 1,200대를 잃었다. 전선의 포탄창고도 손도 못 대고 점령당해 막대한 보급물자를 잃었다.

전선의 소련병사들은 물자도 충분치 못하고 후방 보급체계도 정비되지 않은 상태에서 전투에 돌입했다. 병사들은 결사항전을 했으나, 곧 많은 희생자를 내면서 후퇴를 거듭했다. 그러나 독일군도 곳곳에서 끈질긴 저항에 부딪쳐 서유럽 전투에서와는 비교할 수 없을 만큼 많은 희생자를 냈다. 7월의 스몰렌스크 회전으로 독일군은 모스크바 진입 계획에 막대한 차질을 빚었고, 키예프는 83일, 오데사는 69일간, 세바스토폴은 6개월 이상 저항을 계속했다.

항전과 후퇴가 거듭되는 가운데 소련인의 조국애에 불이 붙었다. 전선으로 보내달라는 노동자들의 지원이 쇄도했고, 병사들의 투지도 갈수록 높아갔다. 도시의 방어에는 병사뿐만 아니라 거의 모든 시민이 몸 바쳐 참여했다.

900일간에 걸친 '레닌그라드 공방전'은 대조국전쟁사에서 영웅적인 한 페이지를 장식했다. 1941년 9월, 독일군이 시를 포위했다. 비축식량과 연료는 얼마 되지 않았다. 외부와의 연결로는 비행기와 라도가 호를 가로지르는 수로(겨울에는 호수 위에 자동차가 달릴 수 있는 빙판 길이 생긴다)뿐이었다. 사람들은 굶주렸고 도시는 포격과 공습으로 부서져갔다. 그러나 시민과 병사들은 놀라울 정도의 투혼을 발휘하며 제자리를 굳게 지켰다. 독일군은 끝내 도시를 점령하지 못했다.

소련국민의 용감한 저항은 겨울까지 유럽 러시아 거의 전역을 점령하겠다는 파시스트의 속도전 전략을 무산시켰다. 모스크바 전투에서 히틀러 군대의 불패 신화도 깨졌다. 1942년 1월 말 점령군은 모스크바·툴라 지방에서 물러났다.

반히틀러 연합이 결성된 것은 이 무렵이다. 소련의 반파시즘 연대제의에 소극적인 반응을 보이던 나라들이 호된 시련을 겪은 뒤에야 비로소 파시즘

나치 독일군에 포위된 레닌그라드에 포격이 가해지고 있다. 독소불가
침조약을 일방적으로 파기한 독일은 1941년 6월 22일 불시에 소련을
공격했다.

의 잔혹성을 깨닫고 반
파쇼 전선에 합류한 것
이다. 1941년 말엽, 미
국·영국·소련 3국은
히틀러 독일에 맞서 함
께 싸울 것을 협약했다.
그해 12월 일본의 진주
만 공습 이후, 미국이 일
본, 그리고 독일과 이탈
리아에 선전포고를 하면
서 반히틀러 연합은 더
단단해졌다. 1942년 1월 1일까지 23개국이 추가로 연합에 가입했다.

이로써 2차 세계대전은 마침내 체제를 떠나 모든 민족과 국가가 파시즘
세력에 맞서 싸우는 반파쇼 해방전쟁으로 변했다. 반파쇼 세력의 핵은 초지
일관 파시즘 타도의 깃발을 든 소련이었고, 무기생산량이나 전선의 길이, 전
투의 강도, 모든 면에서 소련은 비길 데가 없을 만큼 온몸을 내던져 파시스
트 세력에 맞서고 있었다.

1942년에 접어들면서 북부와 중부전선이 교착상태로 빠져들자, 독일군은
주력부대를 남부로 투입했다. 1942년 여름, 파시스트 군대는 피로 피를 씻는
전투를 계속하여 볼가 연안의 스탈린그라드(볼고그라드)까지 진출했다. 도시
의 서쪽 절반이 포위되고, 2차대전중 가장 격렬한 전투가 시작됐다. '스탈린
그라드 공방전'이다.

11월 19일, 소련군의 주력부대가 도시의 북쪽과 남쪽에서 볼가강을 건너,
도시의 서쪽을 포위하고 있던 적병들을 역포위했다. 포위부대의 박격포가
일제히 불을 뿜는 것을 시작으로 소련군의 대공세가 시작됐고, 22개 사단의
파시스트 군대가 후방부대와 고립된 채 괴멸당했다. 독일군은 볼가 인근의
전투에서 독소 전선에 투입된 병력의 약 1/4인 150만을 잃고 후퇴했다. 이를
기점으로 전쟁의 주도권이 소련으로 넘어갔다.

치열했던 카프카스 지역의 전투도 8개월간의 사투 끝에 마침내 독일군이 물러나면서 종식됐다. 1943년 봄, 남부방면 전투의 주된 전장은 드네프르강 동안으로 옮겨갔고, 북부에서는 1943년 1월 레닌그라드의 포위망이 풀렸다.

1943년 여름, 독일군은 교착상태의 중부전선 쿠르스크 근교에서 강력한 공격을 시도했다. 독일군 사령부는 북쪽의 오룔과 남쪽의 하리코프 방면에서 동시에 쿠르스크를 급습하여 소련군을 포위 섬멸하고 모스크바 방면으로 공격을 확대하고자 했다. 독소 전선 독일군의 1/3 이상이 이 전투에 투입됐다. 최전방에는 최신예 중전차 부대와 자주포 부대가 포진했다.

7월 5일, 전투가 시작됐다. 모든 전선에서 엄청난 포화가 쏟아져 한밤중도 대낮 같았다. 독일군은 큰 희생을 치르며 적게는 10km에서 많게는 35km까지 전진했다. 그러나 쿠르스크는 좀처럼 무너질 줄을 몰랐다. 이때 소련군 사령부에서 쿠르스크에 1,200여 대의 전차와 장갑차를 투입했다. 7월 12일, 대전 최대의 전차전이 벌어짐과 동시에, 소련군이 남북 양방면으로 공격을 시작했다. 8월 5일, 전투는 소련군의 승리로 끝났고, 독일군은 30개 사단이 박살나면서 50여 만의 병사를 잃었다.

이후 소련군은 맹렬한 반격을 펼쳐 전선을 계속 서쪽으로 몰고갔다. 대조국전쟁과 2차대전의 기류가 급선회했다.

정규군과 함께 유격대(파르티잔)도 큰 활약을 했다. 독일 파시스트 군대에 점령당한 지역에서는 개전 초부터 유격대가 조직됐고, 1942년에는 유격대 군단까지 등장했다. 유격대 군단은 소련군 사령부와 긴밀하게 연락하며 전투를 벌였다. 쿠르스크 전투가 치열할 때에는 독일군의 철도수송을 방해하는 '레일 전쟁'을 벌이기도 했다. 170개 부대, 총 10만여 명의 유격대가 '레일 전쟁'에 가담했다.

개전 후 2년 동안 유격대는 3,000량 이상의 독일 군용열차를 전복시키고 800개소 이상의 무기탄약고를 폭파했다. 해방 직전에는 점령군의 후방에서 35만 이상의 무장 유격대가 활동했고, 정규군이 독일군을 쫓아내기 전에 이미 많은 지역이 유격대에 의해 해방됐다.

후방에서의 인민들의 희생적인 활동도 전쟁의 반전에 큰 역할을 했다.

1941~1942년 소련군이 후퇴할 때 대규모의 공업시설 소개 작업이 행해졌다. 2,500여 개의 기업이 전선 인접지역에서 동쪽 지방으로 이전됐다. 그중 절반은 1942년부터 재가동에 들어갔고, 갈수록 소련군에게 최신병기를 대량 공급할 수 있게 됐다.

전황은 점점 파시스트 세력에게 불리해져갔다. 1943년 중엽 무솔리니의 이탈리아가 연합국에 점령당했고, 1944년에 접어들면서 독일의 패색이 짙어졌다. 모든 전선에서 강력한 추격작전이 전개됐다. 소련이 거의 전 국토를 해방시켜가던 1944년 6월, 미·영 연합군이 도버 해협을 건너 노르망디에 상륙했다. 소련이 다른 연합국에 집요하게 요구해온 서유럽의 제2전선이 이제야 개설된 것이다. 연합국은 모든 방면에서 히틀러 독일을 죄어들어갔다.

1944년 가을, 소련 영토를 완전히 해방시킨 소련군은 이제 동유럽으로 진군해 들어갔다. 동유럽 인민들은 그에 앞서 이미 자력으로 파시스트 군대들을 물리쳐가고 있었다. 소련군은 가는 곳마다 해방군으로 환영을 받았고, 히틀러 편에 가담했던 루마니아·핀란드·불가리아·헝가리가 이제 거꾸로 독일에 선전포고를 했다.

1945년 4월 중순, 독소 전쟁의 최후를 장식하는 전투가 시작됐다. 독일 파시스트 사령부는 베를린에 강력한 방어망을 구축해놓고 있었다. 주코프 등 3명의 원수가 지휘하는 소련 3개 방면군의 합동공격이 시작됐다. 포병대의 통렬한 준비사격이 끝난 후 강력한 서치라이트가 밤을 대낮처럼 밝힌 가운데 전차부대가 적진으로 돌진했다. 4월 25일, 베를린의 독일군 40만 명이 완전 포위됐다.

독일 파시스트 사령부는 항복을 요구하는 최후통첩을 거절했다. 베를린 총공격이 시작됐다. 4월 30일, 마침내 독일 국회의사당에 승리의 진홍빛 적기가 꽂혔다. 히틀러는 자살했고, 5월 2일 베를린 수비대가 항복했다. 5월 8일, 파시시트 독일은 베를린 근교에서 무조건항복 문서에 서명했다.

이로써 4년간의 독소 전쟁은 소련의 최종 승리로 끝났다. 세계지배를 꿈꾸던 히틀러의 야망은 소련군과 소련인민들의 영웅적인 투쟁으로 물거품이 되고 만 것이다.

소련, 강대국으로 떠오르다:
종전과 소련의 국제지위 격상(1945년)

1945년, 5월 8일 독일이 연합국에 항복하고 5월 11일 체코슬로바키아가 소련군에 의해 해방되면서 6년을 끈 유럽전쟁은 끝났다. 그러나 동아시아와 태평양에서는 아직도 전쟁이 계속되고 있었다.

대동아 공영권을 내세우며 아시아 지배를 꿈꾸던 일본 제국주의는 한때 동아시아와 동남아시아, 서태평양 일대를 장악하면서 승승장구했다. 그러나 1942년 6월 미드웨이 해전을 계기로 전황이 반전되어 일본군에 후퇴하기 시작했다.

유럽에서 독일이 항복할 즈음, 일본은 태평양과 동남아시아의 점령지에서 거의 철수한 상태였으나, 아직까지도 500만여 지상군과 강력한 공군을 보유하고 마지막 전의를 불태우고 있었다. 당시 일본 전투력의 2/3 이상이 중국 대륙과 만주 일대에 포진하고 있었다.

파시스트 독일을 항복시키는 데 큰 공을 세운 소련군은 얄타 협정에 따라 유럽에서 전쟁이 끝난 지 3개월 후인 1945년 8월 8일, 일본에 선전포고를 하고 만주로 진격해 들어갔다. 8월 20일까지 만주에 배치되어 있던 일본 관동군은 거의 분쇄됐고, 잔당들은 항복했다.

포츠담 회담에 참석한 스탈린(가운데), 1945년 7월. 종전 후 소련은 미국과 함께 국제무대
에서 양대 강국으로 자리 잡았다.

당시 일본 점령하에 있던 우리나라에도 소련군이 진주해와 일본군을 무장
해제 시켰다. 그러나, 당시 오키나와에까지밖에 이르지 못했던 미국측의 분
할점령 제의를 소련이 받아들여, 소련군의 남진은 38도선에서 멈추었다. 한
민족 분단의 역사가 시작되는 순간이었다.

한편, 미국은 8월 6일에 히로시마, 8월 9일 나가사키에 원자폭탄을 투하했
다. 30만 명이 죽고 수십만 명이 방사능 피폭으로 큰 고통을 치렀다. 그 위력
에 일본인은 물론 온 세계가 경악했다. 인류의 생존을 위협하는 가공할 핵무
기가 등장한 것이다.

8월 15일 일본은 무조건항복 의사를 밝혔고, 9월 2일 미주리 호 함상에서
일본 제국주의가 무조건항복 문서에 서명했다. 이로써 2차 세계대전은 완전
히 끝났다. 세계 제패를 꿈꾼 파시스트 동맹의 추축국 세력은 세계평화를 지
키려는 반파쇼 연합에 의해 타도됐다.

그러나 승리의 대가는 참으로 가혹했다. 참전국 중에서도 소련의 피해가
가장 컸다. 소련은 반파시스트 전쟁 중 가장 넓은 영토가 전장으로 변했고,
가장 긴 전선에서 가장 오랜 동안 치열한 전투를 했다. 또한 가장 많은 병사
들이 전장에서 산화했고, 후방의 공장에서는 연합국 최대의 무기와 전투차
량·군수물자를 생산하여 전선에 투입했다. 독일군도 독소 개전 이후 줄곧
전병력의 2/3, 심지어는 3/4까지를 동부전선에 투입하여 소련군과 맞섰다.

2차대전 중 군인과 민간인을 포함하여 5,000만 명 이상이 사망했는데, 그 중 절반인 2,700만 명이 소련인이었다. 동유럽 해방전쟁에서만도 소련병사 백만여 명이 목숨을 잃었다. 물질적인 피해도 엄청나, 전 국부의 약 1/3이 파괴됐다.

혹독한 희생의 대가로 소련과 소련인민은 커다란 영예를 안았다. 종전 후 소련은 파시즘에 맞서 싸워 이긴 제일의 승리자로 부상했다. 체제를 달리하는 서유럽 열강도 소련의 승전 기여도는 인정하지 않을 수 없었다.

소련의 주도로 반히틀러 연합이 형성된 이후 소련은 가장 앞장서서 반파시스트 전쟁을 수행함으로써, 서유럽 열강 일부의 반소 감정과 반파쇼 전선 이탈 움직임을 누르고 세계인들 사이에서 세계평화의 수호자라는 이미지를 굳혔다. 엄청난 전쟁물자의 투입, 가장 많은 병사의 참전, 연합국 성원으로서의 성실한 임무수행도 소련의 지위를 높이는 데 큰 몫을 했다. 한 예로, 1945년 1월 독일 서부전선에서 영·미 연합군이 고전하고 있을 때, 소련은 영국수상 처칠의 간곡한 요청을 받아들여 미처 준비가 끝나지 않은 상태에서 독일 동부전선에 대규모 공격을 가했다. 소련군은 큰 희생을 치르며 서부전선 연합군의 숨통을 터주었던 것이다.

소련은 전쟁 중 카이로·모스크바·테헤란·얄타에서, 유럽 종전 후 포츠담에서 열린 일련의 연합국 수뇌회담에서 미국·영국과 함께 전쟁방침, 전후 파시스트 동맹국 처리문제, 전세계 안전보장체제의 확립 등을 논의, 결정했다. 소련은 연이은 회담에서 현실적인 방안을 제시하여 건설적인 결론을 유도했다. 종전 후 소련은 국제무대에서 미국과 함께 양대 강국으로서의 지위를 굳히고, 국제연합(UN) 창설에도 주도적으로 참여했다.

2차대전에서의 소련의 분투와 승리는 전세계에 10월혁명 이상으로 큰 영향을 미쳤다. 제국주의 세력이 약화된 반면에, 사회주의 세력은 크게 성장했다. 동유럽과 아시아 여러 나라에서 소련의 간접 지원하에 또는 독자적으로 인민민주주의 혁명이 일어나 승리를 거두었다. 이들 여러 나라에서 혁명이 사회주의 혁명으로 발전해가면서 사회주의 세계체제가 성립했다.

그와 더불어, 민족해방운동이 격화되어 제국주의의 식민지 체제가 흔들리면서 수십 개의 독립국가가 생겨났다. 그중 많은 나라가 사회주의적 발전의 길을 택했다.

선진 자본주의 국가에서도 노동운동이 크게 성장함과 아울러, 자본가와 국가가 노동자들에게 많은 양보를 하면서 복지국가의 개념이 실체를 갖게 됐다. 전면전의 호된 시련을 겪은 후, 자본주의 선진국간의 갈등은 이제 경제 전으로 변질돼갔다.

소련은 동유럽과 아시아의 사회주의 국가들, 사회주의적 발전의 길을 택한 신생국들, 자본주의 국가 내 의식 있는 노동자와 지식인들 사이에서 지도적인 위치를 굳혀갔다. 미국을 비롯한 자본주의 선진국의 제국주의자들은 소련과 사회주의 세력의 약진에 위협을 느꼈다. 파시즘의 위협하에 힘을 합쳐 싸운 두 세력 간의 갈등은 표면적인 평화공존 합의로 덮어지기에는 그 도가 너무 심했다. 바야흐로 사회주의와 자본주의의 체제 대결이 시작된 것이다.

위태로운 평화공존:
동서냉전 시작(1946~1947년)

1946년 3월, 미국 미주리 주의 풀턴에 있는 웨스트민스터 대학에서 처칠은 유명한 연설을 했다. 유럽대륙을 가로질러 '철의 장막'이 둘러쳐져 있다고 경고하면서 공산주의의 확산을 막기 위해 미국과 영국이 굳게 단결할 것을 촉구한 것이다.

처칠의 연설은 큰 물의를 일으켰다. 이제 막 전쟁에서 벗어나 평화를 되찾은 세계의 인민들에게 연합국의 핵심 지도자였던 처칠의 발언은 큰 실망을 안겨주는 것이었다. 다른 유럽 국가는 물론 영국과 미국에서도 그에 대한 불만이 터져 나왔다. 스탈린은 처칠을 히틀러에 비유하면서 전쟁광이라고 비난했다.

처칠은 2차대전 종반부터 소련의 영향력 증대를 크게 걱정하고 있었다. 파시스트 독일을 무너뜨리는 데는 소련군의 막강한 군사력이 절대 필요했으므로 어쩔 수 없이 소련과 연합하여 함께 싸웠으나, 그 과정에서 소련의 세력이 확장되는 것은 결코 달가운 일이 아니었다.

처칠의 우려는 곧 현실로 나타났다. 소련군은 큰 희생을 치르면서도 영웅적인 투쟁으로 독일군을 연파하며 동유럽에 진군했고, 베를린도 다른 연합국의 도움 없이 자력으로 점령하여 히틀러의 목을 졸랐다. 동유럽 인민들은 소련군을 해방자로 환영했다. 동유럽 인민들은 자국 내에서 반히틀러 투쟁을 주도했던 세력들을 중심으로 뭉쳐 인민 민주주의 정권을 수립했다. 동유럽 각국의 인민 민주주의 체제는 소련의 지원하에 사회주의 체제로 발전해 갔다. 아시아에서도 북한과 베트남이 같은 길을 걸었고, 중국에서도 혁명이 승리를 거둬가고 있었다. 사회주의의 세계체제가 성립되고 있었던 것이다.

서유럽 국가의 제국주의자들은 불안한 눈으로 그 추이를 지켜보았다. 처칠의 연설은 그들이 느끼고 있던 위협의식을 대변한 것이었다. 그러나 대부분의 서유럽인들은 당시, 2차대전에서 히틀러의 나치군을 궤멸시킨 소련의 영웅적인 행동에 매료돼 있었고, '좌파에는 적이 없다'는 슬로건에 공감하며 사회주의와 공산주의에 강한 매력을 느끼고 있었다.

처칠은 영국과 유럽보다는 미국에서 많은 동조자를 얻었다. 소련과 그 인근에서 도망온 사람도 많고, 무엇보다도 자본주의 체제하에서 자유를 구가하며 부를 쌓아온 사람들이 많으며 사회주의의 전통이 뿌리를 내리지 못했던 미국은, 반공 이데올로기가 득세하기 좋은 토양을 가지고 있었다. 게다가 2차대전 특수로 미국은 전례 없는 호황을 누리며 비약적인 성장을 하고 있었다. 만일 서유럽에서 대중들의 불만이 폭발하여 혁명이라도 일어나고 유럽 국가들이 자기네 손이 닿지 않는 다른 체제로 전환해버린다면, 그것은 커다란 손실이 아닐 수 없었다.

미국은 유럽 부흥의 책임을 기꺼이 떠맡았다. 1947년 3월, 트루먼 대통령은 "무장 소수집단이나 외부세력의 정복 시도에 저항하는 자유인민들을 지원하겠다"고 선언했다. 이른바 '트루먼 독트린'으로, 자유민주 체제를 수호하려는 나라에는 군사·경제원조를 제공하겠다는 것이었다.

6월에는 마셜 국무장관이 유럽 경제를 부흥시키기 위해 원조를 제공하겠다는 '마셜 플랜'을 발표했다. 곧 영국을 중심으로 유럽 경제 부흥회의가 열렸고, 서방 16개국으로 구성된 기구가 원조 수용태세를 갖추었다. 1951년까지 120억 달러가 서유럽에 전달됐고, 서유럽 경제는 빠른 속도로 회복됐다. 그에 따라 정치 사회적인 안정이 회복되면서 서유럽 공산주의는 퇴조하기 시작했다.

미국을 중심으로 서방세계가 반공정책을 노골화하자 소련과 동유럽 국가도 그에 대비하기 시작했다. 1947년 7월 '몰로토프 플랜'이라는 이름의 동유럽 경제부흥계획이 수립됐고, 10월에는 9개국 공산당 대표가 모여 정보와 경험의 상호교환을 목적으로 코민포름(공산당 정보국)을 결성했다. 1949년에는 코메콘(상호 경제원조회의)도 만들어졌다.

1947년 미국의 정치평론가 리프맨이 기사와 저서에 '냉전'이라는 제목을 붙이면서, 무력 이외의 수단으로 전개되는 자본주의권과 사회주의권의 대립·긴장상태를 일컫는 말로서 '냉전'이라는 말이 빈번히 쓰이기 시작했다. 평화공존 속의 '전쟁' 상태가 시작된 것이다.

체제간의 긴장은 점점 가속화돼갔다. 가장 첨예하게 대립한 것은 독일과 한국의 통일·독립문제였다. 당시 패전국 독일은 포츠담 조약에 따라 미·영·프·소 4개국이 분할점령하고 있었다. 미·영·프 3국은 서독지역에 독자정부를 수립, 서유럽 사회에 편입시켜 반공·반소의 보루로 삼으려는 계획을 착착 실행에 옮겨갔다. 이에 반발하여 소련은 1948년 6월 동독지역 내에 있던 서베를린(독일의 수도 베를린도 4개국이 분할점령하고 있었다)의 육로 출입을 봉쇄했다. 동서 양 진영 사이에 긴장이 높아갔다. 서방측은 비행기로 시민들의 생필품을 공수했다. 1949년 5월 소련은 서베를린 봉쇄를 풀었으나, 독일은 결국 양분됐다. 서독지역에는 독일 연방공화국이 수립되고, 동독지역에는 독일 민주공화국이 수립됐다.

독일은 전쟁책임이라도 있었다지만, 우리나라는 애꿎은 희생자였다. 일본 식민지였던 우리나라는 미국의 요청에 따라 편의상 미국과 소련이 38도선을 경계로 남북을 분할점령하고 있었다. 편의상 갈라진 남북에서 각각 다른 체제가 정착하고 외세를 등에 업은 분리주의자들이 득세하면서 분단상태가 고착되고 만 것이다.

동서냉전 상태는 이제 군사적인 대결체제로까지 발전했다. 1949년 4월 미국과 서유럽 국가들은 NATO(북대서양 조약기구)를 결성했고, 서독의 NATO 가입을 계기로 소련과 동유럽 국가들은 1955년 바르샤바 조약기구를 결성

2차대전의 종전과 함께 시작된 동서냉전은 해방된 한국에 분단의
고통을 강제했다. 사진은 미·소 양군이 진주하여 그어놓은 38선.

해 대응체제를 갖추었다.
1949년에는 소련이 원자
폭탄 실험에 성공하면서
미국의 원폭 독점상태가
깨졌고, 곧이어 미·소간
에 수폭 경쟁, 미사일 경
쟁이 벌어졌다.

1950년에는 한국전쟁
이 터졌다. 동서냉전이 급
기야 국지적인 열전으로

비화된 것이다. 베트남의 반식민 투쟁도 냉전 속의 열전 성격을 띠어가더니,
한국전이 남북한 체제를 굳히면서 정전된 이듬해인 1954년, 끝내 국토가 남
북으로 분단됐다.

동서냉전은 자본주의권을 수호·확대하려는 미국·영국과 사회주의권을
확장하려는 소련간의 화해하기 힘든 대립이 빚어낸 산물이었다. 미·소 양
대국 간에 '핵무기에 의한 교착상태'가 지속되는 가운데 '전쟁'은 이데올로기
전, 외교전, 경제전, 군사 블록의 확장, 무기 경쟁의 양상을 띠어갔고, 세계의
한 구석에서 끊임없이 벌어지는 국지전을 통해 무기를 실험·소비·판매하
고 위기를 재생산하는 체제가 확립돼갔다.

1950년대 중엽 '해빙' 기운이 일면서 냉전이 다소 완화될 때까지 동서냉전
의 두 사령탑인 미국과 소련에서는 반대자를 적으로 몰아쳐 혹심하게 탄압
하는 분위기가 풍미했다. 미국에서는 1948년 '히스 사건'으로 이른바 '빨갱
이 사냥'이 시작됐고, 1950년부터 5~6년 동안 상원의원 매카시가 일으킨 '매
카시즘' 선풍이 전국을 강타해 많은 정부관료·정치가·교수·문인·예술
가들이 희생당했다. 개중에는 '건전한' 미국인이 사고가 '비미국적'이라는 이
유로 매장당한 사례도 비일비재했다.

소련에서도 전후 베리야가 지휘하는 비밀경찰이 다시 극성을 부리면서
'스탈린주의'와 '개인숭배'가 되살아났고, 1946년 후반 '주다노프 비판' 이후

문화예술의 이데올로기 통제가 시작됐다. 1948~1949년에는 '전쟁 영웅도시' 레닌그라드로 수도를 옮기자는 운동이 일면서 레닌그라드의 당지도자와 시민들이 희생당하는 '레닌그라드 사건'이 일어났고, 1952~1953년에는 요인암살 및 암살모의 혐의로 저명한 의사들이 희생되는 '의사단 음모사건'이 발생했다. 한편, 1948년에는 독자노선을 추구하던 유고슬라비아가 코민포름에서 제명됐다. 다른 견해를 끌어안는 포용력이 줄어든 것이다.

동서냉전 체제의 상징은 뭐니뭐니해도 그로 인해 생겨난 3개의 분단국이었다. 그중 베트남은 1975년 사회주의 월맹의 승리로, 독일은 1990년 자본주의 서독의 주도로 각각 통일됐지만, 우리는 아직까지도 통일을 이루지 못하고 있다. 지구 최후의 냉전지대가 계속 유지되고 있는 것이다.

DIGEST
87
RUSSIA

폐허의 잿더미를 딛고:
전후의 경제부흥과 발전(1946~1960년)

2차 세계대전 중 소련은 경제적으로도 가장 큰 피해를 입었다. 무려 2,500만 명이 살 집을 잃었고, 1,700여 도시와 소읍, 7만 이상의 촌락, 32,000개의 공장, 65,000km의 철도, 약 10만의 콜호스와 소프호스가 파괴 또는 소실됐다. 전쟁으로 국부의 약 1/3이 날아가버린 것이다. 유럽 러시아, 특히 서부지역은 도시와 농촌 모두 반 폐허로 변해 있었다. 서유럽의 경제학자들은 소련경제가 전쟁 전 수준을 회복하기까지는 적어도 20년이 걸릴 거라고 내다보았다.

종전 후 미국을 중심으로 한 자본주의 진영과 소련을 중심으로 한 사회주의 진영 간의 대립이 증폭되면서 '냉전'이 시작됐다. 반히틀러 연합에서 힘을 합쳤던 동맹국들이 사회주의권의 확장에 위협을 느끼고 다시 소련에 등을 돌린 것이다. 피해가 덜했던 미국과 서유럽 여러 나라는 소련의 부흥을 돕기는커녕 오히려 지연시키고자 했다.

그러나 소련은 서유럽 경제학자들의 예견을 무색케 하면서 소련의 침체를 바라던 자들을 보기좋게 한방 먹였다. 온 국민이 경제부흥에 발벗고 나서, 제4차 5개년계획(1946~1950) 마지막 연도에 벌써 공업 생산고가 전쟁 전인

1940년 수준을 73%나 상회할 만큼 빠른 경제회복과 성장을 보인 것이다.

5개년계획 1년차인 1946년, 소련은 시련을 겪어야 했다. 혹심한 가뭄으로 농업생산이 격감했고 전쟁이 끝남과 함께 노동규율이 이완되면서 공업생산까지 떨어졌다. 동원에서 해제된 천만여 명의 군인과 군수물자 생산에 투입됐던 많은 인력들은 재훈련과 적응기간을 필요로 했다.

2년차인 1947년부터 경제가 빠르게 회복되기 시작했다. 이후 재건사업이 계속 호조를 보여, 4차 5개년계획 마지막 연도인 1950년에 이르러 공업생산은 계획치를 크게 뛰어넘었고, 비교적 부진했던 농업에서조차 전쟁 전 수준을 거의 회복했다. 4차 5개년계획은 특히 생산재 부문의 성장에 중점을 두어, 투자액의 88%를 생산재에 집중시켰다. 그에 따라 외국에 거의 의존하지 않고도 자체생산을 할 수 있는 기반이 마련됐다. 다소 뒤진 소비재 부문도 꾸준히 성장하여 1947년 전시에 시행되던 배급제가 폐지됐다.

1950년대에도 경제성장은 순조롭게 지속됐다. 제5차 5개년 계획 (1951~1955)은 석탄 · 철강 · 석유 · 기계제조업의 발전과 전기화에 역점을 두었다. 국제적으로는 1950년 한국전쟁 발발로 동서대립이 더욱 첨예해지는 가운데 사회주의 진영 내의 내적 통일이 강화됐고, 코메콘을 매개로 한 사회주의 진영 내의 교류도 활발해졌다.

1946년부터 1955년까지 두 차례 5개년 계획기간에 소련의 공업생산은 서방측의 계산으로도 연평균 12~14%의 고도성장을 기록했다. 이것은 당시 서방세계의 성장속도를 두 배 이상 뛰어넘는 경이적인 수치였다.

전력생산도 크게 늘어났다. 1954년에는 세계최초의 원자력 발전소가 세워지고, 세계 최대의 쿠이비셰프 수력발전소를 비롯해 수천 개의 발전소가 건설되어, 모든 산업에 충분한 전기를 제공해줄 수 있게 됐다.

그러나 농업은 상대적으로 부진했다. 1950년대 초에야 겨우 전쟁 전수준을 회복한 농업은 그 후로도 낮은 성장률을 보이며 경제의 균형성장을 저해했다. 의사결정의 과도한 중앙집중과 지나친 통제, 낮은 농산물 수매가, 투자부족, 생산동기의 유발 실패 등이 농업의 저성장 요인이었다.

1953년 스탈린이 죽은 후 성립된 과도체제하에서 흐루시초프가 농업개혁 정책을 제시하며 차세대 지도자로 부상했다. 흐루시초프는 농산물 수매가 인상, 수매 할당량 축소, 콜호스에 대한 지원 확대, 농업의 기계화, 계획·관리방법 개선 등의 농업정책으로 농업생산의 획기적인 증대를 꾀했다. 대규모 미개척지 개척사업을 펼쳐 카자흐스탄과 시베리아 알타이 등지에 새로운 농경지도 일구었다. 콜호스합병 정책으로 콜호스 당 경지면적도 늘렸고, 일부는 소프호스로 개조했다. 공업부문에서도 지역별 분권화 정책, 소비재 공업 중시 정책을 펴서 고도성장의 지속과 경제의 균형발전을 꾀했다.

과학기술도 눈부시게 발전하여 경제의 질적 변화를 뒷받침해주었다. 기초과학과 우주과학을 비롯한 몇몇 응용과학 부문에서 소련은 미국과 어깨를 겨루거나 오히려 앞질렀다.

이런 노력들이 성과를 거두어 1950년대 후반에는 연평균 농업성장률이 4%를 넘어서며 농업분야에서도 자립기반이 확보됐다. 공업부문도 이전보다 성장률이 다소 떨어지기는 했으나 여전히 연평균 10%에 육박하는 고도성장을 유지했다. 1950년대 후반 이후에는 '화학' 공업이 중점 육성되어, 합성물질·석유화학제품·화학비료 생산 기업이 대규모로 건설됐다.

1960년대에 접어들면서 소련에는 낙관론이 팽배했다. 소련을 비롯한 사회주의 진영의 경제성장률이 자본주의 진영의 성장률을 크게 앞질렀다. 대체로 선진국이었던 자본주의 진영과 후진국이었던 사회주의 진영, 그리고 미국과 소련의 경제격차는 점점 좁혀져갔다. 중공업 부문에서는 소련이 미국과 대등해지거나 부분적으로 오히려 앞서기 시작했다. 제3세계권은 물론 서방세계의 일각에서도 사회주의 계획경제의 우월성에 대한 믿음이 자리를 잡아갔다.

그러나 그와 더불어 소련경제의 문제점도 분명하게 드러나기 시작했다. 농업의 상대적 저성장은 여전히 국민경제의 균형발전을 저해했고, 생산재와 소비재 생산의 격차도 1940년을 1:1로 할 때 1960년대 중반에는 2:1로 벌어져 있었다. 엄청난 규모의 경제를 기획·조정하는 계획기구의 부담은 커져 갔고, 지역 간·농공 간·산업 간의 이해대립을 해소하는 것도 간단한 문제가 아니었다. 이런 문제들을 슬기롭게 해결할 수 있는 방안이 강구돼야만 했다.

흐루시초프와 새로운 프로그램:
평화공존론과 스탈린 비판(1956년)

　1953년 3월, 스탈린이 죽었다. 절대적인 권위를 갖고 있던 스탈린이 죽은 후 소련과 사회주의권에서는 권위의 공백으로 인한 일시적인 동요가 일어났다. 소련에서는 말렌코프, 베리야, 몰로토프를 정점으로 하는 과도 집단지도 체제가 성립됐다. 2급 지도자이던 흐루시초프는 이때 1급 지도자들 간의 상호견제와 양보의 틈을 타고 제1서기의 자리에 올랐다.

　신임 수상(각료회의 의장) 말렌코프는 스탈린 시대에 소홀히 했던 소비재 생산 중시와 평화공존 정책으로 인기를 얻었다. 그러나 1930년대 말 이래 비밀경찰의 책임자였던 내무장관 베리야는 대단한 야심가였다. 그는 억압완화와 법치를 내세워 국민들의 인기를 끄는 한편, 주요 지도자의 지지자들을 차례로 제거해갔다. 이에 베리야의 야심을 경계한 동료들이 한데 뜻을 모았다. 그는 결국 6월에 체포되어 재판을 받은 뒤 연말에 처형됐다.

　말렌코프의 인기도 오래 가지 못했다. 1955년 2월 그는 '행정상의 경험부족'을 이유로 수상직을 사임했다. 소비재 생산 중시 정책이 난항에 봉착한데다 1949년 '레닌그라드 사건'의 전말이 밝혀지면서 그 책임을 지고 물러난 것이다. 주요 지도자들이 밀려나면서 당 제1서기 흐루시초프가 전면으로 떠올랐다.

흐루시초프는 내전기에 입당한 돈바스의 광부 출신으로, 인민과 함께 호흡할 줄 아는 기질의 소유자였다. 1930년대 말 '대숙청'기에 그는 우크라이나에서 은인자중하며 숙청의 회오리를 피해갔다. 스탈린 사후인 1953~1954년 흐루시초프는 농업의 실상을 적나라하게 설명하며 포괄적인 개혁안을 제시하여 호응을 얻었다. 카자흐스탄 개척 등 그의 농업정책이 하나 둘 실행에 옮겨지고 좋은 결과를 내면서 정부에 대한 당 서기국의 우위가 굳혀져갔고, 그의 입지도 차츰 강화됐다.

1956년 2월, 소련과 국제공산주의 운동의 역사에서 중대한 전환점을 이룬 제20차 당대회가 열렸다. 흐루시초프는 국제정세에 관한 보고에서 유명한 평화공존론을 제창했다. 거기서 향후 소련외교의 기본방침이 된 다음 세 가지 테제가 제시됐다.

1. 전쟁은 피할 수 있고 또 피해야 한다.
2. 자본주의 진영과 사회주의 진영은 평화롭게 공존할 수 있다.
3. 사회주의로 이행하는 길은 나라마다 다양하고, 의회와 그 밖의 길을 포함하는 평화적인 이행의 가능성이 점점 더 높아지고 있다.

이러한 노선의 변화는 핵전쟁에 의한 인류절멸 위험이 커졌다는 인식과 함께, 사회주의 진영이 대두하고 민족해방운동이 고양되는 유리한 정세 속에서 세계사의 진보를 낙관한 데서 나온 것이었다. 그러나 흐루시초프의 평화공존론은 어디까지나 계급투쟁의 한 수단으로 제시된 것으로서, 자본주의 철폐를 부정하는 우익 사회주의자들의 생각과는 엄연히 다른 것이었다.

셋째 날에는 대회 전에 흐루시초프와 함께 유고슬라비아를 다녀온 고참 당 정치국원 미코얀이 '스탈린 개인숭배'를 공공연히 비판하여 파문을 일으켰다.

대회 마지막 날인 2월 25일, 충격적인 사건이 일어났다. 흐루시초프가 비밀보고에서 스탈린의 공과 과를 논하면서 스탈린을 강하게 비판한 것이다.

사회주의의 초기 건설과정, 파시즘에 대한 투쟁, 전후 재건과정에서의 스탈린의 역할이 긍정적으로 평가됐다. 반면에, 말년에 더욱 강화된 개인숭배, 무오류성의 신화, 독선적인 권력남용 등은 레닌주의 집단지도 원칙으로부터의 일탈이었고, 그로 인해 민주주의의 부당한 제한, 사회주의 이념의 침해, 근거 없는 억압, 대조국전쟁시의 오판 등의 폐해가 빚어졌다고 호된 비판이 가해졌다.

흐루시초프는 솔직한 태도로 레닌 말년의 레닌과 스탈린간의 갈등, 레닌의 '유언' 이야기를 들려주었고, '대숙청' 시절에 행해진 당원과 당지도자들에 대한 공격, 그들에게 가해진 고문과 허위자백 등을 상세히 보고했다. 비밀보고는 미국 국무부가 영문으로 전문을 발표하여 세계에 널리 알려졌다.

평화공존론과 스탈린 비판은 소련 국내외에 큰 파장을 일으켰다. 국내에서는 스탈린의 억압정치로 피해를 받은 사람들의 석방과 복권이 시작됐고, 억압에 직간접으로 관계했던 사람들이 점점 수세에 몰리게 됐다. 지식인들 사이에서 학문과 창작의 자유 요구가 일기 시작하고, 역사학자들 간에 당과 별도로 스탈린 비판을 진전시키려는 움직임이 고조됐으나, 그해 가을 위기가 닥치면서 제동이 걸렸다. 국내에서의 '해빙'은 조금 더 시간을 기다려야 했다.

국외의 반응은 예상을 훨씬 뛰어넘었다. 서유럽 국가의 공산당에서는 의회를 통한 사회주의 이행 가능성에 몰입하는 유로코뮤니즘이 대두하기 시작했다. 중국은 흐루시초프의 평화공존론을 '수정주의'라고 비판했고, 소련이 반론을 제기하면서 유명한 중소 논쟁이 시작됐다. 가장 극적인 사건이 일어난 곳은 폴란드와 헝가리였다.

폴란드에서는 반스탈린주의자였던 고물카의 정권이 수립되어 스탈린주의자들이 일소됐다. 소련 지도자들이 급히 폴란드로 날아가 폴란드의 새 지도자들과 회동한 후 새 정권의 정책이 인정됐다.

헝가리에서는 정권을 장악한 골수 스탈린주의자들이 변화를 거부하는 가운데 1956년 10월 지식인·학생·노동자들의 반정부 봉기가 일어났다. 시위대는 헝가리 정부의 요청으로 출동한 소련군에게까지 무력으로 맞섰으나 곧 진압됐다. 소련군의 진압 명분은 '사회주의가 쟁취한 것을 지키는 것'이었다. 봉기진압 후 헝가리에는 보다 많은 자유와 민주를 약속한 새 정권이 수립됐다.

국외의 커다란 반응은 국내의 스탈린 비판을 중단시킴과 동시에 당 지도부의 대립을 격화시켰다. 1957년 초, 스탈린 비판의 기수였던 〈역사의 문제들〉지는 '레닌적 당성'에서 일탈했다고 매몰찬 비판을 받았다 당 지도부는 흐루시초프와 미코얀을 한편으로 하고 몰로토프, 카가노비치, 말렌코프 등을 한편으로 하는 두 그룹으로 나뉘어 대립했다.

스탈린 비판을 통해 더욱 입지를 군힌 흐루시초프는 개혁 프로그램을 힘 있게 밀고나갔다. 1953년 이래 그가 주창해온 농업개혁정책이 계속 실행에 옮겨졌고, 공업부문에서도 종래의 중앙관청을 대부분 폐지하고 지역별 국민경제회의에 권한을 위임하는 경제관리체제의 개편을 단행했다.

1957년 6월, 이 결정에 불만을 품은 경제담당 당간부들과 몰로토프, 카가노비치, 말렌코프 등이 힘을 합쳐 흐루시초프의 해임을 꾀했다. 이들의 기도는 당간부회에서는 성공했으나, 뒤이어 열린 당 중앙위에서 흐루시초프파에 밀려 역전당했다. 몰로토프 등은 '반당 그룹'으로 비판받아 해임됐다. 1958년 3월, 흐루시초프는 수상직까지 겸하여 막강한 권력을 장악했다.

이 무렵인 1957년 10월 4일, 소련은 인류 역사상 최초로 인공위성 스푸트니크 1호를 쏘아올리는 데 성공했다. 뒤이어 1961년에는 최초의 유인 우주선을 발사하여 세계를 깜짝 놀라게 했다. 최초의 '우주인' 가가린은 일약 세계의 저명인사가 됐다. 미사일 개발, 원자력의 평화적 이용에 이어 우주개발에서도 소련이 미국을 따돌리고 선두주자가 된 것이다.

이러한 힘을 배경으로 흐루시초프는 대미외교에 나섰다. 1959년 그는 미국으로 건너가 아이젠하워 대통령과 첫 미소 정상회담을 가졌다. 그와 반대로 중국과의 논쟁은 점점 더 치열해졌다. 1960년 중국은 공공연히 소련을 비판했고, 흐루시초프는 중국 파견 기술자들을 모두 불러들였다.

스탈린 비판은 일단 제동이 걸렸으나, 숙청 희생자들의 재심은 계속 진행되어 수백만 명이 수용소 또는 감옥에서 풀려나고 많은 사람들이 명예회복됐다. 이 사람들을 중심으로 다시 스탈린 비판의 기운이 무르익어갔다.

1961년에 열린 22차 당대회에서 제2차 스탈린 비판이 행해졌다. 흐루시초프는 스탈린과 그 일파의 죄를 공공연히 고발했다. 이윽고 대회에서 스탈린의 유해를 붉은광장의 레닌 묘에서 들어낸다는 결정이 내려졌다. 대회가 파한 후, 이제 모든 분야에서 스탈린 비판이 일어나기 시작했다. 1962년에는 라게리(강제수용소) 생활을 묘사한 솔제니친의 소설 〈이반 데니소비치의 하루〉가 흐루시초프의 승인하에 〈노비 미르〉 지에 실려 커다란 반향을 일으켰다.

제22차 당대회는 그와 더불어, 소련이 이제 프롤레타리아트 국가에서 전 인민의 이익과 의사를 표현하는 전 인민의 국가로 전화했다고 선언하면서, 1970년까지 모든 부문에서 미국을 따라잡고 1980년까지는 '능력에 따라 일하고 필요한 만큼 쓰는' 공산주의 시대로 진입한다는 의욕적인 당 강령을 채택했다. 국내에서 경제성장이 호조를 보이고 국제적으로도 사회주의 세계체제와 민족해방운동이 폭넓게 발전하고 있던 낙관적인 정세를 반영한 강령이었다.

핵전쟁의 위기를 넘기다:
쿠바 위기(1962년)

동서냉전하에서 미국과 소련은 무력시위로 상대를 제압하고 자기를 지키려는 무한 군비경쟁에 돌입했다. 앞서나간 것은 경제력도 우위에 있고 원자폭탄도 먼저 개발한 미국이었다. 그러나 1949년 소련이 원자폭탄 개발에 성공하면서 원폭 독점이 깨졌다. 미국은 1952년 원폭보다 훨씬 강력한 수소폭탄을 개발하여 대소 우위를 지켰으나, 이듬해 소련도 수소폭탄을 개발하여 곧바로 미국을 따라잡았다.

소련은 경제력과 군사력 전반의 열세를 만회하고자 고성능 미사일 개발에 박차를 가해 1955년 IRBM(중거리 탄도탄), 1957년 ICBM(대륙간 탄도탄)의 개발에 성공, 미사일에서 대미 우위를 확보했다. SAC(전략폭격기) 중심의 핵전력을 보유하고 있던 미국에서 소련과의 '미사일 갭' 논쟁이 일면서 미국도 고성능 미사일 개발에 힘을 쏟고 미사일 부대를 별도 편제했다. 1960년대 들어 미국은 SLBM(잠수함 발사 미사일)을 개발한 후, 적의 선제공격에서 살아남은 핵전력으로 보복을 가한다는 전략체계를 수립하여 다시 소련에 앞섰다. 소련도 1959년 전략 로켓군을 창설하여 핵전력을 강화했다.

흐루시초프의 평화공존론은 이러한 무한 군비경쟁을 배경으로 세계혁명

전략에 일대 전환을 가한 것이었다. 일단 핵전쟁이 일어나면 승자·패자가 따로 없이 모든 인류가 공멸한다는 위기의식이 방향전환에 큰 역할을 했다.

당시 자본주의 세계는 주기적인 공황의 내습으로 전반적인 위기가 점점 심화돼갔고, 식민지와 제3세계권의 민족해방운동과 선진 자본주의국 내의 노동운동이 활발해지면서 제국주의 체제의 뿌리 자체가 흔들리고 있었다. 따라서 자본주의 체제와 사회주의 체제가 공존하는 가운데서도 세계는 차츰 사회주의로 이행해갈 거라는 낙관적인 믿음을, 당시 소련 지도자들은 갖고 있었다. 또한 끊임없는 전쟁에 시달려왔고, 특히 지난 대조국전쟁에서 엄청난 피해를 겪은 탓에 전쟁을 무척이나 혐오하고 평화를 갈망하던 소련인들에게 평화공존 주장은 커다란 설득력을 발휘했다.

흐루시초프는 평화공존을 보장해주는 미·소간 군비의 균형, 특히 핵전력의 균형을 추구하는 한편으로, 직접 미국을 방문하여 대미관계의 안정을 꾀하고 군축을 제안하는 등, 다각도로 평화공존 외교를 펴나갔다. 그러나 1960년 5월 미국 첩보기 U-2기의 소련 영공침입 격추사건이 일어나면서 흐루시초프의 평화공존 노선은 난항에 부딪쳤다. 미·소간에 가시돋친 설전이 오가는 가운데 동서대립의 상징인 베를린에서 위기가 발생하고, 마침내 1961년 8월 동서 베를린을 가르는 장벽이 쌓였다. 미·소간의 긴장이 고조되면서 군비확대경쟁이 재개됐고, 자제하고 있던 핵실험도 대규모로 행해졌다.

베를린, 핵실험, 군축문제 등, 위기를 내포한 현안들을 두고 힘겨운 교섭이 진행되는 가운데, 1962년 가을 돌연 카리브해의 쿠바에서 미·소간 무력대결이 표면화됐다. 쿠바에 건설 중인 소련의 미사일기지와 소련제 미사일의 쿠바 반입을 둘러싸고 미·소가 전쟁 일보직전 상황에 이른 것이다.

1959년 쿠바혁명 이후 카스트로가 이끄는 쿠바는 미국의 옆구리를 겨누는 '붉은 칼'이었다. 1961년 미국의 전폭적인 지원을 받은 반혁명군의 '피그(돼지)만 침입작전'이 실패로 돌아간 후, 미국은 대 쿠바 수출금지, 미주기구에서의 쿠바 제명 등, 쿠바 압박 작전을 강화해갔다. 쿠바는 절대절명의 곤경에서 벗어나기 위해 소련에 의지하면서 사회주의화를 추진했고, 조만간에

1963년 4월 레닌 묘비 앞에 선 공산권 지도자들. 왼쪽부터 흐루시초프, 카스트로, 브레즈네프. '쿠바 위기'에서 미국에 밀린 것이 흐루시초프 실각의 한 원인이 되었다.

예견되는 미국의 침략으로부터 나라를 지키기 위해 소련의 전략 핵미사일을 들여오고자 했다.

1962년 9월 소련과 쿠바는 쿠바에 IRBM 42기를 배치한다는 무기원조협정을 체결했다. 소련의 의도는 쿠바의 안전을 지킴과 동시에, 전략무기의 선제 배치를 통해 미국과의 교섭에서 우위를 점하려는 것이었다.

10월 14일, 첩보기의 쿠바 상공 촬영사진을 분석한 결과, 미국은 소련이 쿠바에 공격용 미사일 기지를 건설하고 있음을 확인했다. 케네디 정부는 아연 긴장하여 즉각 국가안전보장위원회를 소집하고 대응책을 모색했다. 10월 22일, 케네디는 전국 TV 방송망을 통해 국민들에게 사실을 알리면서 대응책을 제시했다. 해상봉쇄로 쿠바를 격리시켜 소련 미사일의 반입을 막고, 쿠바의 핵미사일이 서방국가를 공격할 경우 이를 소련의 미국 공격으로 간주하여 소련에 그만한 핵보복 조치를 가하겠다는 핵전 불사 입장을 밝힌 것이다. 세계는 돌연 핵전쟁의 공포에 휩싸였다.

10월 24일 미 함정 183척과 전투기 1,190대가 2,400km의 카리브해 봉쇄선에 배치되어 초계기가 발견한 소련 선단의 도착을 기다렸다. 미 당국은 소련 선박이 정지명령·임검에 불응할 경우 격침까지 시킬 용의가 있음을 밝혔다. 소련정부는 성명을 발표하여 미국의 봉쇄·검문을 국제법을 침해하는 해적행위라고 비난했다. 세계의 모든 눈이 카리브해에 쏠렸다. 10월 26일,

소련의 미사일 적재함이 미국의 봉쇄선을 지나다가 저지당했다. 흐루시초프가 마침내 케네디의 초강경책에 한발 후퇴했다. 26일 소련은 미국에게 쿠바를 절대 침공하지 않겠다고 약속하라는 조건을 제시했다. 28일 미국이 쿠바 불가침을 약속하자 소련은 미사일 기지를 파괴하고 미사일을 철수했다.

핵전쟁의 공포 일주일은 미국의 위력 시위와 쿠바 불가침 약속으로 종결됐다. 쿠바 위기 후 미소 양국은 급속히 접근했고, 별다른 진척이 없던 군축 교섭도 진전을 보였다. 1963년 7월 미·소 핫라인이 개설되고, 8월에는 부분적 핵실험 정지조약이 체결됐다. 평화공존이 제자리를 잡기 시작한 것이다. 그러나 소련에서는 핵전력과 해군력의 낙후가 지적되고 군부를 중심으로 소극적인 대응에 대한 비난이 일면서 흐루시초프 실각의 한 요인이 되기도 했다.

쿠바 위기를 계기로 적대국인 소련과 미국 사이는 접근한 반면, 사회주의 형제국인 소련과 중국 사이는 더 벌어졌다. 흐루시초프의 평화공존론을 이미 제국주의 세력과 타협한 '수정주의'라고 못 박은 바 있는 중국은, 소련이 쿠바에 미사일을 설치한 것을 '모험주의', 미국의 압력에 굴하여 미사일을 철수한 것을 '투항주의'라고 비난했다. 소련은 중국에 대해 핵전쟁의 위험을 무시하는 '교조주의'라고 비난했다. 양국 간의 긴장은 점점 고조돼갔고, 사회주의권에서도 다극화 현상이 일어나기 시작했다.

브레즈네프와 1970년경의 소련사회: '발달한 사회주의' 선언(1971년)

1964년 10월, 흐루시초프는 '건강상의 이유'로 당 제1서기직과 수상직을 내놓고 초야에 묻혔다. 당 기구를 공업과 농업의 두 부문으로 분할한 것, 경제관리의 지역 분권화, 스탈린 비판의 본격화, 독선적인 결정과 집행 등이 당 간부들의 불만을 산데다, 경제성장이 둔화되고 중점사업으로 추진한 농업정책에서까지도 부작용이 일어나면서 흐루시초프의 기반이 무너져버린 것이다. 후임으로는 당 제1서기에 브레즈네프, 수상에 코시긴이 취임했다.

브레즈네프는 직업기술학교 출신의 농업기사로, 1930년대에 당 주위원회 서기로 진출한 뒤 승진을 거듭해온 전형적인 당료였다. 브레즈네프-코시긴의 양두체제는 당과 정부의 권한을 분할 장악하여 서로 협력하며 국정을 이끌어갔다.

브레즈네프와 코시긴은 흐루시초프의 여러 개혁정책을 원점으로 돌리고, 안정성장을 지향하는 정책을 유도했다. 그와 더불어, 기업관리자에게 어느 정도 자율권을 부여하고, 이윤을 많이 내는 기업에 상여금을 많이 배당하여 물적 자극을 주는 것을 골자로 하는 부분적인 경제개혁을 단행했다.

그러나 이 '코시긴 개혁'은 오래 가지 못했다. 1960년대 후반에는 60년대 전반에 비해 높은 성장률을 기록하기는 했으나, 그 성과는 그리 크지 않았고, 60년대 말에 이르러 임금상승에 대비한 생산성 상승폭이 떨어지면서 노동규율의 강화라는 이전 방식으로 회귀하고 만다.

개혁조치는 비록 실패로 돌아갔으나, 브레즈네프는 사회주의 계획경제가 쌓아올린 그동안의 성과를 바탕으로 인민의 복지향상에 눈을 돌릴 수 있었다. 보다 많은 사람들에게 혜택이 돌아가는 새로운 연금법이 시행됐고, 1967년에는 주휴 2일제가 전면 도입됐다.

1971년 제24차 당대회에서 브레즈네프는 소련이 '발달한 사회주의' 사회가 됐다고 선언했다. 사회주의의 초급단계를 지나 완전한 공산주의 단계로 이행해가는 과도기에 도달했다는 것이다. 이것은 경제발전에 관한 흐루시초프의 지나친 낙관론을 현실에 맞게 수정하여 새로운 성장전략을 수립하려는 의지의 표현이기도 했다. 새로운 전략에서는 소비재 생산의 확대와 과학기술의 발전이 강조됐다.

브레즈네프는 그와 함께, 국민들의 지나친 기대상승과 이념의 이탈을 막기 위해, 과도한 소비를 배격하고 '사회주의적 생활양식'과 '사회주의적 인간형'을 강조했다. 사회주의적 연대 · 도덕성 등이 중요한 덕목으로 제시됐다.

농업과 소비재 산업의 저성장에 따른 국민경제의 불균형 발전, 행정 · 명령형 경제관리체계의 문제점 등이 노출되기는 했으나, 1950년대와 1960년대를 거치며 소련에서는 공업화 · 기계화 · 계획경제의 성과가 축적되어 1970년경에 이르면 이전과는 본질적으로 다른 사회가 형성된다.

카자흐스탄, 시베리아, 알타이 등지의 미개척지 개척사업은 우여곡절을 겪으면서도 점점 그 웅자를 드러내, 제2, 제3의 곡창지대를 출현시켰다. 아무다리야강의 운하는 서투르케스탄의 사막을 옥토로 바꾸어놓았다. 낙후돼 있던 외곽의 소수민족 거주지에 많은 공장이 들어서면서 지역적인 불균형과 격차도 크게 해소됐다. 곳곳마다 거대한 콤비나트, 강력한 발전소가 건설됐고, 그 주변에 광공업과 농업을 연관지은 복합생산단지가 만들어졌다.

과학기술이 진보하면서 산업이 계속 성장함과 동시에 공업구조도 크게 바뀌었다. 노보시비르스크 교외의 과학도시, 아카뎀고로도크를 비롯한 대단위

연구단지의 훌륭한 시설과 정부의 전폭적인 지원하에 소련의 과학자들은 미국에 버금가는 수준의 과학기술을 발전시켰고, 그에 따라 무선공학·전자공학·원자력공학·화학공학·기계공학 등, 고도의 과학기술을 바탕으로 하는 산업의 비중이 점점 커져갔다. 또한 공업부문의 연이은 고도성장에 힘입어 미국과의 총산업생산 격차는 1950년의 3.6:1에서 1970년에는 1.2:1로 줄어들었다.

1917년 10월혁명 이후 50년 동안에 소련인구는 1억 4,000만에서 2억 5,000만으로 늘었고, 그중 도시민의 비율은 20% 미만에서 50% 이상으로 증가했다. 노동자의 수도 급증하여 1970년대에는 전 국민의 약 60%가 노동자가 됐다. 공업화의 진전이 사회를 이렇게 변화시킨 것이다. 더욱이 사회의 중추를 이루는 노동자와 콜호스 농민에 대한 정부의 관심은 각별하여, 인텔리겐치아와 다름없는 생활을 보장받았고, 그 자녀들도 전혀 차별 없이 훌륭한 교육을 받을 수 있었다.

그와 더불어 국민들의 전반적인 생활수준도 크게 향상됐다. 기본적인 의식주 문제로 고통을 겪는 사람들이 없어졌고, 자본주의 국가에서는 유례를 찾아볼 수 없을 만큼 완비된 각종 연금·보험제도가 뿌리를 내리고, 무료 진료체계가 효율적으로 재편되어 모든 국민이 유사시나 노후의 걱정을 덜었다.

4년제 초등과정과 8년제(후에 10년제로 바뀜) 중등과정의 무상 의무교육이 실시됐고, 대학을 비롯한 고등교육기관의 수도 크게 늘어, 청년층의 약 30%가 고등교육을 받을 수 있었다. 도서관과 장서도 크게 늘어 소련인은 세계에서 가장 책을 많이 읽는 국민이 됐다. 거의 모든 국민이 악기 하나정도는 다룰 줄 알았고, 예술창작과 체육활동에도 뜻만 있으면 자유롭게 참여할 수 있었다.

소련인민들은 혁명이 그들을 위해 이뤄놓은 성과를 깊이 의식하고 그에 자부심을 느꼈다. 그들은 간혹 체제의 엄격함에 눈이 돌아가기도 했으나, 적어도 1970년대 중엽까지는 혁명의 성과가 그것을 덮어두기에 충분했다.

브레즈네프 시대의 소련사회는 변화무쌍한 자본주의 사회의 시각으로 보면 지루하게 느껴질 만큼 절대적인 안정을 유지했다. 적어도 국내에서는 계속되는 건설의 기계 소리, 망치 소리를 빼고는 변화의 움직임조차 느낄 수 없을 정도였다. 소련은 이 무서운 힘을 배경으로 미국과 맞서며 세계의 한 축을 형성했다.

그러나 사회의 안정은 한편으로 정체와 부패를 낳았다. 노동규율은 점점 느슨해졌고, 경제성장은 갈수록 둔화됐다. 국민들 사이에 공과 사의 구분이 만연하면서 공적인 영역의 공동화空洞化가 진행됐고, 이론파異論派 탄압을 계기로 사회에 폐쇄적인 분위기가 강화되기 시작했다.

1977년 새헌법인 '브레즈네프 헌법'이 제정되고 '성숙한 사회주의' 체제가 공표됐으나, 아이러니하게도 이때부터 소련의 상처는 안으로부터 서서히 곪아가고 있었다.

그러나 이때까지만 해도 상처가 그리 깊지 않아, 별 위험이 따르지 않는 수술로 치유할 수 있는 정도였다. 더 무서운 것은 폐쇄적인 관료체제였다. 경직된 관료체제는 이 위기를 깨닫지 못했고, 현상적으로 드러나는 문제들을 은폐하기에 급급했다. 그 사이에 상처는 하루하루 더 깊어만 갔다.

미·소 공존, 중·소 대립:
데탕트와 소련의 외교(1970년대)

1966년 제23차 당대회는 외교정책의 주요과제를 다음 3가지로 정리했다.

1. 세계에 사회주의와 공산주의를 건설하기에 유리한 조건을 확보한다.
2. 사회주의 세계체제의 통일성과 완결성을 공고히 한다.
3. 민족해방 혁명운동을 전면 지원한다.

브레즈네프 시대의 소련은 비교적 일관되게 이 과제를 실천에 옮겼다. 서방측에 대해서는 미국과의 핵전력 균형을 유지하는 가운데 평화공존하는 정책을 택하여 데탕트 시대를 열었다. 사회주의권과는 경제·군사협력을 더욱 강화해가는 데 초점을 두었으나, 한편으로 방향과 정책을 달리하는 국가, 특히 중국과의 갈등이 심화됐다. 제3세계의 민족해방운동에 대해서는 서방측과의 평화공존이 위협받지 않는 선에서 최대한의 지원을 했다.

쿠바 위기 때 미국의 강경책에 한걸음 물러섰던 소련은 이후 핵전력과 해군력의 문제점을 보완하는 데 힘을 쏟았다. SLBM(잠수함 발사 미사일)의 열세를 ICBM(대륙간 탄도탄)의 증강으로 극복하여 핵미사일의 균형을 이루어냈고,

원양함대를 대폭 증강하여 해군력도 강화했다.

1960년대 말, 미국과 소련은 양국 사이에 핵균형이 거의 이루어졌음을 느꼈다. 이미 지구를 수십 차례 파괴할 수 있을 만큼 핵무기가 축적된 상태에서 더 이상 핵군비를 강화한다는 것은 인류 공멸을 자초하는 것일 뿐이라는 인식이 널리 확산됐다. 지나친 군비증강은 또한 양국의 경제에도 큰 부담으로 작용했다.

양국의 이해가 일치하면서 1969년 전략무기 제한교섭(SALT)이 시작됐고, 1972년 5월 SALT 1이 타결됐다. 교섭과정에서 ICBM의 소련 우위, SLBM의 미국 우위, 양국의 핵균형이 확인됐고, 양국은 ABM(탄도탄 요격 미사일) 기지와 전략무기의 보유 상한선에 합의했다. 조약은 보유 상한선을 높게 책정하고 복수핵탄두(MIRV)와 같은 질적 증강을 방치하여 군비축소와는 거리가 있었으나, 양대국 간의 핵억제체제를 발족시키고 긴장완화를 촉진했다는 점에서 큰 의의가 있었다.

소련의 평화공존과 긴장완화 정책은 유럽의 데탕트 기류에도 큰 영향을 미쳤다. 1970년 8월 소련은 서독과 조약을 맺었고, 1971년에는 서베를린에 대한 다자간 협약에 조인했다. 동서독 간에도 1972년 기본조약이 체결되어 공존을 확인했다.

소련의 그로미코 외무장관은 "이제 소련을 제외하고 해결할 수 있는 국제문제는 없다"면서, 핵균형의 확인을 통해 얻은 자신감을 바탕으로 미국 · 서유럽 · 일본과의 관계개선에 적극 나섰다. 오랜 기간의 냉전이 가시고 동서화해, 데탕트 분위기가 세계를 풍미했다.

동서간의 긴장완화는 '유럽의 안전과 협력을 위한 헬싱키 회의'에서 절정을 이루었다. 1973년부터 2년간 계속된 협의의 끝에, 1975년 유럽 33개국과 미국 · 캐나다 정부가 최종문서에 서명했다. 문서는 국가 간의 평화공존 원칙, 2차 세계대전의 결과로 생겨난 현실, 특히 국경의 불가침성 인정을 확인했다.

7년간의 교섭 끝에 1979년에는 SALT 2가 타결됐다. SALT 2는 다탄두 미사일의 탄두 수까지 제한하는 등 양적 · 질적 규제를 크게 강화한 진일보한 조약이었다. 그러나 1979년 소련군의 아프가니스탄 출병을 이유로 미국의회가 비준을 거부하면서 소련과 서방국가 사이에는 다시 대결 기운이 고조된다.

소련의 대서방 외교는 전세계에 동서화해 기류를 고조시키며 새로운 시대를 열었으나, 사회주의권 내의 외교는 몇 가지 큰 장벽에 부닥쳤다. 체코슬로바키아 사건이 그 첫 번째 장벽이었다.

1968년 1월 개혁파의 두브체크가 공산당 제1서기에 선출되면서 체코슬로바키아에서는 자유화 운동이 일어났다. 두브체크는 '인간의 얼굴을 한 사회주의'를 표방하며, 민주집중제와 검열제도를 철폐하는 등, 과감한 개혁조치를 단행했다. 그 결과, 자유로운 사상의 개진이 허용되고 많은 사회단체가 설립되면서 다원화된 사회로의 전환이 예고됐다.

소련에서는 논쟁 끝에 마침내 무력진압으로 방향이 모아졌고, 사태의 확산을 우려한 동유럽 국가들이 이에 적극 동조했다. 그해 8월 20일, 소련과 동유럽 4개국 군대로 구성된 바르샤바 조약군이 프라하에 진입하여 자유화 운동을 진압하고 두브체크 정권을 붕괴시켰다. 진압 명분은 '사회주의의 성과 수호는 모든 사회주의 국가에게 부여된 국제적인 의무'라는 것이었다. 여기서 한 나라의 사회주의체제가 위협받을 때 형제 사회주의 국가들은 적극 개입하여 사회주의를 수호할 의무가 있으며, 그를 위해서는 그 나라의 주권까지도 잠시 제한할 수 있다는 '브레즈네프 독트린'이 나왔다.

체코슬로바키아 사건으로 소련은 서유럽 국가들로부터 혹독한 비난을 받았으나, 이후 데탕트 분위기가 고조되면서 상호간에 현실을 인정하는 기조가 자리 잡는다. 사건은 오히려 사회주의권 내에서 더 심각한 파장을 일으켰다. 동유럽 국가 중에서도 알바니아, 유고슬라비아, 루마니아가 소련을 공개적으로 비난했고, 서유럽 공산당들도 소련의 무력개입을 주권침해로 규정했다.

가장 호된 비판을 가한 것은 중국이었다. 중국은 소련을 사회주의의 외피만 썼을 뿐 서유럽 제국주의자들과 전혀 다를 바 없는 '사회제국주의'라고 격렬히 비난했다. 중소 분쟁은 이제 국경문제로까지 비화되어, 1969년 3월 우수리강의 다만스키 섬에서 양국 군대의 무력충돌이 발생했다.

중·소 관계는 마침내 적대관계로 변했고, 1970년대에 들어 중국은 그때까지 '세계인민의 적'으로 삼고 있던 미국과 극적으로 화해하면서 소련을 제 1의 적으로 돌렸다. 중국은 이후 미국·일본과 국교를 맺고 자본·기술제휴를 강화하면서 소련을 포위하는 전략을 채택한다.

그러나 다른 사회주의 국가들과의 협력은 점점 강화돼갔다. 코메콘을 매개로 한 소련과 동유럽간의 협조관계는 국가별 분업체제로까지 발전해갔고, 1972년에 쿠바, 이어서 베트남까지도 코메콘에 가입하여 사회주의 국가 간의 연대를 발전시켰다. 유고슬라비아와의 관계도 개선되어 상호 협조체제를 확립했다.

한편, 1960~1970년대에 미·소의 주된 대결장은 제3세계였다. 미국과 소련은 고도의 지원·견인 정책을 펴면서 신흥국가들을 하나라도 더 자기 영향하에 두고자 했다. 소련은 동서화해의 기류를 크게 해치지 않는 범위 내에서 아시아, 아프리카, 라틴 아메리카의 민족해방운동을 적극 지원하여 제국주의의 뿌리를 자르고 사회주의 또는 진보적 민주주의 정권을 수립하고자 힘썼다.

가장 치열한 싸움터는 베트남이었다. 1964년 미국 전투기의 북폭 개시로 재개된 베트남 전쟁에서 소련은 당시 반목하고 있던 중국과 함께 북베트남을 지원했다. 미국은 '더러운 전쟁'이라는 비난을 받으면서도 남베트남의 반민중적 정권을 지원하며 전쟁을 계속 끌었으나 1973년 결국 베트남 인민에게 밀려 철수했다. 1975년 베트남에는 통일 사회주의 정부가 들어섰다. 인근 라오스와 캄보디아에서도 1975년 오랜 독재정권이 물러나고 인민공화국이 수립됐다.

1967년과 1973년, 이스라엘과 아랍 국가들 간에 벌어진 중동전쟁에서 소련은 아랍국가들을 지원했다. 그 과정에서 아랍국가들의 민족주의가 강화되면서 제국주의 세력의 석유독점체제가 흔들렸다.

1975~1977년에는 아프리카의 앙골라와 에티오피아 민족혁명세력을 지원하여 친소 정권을 수립했다. 이 무렵, 아프리카와 아시아에서는 두 나라 외에도 베냉, 기니비사우, 브라자빌 콩고, 리비아, 모잠비크, 아프가니스탄, 남예

멘, 이란 등지에서 반제국주의 정부가 수립되고 더 많은 나라들이 독립을 쟁취하면서 전통적인 식민주의의 기반이 무너진다.

그 파장은 유럽과 라틴 아메리카에까지 밀려왔다. 1974년 포르투갈에서 인민운동과 군부의 협력하에 파시스트 정권이 타도됐고, 1970년에는 칠레에서 선거를 통해 아옌데의 사회주의 정부가 수립됐으며, 1979년에는 니카라과에서 반제 혁명이 일어나 산디니스타 정권이 수립됐다. 그러나 모두 미국과 제국주의 세력의 집요한 공작으로 인해 단명으로 끝나고 말았다.

1970년대 말엽, 소련은 미·중·일 3개국의 제휴에 위기감을 느껴 베트남, 아프가니스탄 등과의 군사동맹을 강화했다. 1979년 반혁명게릴라에 시달리던 아프가니스탄의 친소 정부가 파병을 요청해오자 소련은 치밀한 고려 없이 아프가니스탄에 군대를 출동시켰다. 그런데 반혁명게릴라가 서방세계의 전폭적인 지원하에 전투를 장기전으로 이끌면서 소련은 끝없는 구렁텅이로 빨려 들어갔다.

이를 계기로 대미·대서방 관계는 다시 악화됐고, 서방측은 소련을 집요하게 물고 늘어졌다. 경제사정은 눈에 띄게 악화돼갔고, 해외의 반체제 인사들은 대정부 비난의 강도를 높였다. 1970년대를 통해 사회주의 세계체제는 크게 약진했으나, 그 중심인 소련은 차츰 위기전야로 치달아갔다.

소련의 반체제 지식인들:
사호로프, 노벨 평화상 수상(1975년)

어느 사회에나 비판세력은 있게 마련이다. 사람마다 처한 상황이 다르고 생각과 경험 역시 모두 똑같을 수는 없기 때문이다. 비판세력들은 사회의 정체와 부패를 막고 새로운 정책과 방향을 제시하는 등 긍정적인 역할을 하는 한편으로, 사회의 통일성을 깨뜨리고 반사회적 대중운동을 부추기는 등 부정적인 역할도 한다. 평가의 척도는 그들의 행동이 사회의 진보에 부합하느냐 역행하느냐이다.

인류 역사상 처음으로 사회주의 혁명을 성공시킨 뒤, 모든 종류의 착취를 없애고 '능력에 따라 일하고 필요에 따라 분배하는' 사회를 이 땅에 실현하려는 숭고하고도 지난한 이상을 추구하는 소련사회에서, 그 목표와 방향을 둘러싸고 여러 이견이 표출되지 않을 리 없었다. 게다가 사회주의와 자본주의가 체제대결을 벌이면서 때로는 말로, 때로는 무력으로 서로 자기를 관철하려 들려는 속에서, 두 체제는 자연히 상호영향을 미치게 되고, 그 영향은 어떤 식으로든 그 안에 살고 있는 사람들에게까지 파급될 수밖에 없었다.

소련의 반체제 운동은 물론, 혁명 직후부터 시작됐다. 그러나 혁명 직후의 내전을 거치며 반혁명 세력은 거의 제거되거나 망명했고, 남은 적대세력은 이후 스탈린 시대에 가혹하게 처형 또는 추방되거나, 강제수용되어 노동을 통해 교정을 받는 운명을 겪었다. 그런데 그 과정에서 적대세력이 아닌 정치적 반대자와 양민들까지도 무더기로 피해를 당한 사례가 많았다.

1956년 흐루시초프의 스탈린 비판 이후 수백만의 억울한 피해자가 감옥과 강제수용소에서 풀려나 명예회복 됐고, 사회 일각에서 스탈린 비판을 진전시키려는 움직임이 일었다. 그러나 사태의 악화를 우려한 정부의 태도변화로 1차 제동이 걸렸다. 그 후 1961년 제2차 스탈린 비판은 막힌 출구를 뚫어놓는 구실을 하여, 일단의 지식인들이 철저한 스탈린 비판과 더 나아가 사회의 민주화를 요구하기 시작했다. 이들은 자신들의 주장을 타자기로 찍어서 유포하거나(사미즈다트), 광장에서 낭독집회를 열고, 해외에서 출판하기도 했다(타미즈다트).

그러나 흐루시초프를 실각시키고 등장한 브레즈네프 정부가 다시 이 움직임에 제동을 걸었다. 스탈린 시대에 성장해온 브레즈네프 정부의 지도자들은 더 이상의 비판이 불러올 폐해를 우려하여 역사의 재고찰을 봉쇄했다.

1966년 2월 '반소련 선전' 내용이 담긴 자신의 작품을 해외출판한 작가 다니엘과 시냐프스키의 재판을 시작으로 1968년 1월까지 세 차례의 재판이 열리면서 공개적으로 체제를 비판하는 지식인의 탄압이 본격화됐다. 그러나 많은 사람들이 이들의 유죄판결을 비판, 항의하고 감형탄원에 참여했다.

1968년 여름의 체코슬로바키아 사건을 계기로 억압은 더욱 강화됐다. 체코슬로바키아의 자유화 운동 진압에 항의하는 붉은광장의 5인 시위자에게는 4~5년형이 선고됐다. 정부는 체제비판을 억제하는 한편으로, 개인적인 자유는 폭넓게 인정했다. 체제를 문제 삼는 견해를 공공연히 표명하는 것은 억압을 받았으나, 사생활에서는 금지된 간행물을 읽는 것도 용인됐다.

비판세력은 두 갈래로 갈라졌다. 지식인들의 태반은 체제 내로 복귀했으나, 이들 사이에서는 '공식적인 입장'과 '속마음'을 각각 달리하는 풍조가 생겨났다. 이를 거부하고 자신의 견해를 타이핑, 복사하여 사미즈다트(지하출판물)로 널리 유포시키며 저항을 계속한 사람들이 이론파異論派다. 사미즈다트는 해외에서 출판되어 다시 역수입되곤 했다. 1970년대 초의 대표적인 해외

출판물은 솔제니친의 〈수용소 군도〉와 메드베데프의 〈역사의 심판에 부쳐〉다.

이론파 운동은 정권타도를 목표로 하는 정치적 반대운동은 아니었고, 지도층의 권위주의적 지배의 문제점을 지적하면서 합리성과 도덕성을 회복시키고자 하는 일종의 정치적 개량운동이었다. 운동은 체제 개선, 체제 민주화, 이데올로기 정화, 인권운동 등에 초점을 두고 진행됐다.

이론파에는 다양한 갈래가 있었다. 물리학자 사하로프는 지하출판물 〈진보, 평화공존, 지적 자유에 관한 고찰〉에서 지도자들이 스스로의 과오를 시정함으로써 체제의 모순을 개선할 수 있다는 온건한 주장을 폈다. 그에 반해 아말리크는 구조적 병리의 시정 가능성조차 의심한 과격파였다. R.메드베데프는 민주개혁에 기대를 거는 공산주의자인 반면에, 솔제니친은 정교신앙에 기울어 사회주의 체제 자체에 회의를 품었다(솔제니친은 망명 후 철저한 반공주의자가 되어 소련 비난의 선봉에 선다). 시냐프스키는 이념과 리더십의 쇄신을 통한 사회주의적 도덕성의 회복을 주장한 반면에, 카피차는 과학과 경제의 실용주의를 강조했다.

1970년대 초 이론파, 즉 반체제 지식인들은 억압에 대한 저항을 강화해나갔고, 정부는 새로운 억압책으로서 반체제 인사들의 출국을 허용하고 대신 시민권을 박탈하는 정책을 취했다. 그에 따라 솔제니친을 비롯해 첼로 연주자 로스트로포비치, 작가 보이노비치, 악쇼노프, 시냐프스키, 생물학자 J.메드베데프 등, 체제비판적인 이론파들이 잇따라 국외로 출국 또는 추방됐다. 해외이주를 희망하던 유태인의 출국도 용인되어 1973년까지 13만 명이 출국했다.

그로 인해 반체제 경향이 뚜렷한 이론파는 거의 망명자가 됐고, 이들 출국자와 이들이 낸 출판물들을 통해 소련사회의 어두운 부분이 서방세계에 널리 알려지면서 소련의 대외적 위신이 적잖이 실추됐다. 특히 망명자들은 해외에서 반소 신문·잡지와 서적을 활발하게 출간하여 세계적으로 반소련 운동을 북돋우는 한편, 국내로도 출판물을 대량 유입시켜 국내의 반체제 운동에도 영향을 주었다.

한편, 1970년대 중엽까지 소련에 남아 있던 비교적 온건한 체제비판 인사들은 합법단체를 조직, 합리적인 정책개발을 자극하고 대안을 제시하는 등의 활동을 하기도 했다. 대표적인 단체들에는 야키르 등의 '인권옹호 그룹', 사하로프가 이끄는 '인권위원회', 투르친 등의 '앰네스티 국제 그룹', 오를료프 등의 '헬싱키 모니터 그룹' 등이 있었다.

1975년, 유명한 핵물리학자로 반체제 지식인들의 기둥이자 대변인 역할을 해온 인권운동가 사하로프에게 노벨 평화상이 수여됐다. 당시 사하로프는 사회주의의 개량 차원을 넘어서 자유주의 성향을 점점 드러내고 있었다. 소련에 서방측의 편파적인 시각에 대한 비난이 일면서 반 사하로프 캠페인이 벌어졌다. 사하로프는 그 뒤에도 소련정부의 묵인하에 인권운동을 계속하다가 1979년 아프가니스탄 출병을 비판한 뒤 1980년 1월 고리키 시에 행정유형됐다.

그 뒤로도 이론파 운동은 미미하게 계속되다가 1982년 '헬싱키 모니터 그룹'의 해산 이후 거의 자취를 감추었고, 대신 몇몇 연구소의 개혁 성향 연구원들을 중심으로 한 전면적인 경제개혁 주장이 점점 힘을 얻어갔다. 1980년대 중엽 페레스트로이카가 시작되면서 개혁운동과 함께 체제비판운동이 다시 맹렬하게 타올랐고, 체제 내 개혁을 요구해온 사하로프, R.메드베데프 등의 지도자는 개혁파의 중추로서 화려하게 복귀했다.

무너져내리는 소련사회:
경제 위기와 노보시비르스크 각서(1983년)

  1970년대 중엽을 고비로 경제에 적신호가 나타나면서 사회의 정체와 부패
가 뚜렷한 징후를 보이기 시작했다. 1960년대 후반, 1970년대 전반까지도 연
평균 6.3%와 5.9%를 보이던 공업성장률이 1970년대 후반에는 3.4%로 떨어
졌다. 농업의 경우에는 더욱 심해 1970년대 전반부터 정체현상을 봉이기 시
작했다.

  경제성장의 정체와는 반대로, 국민들의 소비수요는 급증했다. 그간의 지속
적인 경제성장과 사회의 절대적인 안정은 국민들의 기대 수준을 크게 부풀
렸다. 전통적으로 생산재와 군주산업에 치중해온 소련경제는 국민들의 소비
재 수요를 충족시켜줄 수가 없었다. 브레즈네프 정부는 소비재 생산을 늘리
는 데 많은 관심을 기울였으나, 의지표명과 부분적인 조치만으로 구조적인
문제가 극복될 수는 없었다. 계획과 달리 생산재 부문과 소비재 부문의 격
차는 오히려 조금씩 더 벌어져갔다. 농업부문에서도 식량의 자급에는 별문
제가 없었으나, 육류 소비의 증가에 맞추기 위해 식육 생산을 늘이면서 사료
수요가 급증하여, 전통적인 곡물 수출국이던 소련이 곡물 수입국으로 변했
다.

1970년대 말, 소련경제의 위기는 이제 지각있는 사람이라면 피부로 느낄 수 있는 정도가 됐다. 그러나 일반 국민과 타성에 찌든 관료들은 아직 이 위기를 실감하지 못했다. 1973년 중동전쟁 이후 두 차례의 유류파동으로 석유가격이 폭등하면서 당시 세계 최대의 석유수출국이던 소련에 오일 달러가 대거 유입되어, 위기를 은폐하고 있었던 것이다.

폐쇄적인 관료체제는 이 위기를 은폐함과 동시에 심화시키는 역할을 했다. 생산량과 경제수치의 조작이 다반사로 행해졌고, 힘 있는 사람들을 중심으로 지하경제가 형성되기 시작했다. 국가재산이 빼돌려져 암거래됐고, 서방에서 밀수입된 상품들이 지하에서 고가로 거래되기 시작했다.

각급 당이 가지고 있던 유망인사 명단을 뜻하던 노멘클라투라는 이제 특권계급을 지칭하는 말이 됐다. 이들은 사회의 요구에 자신을 일치시키기보다는 자신의 일자리와 특권을 유지하는 데 급급하는 부패한 관료주의를 만연시켰다. 공업화가 진전되고 사회구조가 변화하면서 크게 늘어난 각종 전문직 종사자를 비롯한 중간층들도 이제 혁명이 가져다준 것을 잊어버리고 자신들의 처지를 자본주의국에서 자신들 비슷한 위치에 있는 사람들과 비교하기 시작했다. 물론, 서방세계의 각종 전문가들은 그들보다 몇 배 나은 풍요와 안락을 향유하고 있었다. 노동자들은 대체로 그 반대였지만.

그로 인해 적대계급이 사라졌다는 소련사회에 새로운 계급이 형성돼갔다. 물론 서방세계의 계급 간 격차에 비하면 미미한 것이었으나, 계급과 착취 없는 공산주의를 지향하는 사회에서 일부 계층이 누리는 비교적 높은 소득, 좋은 시설과 서비스를 제공받을 수 있는 특권, 지위를 이용해 올리는 부수입 등은 인민대중들로서는 꿈꾸기조차 어려운 것들로서, 사회의 일체성을 깨뜨리기에 충분했다. 병들어가는 관료주의는 온 나라에 부패를 만연시켜 갔다.

지역 간 격차에 대한 불만도 터져나왔다. 혁명 이전부터 후진지역이었던 변방의 주민들은 엄연한 격차에 불만을 나타냈고, 선진지역이었던 발트 3국 등지의 주민들은 오히려 다른 지역을 돕다 보니 자기네 발전이 지체된다고 불만이었다.

1980년대에 들어 물가상승을 감안한 경제성장률은 사실상 제로 상태로 떨어졌고 투입자본에 대비한 산출량의 비율도 격감했다. 행정·명령형 경제체제와 관료주의로 인한 물자의 낭비와 비효율성이 극명하게 드러났다. 경제위기가 모든 사람에게 피부로 느껴지면서 국민들의 불만은 국가의 통일성을 해치는 정도로까지 발전해갔다. 많은 사람들이 이제 국가와 사회보다는 자신과 자기 가족, 자기네 생산목표를 챙기기에 바빴다. 부정부패가 만연하고 범죄와 알코올 중독자가 크게 늘어나면서 사회붕괴의 조짐이 확산됐다.

게다가 국제정세마저도 매우 좋지 않게 돌아갔다. 1979년의 아프가니스탄 출병은 소련을 진흙탕 속으로 끌고 들어가면서 대서방 관계를 악화시키고 소련의 국제지위에도 큰 손상을 입혔다. 아프가니스탄에서의 군수물자 수요와 동서 데탕트의 파괴에 따른 군비 재강화로, 소비재 생산을 늘리려는 소련정부의 계획은 다시 차질을 빚었다. 1980년에는 폴란드에서 바웬사가 이끄는 '연대' 운동이 일어나는 등, 동유럽에 동요가 일면서 반석 같았던 단결이 무너지기 시작했다.

위기상황에서 노보시비르스크와 모스크바·레닌그라드의 연구소를 중심으로 개혁파 연구원들이 소련경제와 정치·사회의 문제점들을 진단하고 나름대로의 대책을 제시하기 시작했다. 그중 1983년 여름, 노보시비르스크의 자슬라프스카야 등이 작성한 〈노보시비르스크 경제보고서〉는 중앙집권 명령형 계획경제의 문제점을 다음 여덟 가지로 요약했다.

1. 경제 의사결정의 과도한 중앙집권

2. 생산계획 책정의 일방적이고 명령적인 성격

3. 시장 관계 발전의 미약함(소비재 및 생산수단의 가격과 사회적 가치의 불일치, 자재와 기계 공급의 중앙관리, 생산재 시장의 결여)

4. 노동에 대한 물질적 자극의 중앙 규제

5. 지역적 관리원칙보다 부문별 관리원칙이 우선하는 것

6. 경제부문과 관련부문의 관청별 분담관리(관리기구의 비대화, 다층화)

7. 기업의 경제권한 제한, 그 결과로서 기업활동의 성과에 대한 모호한 경영책임

8. 생산·서비스·교환 각 분야에서 주민의 모든 비공식 경제활동을 제한하는 것

요컨대 기업이 모든 면에서 중앙관료기구에 꼼짝 못하게 얽매여 질식해버릴 지경에 이르렀다는 분석이었다. 흔히 〈노보시비르스크 각서〉라 불리는 이 보고서는 개혁논쟁의 출발신호 역할을 하여 고르바초프의 초기개혁에도 큰 영향을 미쳤다.

브레즈네프는 1982년 11월, 체제가 완전한 정체의 수렁 속에 빠진 가운데 76살의 나이로 죽었다. 후임에는 68살의 전 KGB(국가보안위원회) 의장 안드로포프가 취임했다. KGB 의장 시절 반부패 캠페인을 벌인 바 있는 안드로포프는 서기장에 오르자마자 지하 제조업과 상행위의 이권에 관련된 각료들을 시범적으로 해임하고, 노동자와 사무직 종사자들에게도 엄격한 작업기강의 확립을 요구하여 위반자를 적발, 처벌하는 등 개혁의지를 확고히 했다. 그와 더불어 고르바초프의 능력을 인정하여 장래의 지도자 후보로 끌어올리는 등, 중앙과 지방의 대폭 인사교류를 통해 능력 있는 젊은층을 요직에 등용하여 개혁을 준비했다. 그러나 그는 개혁의 청사진을 채 펼쳐보이지도 못하고 1년 3개월 만에 병으로 쓰러지고 말았다.

안드로포프가 1984년 2월에 죽은 후, 브레즈네프에게 충성하던 74살의 체르넨코가 서기장에 올랐다. 현상유지에 급급하던 그는 결과적으로 고르바초프에 대한 기대만 높여준 채 1년 후에 죽었다.

페레스트로이카와 '새로운 사고':
고르바초프, 개혁 착수(1985년)

체제위기의 절정에서 1985년 3월, 54살의 '젊은' 고르바초프가 당 서기장이 됐다. 지도자들 사이에 위기의식이 심화되면서 개혁파의 리더인 고르바초프를 최고지도자로 선출한 것이다. 그는 취임연설에서 글라스노스트(개방·정보공개·언론자유)를 강조하여 주목을 끈 뒤, 발빠르게 움직이며 개혁의 청사진을 펼쳐갔다. 4월에는 고질적인 정체를 깨뜨릴 '사회경제 발전의 가속화'를 강조했다. 연말에는 미국의 레이건 대통령과 만나는 등, 미·소 관계의 개선에도 적극적인 자세를 보였다. 러시아 국민뿐만 아니라 전세계인이 그의 일거수일투족을 주시했다.

1986년 2월 제27차 당대회에서 새로운 강령이 채택되고 '가속화' 전략이 결의됐다. 그러나 낡은 사고가 아직까지도 지도부를 꼼짝 못하게 얽어매고 있었고 경제발전 가속화 전략도 전혀 실행에 옮겨지지 못하고 있었다. 고르바초프는 이해 4월, "사회생활 모든 부분에서 페레스트로이카(총체적 개혁·재편)가 필요하다"면서 처음으로 '페레스트로이카'를 제창했다.

4월 26일에 일어난 체르노빌 원자력발전소의 사고는 개혁 필요성에 대한 공감을 크게 확산시켰다. 사고 직후에 열린 당 중앙위원회에서 페레스트로이카 노선이 당의 공식방침으로 승인됐다. 그해 여름, 고르바초프는 하바로 프스크에서 '페레스트로이카는 혁명'이라고 선언하여 세계를 깜짝 놀라게 했다. 대중들 사이에서 '글라스노스트'와 '민주화'가 일상적인 구호로 자리잡 아갔다. 10월에는 미·소 정상회담에서 고르바초프가 전략핵무기의 반감과 전술핵무기의 전폐를 제안하여 다시 한 번 세계를 놀라게 했다.

1987년은 페레스트로이카 원년으로 꼽힌다. 1월에 페레스트로이카는 사 회 민주화와 불가분하다는 선언이 나오면서 소비에트 대의원의 복수선거제 도와 완전한 비밀투표가 제창됐다. 6월에는 기업의 자주관리와 독립채산제 를 채택하여, 중앙계획기관은 장기계획의 목표만 제시하고 구체적인 운영은 기업들에게 위임하는 경제개혁이 행해졌다. 이를 전후하여 개인기업을 허용 하고 협동조합의 자율권을 크게 높이며, 외국무역을 다변화하고 외국과의 합작기업을 허용되는 등, 꽉 막혀 있던 경제에 활력을 불어넣기 위한 조치가 순차적으로 행해졌다. 페레스트로이카에 발동이 걸린 것이다.

1987년에 고르바초프가 직접 쓴 책 〈페레스트로이카〉에 당시의 위기에 대 한 그의 진단과 해결책이 잘 제시되어 있다. 고르바초프는 이 책에서 소련경 제의 병폐로 원재료의 낭비와 비효율성, 신기술의 도입 지연, 중앙집중관리 의 경직성 등을 열거하면서, 위기의 근원을 소련에 건설된 특수한 형태의 사 회주의의 결함, 그중에서도 특히 경제관리의 과도한 중앙집중, 인간이해의 다양성 무시 등에서 찾았다. 즉, 소련체제의 가장 큰 결함은 민주주의의 결 여이며, 그 해결책은 사회의 모든 면에서 민주화를 확대하는 것이라는 진단 이었다. 덧붙여서 페레스트로이카는 '사회주의를 강화시키는 것이며 그것을 다른 체제로 대체하는 것이 아님'을 강조했다.

경제개혁에서 고르바초프는 장래에 충돌을 일으킬 수도 있는 두 가지 방 향을 제시했다. 하나는 기업과 계획·관리체제를 포함한 경제제도의 민주화 였고, 하나는 경제에 시장요소를 더 많이 도입하는 것이었다. 그러나 당시 고 르바초프와 개혁주도세력이 생각했던 것은 분명히, 민주적인 계획체제와 기 업이 지배적인 제도로 자리 잡은 위에 시장이 부차적인 역할을 하는 '민주적 사회주의'의 창출이었다. 기업이나 그 밖의 국유재산의 사유화 주장 같은 것은 없었다.

페레스트로이카는 글라스노스트로부터 시작됐다. 관영 TV를 포함한 모든 매체를 통해 그동안 공표가 금기시됐던 정보들이 공개되기 시작했고, 그를 토대로 활발한 의견교환과 논쟁이 벌어졌다. 사회의 문제점과 그 해결책에 대한 토론의 개방을 통해 대중들의 창발성을 고양하고, 경제기구를 민주화하며 대중을 개혁과정에 참여시키려는 것이 지도부의 목적이었다.

역사와 사회의 어두운 면이 햇빛 아래 드러나기 시작했다 역사의 재평가 작업이 시작되고 억압체제에 대한 고발과 비판이 이어졌다. 고위관료와 지도기구에 대한 격한 비판이 행해졌으며, 부정부패, 알코올 중독, 매춘 등의 병적 증상이 폭로되고 그에 대한 대책이 제시됐다. 문학 · 영화 · 드라마의 검열도 폐지되어 반체제 인사들의 작품이 빛을 보고 서방세계의 문화도 보급되기 시작했다.

활발한 토론이 벌어지면서 다양한 견해들이 표출됐다. 민족주의, 반유태주의, 반사회주의적이고 친자본주의적인 입장들이 사회주의개혁 주장과 함께 공개적으로 유포됐다. 구체제를 신랄하게 비판하는 사람일수록 더 많은 동조자를 얻었다. 공식입장과 견해를 달리하는 사람들이 느슨한 모임을 형성하기 시작했고, 자유주의적 지식인과 사회주의적 '좌익 반대파'는 각종 비공식단체와 이익단체 · 인민전선을 만들어 대중운동을 확산시켜갔다.

1987년 11월 2일 고르바초프는 10월 혁명 70주년 기념연설에서 스탈린 시대의 행정 · 명령형 지도방식과 정치탄압에 관한 비판을 확인하면서, 의견과 사회활동의 다양성을 뜻하는 '사회주의의 다원성'을 제기했다. 민주집중제와 자주관리의 결합 틀을 벗어나지 않는 '다원성'을 말한 것이었으나, 다양한 주장들이 제기되고 있는 상황에서 이 언급은 급진주의자들을 부추기는 결과를 낳았다. 이를 전후하여 옐친으로 대표되는 급진개혁파가 공개석상에서까지 목소리를 높이기 시작했다.

이때까지 당내에서 절대 다수를 점하고 있던 정통보수파는 급진개혁의 위험을 거론하며 옐친을 호되게 비판했다. 옐친이 결국 지도부에서 물러나고, 고르바초프와 정통보수파의 타협이 이루어졌다.

'새로운 사고'에 따라 소련은 침공 8년 5개월 만인 1988년 5월 아무것도 얻지 못한 채 아프가니스탄에서 철수를 시작했다.

페레스트로이카의 또 다른 축은 '새로운 사고'였다. 핵무기가 인류의 생존 자체를 위협하고 세계가 하나로 통일돼가고 있는 상황에서, 계급이나 국가의 이익보다는 평화와 환경 등의·전인류적 가치가 우선하며 각 국민은 자유롭게 자기 발전의 길을 선택해가야 한다는 것이 '새로운 사고'의 요지였다.

1987년 12월, 고르바초프는 미국을 방문하여 INF(중거리 핵전력)의 전폐 조약을 성사시켰다. '새로운 사고'에 따른 외교가 거둔 첫 성과였다. 다음해 초에는 아프가니스탄 철병이 시작되어 1년 후인 1989년 2월에 완료됐다.

1988년 초에 들어 페레스트로이카에 첫 위기가 왔다. 민주화의 진전과 함께 민족주의가 발흥하면서 비극적인 충돌이 일어났다. 1988년 2월 아제르바이잔 공화국 내 나고르노-카라바흐 자치주에서 격렬한 민족분규가 일어나 다수의 아르메니아인이 살해당하는 사건이 발생한 것이다. 당 지도부가 미처 예상치 못한 사태의 진전이었다. 이후 민족문제는 페레스트로이카의 중대한 장애물로 등장한다.

1988년 3월에는 안드레예바의 논문 〈원칙을 포기할 수는 없다〉가 발표되면서 정통보수파의 움직임이 활발해졌다. 고르바초프와 개혁주도파는 〈프라브다〉 지에 반박 논문을 게재하며 보수회귀 움직임에 제동을 걸었다. 이후의 논쟁에서 고르바초프의 개혁파가 승리하고 정통보수파는 후퇴했다.

이 일이 있은 뒤 '페레스트로이카 제2의 숨결'이라고 할 만큼 소련에는 혁신의 기운이 충만했고, 스탈린 비판이 제약 없이 행해지기에 이르렀다.

고르바초프는 '안드레예바 논문 사건'을 계기로 '교조주의자들을 물리치지 않고서는 경제개혁을 진전시킬 수 없다. 경제제도의 개혁만으로는 대중의 자발적인 움직임을 확대시켜나갈 수 없다'는 판단 아래 정치개혁을 가속화하기로 생각을 굳혔다. 1988년 6월의 제19차 당협의회에서 종래의 최고 소비에트를 폐지하고 국가 최고기관으로 인민대의원대회와 최고회의를 신설하는 새로운 국정체제가 결정됐다. 당과 국가의 분리, 노멘클라투라의 폐기와 대표자의 자유선출, 주요직책의 임기제도 채택됐다. 정치개혁이 본궤도에 오른 것이다.

이로써 글라스노스트와 사회 민주화로부터 시작된 페레스트로이카는 경제개혁과 '새로운 사고'에 입각한 외교를 거쳐 정치개혁에 이르면서 그 사이클을 완성했다. 그러나 정치·경제·사회 전반에 걸친 개혁이 본격화되면서 페레스트로이카는 개혁지도부의 통제선을 넘어 자체발전을 시작했다.

급진파의 목소리가 커지면서 보수-개혁 논쟁이 점점 더 뜨거워졌고, 민족문제도 갈수록 첨예해졌다. 페레스트로이카의 본격화와 함께 그 위기의 골도 점점 깊어갔다.

개혁과 개방의 진통:
보·혁 갈등 시작(1987년)

페레스트로이카가 궤도에 오르면서 개혁의 목표와 방향에 대한 열띤 논쟁이 시작됐다. 소련의 지도층은 크게 세 파로 나뉘어 활발한 토론을 벌였다. 하나는 고르바초프를 중심으로 하는 개혁주도파이고, 하나는 리가초프로 대변되는 정통보수파이며, 다른 하나는 옐친 등의 급진개혁파이다.

고르바초프가 서기장이 되어 페레스트로이카에 착수할 당시, 세 파는 모두 같은 인식을 갖고 있었다. 소련에 체제위기가 왔고, 이 위기는 폭넓은 개혁을 통해서만 극복할 수 있으며, 개혁의 방향은 행정·명령형 지도에 물든 관료주의를 타파하고, 사회 전반의 민주화를 진전시킴으로써 대중들의 창발성을 높여 경제에 활력을 불어넣는다는 것이었다. 페레스트로이카의 슬로건, '더 많은 공개, 더 많은 민주주의, 더 많은 사회주의'에 이들은 모두 공감했다.

세 지도자의 개인적인 친분관계도 사실 같은 개혁파라는 공통점으로 맺어진 것이었다. 체르넨코 사후 후계자를 선출할 당시 당서기였던 리가초프는 젊은 정치국원 고르바초프의 집권을 도왔고, 집권 후 고르바초프는 리가초프를 정치국원으로 끌어올려 제2서기직을 맡겼다. 개혁 프로그램 작성 과정에서도 두 사람은 긴밀하게 협력했다. 옐친은 개혁 착수 후 리가초프의 천거로 고르바초프가 지도부에 발탁한 인물이었다.

1987년 후반까지 페레스트로이카는 세계인의 관심하에 온 국민의 호응을 받으며 순조롭게 진행됐고, 세 사람 사이에도 별문제가 없었다. 그러나 1987년 10월 당 중앙위원회에서 옐친이 개혁속도가 너무 느리다고 비판하면서 바야흐로 보·혁 논쟁의 막이 올랐다. 옐친은 특히 리가초프를 지목하여 그가 페레스트로이카에 소극적이며 당 서기국을 비민주적으로 운영하고 있다고 비난했다.

이때가지 옐친은 지지자가 별로 없는 독불장군이었다. 자유주의자와 좌익 사회주의자들이 몇몇 비공식단체를 만들어 급진적인 주장을 펴고 있기는 했으나, 아직은 그 힘이 미약했다. 11월 11일, 옐친은 모스크바 시당 제1서기에서 해임됐고, 다음 해 초에는 정치국 후보위원직에서도 물러났다. 해외보도를 통해서야 옐친의 해임 소식을 접한 급진적인 몇몇 단체는 소련 대중매체의 침묵을 문제 삼으며 옐친 해임의 진상규명을 요구하는 시위를 벌인다.

정통보수파는 이 사건을 계기로 페레스트로이카의 과도한 진전에 우려를 갖기 시작했다. 그후 1988년 3월, 스탈린의 공적과 사회주의의 전통을 옹호하고 개혁의 과도한 진전을 공격하는 안드레예바의 논문 〈원칙을 포기할 수는 없다〉가 〈소비에츠카야 러시아〉 지에 게재되면서 정통보수파의 움직임이 활발해졌다.

보수파의 움직임에 제동을 걸지 않으면 개혁이 도중 하차할지도 모른다고 생각하고, 고르바초프는 〈프라브다〉 편집부에 반박 논문을 게재하도록 요청했다. 〈프라브다〉 편집부에서 쓴 〈페레스트로이카의 원칙은 사고와 행동의 혁명성이다〉라는 논문은 '원칙을 방기하는 것'이라거나 '토대를 무너뜨리는 것'이라는 주문을 외움으로써, 페레스트로이카에 제동을 걸려는 경향을 신랄하게 비판했다. 이후 벌어진 논쟁에서 개혁주도파가 승리하고 정통보수파는 후퇴했다.

광범한 정치개혁을 결의한 1988년 6월 제19차 당협의회를 기점으로 보·혁 논쟁의 2단계가 시작된다. 당협의회에서 옐친은 개혁촉진을 요구하고 보수파 비판을 선도하여 대중들로부터 인기를 얻었다. 보수파도 이제 페레스트로이카의 변질을 문제 삼으며 대반격을 시작했다. 고르바초프는 양날개의 균형을 잡으며 안정 속의 개혁을 지속하고자 애썼다.

개혁파·보수파·급진개혁파의 구도가 확실하게 자리를 잡은 것은 이 무렵이다. 개혁파와 보수파는 이제 여러 면에서 의견을 달리하기 시작했다. 지난 70년간의 사회주의 건설의 공과 과, 자본주의 체제의 미래, 시장요소의 도입 폭과 속도, '새로운 사고'에 입각한 외교, 민족분리운동, 페레스트로이카에서의 당의 주도성, 페레스트로이카 부진의 원인 등, 모든 면에서 개혁파와 보수파는 평가와 견해를 달리하며 충돌했다.

급진개혁파는 페레스트로이카, 즉 개혁과 재편의 차원을 넘어서기 시작했다. 그들은 자본주의 체제가 곧 사멸하지 않고 자본주의와 사회주의가 자체 법칙에 따라 병행 발전해갈 거라는 개혁파의 견해에서 한걸음 더 나아가, 가장 효율적인 관리·통제방식은 주식회사제이며 자본주의적 시장요소를 대폭 도입하여 상품-화폐 관계를 매개로 시민사회를 발전시켜야 한다고 주장하기 시작했다. 다당제를 수용하고 사유재산을 인정하며 완전한 자유시장경제로 전환해야 한다는 주장까지도 일각에서 제기됐다.

고르바초프가 페레스트로이카의 지속을 강조하면서, 당내 보수파의 입지는 약화됐다. 1988년 9월의 정치국 인사에서 보수파인 그로미코가 은퇴하고 리가초프가 이데올로기 담당에서 물러나 농업 담당으로 좌천됐다.

1989년 3월의 인민대의원 선거에서 옐친 등 급진개혁파의 지도자들은 자신의 지역구에서 압승을 거두고 화려하게 정계에 복귀했다. 반면에 몇몇 보수파 지도자를 비롯한 고위 당관료들이 대거 낙선했다. 페레스트로이카가 별효과를 내지 못하고 경제가 활력을 되찾지 못하는 가운데, 인민대중이 개혁주도파와 보수파에 등을 돌리고 급진개혁파를 정치적 대안으로 바라보기 시작한 것이다.

7월에는 광부들의 대파업이 일어나 페레스트로이카의 위기를 심화시켰다. 노동조건의 개선, 노동자 민주주의의 확대, 광산의 노동자 통제, 생산물의 일부 처분권 등을 요구한 정치성 파업은 개혁주도파에 심각한 타격을 가하고

결과적으로 급진파의 입지를 크게 강화해주었다.

정치경제의 위기에 더하여 이념적 혼란이 극심해진 상황에서 고르바초프는 당 개혁을 통해 개혁의 주도권을 확보하고자, 1991년으로 예정

페레스트로이카를 위한 소련공산당 비상회의. 1988년 7월 고르바초프는 각 공화국 대표 5,000명 앞에서 페레스트로이카의 절대 필요성을 역설했다.

된 제28차 당대회를 1990년 7월에 앞당겨 열었다. 보수파는 그 직전인 6월에 이제까지 소련공산당 내에 없던 러시아공산당을 만들어 내부결속을 다졌고, 급진파는 주권선언까지 한 러시아 공화국의 실권을 장악하고 있었다.

제28차 당대회의 다수파는 여전히 정통보수파와 중간파였다. 고르바초프는 당 개혁을 유보하고 서기장직을 그대로 유지한 채 중간파와 짜고 리가초프 제2서기를 축출하는 전술을 택했다. 리가초프와 몇몇 보수파 지도자가 당 지도부에서 밀려났고, 옐친 등의 급진파 지도자는 개혁의 부진에 불만을 품고 탈당했다. 그로 인해 고르바초프와 개혁주도파의 당내 입지가 크게 강화됐다. 고르바초프는 나아가 당 권력의 많은 부분을 정부로 이양시켜 당을 약화시켰다.

제28차 당대회를 계기로 보·혁 대립은 새로운 양상을 띠기 시작했다. 러시아 공화국을 장악한 급진파 지도자들은 공산당을 이탈하여 당외 투쟁을 개시했고, 보수파는 '소유즈 파'와 러시아공산당을 중심으로 뭉쳐 당내에서 개혁파를 계속 압박했다. 격화된 민족분리 운동도 고르바초프의 발목을 계속 잡아챘다. 고르바초프는 당 안팎의 반대파와 분리독립으로 방향을 굳힌 공화국들로부터 세찬 공격을 받으며, 급진파와 보수파 사이를 오가는 위태로운 줄타기를 시작했다.

이후 보·혁 대립은 사실상 이념투쟁으로 변질되기 시작했다. 정통보수파와 개혁주도파는 경제와 사회 전반의 위기를 극복하고 사회주의를 재건하려는 목적은 같았으나, 정통보수파가 더 이상의 개혁진행, 특히 시장요소의 급속한 도입은 사회주의의 붕괴를 가져온다고 생각하여 반대한 반면에, 개혁주도파는 개혁을 계속 진전시키고 시장경제를 도입해야 사회주의를 구할 수 있다고 생각했다. 급진개혁파는 그에 반해, 사회주의를 포기하고 자본주의의 길로 전환해야 러시아가 산다고 주장하기 시작했다.

페레스트로이카가 질척거리기 시작하면서 국론은 크게 양분됐다. 사회주의 원리를 지킬 것이냐, 자본주의로 전환할 것이냐? 싸움은 두 갈래로 진행됐다. 하나는 대중들에 대한 선전전이었고, 하나는 국가권력 장악 싸움이었다. 정세는 갈수록 긴박해져갔고, 수면 위와 아래에서 불꽃 튀는 싸움이 전개되기 시작했다.

페레스트로이카의 가속화와 변질:
시장경제로 전환하다(1989~1990년)

1989년 3월 소련에서는 역사적인 연방 인민대의원 선거가 있었다. 공산당의 공식후보 외에 여러 정파의 후보들이 자유롭게 출마했다. 모든 인민대중이 자유로운 분위기에서 다수 후보 중 하나를 선택했다. 러시아와 소련의 역사에서 사실상 처음으로 치르는 자유경선이었다.

선거에서 이변이 일어났다. 지금까지 무소불위의 권력을 향유해온 공산당과 정부의 간부들이 무려 87명이나 낙선했다. 옐친은 모스크바의 한 지역구에서 89%의 압도적인 지지로 화려하게 정계에 복귀했다. 모스크바와 레닌그라드에서 많은 급진파 인사가 당선됐고, 발트 연안 3개 공화국에서는 민족주의자 후보들이 압승을 거두었다. 물론, 대의원의 다수는 여전히 공산당원이었으나, 당원들 사이에도 견해 차가 컸다.

5월 25일에 열린 인민대의원대회는 시종 텔레비전으로 중계되어 국민들을 열광시켰다. 고르바초프는 압도적인 지지 속에 인민대의원대회의 상설 최고회의 의장으로 선출됐다. 정부와 당이 분리되면서 대중의 정치참여가 활발해지기 시작했고, 국정운영을 좌우하던 공산당의 힘은 약화됐다.

그와 더불어 페레스트로이카에 또 한 차례 위기가 닥쳤다. 7월에 들어서면

고르바초프의 글라스노스트는 소련사회로 밀려드는 '자본주의 문화'의 물꼬를 터놨다. 로큰롤에 열광하는 소련의 신세대 젊은이들.

서 쿠즈바스, 돈바스 탄전지대의 광부를 비롯한 노동자들의 대규모 파업이 일어났고, 그루지야와 발트 연안 3개 공화국에서 탈연방 독립운동이 거세졌다. 대중들에게 페레스트로이카는 아직 효과를 발휘하지 못하고 있었고, 페레스트로이카로 인한 지배체제의 이완은 소수민족들의 독립욕구를 분출시켰다.

연말에는 동유럽에서 극적인 사태전개가 있었다. 베를린 장벽이 무너지고, 루마니아에서 민중혁명이 일어났다. 고르바초프는 동유럽에 대한 불간섭 정책을 고수하며 사태를 묵묵히 관망했다.

한편, '새로운 사고'에 입각한 외교는 중 · 소 화해와 냉전 종식 선언을 가져왔다. 5월에 고르바초프는 중국을 방문하여 30년간의 중 · 소 불화를 씻고 양국 관계를 정상화했으며, 12월 몰타에서 열린 미 · 소 정상회담에서는 소련과 미국이 최종 화해하고 냉전 종식을 선언했다. 이어 1990년 9월 30일에는 우리나라와 소련 간에도 정식 외교관계가 수립됐다.

1990년은 페레스트로이카의 전환점이었다. 고르바초프는 다시 급진적인 정치개혁을 추진, 3월의 인민대의원대회에서 '대통령제 도입, 공산당의 권력 독점 포기와 다당제 도입, 사적 소유권 인정'을 골자로 하는 개헌안을 통과시켰고, 새 헌법 아래에서 막강한 권한을 갖는 대통령으로 선출되어 초대 대통령에 취임했다. 대통령 직속으로 대통령위원회가 구성되어 정부는 이제

당과 완전 분리됐다.

공화국·주·시 단위에서도 자유선거가 행해져 새로운 의회와 새로운 정부가 생겨났다. 옐친이 러시아 공화국 최고회의 의장에 선출되어 사실상의 대통령이 됐고, 급진파가 모스크바, 레닌그라드의 시정을 장악했다. 공산당은 이제 러시아 공화국에서는 야당이 됐다.

그와 더불어 연방구성 15개 공화국이 실세화하는 추세가 뚜렷해졌다. 발트 3국이 1990년 3월 리투아니아의 독립선언을 계기로 탈소 독립운동을 가속화했다. 러시아 공화국은 이제까지는 소련 내의 실체 없는 연방구성 공화국이었으나, 옐친이 공화국 최고회의 의장에 취임한 후 6월에 주권선언을 하면서 모스크바에 소련과 러시아의 이중권력 상태가 출현했다. 연방이 위기에 처한 것이다.

정치의 민주화가 가속화하고 연방이 해체위기에 이르는 가운데, 공산당은 권위와 힘을 점점 잃어갔다. 게다가 보·혁 대립이 심화되면서 이념적으로나 조직적으로나 당은 심각한 위기에 처했다. 고르바초프는 페레스트로이카의 일환으로 당 개혁에 착수했다. 1990년 7월 제28차 당대회에서 당의 재정비가 이루어졌다. 리가초프가 은퇴하면서 보수파는 무력화됐고, 옐친 등의 급진파는 개혁 부진을 이유로 탈당했다. 정치국은 국가와 당의 주요정책을 결정하는 기관에서 당무회의 같은 기관으로 바뀌었고, 그와 함께 당의 역할도 대폭 축소됐다.

여러 가지 부작용이 일어나는 속에서도 정치개혁과 사회 전반의 민주화, 새로운 외교는 나름대로 커다란 족적을 남기고 있었으나, 페레스트로이카의 핵심이라고 할 수 있는 경제의 활성화 기미는 좀처럼 보이지 않았다. 개혁 초기의 2년, 1985년~1986년에는 노동 생산성과 공업 생산, 농업 생산이 크게 호전되고 있었는데, 오히려 각종 경제권한의 기업 이양, 사기업 허용, 협동조합 자율화 등의 조치가 내려진 뒤로는 산업생산이 계속 정체상태를 벗어나지 못하고 있었다.

페레스트로이카의 설계자들은 점점 초조해졌다. 게다가 급진파는 하루빨리 시장경제를 도입하라고 성화였다.

개혁주도 세력도 마침내 책상머리에서 계속 검토만 되고 있던 시장 요소를 대폭 도입하기로 결정했다. 빈부격차, 경쟁의 독점화, 주기적 공황에 따른 대규모 실업, 범죄의 만연 등, 자본주의 시장경제의 폐해들을 모르는 바는 아니었으나, 그 폐해들은 나중에 시정할 수도 있었다.

우선 당장은 중앙통제 계획경제가 갖고 있던 경직성과 원재료 활용의 비효율과 낭비에서 탈피하여 하루빨리 경제를 활성화하는 것이 급했다. 높은 수준의 경제를 발전시킨 미국과 서독·일본·북유럽 등이 다급한 이들에게 매우 매력적인 모델로 부각됐다. 시장이 골치 아픈 문제점들을 한꺼번에 해결해줄 것 같은 환상이 이들을 사로잡기 시작했다. 자본주의 시장경제의 폐해, 사회주의 계획경제의 시장경제화가 가져올지도 모르는 파멸적인 결과에는 점점 눈이 멀어져갔다.

경제개혁의 결과로 새롭게 등장한 기업가와 상인들, 글라스노스트로 주가가 급상승한 저널리스트·작가·예술가·연예인·학자 등의 각종 전문 지식인들, 서방세계에서 자기와 비슷한 지위에 있는 사람들이 누리는 부와 풍요를 의식하기 시작한 권력과 경제분야의 엘리트들 사이에, 사회주의 계획경제의 대안으로서 자본주의에 대한 호감이 확산되면서 시장경제의 도입을 부추겼다.

1990년 8월, 고르바초프와 옐친은 자유시장경제로 전환하기 위한 종합기본계획에 합의했다. 시장화 방법을 두고 두 개의 안이 만들어졌다. 급진적인 샤탈린 안은 500일 안에 중앙통제 계획경제를 시장경제로 급속히 전환할 것을 주장했고, 리슈코프 안은 다소 온건한 주장을 폈다. 러시아 공화국 최고회의는 즉각 샤탈린 안을 채택했고, 소련 최고회의는 진통 끝에 두 안을 절충한 고르바초프 안을 채택했다. 러시아 공화국은 11월 1일 고르바초프와 소련 최고회의를 무시하고 독자적인 개혁에 착수했다.

시장경제의 채택은 페레스트로이카의 변질을 가져왔다. 사회주의의 재편을 목표로 출발한 페레스트로이카가 안팎의 압력과 긴장 속에서 '시장화'의 환상에 빠져들면서 자본주의 요소를 대폭 수용하고 만 것이다. 1991년에 들어서는 경제의 '시장화'와 기업의 '사유화'가 무슨 만병통치약이라도 되는 양, 언론매체와 시위대의 중심 슬로건과 구호로 자리잡아갔다.

한편, 발트 3국과 그루지야 등지의 분리독립운동은 점점 더 치열해졌다. 고르바초프는 각 공화국의 권력을 연방 권력보다 우위에 두는 신연방안을 제시했으나, 여러 공화국으로부터 거부당했다.

러시아 공화국 지도자들을 필두로 이제 친자본주의 세력으로 변한 급진파와 각 공화국의 민족주의자들은 고르바초프와 소련을 점점 허수아비와 껍데기로 만들어갔고, 사회주의와 연방의 해체 위기에 접한 보수파는 KGB와 군부를 중심으로 결속을 강화하면서 고르바초프를 포위해 들어갔다.

1990년 말, 고르바초프는 '세계평화 정착에 주도적인 역할을 한' 공로로 노벨 평화상 수상자로 결정됐다. 그러나 소련 내에서 고르바초프의 입지는 점점 좁아지고 있었다.

페레스트로이카와 동유럽:
동유럽의 몰락(1989~1990년)

페레스트로이카는 소련의 영향하에 있던 동유럽에도 큰 영향을 미쳤다. 소련보다 앞서 개혁에 착수한 헝가리와 폴란드는 물론, 동독, 체코슬로바키아, 불가리아 등 모든 동유럽 국가에서 국가사회주의를 개혁하여 민주적인 사회주의와 진정한 인민권력을 세우고자 하는 운동이 활발하게 일어났다.

동유럽 국가들은 종교와 역사와 문화에서 많건 적건 서유럽 세계와 공통된 기반을 갖고 있었고, 사회주의 건설의 역사도 짧았다. 사회주의 체제 성립 과정에서도 소련의 지원을 많이 받았고, 건설과정에서도 소련의 모델과 경험이 거의 그대로 이식되어, 대부분의 국가에 관료주의가 팽배한 스탈린 편향의 왜곡된 사회주의 체제가 자리를 잡았다. 지리적으로도 서유럽과 접해 있어 자본주의의 현란함에 현혹될 기회가 많은 반면에, 사회주의는 아직 안정된 체제를 구축하지 못하고 있었다. 요컨대, 동유럽 사회주의는 소련 사회주의보다도 훨씬 기반이 취약했다.

일단 개혁의 발동이 걸리자 동유럽 국가들은 금세 소련을 앞질러 나갔다. 나라마다 진도는 달랐으나, 시장경제와 사유화는 곧 일반적인 추세가 됐다. 정치적으로도 공산주의나 사회주의를 부정하는 단체와 주장들이 속속 출현했다.

'새로운 사고'와 '페레스트로이카'를 선언하면서 '브레즈네프 독트린'을 폐기한 이후, 고르바초프는 동유럽에 대한 불간섭 정책을 거듭 천명해왔다. 동유럽 전체가 들썩거리기 시작한 즈음인 1989년 8월 1일, 고르바초프는 최고회의 연설에서 자신의 입장을 다시 한 번 확인했다.

> "하나의 완벽한 사회주의 모델이란 존재하지 않으며 그 누구도 진리를 독점할 수 없다.
> 한 국가의 장래와 그 체제는 그 나라 국민들만이 정할 수 있다. 어느 나라고 타국의 국내
> 상황에 간섭하거나 압력을 가해서는 안된다."

고르바초프의 거듭된 언급은 동유럽에 활활 타오르던 불에 기름을 붓는 효과를 가져왔다. 1989년 말, 동유럽은 일대 지각변동을 일으키며 유럽의 정치지도를 크게 바꾸어놓는다.

이미 시장경제와 자본주의 요소를 대폭 도입하고 있던 폴란드에서는 9월 12일 연대노조를 근간으로 하는 비공산계열 연립정부가 구성되어 자본주의화에 박차를 가했다. 헝가리에서도 '민주광장'이 정당으로 발전하여, 이미 탈마르크스-레닌주의를 선언한 헝가리 사회당의 개혁을 계속 압박했다.

동독에서는 사태가 극적으로 발전했다. 같은 민족인 서독이 세계에서 세 손가락 안에 들 만큼 자본주의를 고도로 발전시키고 있던 것이 동독인들을 크게 자극했다. 동독 역시 동유럽의 선두주자로 사회주의 체제를 착실하게 발전시켜가고 있었으나, 관료주의에 절망한 동독인들에게는 서독의 좋은 점만 눈에 들어왔다. 8월 말부터 서독을 동경한 동독시민들의 집단탈출이 시작됐고, 10월에는 각 도시에서 민주화와 여행의 자유를 요구하는 대규모 시위가 전개됐다. 11월 9일, 위기에 처한 동독정부가 여행의 자유화를 발표하면서 베를린 장벽이 무너졌고, 12월에는 집권 사회주의통일당의 지도부가 전원퇴진하고 개혁사회주의자들이 새 지도부를 구성하면서 통일의 기운이 무르익어갔다.

1968년에 자유화 운동을 겪은 바 있는 체코슬로바키아에서도 개혁요구 시

무너지는 베를린 장벽. 1961년 이래 28년간 독일과 유럽과 세계를 갈라놓았던 28마일의 베를린 장벽이 독일 청년들에 의해 깨뜨려지고 있다.

위가 줄을 잇는 가운데 시민광장의 세력이 급속히 팽창했고, 급기야 공산당 정부가 붕괴되고 개혁사회주의자들과 여러 정파의 대표로 구성된 '민족화해정부'가 구성됐다. 불가리아에서도 권력남용과 부패로 지탄을 받던 공산당 지도부가 퇴진하고 개혁파로 전면 교체됐다.

1989년 동유럽 변혁의 대미는 루마니아가 장식했다. 마지막까지 스탈린적 통치방식을 고수하며 개혁을 차단해온 차우세스쿠 정권이 대중봉기로 무너져버린 것이다. 12월 25일 차우세스쿠는 전격 처형됐고, 구국전선이 새 정부를 구성했다.

이후 동유럽은 '민주주의의 확대'와 '민주적 사회주의'의 차원을 뛰어넘어 시장경제의 전면 도입, 사회주의의 폐기 방향으로 달음질쳐갔다. 동독은 1990년 서독에 흡수 통합됐고, 다민족 국가였던 유고슬라비아에서는 피 튀기는 내전이 시작됐다. 대부분의 나라에서 경제의 대혼란과 정정의 불안이 계속되면서 인민들은 미증유의 혼돈 속으로 빨려 들어갔다.

한편, '새로운 사고'에 따른 소련의 대서방 평화외교정책은 2차 세계대전 이후 팽팽한 균형을 유지해온 양극체제의 해체를 가져왔다. 인류파멸의 위기에서 계급이나 국가의 이익보다 '전 인류적 가치'가 우선한다는 판단하에 자본주의권과의 화해 협력을 추진해온 고르바초프의 평화외교는, 미·소간의 군축경쟁을 불러일으키고 온 세계에 평화와 화해 무드를 조성하는 등 많은 성과를 낳았으나, 한편으로 소련의 자진 '무장해제'는 상호 견제하던 양극 체제를 깨뜨리고 세계를 미국 중심의 단극체제로 바꿔놓았다.

미국은 이제 세계 유일의 초강대국으로서 세계의 경찰을 자임하고 나섰다. 미국에 저항하는 나라들은 가차없이 응징됐다. 리비아, 그레나다, 파나마가 미국의 위력시위 무대가 됐고, 니카라과는 정보전의 현장이 됐다. 1991년 1월의 '걸프 전쟁'은 그 극치를 보여주었다. 아랍 민족주의를 내걸고 미국에 맞선 이라크의 후세인은 세계평화를 어지럽히는 현대판 마녀가 됐고, 미국은 11개국의 다국적 '십자군'을 조직해 수백만의 생명이 왔다갔다하는 '전자오락 게임'을 벌였다. 견제력을 잃어버린 소련은 팔짱 끼고 사태를 지켜볼 수밖에 없었다.

'팍스 아메리카나'를 이루기 위한 미국의 시도는 경제분야에서도 가속화됐다. 1986년부터 시작된 '우루과이 라운드'는 철저하게 미국의 이익을 우선하는 기조하에 협상이 진전됐다. 작은 나라들의 생명줄은 가볍게 무시됐다. 단극화한 세계에서 미국은 유일 초강대국의 지위를 이용하여 세계를 자신의 입맛대로 요리하기 시작했다.

찢겨져나가는 소비에트 연방:
민족문제의 심화(1989~1990년)

동유럽의 대변혁은 부메랑이 되어 소련으로 되돌아왔다. 시장경제의 도입 요구가 거세지면서 자본주의를 선호하는 사람들의 목소리가 높아갔고, 발트 연안 3개 공화국을 중심으로 탈소 독립운동이 열도를 더해갔다. 그중에서도 날로 격화되는 민족운동은 페레스트로이카의 변질 못지않게, 아니 그보다도 더 직접적으로 소련체제를 위협하는 문제로 부각되기 시작했다.

소련은 본래 120여 민족으로 이루어진 다민족국가였다. 인구의 약 절반이 러시아인이고, 거기에 우크라이나인과 벨로루시인을 합친 슬라브계가 약 70%이다. 연방구성 15개 공화국은 원칙적으로 민족단위의 공화국이고, 연방구성 공화국들 안에도 20개의 민족 단위 자치공화국이 있다. 그보다 더 작은 단위로 8개의 자치주, 10개의 민족 관구가 있고, 별도 행정단위를 갖지 못한 민족도 많았다.

이 많은 민족들을 하나로 묶은 것은 프롤레타리아 국제주의라는 이념과 소련시민으로서의 평등성, 그리고 소수민족의 자치권과 그들에 대한 정치경제적 배려였다.

페레스트로이카 이전에 소련은 사회주의의 실현과 더불어 민족문제는 해결됐다고 말해왔다. 그러나 그것은 해결된 게 아니라 잠복하고 있었던 것임이 곧 드러났다. 페레스트로이카가 시작되고 사회의 민주화가 진행되면서, 강압과 설득과 회유로 어느 정도 봉합돼 있던 민족문제가 폭발적인 양상을 띠며 표출되기 시작했다.

1986년에 카자흐 공화국 공산당 제1서기가 러시아인으로 교체되면서 일어난 폭동은 민족문제의 해소 주장이 얼마나 근거 없는 것인가를 보여주었다. 카자흐 청년들의 주장은 러시아인의 지배를 원치 않는다는 것이었다.

1988년 2월에는 아제르바이잔 공화국 내 나고르노-카라바흐 자치주의 아르메니아계 주민이 아르메니아와의 통일을 주장하면서 소요를 일으켰다. 곧 아제르바이잔인과의 충돌이 시작됐고, 숨가이트에서 다수의 아르메니아인이 습격·살해당하는 사건이 일어났다. 사태는 날로 확산되면서, 인근지역에까지 번져갔다. 당 지도부는 사태의 진전을 주목했으나, 이때까지도 민족문제는 부차적인 관심사였다. 당 중앙위원회에서 고르바초프는 민족주의와 쇼비니즘에 대한 단호한 대처를 천명했다.

1989년 인민대의원대회가 창설되고 각 공화국과 자치단체에서도 선거가 실시되면서 민족문제가 전연방 차원으로 확대되기 시작했다. 가장 앞서나간 것은 서유럽과의 동류의식이 강하고 역사적으로도 러시아와 오랫동안 분리, 반목한 경험을 갖고 있는 발트 연안 3개 공화국과 몰다비아, 그리고 전통적으로 독립의식이 강한 그루지야였다. 발트 3국은 2차 세계대전 직전의 발트 3국 합병 자체를 문제삼기 시작했고, 그루지야에서는 1921년 소비에트 정부로의 반강제 합병, 고르바초프의 반 알코올 투쟁으로 인한 포도 생산업의 파괴가 문제화됐다.

발트 연안 3개 공화국에서는 '민족 우선'을 내세우는 인민전선이 조직되고 자발적인 대중운동이 일찍이 볼 수 없었던 규모로 발전해갔다. 1989년 7월 발트 3국은 마침내 사실상 독립을 의미하는 주권선언을 했고, 8월 23일에는 독소 불가침조약 체결 50주년을 맞아 200만 주민이 세 공화국의 수도를 잇는 총연장 600km의 '인간사슬' 시위를 벌여 세계의 이목을 끌었다.

이에 사태의 심각성을 깨달은 소련정부와 공산당은 민족주의 감정을 자제

하라는 경고를 발하
는 한편으로, 공화
국들의 주권이 형식
에 그친 것이었음을
인정하면서 공화국
에 더 많은 주권을
부여하는 것을 골자
로 하는 '민족강령'
을 발표했다. 국방과
당 부문을 제외하고

'이념'이 빛바래면서 소비에트 연방은 핵분열을 시작했다. 우크라이나 민족
주의자들이 탈소 독립을 주장하는 플래카드를 들고 시위하고 있다.

'연방의 헌법이나 이해와 충돌하지 않는 범위 내에서' 모든 권한의 행사를
공화국에 위임하겠다는 내용이었다.

　그러나 이미 완전 독립으로 방향을 굳힌 발트 3국 인민들은 이에 만족하
지 않았다. 1989년 말의 동유럽 사태는 발트 3국의 독립운동을 더욱 부추겼
다. 12월에는 리투아니아공산당마저도 소련공산당으로부터의 독립을 선언
했다. 다음 해 1월 고르바초프가 직접 리투아니아로 건너가 더 진전된 '새로
운 연방'을 만들겠다며 설득작업을 폈으나, 이미 상황은 물건너가 있었다. 아
제르바이잔에서는 민족 간 유혈투쟁으로 수백 명이 죽었다.

　1990년 3월 11일 리투아니아의 독립선언을 계기로 발트 3국은 1940년 병
합의 무효를 선언하고 독립의 길로 달음질쳐갔다. 소련 중앙정부는 거의
100% 연방에 의지하고 있던 에너지 공급을 차단하며 리투아니아를 비롯한
발트 3국의 독립운동을 저지하려 했다. 그러나 발트 3국은 2차 세계대전 이
전의 발트 위원회를 복원하고 사실상 소련에서 이탈해갔다.

　거기에 또 한 가지 중대한 변화가 발생했다. 6월에 옐친과 급진파가 장악
하고 있던 러시아 공화국이 공화국법을 소련헌법에 우선시키겠다면서 주권
선언을 하고 나선 것이다. 러시아 공화국은 연방구성 15개 공화국의 하나이
기는 했으나, 사실상 많은 기구가 연방정부와 중첩되는 허구적인 공화국이
었다. 이 러시아 공화국이 권력투쟁의 와중에서 연방으로부터 독립하려는

움직임을 보인 것이다. 모스크바에 고르바초프의 소련과 옐친의 러시아가 공존하는 이중권력 상태가 출현했다.

이어 몰다비아와 우즈베크 공화국의 주권선언이 있었다. 이제까지 소련의 한 주와 같았던 연방구성 15개 공화국이 제각기 실질적인 권력으로 부각되면서 소비에트 연방에 예리한 균열이 일어났다. 고르바초프는 설득과 위협을 병행하면서 연방을 유지해야 페레스트로이카가 성공하고 우리 모두가 잘 살 수 있다고 호소했으나, 공화국들의 탈소 원심력을 제어하기에는 역부족이었다.

고르바초프는 마침내 공화국들의 요구를 대폭 수용한 혁신적인 신연방안을 내놓았다. 새 연방조약안은 "각 공화국은 주권국가로서 자신의 영토 내에서 최고의 권력을 가지며, 연방은 조약 가맹국이 위임하는 범위 내에서 권력을 집행한다."고 규정해, 연방보다 공화국의 권력이 우선함을 인정했다. 연방의 권한은 국방, 대외정책, 전략자원관리, 재정 · 통화정책으로 축소 조정됐다.

1990년 12월에 열린 인민대의원대회는 이 안을 승인하면서, 이와 함께 연방 존속 여부를 묻는 국민투표를 실시하기로 했다. 그러나 발트 3국과 몰다비아, 그루지야, 아르메니아의 6개 공화국은 즉각 신연방조약에의 불참을 선언했다.

1991년 1월, 분리독립운동이 가장 치열하던 리투아니아에서 소련군부의 강경파가 독단으로 빌뉴스 텔레비전 방송국을 접거하는 과정에서, 저항하던 시민 15명이 사망하는 사건이 일어났다. 고르바초프는 사전에 이를 몰랐으나, 사건발생 후 점령을 사후 승인했다. 이어 라트비아에서도 소련군과의 충돌로 시민 5명이 죽었다. 민족문제의 해결에서 돌아올 수 없는 다리를 건넌 셈이었다.

3월 17일, 6개 공화국이 불참한 가운데 소련 존속을 묻는 국민투표가 실시됐다. 투표 결과, 총투표자의 77%가 소련 존속에 찬성했으나, 모스크바와 레닌그라드를 비롯한 몇몇 대도시에서는 찬성률이 50%를 약간 웃도는 데 그쳤다.

사태는 이제 걷잡을 수 없이 확산돼갔다. 소련이 점점 실체를 잃고 껍데기로 변해가는 가운데, 경제는 계속 악화되고 인민들의 불만은 고조돼갔다. 2월 19일 옐친 러시아 공화국 최고회의 의장이 고르바초프가 소련을 독재국가로 몰아가고 있다고 맹비난하면서, 마침내 고르바초프의 대통령직 사임을 요구하고 나섰다. 이후 옐친을 지지하는 대규모 시위가 벌어지고 보수파의 맞불 작전이 전개되면서, 소련은 한치 앞을 내다보기 힘든 안개 정국 속으로 빠져 들어갔다.

무너진 3일천하:
좌익 쿠데타의 실패와 옐친의 대두(1991년)

8월 19일 오전 6시 30분(모스크바 시각), 소련의 쿠데타 발생을 알리는 급전이 세계의 모든 통신사와 언론사로 날아들었다. 고르바초프 대통령이 와병으로 사임하고 전국에 6개월간 비상사태가 선포됐다는 소식이었다. 곧이어 모스크바 시내에 전차와 장갑차가 진주했고, 국가 비상사태위원회가 전권을 장악했음을 알리는 담화문이 발표됐다. 세계는 아연 긴장했다. 가능성으로만 여겨지던 사태가 현실로 드러나면서 세계의 눈은 온통 모스크바로 쏠렸다.

곧, 8인 비상사태위원회 위원의 면면이 밝혀졌다. 야나예프 부통령, 파블로프 총리, 바클라노프 국방위원회 제1부의장, 크류츠코프 KGB(국가보안위원회) 의장, 야조프 국방장관, 푸고 내무장관, 스타로두부체프 농민연맹 위원장, 티지야코프 국가기업협의회 의장. 체제유지를 적극 옹호하던 온건 보수파가 총결집돼 있었다.

이들은 하루 전인 8월 18일, 크림반도의 별장에서 고르바초프에게 비상사태선언 동조냐 사임이냐의 선택을 요구했다. 고르바초프는 이들의 요구를 단호하게 거절했다. 고르바초프는 별장에 감금됐고, 다음날 쿠데타가 결행됐다.

최고권력을 눈앞에 두고 있던 옐친이 발 빠르게 움직였다. 쿠데타가 발생한 지 몇 시간 안돼서, 옐친은 주저 없이 러시아 공화국의 통제권을 자신이 전면 장악한다고 선언하고 불법 쿠데타에 대한 시민항쟁과 총파업을 촉구했다.

비상사태위원회는 그제서야 옐친과 러시아 공화국 지도자들을 검거하려 했으나, 이들은 이미 러시아 공화국 의사당으로 피신해 있었고, 의사당 주변에는 옐친 지지자들이 속속 모여들었다. 오후에 시위와 야간통행, 일부 국영신문을 제외한 모든 출판물의 발간 금지령이 내려졌다. 밤에는 러시아 공화국 의사당 부근에서 시위대와 군대 간에 작은 충돌이 있었다.

8월 20일 오후, 주요 도시에서 총인원 80만 명이 참여하는 반쿠데타 집회와 시위가 전개됐다. 모스크바에서는 옐친, 레닌그라드에서는 시장 소브차크의 주도하에 각각 20만 규모의 쿠데타 규탄집회가 열렸다. 군대는 시위를 적극 봉쇄하지 않고, 일부 병사들은 시위에 호의적인 반응을 나타냈다.

그날 밤, KGB 특수부대에 러시아 공화국 의사당을 공격하라는 명령이 떨어졌다. 다음 날 새벽, 전차부대가 의사당으로 진격해들어 갔다. 의사당 앞의 시민들은 인간사슬을 만들어 탱크에 저항했다. 시민과 군대의 충돌로 5명의 청년이 사망했다. 그럼에도 시민들이 방어태세를 굽히지 않자, 군대는 진압을 포기했다.

일단 거사하면 시민들이 묵묵히 사태를 받아들이리라고 생각한 쿠데타 지도부는 의외의 사태전개에 당황했다. 비상사태위원회 멤버들 사이에 자중지란이 일어났다. 미국의 정보기관은 이들의 움직임을 낱낱이 탐지, 옐친에게 알려주었다. 옐친은 자신감을 갖고 저항을 총지휘했다. 8월 21일 오후, 비상사태위원회 멤버 7명이 모스크바 탈출을 기도하고 푸고 내무장관이 자살하면서 쿠데타는 싱겁게 막을 내렸다. 군 병력은 곧 모스크바에서 철수했고, 고르바초프는 러시아 공화국 루츠코이 부통령의 호위하에 모스크바로 무사귀환했다.

이것이 '3일천하'로 끝난 8월 19일 소련 보수 쿠데타의 전말이다.

엘친 러시아 공화국 대통령이 쿠데타군의 탱크 위에 올라가 시민항쟁을
촉구하는 연설을 하고 있다. 1991년 8월 19일.

소련에 쿠데타 가
능성이 비치기 시작
한 것은 1990년 말부
터다. 1990년 말, 고
르바초프 대통령에게
비상대권이 부여됐고,
민족분리운동이 격화
되고 식량난이 발생
하면서 고르바초프의
보수회귀 경향이 감

지됐다. 내무부 장차관에 보수 강경파인 푸고와 그라모프가 임명됐고, 당 부
서기장과 부통령에도 보수파인 이바슈코와 야나예프가 선임됐다. 이로써 고
르바초프는 보수파들에게 포위됐다.

1991년에 들어서면서 경제위기가 점점 심각해졌다. 1990년에는 산업생산
이 1920년 이후 처음으로 마이너스 성장을 기록했고, 1991년에는 초반부터
위기감이 피부로 느껴졌다. 옛 체제의 파괴가 가속화된 반면에 새 체제는 아
직 만들어지지 못해, 대혼란을 빚기 시작한 것이다. 공화국 간, 지역 간, 기업
간의 협력관계가 무너지면서 원료와 자재 등의 유통 · 공급 시스템이 급속도
로 파괴돼갔다. 많은 사람들이 장래에 대한 확신을 잃고 자신과 가족 · 국가
의 운명에 공포와 불안을 느끼기 시작했다.

사람들의 가장 큰 불만은 예전의 국가사회주의 체제로 쏠렸다. 그 획일적
이고 관료적인 체제가 우리 사회와 경제를 파탄 속으로 빠뜨리고 말았다는
주장은 이제 더 이상 논거를 제시할 필요조차 없었다. 불만은 페레스트로이
카의 주도세력에게도 쏟아졌다. 금방 좋아질 것처럼 말하더니, 지난 6년 동
안 나아진 게 뭐냐는 얘기였다. 그 대안으로 옐친의 급진개혁, 즉 자본주의
적 개혁에 대한 지지가 높아져갔다. 자본주의 시장경제가 빈부격차와 실업
을 초래한다지만, 이렇게 꽉 막힌 체제보다는 낫지 않겠느냐는 막연한 기대
와 동경이었다.

이런 분위기에서 온건개혁 주장은 점점 설 자리를 잃어갔고, 급진파는 점점 고르바초프에 대한 공세를 강화해갔다. 3월 10일에는 옐친을 지지하는 50만 명이 혁명 이후 최대의 시위를 벌이면서 고르바초프의 사임을 요구했다. 분리독립을 추진하는 민족주의자들도 급진파와 함께 반고르바초프 전선에 가담했다.

한편, 체제수호 세력도 가만히 있지 않았다. KGB와 군부, 일부 관료를 근간으로 하는 보수파들은 소련인민의 불행을 가져올 게 분명한 연방의 분열, 시장경제의 급속한 도입을 용납할 수 없다면서 고르바초프에게 더 이상의 분열과 혼란을 막을 단호한 조치를 요구했다.

진퇴양난에 빠져 있던 고르바초프는 마침내 상황의 발전을 받아들이고, 4월 들어 옐친과 화해한 후 공화국들을 주체로 하는 새로운 연방을 구성하는 데 총력을 기울였다. 6월에 옐친이 러시아 초대 대통령으로 당선되면서 두 사람의 협력관계는 더 다져졌다. 7월에는 연방정부와 각 공화국간에 신연방조약에 대한 최종합의가 이루어졌다. 조약 체결일은 8월 20일로 잠정 타결됐다.

보수파는 다급해졌다. 연방권력의 대폭 공화국 이양을 규정한 신연방조약은 사실상 연방의 해체나 다름없었고, 각 공화국에 체제의 선택권까지를 위임한 조약이 체결될 경우 러시아와 각 공화국이 급속도로 자본주의 체제로 전환할 게 분명했기 때문이다. 체제수호 세력은 마침내 KGB를 중심으로 뭉쳐 쿠데타를 결행하기에 이른다. 그러나 앞에서 보았듯이, 서방측에서까지 '정말 기이한 쿠데타'라고 부를 만큼 준비도 엉성하기 그지없었고, 상황판단도 치밀하지 못했으며, 불만으로 가득 찬 대중들을 끌어들일 수 있는 프로그램도 즉각 제시하지 못한 채, 쿠데타는 3일도 못 버티고 무너지고 만다.

쿠데타는 옐친이라는 영웅을 탄생시켰다. 쿠데타군의 탱크 위에서 사자후를 토하는 그의 모습은 러시아인들의 뇌리에 그를 새로운 지도자 상으로 각인시키기에 충분했다. 대중들 사이에 옐친의 인기가 급상승했다. 반면에, 쿠데타 주모자들의 위협에 굴하지 않고 민주적인 방법을 지키려 한 고르바초프의 인기는 급강하했다. 소련인들에게는 이제 고르바초프까지도 구시대를 상징하는 인물이 됐다.

　가장 참담한 파멸을 맞은 것은 공산당이었다. 74년간이나 소련을 이끄는 집단으로서 최고의 권위를 누려온 공산당은, 쿠데타 실패 후 며칠 만에 구악을 대표하는 세력으로 지탄받으며 무대 저편으로 사라져갔다. 8월 23일 옐친은 러시아공산당의 활동정지 명령을 내렸고, 24일 고르바초프는 소련공산당 서기장직을 사임하고 당 중앙위원회에 자진 해산을 요청했다. 이에 소련공산당은 해산했고, 당의 자산은 국가에 몰수됐다.

　쿠데타의 결행과 실패는 소련정국을 덮고 있던 안개를 깨끗이 걷어내고 옐친이 나아갈 길을 닦아주는 결과를 가져왔다. 이제 소비에트 연방의 사실상 해체와 자본주의 체제로의 전환은 시간문제였다.

　9월 6일, 전세계에 생중계된 외국 언론사와의 합동 인터뷰에서 고르바초프는 이렇게 말했다.

"그동안의 역사적 경험에 비추어볼 때, 이 땅에서 생겨난 공산주의 모델은 실패했다고 단언할 수 있다."

옐친은 한걸음 더 나아갔다.

"우리 땅에서 그런 실험이 있었다는 사실이 우리 국민들에게 큰 비극이었다."

소비에트 연방, 사라지다:
소련 붕괴, 그 후(1991~1994년)

소비에트 연방은 이제 종말을 향해 치달아갔다. 쿠데타 붕괴 후, 옐친은 고르바초프에게서 연방권력을 차례차례 빼앗으며 자신의 권력을 강화해갔다. 가만히 있다가는 이제 연방이 아니라 러시아의 지배를 받게 될 상황에 놓인 다른 공화국들도 우크라이나를 시작으로 차례로 독립을 결의했다. 9월 1일, 고르바초프는 발트 3국의 독립을 승인했다.

9월 2일에 열린 연방 인민대의원대회는 고르바초프와 10개 공화국 지도자들이 제안한 '과도 중앙기구'를 승인했다. 그에 따라 연방 대통령과 공화국 지도자들로 구성되는 '국가평의회'와 경제문제를 다룰 '공화국간 경제위원회'가 구성됐다. 고르바초프는 국가평의회를 통해, 발트 3국을 제외한 나머지 공화국의 연합으로 중앙정부를 구성하는 '주권국가 연합' 조약의 체결을 추진했다. 그러나 우크라이나의 반대로 조약은 타결되지 못하고 3개월이 흘러갔다.

12월 1일의 우크라이나 국민투표에서 독립 주장이 압도적인 지지를 얻고 강경 독립파인 크라프추크가 대통령에 당선됐다. 러시아 공화국의 옐친은 우크라이나, 벨라루스의 지도자와 의견을 교환한 뒤, 12월 7일 마침내 고르바초프의 신연방조약안을 거부하고 공화국들이 독립국가 형태로 느슨하게 결합하는 '공동체'의 결성을 주창했다.

12월 8일, 슬라브계 세 공화국의 지도자가 벨라루스의 민스크에 모여 독립국가공동체(CIS) 협정에 조인하고 소비에트 연방의 소멸을 선언했다. 고르바초프가 위헌이라며 잠시 저항했으나, 그는 이제 아무런 힘이 없었다. 중앙아시아 5개국과 자카프카스의 두 나라, 몰도바가 곧 공동체 가입 의사를 밝혀왔고, 12월 21일 카자흐의 알마아타에서 11개국 지도자가 모여 독립국가공동체의 발족을 선언했다.

12월 25일, 고르바초프는 소련 대통령직을 사임하고 크렘린을 떠났다. 크렘린의 깃대에서 소련의 적기가 내려지고, 백·청·적의 러시아 3색기가 내걸렸다.

그와 더불어 소비에트 연방구성 15개 공화국은 모두 독립국가가 됐고, 그중 11개국으로 유라시아 대륙 북부에 독립국가공동체(CIS)가 생겨났다. 이로써 소련은 10월혁명 후 74년 만에 붕괴했고, 구소련 사람들은 국가의 보호막에서 나와 '생존경쟁'의 험난한 길로 들어섰다.

소련 붕괴 후 러시아와 옛 소련 구성국들의 고난에 찬 새 역사가 시작됐다. 인류 최초로 사회주의 혁명을 성공시킨 뒤 사회주의 건설의 고동소리가 진동했던 러시아 땅에서, 이제 무너진 사회주의 체제 위에 자본주의 체제를 새로이 구축하는 초유의 시도가 행해지고 있는 것이다. 무자비한 해체와 파괴를 동반한 '체제의 전환'은 극심한 혼란과 부작용을 일으키며 새로운 질서를 만들어가고 있다.

이 과정에서 전 인민의 소유였던 국가의 부가 약삭빠른 개인들에게 넘어가면서 벼락부자들이 출현하고 빈부격차는 극심해지고 있다. 중앙계획경제가 자유시장경제로 전환되면서 큰 혼란을 빚다가 10년쯤 지나고 나서야 겨우 시장이 조금씩 제 기능을 발휘하기 시작하고 있다. 사회주의 정치체제가 갑작스럽게 자유민주주의 체제로 전환되긴 했으나, 일찍이 자유민주주의를 경험한 적이 없는 러시아인들 사이에 자유민주적 기본질서가 정착하고 사람들이 그에 적응하기까지는 아마도 상당한 시간이 더 걸릴 것 같다. 풍비박살난 복지제도 아래에서 대다수 러시아 민중들의 삶은 하루하루가 살얼음으로 흩어진 뒤였다. 결국 자본주의 체제에서 생존하는 법을 배우며 맨땅에서 다시 시작할 수밖에 없다.

이후의 러시아 역사를 훑어보는 것은 사실 씁쓸한 일이다. 한때 경제, 외교, 군사, 사회문화 적으로 미국과 어깨를 견주던 옛 소련의 위상은 어디에서도 찾아볼 수 없다. 2000년 이후 '위대한 러시아'의 재건을 추구하는 푸틴 체제하에서 어느 정도 나라의 틀을 잡아가고 있다고는 하지만, 예전의 소련과는 비교할 바가 아니다. 경제 규모로만 보아도 미국 다음으로 세계 2위 자리를 굳게 지키고 있던 경제가 이제야 고작 세계 10위권을 오르내리는 수준이다. 그래도 많은 세월이 흘렀으니, 한 눈 질끈 감고 그동안의 역사를 일별해 보자.

옛 소련의 지위는 독립국가공동체의 '맹주'인 러시아가 그대로 계승했다. 소련의 대외채무도 러시아에 이전됐고, UN안보리의 상임이사국을 비롯한 국제지위도 러시아가 모두 이어받았다. 공동체 내의 국가들은 필요할 때만 함께 모여 협조할 뿐, 자기 일은 이제 자기가 알아서 처리해야 했다. 오히려, 국가 간의 분업과 협력체제가 붕괴되어 원자재와 전력 등의 공급에 차질이 빚어지고 각기 제 살 길을 찾느라 정책상의 충돌이 빈번해지면서 갈등만 더욱 깊어갔다.

가장 큰 문제는 경제였다. 당국은 경제를 빠른 시일 내에 재편, 안정시키는 일에 온 힘을 기울였다. 1992년 초두부터 옐친은 자유시장 경제를 세우기 위한 급진적인 경제개혁에 착수했다. 상품가격의 자유화, 국가 보조금의 철폐, 국영기업의 사유화, 군수산업의 민수화 정책이 시행됐다.

서방 열강은 개방적인 자본주의 시장경제의 창출을 전제로 IMF를 통한 대폭 지원을 약속했다. IMF는 2년간 240억 달러의 자금지원을 무기로 러시아 경제를 서방 열강의 구미에 맞도록 요리하고자 했다. 자유시장경제의 창출을 돕되 러시아 경제를 서방에 종속적인 체제로 만드는 것이 IMF의 의도였다.

1992년 말에는 국영기업을 사유화하기 위한 조처로 국민 1인당 한 장씩의

'바우처(사유화 증권)'가 배당됐다. 자기가 원하는 회사의 주식을 구입하라는 것이었다. 그러나 당장 먹고 살기 급한 많은 사람들이 약간의 웃돈을 얹어주는 투기업자들에게 증권을 팔아넘겼다. 그와 함께 기업의 관리자들에게는 자사 주식의 일정량을 구입할 수 있는 권리가 주어졌다. 결국, 주식은 소수 특권층과 사채업자들에게 집중됐다. 약삭빠른 사람들은 또한 일찍부터 개인경영이 허용된 상업이나 무역으로 눈을 돌려 많은 부를 쌓아갔다. 이런 사람들을 중심으로 러시아에 신흥재벌(올리가르히)이 등장하기 시작했고, 이들의 부는 하루가 다르게 눈덩이처럼 불어났다. 이들이 옐친의 급진적 자본주의화의 강력한 지지자가 됐음은 두말할 나위도 없다.

'체제전환'은 정책당국의 예상보다 훨씬 큰 혼란을 초래했다. 사회주의 체제하에서 기본적으로 독점상태였던 기업들이 사유화되고 가격결정이 시장에 맡겨지면서 물가가 급등하기 시작했다. 새로운 체제에 적응하지 못한 기업들은 다투어 문을 닫았다. 1992~1993년의 2년 동안에 물가가 166배로 치솟는 살인적인 인플레이션이 기록됐고, 경제체제가 마비되면서 생산이 격감하여 1990년을 100으로 할 때 1993년의 국내총생산은 64로 떨어졌다. 공업생산은 절반 수준으로 격감했다. 실업자가 2,000만을 헤아리고, 국민의 90% 이상이 절대 빈곤선 이하로 전락했다.

민족분열도 더욱 심화되어, 공화국 간·민족 간 유혈충돌이 끊이지 않고 계속됐다. 조지아, 아르메니아, 아제르바이잔, 타지크, 러시아 내의 체첸-잉구슈와 크림 타타르인 거주지역 등은 전쟁터로 변했다. 특히 러시아 안의 체첸 공화국에서는 10년 이상 총성이 멎을 날이 없었다.

러시아인들의 높은 자존심은 갈가리 찢겨졌다. 국제적으로는 천덕꾸러기가 되어 여기저기에 손을 내밀고 있고, 거리에는 거지가 득실거리며, 젊은 여자들은 달러에 팔려 외국 관광객들에게 추파를 던진다. 무엇보다도 괴로운 것은 양심에 따라 떳떳이 살지 못하고 이리저리 눈치 보며 약삭빠르게 살아야 한다는 것이다. 이제 옐친도 싫고 신흥졸부와 관료들의 작태도 역겹지만, 그렇다고 다른 특별한 대안도 없었다.

대중들이 자본주의화의 쓴맛을 겪고 있는 사이에 정치 지도자들 간의 갈등도 점점 증폭돼갔다. 급진개혁을 추구하는 정부로부터, 중추산업에 국가의 보조를 계속 유지하고 경제체제 전반에서 국가가 좀더 많은 역할을 해야 한다고 생각하는 집단이 갈라져 나왔다. 루츠코이를 중심으로 하는 온건개혁파가 형성된 것이다. 공산당도 '현실을 고려한 개혁'을 표방하며 재건됐다. 민족주의자들도 비슷한 성향을 가진 사람들끼리 모여 틀을 갖추기 시작했다. 의회(인민대의원대회) 내에서 절대 다수를 형성한 반정부 세력은 '구국전선'을 중심으로 반옐친 연합전선을 결성했다. 옐친의 계획은 번번이 의회에서 거부됐다.

지지도가 점점 떨어지고 반대파의 결속이 강화돼가는 가운데, 옐친은 대국민 직접 호소에 나섰다. 1993년 4월 25일의 국민투표에서 옐친은 유권자 62% 투표에 58% 지지로 가까스로 신임을 얻었다. 그러나 그의 조기 대선과 총선 제안은 부결됐다. 옐친은 임의로 제헌의회를 구성해, 현재 국가최고기관으로 규정된 인민대의원대회를 폐지하고 연방의회와 국가의회의 상하 양원제를 도입하며, 대통령에게 의회해산권을 인정하는 등 대통령을 헌법상 최고권력 기구로 하는 것을 골자로 하는 새 헌법안을 제정했다. 이에 의회가 크게 반발하고 나섰다.

옐친은 초헌법적인 비상조치를 취했다. 9일 21일, 의회를 해산하고 12월에 선거를 실시해 양원제 새 의회를 구성한다는 포고령이 떨어졌다. 의원들은 탈법적인 조치에 항의하며 루츠코이를 새 대통령으로 선출하고 의사당 점거 농성에 들어갔다. 군대가 의회를 포위한 가운데, 10월 3일 반옐친 시위가 벌어져 62명이 사망했다. 옐친은 모스크바에 비상사태를 선언했다. 10월 4일에는 군대가 의회를 유혈 점령했다. 이 과정에서 다시 50여 명이 죽고, 반정부 지도자 루츠코이와 하스불라토프는 체포됐다. 1991년 8월 진압군의 탱크 위에 서서 쿠데타를 저지한 옐친이 2년 후 이제 탱크를 앞세우고 반대자들을 유혈 진압한 것이다.

러시아 내의 많은 지방의회가 의회 유혈 점령에 항의했다. 그러나 반대자들이 더 이상 뚜렷한 비전을 제시하지 못하고 폭력과 위협이 기승을 부리는 속에 사태는 진정돼갔다.

1993년 12월 12일, 주요 반정부 지도자들의 발이 묶인 가운데 새 의회를 구성하기 위한 총선거가 실시됐다. 옐친과 급진개혁파는 새 선거에서도 안정 다수를 확보하는 데 실패했다.

하원 선거의 정당별 득표율은 러시아 국민들의 혼돈된 상황을 잘 보여준다. 옐친의 급진개혁을 전폭 지지하는 '러시아의 선택'은 15%를 득표하는 데 그쳤고, 다소 온건한 개혁을 표방하는 3개 정파가 20%를 약간 밑도는 득표율을 기록했다. 따라서, 옐친 정부를 뒷받침해줄 수 있는 정파의 득표율은 넓게 잡아도 35%가 채 안됐다.

러시아인의 정치 지향은 사실, 여러 여론조사에서도 분명하게 드러난 바 있다. 1991년 8월 이전부터 최근까지 실시된 각종 여론조사에서 일관되게 가장 많은 지지를 얻고 있는 것은 사회주의 체제에서 관료적이고 획일적이며 중앙집중적인 요소들을 제거한 '민주적 사회주의'다. '민주적 사회주의'의 지지율은 적게는 25%에서 많을 때는 45%에까지 이른다. 또한, 이전의 국가사회주의를 선호하는 계층도 줄곧 10% 내외를 유지하여, 전국민의 절반 정도가 사회주의 체제를 지지하고 있음을 알 수 있다. 반면에, 옐친이 추구하는 제한 없는 자본주의 체제의 지지자는 20~30%에 불과했다. 나머지는 북유럽과 같은 조절된 형태의 자본주의 또는 자본주의와 사회주의가 조화롭게 결합된 사회를 지향한다.

1995년을 전후하여, 자본주의로 전환된 경제가 우여곡절 끝에 마침내 성장 추세로 돌아서긴 했으나 그 기간은 오래 가지 못했다. 1997년 말의 동아시아 경제위기가 러시아의 취약한 경제에 전이되면서, 1998년 러시아는 모라토리움(채무불이행)을 선언한다. 경제 위기에 따른 국민들의 불만이 쌓이면서 정치적 위기까지 맞게 된 옐친은 1999년 말 임기를 조금 남겨둔 상태에서 전 KGB 출신의 부통령 블라디미르 푸틴에게 대통령 권한대행을 맡기고 사임한다. 체첸 반란을 강경진압하며 대중들에게 강력한 인상을 남긴 푸틴은 2000년의 대통령 선거에서 압도적인 지지로 공산당과 자유민주당 후보를 누르고 대통령에 당선된다.

이후 지금까지의 러시아는 푸틴의 러시아라고 해도 지나치지 않다. 푸틴은 '위대한 러시아'의 재건을 내걸고 국민들의 폭넓은 지지를 받으며 러시아를 이끌어가고 있다. 푸틴이 생각하는 '위대한 러시아'의 위상과 성격은 옛 소련과 표도르 치세 러시아의 혼합이다. 푸틴 체제하에서 공산당과 자유주의, 민족주의 정당들의 입지는 점점 좁아져 왔다. 푸틴은 국가주의와 중도 성향의 정당들을 두루 합친 '통합 러시아당'을 만들어 자신의 정치적 기반으로 삼고 있다.

경제적으로도 국민경제를 질식시키고 있는 신흥재벌들을 견제하면서 석유와 가스 등의 에너지 산업을 재국유화하는 정책을 펼쳤다. 국제유가가 급등하면서 자원 부국인 러시아의 부는 급성장하기 시작했고, 세계 최대의 에너지 기업인 가즈프롬이 러시아 국부의 3분의 1을 차지하기에 이른다. 푸틴의 러시아는 풍부한 가스와 석유 자원을 무기 삼아 옛 소련의 다른 공화국들이 품 밖으로 달아나지 못하도록 묶어두는 한편, 유럽 여러 나라에도 상당한 영향력을 행사한다. 푸틴은 2008년 자신의 후계자인 메드베데프가 대통령에 당선된 뒤에도 총리직을 맡아 실권을 장악하고 있다가, 2012년 다시 대통령 자리에 올라 지금까지 대통령을 유지하고 있다.

그러나 경제가 조금씩 안정을 찾아간다고는 해도, 부가 소수의 손에 집중되니 러시아 민중들의 삶은 말이 아니다. 거기에다 수도인 모스크바에 국부의 4분의 3이 집중되면서 국민의 다수가 살고 있는 농촌 지역과 소도시 지역 주민들의 삶은 더 팍팍하다. 삶이 팍팍하니 출산율도 낮고 해외로 뜨는 인구도 많아, 러시아 인구는 매년 약 50만 명 정도씩 줄어들고 있다. 사람들이 살 길을 찾아 떠나는 바람에 거의 빈 땅이 되다시피 한 극동 지방과 시베리아 지방에는 중국인들이 떼로 몰려와 둥지를 틀고 있다. 이미 러시아인보다 중국인의 수가 더 많은 곳도 많다. 부자들 중에도 유럽식 삶을 찾아 런던이나 베를린으로 떠나는 사람들이 많다.

러시아의 경계가 조금씩 살아나면서 러시아의 국제적 위상도 조금씩 상승하고는 있지만, 그것은 자본주의화된 경제체제에 편입된 4분의 1 인구의 이야기일 뿐, 나머지 4분의 3의 국민들에게 지금의 러시아는 사실상 국가라 하기도 힘든 실정이다. 아무리 가스와 석유가 많이 난다 해도 난방용 연료조차

대줄 수 없는 국가가 온전한 나라일 수는 없기 때문이다.

하여 러시아의 미래에는 다시 의문부호가 찍힌다. 러시아는 어디로 갈까? 직접, 간접으로 자본주의와 사회주의의 두 체제를 두루 겪어본 러시아인들의 미래의 선택은 어디일까? 우선 당장은 주린 배를 채우는게 급하겠지만, 자유로운 공동체 안에서 평화롭게 사는 삶은 현 체제에서는 불가능하다는 것을 다수 러시아인들이 갈수록 더 분명하게 느껴가고 있는 것 같다.

러시아 외의 옛 소련 공화국들도 사정은 비슷하다. 그토록 바라던 탈소 독립과 자본주의화가 가져다준 것은 경제의 파괴와 빈부격차, 대량실업, 구겨진 자존심뿐이라는 것이 분명해지면서 복잡 다양한 움직임들이 태동하고 있다. 물론 이들이 다시 옛날로 돌아가지는 않을 것이다. 관료주의가 판을 치던 왜곡된 사회주의 체제가 또 다시 추구할 이상일 수는 없기 때문이다.

러시아인들 앞에는 다시 지금까지 아무도 겪지 않은 새로운 상황이 펼쳐지고 있다. 사회주의에서 자본주의로 체제 전환을 하는 가운데서 발생한 수많은 문제점들을 극복하고 '진정으로 그 속에서 살고 싶은 사회'를 만드는 것이 그들 앞에 주어진 과제다. 역사는 우리에게 많은 것을 가르쳐준다. 자신의 역사와 경험을 무시하고 환상을 추구하는 국민은 그 댓가를 톡톡히 치르는 법이다.

::러시아역사 연표

1328	이반 칼리타, 블라미디르 대공에 오름
1340경	세르기 라도네슈스키,
	트로이체 수도원 창설
1359	디미트리 돈스코이, 모스크바 대공이 됨
1380	쿨리코보 전투, 디미트리 휘하의
	러시아군이 몽골군 격파
15C초	성상화가 루블료프 활약
1437	카잔 한국 성립, 킵차크 한국 분열
1448	러시아 정교회,
	콘스탄티노플 총주교관으로부터 독립
1462	이반 3세 즉위
1478	모스크바, 노브고로트 병합
1482	이반 3세, 비잔틴 제국 마지막 황제의
	조카와 결혼, 쌍두 독수리 문장과
	'차르' 칭호 쓰기 시작
1497	이반 3세의 법전 완성
	:농민 이전의 자유 제한
1503	러시아 교회 내에서
	소유파가 무소유파에 승리
1533	이반 4세 즉위
1547	이반 4세, '차르'를 공식칭호로 채택
1549	최초의 전국회의(젬스키 소보르) 소집
1551	스토글라프 회의
1552	카잔 한국 병합
	바실리 대성당 건축 개시
	수도 대주교 마카리,
	〈대성자전 집성〉 편찬
1556	아스트라한 한국 병합
1558-83	스웨덴과 리보니아 전쟁
1564	이반 표도르, 최초의 인쇄본
	〈사도행전〉 출판
1565-72	오프리치니나 체제
1569	루블린 연합 결성,
	폴란드-리투아니아 왕국 성립
1579	에르마크, 시베리아 원정 개시
1581	농민 이전 '금지의 해' 시작

1589	모스크바 총주교관 창설
1598	류리크 왕조 단절
	:보리스 고두노프, 차르로 선출됨
1604	가짜 디미트리 거병,
	동란(스무타) 시대 시작
1610-12	폴란드군, 모스크바 점령
	러시아 국민군, 모스크바 해방시킴
1613	미하일 로마노프 즉위
	:로마노프 왕조 성립
1631	키예프 신학교 설립
1645	알렉세이 미하일로비치 즉위
1648	모스크바 '소금 폭동'
	우크라이나, 흐멜니츠키의
	대 폴란드 반란 시작
1649	〈회의법전〉 편찬:농노제, 법적으로 완성
1654	총주교 니콘의 종교개혁
1649	〈회의법전〉 편찬:농노제, 법적으로 완성
	분리파(라스콜니키) 형성
1654-67	러시아-폴란드 전쟁
1670-71	라진의 난
1682	분리파 지도자 아바쿰 화형
1689	표트르 1세 실권 장악
	중국과 네르친스크 조약 체결
1697	표트르 1세, 서유럽 '대사절단' 파견
	:'표트르의 개혁' 시작
1700-21	스웨덴과 북방전쟁
1703-12	신도시 페테르부르크 건설
1711	원로원 개설
1713	페테르부르크 천도
1719	참사회(콜레기아) 설치
1721	표트르, '황제' 칭호 사용
	러시아 제국 성립
	총주교제 폐지, 종무원(시노트) 설치
1722	인두세 부과, 관등표 제정
1725	과학 아카데미 창설
	베링의 북태평양 탐험 시작

1907	제3두마 열림	1918	내전 및 외국간섭군과의 전쟁 시작
	고리키, 〈어머니〉 발표	1919	백군 총공세
1909	발레 뤼스, 파리 공연		코민테른 창립
1911	스톨리핀 암살	1920	고엘로(러시아 전기화 국가위원회) 창설
1912	볼셰비키 당 결성		붉은군대의 대공세
	레나금광 학살사건		VAPP 결성
	제4두마 열림	1921	고스플란(국가계획위원회) 창설
1914	페테르부르크 노동자 총파업		크론슈타트 반란
	1차 세계대전 발발		노동조합 논쟁
1915	러시아군의 대퇴각		신경제정책(NEP) 채택
1916	중앙아시아 민족반란		볼가 유역의 기근
	노동자들의 반전파업	1922	스탈린 서기장 취임
	라스푸틴 피살		소비에트 연방 수립
1917	2월혁명, 제정타도	1923	트로츠키와 스칼린의 대립 시작
	소비에트와 임시정부의 '이중권력' 탄생		공업화 논쟁
	레닌, 〈4월 테제〉 발표	1924	레닌 사망
	7월사건		연방헌법 공포
	케렌스키의 연립정부 구성		프레오브라젠스키, 〈사회주의적
	코르닐로프의 반란		원시축적론〉 발표
	10월혁명		스탈린 '일국사회주의론' 제기
	〈평화에 대한 포고〉, 〈토지에 관한 포고〉,	1925	트로츠키, 군사인민위원에서 해임됨
	〈러시아 내 모든 민족의 권리선언〉 발표		'사회주의적 공업화' 방침 결정
	레닌을 수반으로 하는 인민위원회 성립		에이젠슈타인, 〈전함 포템킨〉 제작
	체카 창설		RAPP 결성
	최고국민경제회의 창설	1926	합동반대파 형성
	좌파 사회혁명당 입각		〈소비에트 대백과사전〉 간행 개시
1918	헌법제정회의 해산		트로츠키, 정치국에서 추방됨
	'근로 · 피착취 인민의 권리선언' 발표	1927	영국의 단교 선언
	적군 창설		곡물조달 위기
	그레고리력 사용(2월 1일)		제15차 당대회:합동반대파 괴멸,
	브레스트-리토프스크 강화조약 체결		5개년계획, 농업집단화 결정
	좌파 사회혁명당 퇴진	1928	스탈린과 부하린의 대립
	모스크바 천도		숄로호프, 〈고요한 돈강〉 발표
	전시 공산주의 채택		10월, 제1차 5개년계획 착수
	좌파 사회혁명당 반란	1932	우크라이나 등지에 대기근 발생
	헌법 제정	1933	제2차 5개년계획 착수

1962	리베르만의 논문, 〈프라브다〉 지 게재	1982	미·소 START(전략무기 감축교섭) 개시
	쿠바 위기		브레즈네프 사망,
	〈노비 미르〉 지, 솔제니친의		안드로포프 서기장 취임
	〈이반 데니소비치의 하루〉 게재	1983	자슬라프스카야, 〈노보시비르스크 각서〉
1963	중·소논쟁 개시		작성
	미·영·소, 부분 핵실험 정지조약 조인		KAL기 격추사건
1964	흐루시초프 해임	1984	안드로포프 사망, 체르넨코 서기장 취임
	브레즈네프 제1서기, 코시긴 수상 취임	1985	체르넨코 사망, 고르바초프 서기장 취임
1965	'코시긴 개혁' 실시		경제의 '가속화' 강조
	숄로호프, 노벨 문학상 수상		반 알코올 투쟁
1966	다니엘·시냐프스키 재판, 이론파 대두		제네바 미·소 정상회담
1967	주휴 2일제 도입	1986	개인영업 인가
	솔제니친, 〈수용소군도〉 완성		제27차 당대회:새 강령, 규약 채택
1968	미·영·소 등 62개국,		체르노빌 원전 사고
	핵확산 금지 조약 조인		'페레스트로이카' 노선 채택
	R. 메드베데프,		'글라스노스트' 본격화
	〈역사의 심판에 부쳐〉 완성		알마아타 민중폭동 발생
	체코슬로바키아 사건	1987	합작기업법 제정
	'브레즈네프 독트린' 발표		국영기업법 제정:기업의 자주관리와
1969	우수리강에서 중·소 무력충돌		독립채산제
1970	서독과의 조약 조인		크림 타타르인, 자치 요구 시위
	사하로프 등, '인권위원회' 설립		옐친, 고르바초프, 스탈린 시대의
1972	미·소, SALT 1 조인		행정-명령형 지도체제와 정치탄압 비판
1974	BAM 철도 착공		옐친, 당 지도부와 보수파를 비판하다
	솔제니친 국외 추방		모스크바 시당 제1서기에서 해임 됨
1975	유럽의 안정보장과 협력에 관한		워싱턴 미·소 정상회담에서
	헬싱키 선언		INF 전폐조약 조인
	미·소 우주선 도킹 성공	1988	부하린, 리코프 등 명예회복
	사하로프, 노벨 평화상 수상		나고르노-카라바흐 자치주의 민족분규
1977	브레즈네프, 최고회의 간부회 의장 겸임		시작
	브레즈네프 헌법 채택		안드레예바의 논문, 〈원칙을 양보할 수는
1979	미·소 정상, SALT 2 합의		없다〉 발표
	소련군, 아프가니스탄 진주		협동조합법 채택
1980	코시긴 수상 사임		지노비예프, 카메네프 등 복권
	사하로프, 고리키시로 유형당함		제19차 당협의회:간부의 임기제,
	모스크바 올림픽 대회		당과 국가의 분리, 법개혁 등 확인

1995	'조·러 상호원조 및 우호협력조약' 폐지	2005	가즈프롬, 석유회사 시브네프트
1996	옐친, 대통령 재취임		인수합병
	러시아군 체첸 철수	2006	우크라이나 가스 공급 중단
1997	병력 감축, 군비 축소,		러시아, 세계 최대의 산유국으로 부상
	군수산업의 민수 전환 강력 추진		가즈프롬, 영국과 프랑스의
	동아시아 경제위기의 여파로 경제위기		가스 공급업체 인수
	발생	2007	의회 선거에서 통합러시아당 64.1%
1998	모라토리움 선언		득표로 압승-공산당 11.6%,
	화폐개혁(1,000:1)		자유민주당 8.2%, 러시아정의당 7.8%
	중도연합인 '조국-전러시아당'		당국의 선거개입, 국영 TV 매체의
	강력한 야당으로 부상		여당 편향 방송, 금권선거 문제가 불거짐
1999	경제회복 및 성장 재개	2008	러시아-조지아 전쟁
	체첸 분리독립운동 재점화		가을부터 경제위기 심화
	옐친, 푸틴 총리 임명		메드베데프, 대통령 당선
	12월 옐친 사임, 푸틴 대통령 권한대행		메드베데프, 전 대통령 푸틴을 총리로
2000	푸틴, 체첸 강경진압		지명
	푸틴, 대통령 당선 후 '위대한 러시아',	2009	유럽 가스 공급 대폭 축소
	'강력한 러시아 국가' 재건이라는		경제위기에 따른 반정부시위 확산
	국가주의적 슬로건 아래 경제사회적	2012	푸틴, 대통령 재취임
	안정화 추구		
	신흥재벌 숙청		
	루블화 평가절하		
	원자력잠수함 크루즈크호 침몰		
2001	체첸 전쟁 종전 선언		
	우주정거장 '미르' 폐기		
	통합러시아당 결성:푸틴 지지자들과		
	조국-전러시아당이 합친 당		
2002	석유, 가스 등 전략 자원의 재국유화		
	추진		
	체첸 분리주의자 '문화의 집' 에서		
	대규모 인질극		
2003	의회(국가두마) 선거에서 푸틴의		
	통합러시아당 압승		
2004	푸틴, 대통령 재취임		
	가즈프롬 등 에너지산업의 재국유화		

::참고문헌

〈러시아와 독립국가연합을 아는 사전〉, 平凡社, 한길사 편역, 한길사, 1992

〈러시아의 역사 1, 2〉, 니콜라이 V. 랴자노프스키, 이길주·김현택 옮김, 까치, 1991

〈러시아〉 타임-라이프 북스 편집부, 한국일보 타임-라이프, 1978

〈소련사회문화사전〉, 서울대 국제문제연구소, 서울대 출판부, 1991

〈소련정치경제사전〉, 서울대 국제문제연구소, 민음사, 1990

〈볼셰비키와 러시아 혁명 1, 2, 3〉, 황인평 엮음, 거름, 1985

〈러시아·소련〉, 와다 하루키, 朝日新聞社, 1993

〈다시 쓰는 소련현대사〉, V.P. 드미트렌코 외, 이인호 외 옮김, 열린책들, 1993

〈도설 소련 역사〉, 콘스탄틴 타르노프스키, 倉持俊一·加藤一郎 옮김, 山川出版社, 1982

〈러시아문화사〉, 소련 과학아카데미 역사연구소, 이경식·한종호 옮김, 논장, 1990

〈러시아사〉, R.D. 차크스, 박태성 옮김, 역민사, 1991

〈1917년 10월 혁명〉, 마르크 페로, 황인평 옮김, 거름, 1983

〈제정 러시아〉, 미하일 카르보비치, 이인호 옮김, 탐구당, 1983

〈러시아 혁명〉, E.H. 카, 편집부 옮김, 나남, 1983

〈러시아 혁명과 레닌의 사상〉, 와다 하루키 외, 이동한 편역, 지양사, 1986

〈러시아혁명사〉, 김학준, 문학과 지성사, 1979

〈세계사 수첩(하)〉, 호레스트 디레 외, 김정환 옮김, 민맥, 1990

〈서양최근세사〉, P. 게이, R.K. 웹, 박무성 옮김, 법문사, 1983

〈세계사 4(현대)〉, 松平中治 외, 조진원 편역, 중원문화, 1984

〈사회주의 이론·역사·현실〉, 서울사회과학연구소, 민맥, 1991

〈사회주의 대논쟁 1〉, 한겨레사회연구소 엮음, 백산서당, 1990

〈사회주의 대개혁의 논리〉, 사상문예운동 편집위원회 엮음, 풀빛, 1990

〈쉽게 풀어 쓴 러시아사〉, 김학준, 보성출판사, 1992

〈이야기 러시아사〉, 김경묵 엮음, 청아출판사, 1990

〈소련공산당사〉, 레오날드 샤피로, 양홍모 옮김, 문학예술사, 1982

〈러시아혁명사〉, 아라하타 간손, 恐學書房, 1967

〈볼셰비키 혁명사〉, E.H. 카, 이지원 옮김, 화다, 1985

〈레닌의 추억 1, 2〉, N.K. 크루프스카야, 백태웅 옮김, 녹두, 1986

〈레닌〉, 신상초, 청산문화사, 1974

〈러시아 문학사 개설〉, 이강은=이병훈, 한길사, 1989

〈노동자·농민·병사 소비에트〉, O. 안바일러, 박경옥 옮김, 지양사, 1986

〈1880년대 러시아〉, N.M. 나이마크, 이동한 옮김, 지양사, 1986

〈소련변혁의 논리와 갈등〉, 김석환, 민맥, 1991

〈소련의 이해〉, 하카마다 시게키, 정성환 옮김, 열린책들, 1990

〈페테르스트로이카의 기본전략〉, 프로그레스 출판사 엮음, 김정민 옮김, 이성과 현실, 1990

〈무엇을 할것인가?〉, V.J. 레닌, 김민호 옮김, 백두, 1988

〈인민의 벗이란 무엇인가〉, V.J. 레닌, 김우현 옮김, 벼리, 1988

〈사회민주주의의 두 가지 전술〉, V.J. 레닌, 오영민 옮김, 녹진, 1988

〈러시아문학과 저항정신〉, 베르자예프 외, 김학수 편역, 을유문화사, 1986

〈러시아혁명사〉, 猪木正道, 편집부 옮김, 한울림, 1983

〈1905년 혁명〉, S.M. 슈바르츠, 김남 편역, 녹두, 1986

〈러시아혁명사〉, 조영명 엮음, 온누리, 1985

〈소련〉, 타임-라이프 북스 편집부, 한국일보 타임-라이프, 1987

〈대세계의 역사 12〉, 양병우 외, 삼성출판사, 1990

〈한 권으로 보는 세계사 100장면〉, 박은봉, 가람기획, 1992

〈세계사 편력〉, J. 네루, 장명국 편역, 석탑, 1982

〈그래도 사람은 하늘이다〉, 이무열, 가람기획, 1996

〈영웅적 투쟁, 쓰라린 패배〉, 바만 아자드, 채만수 옮김, 노사과연, 2005

〈제2세계〉, 파라그 카나, 이무열 옮김, 에코의 서재, 2009

정기간행물

〈한겨레신문〉, 〈동아일보〉, 〈사회와 사상〉, 〈월간 말〉, 〈월간 정세연구〉, 〈사상문예운동〉, 〈내일신문〉, 〈경제사회연구〉, 〈정세와 노동〉 외